ISIS 伊斯蘭國的新娘

13名年輕女子與無法離開的寡婦之屋

GUEST HOUSE FOR YOUNG WIDOWS

AMONG THE WOMEN OF ISIS

AZADEH MOAVENI

阿扎德．莫阿維尼◎著

李易安◎譯

僅以此書獻給 Nader

好評推薦

這本書彌補了我們理解穆斯林女性跑到中東參加聖戰組織的各種缺失。透過一個又一個女性的生命故事，她們的生活與社會經驗、年少的反叛、人生機會的無望、家庭的殘缺、壓迫、社會的邊緣化，作者的書寫讓每個悲劇都立體了起來。這也令我們理解到單單從宗教角度去理解是多麼地狹隘偏頗，值得讀者讀完之後有更多反思。

——張育軒／說說伊朗創辦人

教育學者如杜威、皮亞傑等人都反覆提到人類往往會形成有助於認知的概念架構來理解事物，在這將知識簡化的過程中，難免會形成所謂的刻板印象。像我們就對現今占領阿富汗的塔利班政權，透過媒體宣傳已儲存許多成見，尤其是對女性待遇的部分。這本書就是挑戰既有主流成見的戰帖，各位讀者你可以抱持著存疑的心態閱讀，但或許你可以從她們描述的字裡行間中，讀到她們選擇的諸多理由，這就像是當今處於全球化的時代，雖說全球人口共處於一地球，但諸多族群間的差異宛如安置於宇宙間的不同星球般，就像同一家人卻是個性不同彼此對立的關係。博藍尼（M.Polanyi）在《個人知識》（*Personal Knowledge: Towards a Post-Critical Philosophy*）一書中提到「當我們現存的認知架構在面對預期事件時，我們也需某種程度地調整自己，尤其對有教養的心靈來說更是如此，透過新經驗的吸收而不斷更新自己概念架構的能力，是聰明人的人格標誌。」或許在閱讀中，你會讀到你刻意忽略的恐怖主義印象，祝各位有趟驚奇的閱讀之旅。

——莊德仁／臺北市立建國高中歷史教師，臺灣師範大學歷史所博士

推薦序

稜鏡下的伊斯蘭——性別、宗教與戰爭

蔡芬芳／國立中央大學客家語文暨社會科學學系副教授

我常在以多元文化主義為主題的課堂上問學生，當提到伊斯蘭或是穆斯林的時候，會想到什麼？最常出現的答案不外乎是「不吃豬肉、戴頭巾」。回想自己以前在德國留學時，雖然周遭隨處可見穆斯林，仍然所知甚少，而且也不免停留在刻板印象之中。而隨著擔任教職之後，從研究印尼客家華人穆斯林開始，以及探究西方改宗的穆斯林女性之後，方始踏入了伊斯蘭的世界，透過人類學視角，從研究對象的生命故事呈現他們在成為穆斯林過程中所經歷的苦痛，而伊斯蘭提供了他們身心安頓之所。

當時我在德國印象最深刻的不外乎就是穿著罩袍（burqa 或是 burka）的女性，特別是全身黑色的罩袍，而對男性的印象則是他們的鬍子。二〇〇一年九一一事件發生之後，在德國（與其他西方國家）瀰漫著一股不歡迎穆斯林的氛圍，彷彿眼簾所及的穆斯林都是恐怖分子，甚至是連台灣友人也在閒談之間，提到在公車上或是在火車上，避免與穆斯林坐在一塊兒。二〇一五年到二〇一六年跨年之際的科隆（Köln）集體性侵事件更加導致德國（與其他西方國家）的穆斯林受到排斥，當我二〇一六年暑假重返德國時，在科隆火車站可以感受到警察加強巡邏的嚴肅氣氛。從這些點滴可見身處西方的穆斯林之處境。

身在台灣的我們，或許常不自知地覺得中東世界距離我們甚遠，甚至可能認為無關，然而如何理解伊斯蘭卻也意味著我們要從何種角度了解我們所處的世界，特別是我們是否聽到了由穆斯林自己發出的聲音？隨著阿扎德・莫阿維尼筆下的十三位女性，我們進入了她們的人生。從她們的經歷中，除了明白她們前往伊斯蘭國的原因之外，最重要的是，作者帶著我們回到她們在投身伊斯蘭國之前的生活，以便更加清楚是因為她們曾經度過的生活而一步步地走向伊斯蘭國，例如突尼西亞的努兒歷經因為自己戴頭巾而被奉行世俗主義社會所排斥的疏離感，抑或是未能從原生家庭獲得溫暖，而又因為強迫式婚姻被壓得無法喘息的麗娜。當然，書中來自倫敦的青少女之前過得就是一般青少年的生活，例如去彩妝店購買化妝品，或是敘利亞中產階級的年輕女孩沉浸在英國文學的世界中，也喜歡好萊塢的明星。還有來自德國的改宗者敦雅，為何她願意成為穆斯林，甚至前往伊斯蘭國，這些女性在在皆顛覆了我們對穆斯林可能會有的扁平認知。

這本書雖然主要以投身伊斯蘭國的女性為主體，然而與這些女性相關的其他女性（例如母親、姊妹、同學、伊瑪目夫人等）以及男性（例如父親、兄弟、丈夫、男朋友、伊瑪目等）同樣地重要，因為書中女性所在的社會位置與生命經歷，皆在與其相關的人們的相對性中構成。此外，女性所處國家在國際政治、經濟秩序中的位置、國內政治、歷史背景、社會文化皆是我們在理解她們之所以做出投身伊斯蘭國的選擇時不可或缺的宏觀架構。至於她們個人的生命經歷，除了與她們的性別有關，她們家庭的社會階級、族裔身分，或是否具有移民背景也都在她們的個人經驗中發生作用。在上述各種因素交織之下而形成的經驗，皆讓她們做出為何投身伊斯蘭國，成為戰士的妻子之決定。更甚者，不論是西方或是伊斯蘭國的常見論述之一則將一切歸於宗教，然而事實上從書中女性或其他相關人物的經驗中得知，除了尋找一個能夠實行伊斯蘭教義與生活方式的理想之地，還有其他的原因，可能是因為社會不平等所造成的，例如在突尼西亞的一般百姓，即使相當努力準備應徵公務職位考試，但卻永遠都不得其門而入，永遠都是工會成員或是有關係的人才能獲得工作。但也有可能是情感所需，或希望建立美好家庭而與丈夫或是男友在當地共築未來人生。當然還有許多其他與個人經驗交織而成的在地脈絡與社會屬性的因素，促使了她們以及其他男性願意成為伊斯蘭國的子民。此外，我們也須注意，並非社會受挫者才會前往伊斯蘭國，還有其他原來屬於社會中堅分子的男男女女也投入了伊斯蘭國的懷抱，例如醫生、外交官或知識分子等。這些階級上的差異，更讓我們看到促使他們遷移背後的因素是相當多樣的。

阿扎德・莫阿維尼依著時序，讓不同的女性登場，雖然看似是不同國家的女性，然而她們各自因為網路而與素昧謀面者連結了起來，社會媒體也讓書中部分女性進入了一個新世界，打開眼界。當今社會，網路的效用絕對不容小覷。在書中女性的生活，社會媒體扮演了重要角色，不僅能夠知道各地情形，甚至是後來逃離敘利亞的有力工具，然而它亦同時是西方國家、伊斯蘭國，以及身在其中的行為者（政府、新聞媒體、宗教人士、個人等）為了達到各自目的（例如西方與伊斯蘭國皆在傳遞抹黑對方的訊息或是為自身辯白）之手段。因此，我們有其必要，需要認知到網路與社會媒體在當代研究或呈現人們生活時是無法缺席的。

作者莫阿維尼因其長久浸淫在中東世界與從事相關報導，讓我們有幸能夠一窺ＩＳＩＳ伊斯蘭國崛起的過程，以及了解在其中的女性生活世界與心路歷程，更重新解讀性別與戰爭之關係。這部作品同時讓大歷史與個人經驗交織，作者扎實的採訪、求證以及細膩的筆觸，讓我在閱讀的過程中往往欲罷不能，也跟著書中人物一一進入了他們的世界，最重要的是，透過本書，像是透過稜鏡的多角折射，看到宗教與戰爭之下，女性多樣的生命經驗，以及穆斯林內部的異質性。在我看來，本書不僅清楚勾勒出複雜國際情勢之外，更透過有血有肉的人物，讓身處台灣的我們稍稍與他們同感，因為他們生命中的喜怒哀樂與人生挫敗，並不會因為膚色、國籍、宗教而不同，因著共同的經驗而產生的共感，拉近了我們與伊斯蘭國戰士之妻的距離。行文至此，仍意猶未盡，因為本書中尚有許多值得我們探討的議題，例如虔信伊斯蘭的女兒對於母親不遵守教規的指責，抑或是原本抱著前往理想國度的女性為何後來要逃離，希望「回家」，而這「家」又是哪兒？尤其對於移民後代來說，與接收國的關係更常常是當代探討多元文化主義或是後多元文化主義時的主題。其他在此文中尚未提及的議題，事實上正是說明了探究伊斯蘭國現象與牽涉其中的行為者是相當複雜的浩瀚工程，因此本書作者能夠完成此書，實屬不易！

譯者序

見樹又見林的伊斯蘭國女性故事

李易安

就某個意義來說，本書的中譯版出現得正是時候。

自從塔利班於二〇二一年八月份接管喀布爾，在阿富汗重新掌權之後，台灣輿論對此的討論，主要可以分為兩種。

第一種討論和宏觀的國際局勢有關，主要圍繞美國自阿富汗撤軍一事對台灣人的意義：有些人認為，美國自阿撤軍驗證了「美國人不是牢靠的盟友」，台灣人不該對美國的承諾抱持過度期望；另一派則認為，美國撤軍就是為了將重心轉移至東亞、對付中國，因而對台灣來說更加有利。

相比之下，第二種討論則相對微觀、或許也更令人揪心：有些報導指出，塔利班已經禁止阿富汗女性從事體育活動，而女學生也擔憂受教權將會不保；塔利班進城之後，服飾店裡的罩袍甚至迅速銷售一空——所有人彷彿都在擔心，塔利班再次掌權之後，女性公共參與的空間也會再次遭到限縮。

網路上，還有不少人轉貼了阿富汗一九七〇年代相對「開放」，女性仍可以穿短裙走在街上的舊照片，以此作今昔對比。

然而很可惜的是，這些擔憂不但很少對現象成因進行更深層次的討論，也讓女性在伊斯蘭社會之中的角色，以及伊斯蘭對女性的態度再次遭到了刻板化，看不見女性作為個人，在不同社會脈絡中的人生經驗，如何影響了她們的抉擇、立場和行動。

於是這本書，便以幾位女性穆斯林的生命故事，適時地補足了我們在看國際新聞時缺失的微觀視角，以及我們可能來不及補上，就又旋即被其他議題掩蓋過去的重要討論。

更重要的是，這本書試圖回答的，也確實就是一個讓不少人百思不解的問題：像塔利班、「伊斯蘭國」這樣的組織或政權，如果真的「對女性充滿壓迫」，為何還會有女性願意前往，為他們效力呢？

讀過這本書之後，你可能就會發現，「投奔伊斯蘭國」對於一些歐洲、北非女性來說，原來有時是她們逃脫原生家庭、丈夫和婆家的途徑，能讓她們打破日常枷鎖；有時，則可能是一種「反抗體制」的行動，能滿足青春期女孩的叛逆想望，又或者能抵抗世俗派菁英和統治者的壓迫。因此，和「伊斯蘭國」的拉力相比，真正讓她們決定上路的，或許更多是來自原生家庭和社會的推力。

不過這本書，也不全然都是「外國人投奔伊斯蘭國」的故事——作者也採訪了幾位敘利亞女性，被「伊斯蘭國」控制的區域本就是她們的家園；隨著伊斯蘭國開始崩解，她們為了生存也只能設法逃離，而她們跨越邊界、躲避查緝的經歷，就是本書最扣人心弦的部分。

循此，塔利班近期在阿富汗的動態，也再次提醒了我們，伊斯蘭視角和西方視角看待性別議題的框架差異，而女性（和其他性少數族群）在伊斯蘭國家裡的處境，也依然是個仍在持續辯論，但在中文世界裡相對欠缺討論的課題。

在此需要說明的是，「伊斯蘭世界」其實是個定義未必明確的「泛稱」，內部也非常多元；就這點而言，我們或許也可以再次以塔利班為例。

「塔利班」（Taliban）這個詞，是由 talib 變化而來的，它在阿拉伯文裡是「學生」的意思——「塔利班」在中文裡，有時之所以會被翻譯成「神學士」，原因也就在於此：這個詞原本的意思，就是「學習（古蘭經）的人」。

至於 Talib 後面跟著的 -an，在阿拉伯語裡，則是「雙數型」的後綴，因此如果依照字面翻譯，Taliban 在阿拉伯語裡的意思，其實是「兩位學生」。不過我當年學阿拉伯語，碰到這個詞的時候，卻感到有些疑惑：為什麼「塔利班」這個名稱，要使用雙數型呢？難道，他們的創辦人是一對拜把兄弟嗎？

於是我查了資料才知道，原來阿富汗的 Taliban，雖然確實源於從阿拉伯文借過去的 talib，但後面的 -an，其實並非阿拉伯文的「雙數型」後綴，而是普什圖語的「複數型」，而阿富汗的塔利班，主要就是由普什圖人組成的。

換言之，「塔利班」這個詞本身，就是一個混合了阿拉伯文詞彙，以及普什圖文法的產物，因而巧合地反映了伊斯蘭世界的狀態——這是一個幅員廣闊、邊界模糊，但內部非常歧異的文化區，而以阿拉伯文化／語言為基底的伊斯蘭文化，則在伊斯蘭世界的各個角落裡，與當地的文化交融、互動，也因而在各地演變出了各種面貌。

這個事實，確實是一個很重要的提醒：自從九一一事件之後，受西方主流論述影響很深的大部分台灣人，有時會因為塔利班（以及後來的「伊斯蘭國」），而把伊斯蘭、穆斯林刻板化，想像成可怕的恐怖分子。

然而伊斯蘭世界和穆斯林，內裡其實經常比我們想像得還要更加多元，每位穆斯林對女性、對伊斯蘭法、對宗教自由的看法，也可能存在巨大的差異，而這也就是微觀視角、個體故事特別重要的原因。

就本書而言，書中出現的突尼西亞、利比亞、黎巴嫩、敘利亞和土耳其，近代走上的道路、乃至今日的處境都非常不同，儘管這些國家或多或少都存在世俗化與伊斯蘭化之間的張力，但這個張力，在各個國家內部造成的作用也未必相同。

最後，對於身兼翻譯與記者的我而言，這本書還有不太一樣的啟發。

對我來說，翻譯和採訪工作其實頗為「互補」，不只可以轉換工作心情，增補報導工作所需的背景知識，還為我提供了不少選題的靈感；有些時候，如果翻譯的書正好就是記者寫的，我甚至還能一邊翻譯、一邊觀摩其他記者的採訪與寫作技巧，比如這本書就是如此。

本書的作者阿扎德・莫阿維尼同樣是位記者，她曾為《時代雜誌》、《紐約時報》、《衛報》撰寫報導，而這本書，就是她花費三年多時間，和數十位受訪者採訪所得到的結果。

能用三、四年的時間追蹤一個題目，對於任何一個有志於從事調查報導的記者來說，或許都是夢寐以求的事情，而本書作者確實也為我們演示了一回，如何將十三位主角脈絡相異的故事，與背景時事和理論性的討論編織在一起，並盡可能緊扣全書的核心關懷。

莫阿維尼也告訴我們，受訪者的人生故事，與背後的結構性敘事經常是一樣重要的，兩個層次的素材必須不斷來回驗證、相互對話，而不能只是某個層次主導另一個層次的走向：我們要避免被過大的宏觀敘事綁架、太快套用結構性的理論去解讀現象，但也不能見樹不見林，只看見破碎的人生故事。

然而一如不少評論者指出的，身為伊朗裔後代，在西方成長求學的莫阿維尼，雖然對西方國家的「反恐政策」抱持批判態度，但她在看待性別議題時的知識框架，一些伊斯蘭女性主義者或許也未必會全部認同。此外，書中微觀的個人故事，是否真能合理化她們加入「伊斯蘭國」的決定，也依然是不少評論者爭論的焦點。

但如果你對女性在伊斯蘭社會中的處境感到好奇，也想探索性別議題在當代伊斯蘭政治中的角色的話，那麼這本書，絕對仍是一個見樹亦見林的入口。

ISIS伊斯蘭國的新娘

目次

序 季節之間

二〇〇七年春天，突尼斯，克蘭姆

努兒並不覺得自己是顆少了保護殼的珍珠，也不覺得自己是支褪去包裝紙的棒棒糖。她覺得自己就是個十三歲的女孩，想要努力實踐自己的宗教信仰。她曾在 YouTube 上聽過一位謝赫*論證，為何穆斯林女性有義務戴面紗。聽了四遍之後，謝赫的話便像電報字條一般，開始在她的腦海裡不斷播放。古蘭經的〈光明章〉要求女性不得展現自己的美麗和打扮，「只有那些明顯可見的部分除外。」照這樣說來，臉算是明顯可見的部分嗎？那位謝赫如此問道。有比臉部還要更不明顯可見的部位嗎？作為一名想順從真主聖意，希望蒙受真主祝福、並受祂認可的女性，將自己的臉部遮蔽起來，就是最能表達你真心誠意的方式。謝赫的話對努兒來說既直觀、又合理：只要衣著得當，女性就能被包覆在伊斯蘭的核心價值之中，包覆在和平、平靜與平等之中。那讓所有

---

*謝赫（sheikh，或其他類似英文拼音）：字面意義為長老，是阿拉伯文中表示尊敬的稱謂，通常是指部族的酋長或宗教領袖。

女人可見的差異都模糊了起來，不論貧富、不論美醜，也不論膚色深淺，大家都是一樣。這種做法可以提醒我們：真主對於所有祂創造出來的事物，都抱持著同等的愛。

二〇〇七年春天的某個下午，當努兒和幾個女性朋友坐在公園裡時，她將這個新的觀點告訴她們。那個公園雖然名義上是克蘭姆的社區綠地，但裡頭其實只有乾枯的棕櫚樹、幾堆垃圾，以及一個布滿鏽斑、搖搖欲墜的盪鞦韆。其他女孩都同意，這是個很具說服力的說法，其中一個女孩還問：「那要先從誰開始呢？」她們大部分都在過去幾年身體變得豐腴之後，就開始戴頭巾了（雖然只是一條薄薄的絲巾而已），並且像家裡、左鄰右舍的許多人那樣開始做禮拜。戴頭巾的行為並不罕見；即使法律禁止女性在學校戴頭巾，違者也可能會被趕回家去，但戴頭巾依然是個頗為常見的違規行為。至於戴面紗呢？這個行為所傳達出的訊息就更有力、更堅定了。YouTube上的那位謝赫曾說，雖然在很多地方，要戴頭巾並不容易，但我們不應為自己的伊斯蘭信仰感到退卻，「如果我們的人數愈多，傳達出的訊息就會愈強烈。」

突尼斯有個郊區叫做瑪爾莎，那裡住著許多自由派的突尼西亞人，他們和來自西方的跨國工作者比鄰而居，街上還有供應義式生豬肉火腿和琴酒的餐廳；如果努兒也出生在瑪爾莎某個中上階級家庭的話，那麼她可能就會用穿舌環的方式來表達叛逆。但她終究是個出生在克蘭姆的女孩，那是個勞工階級社區，而這個國家的政府還會監控人民，避免他們變得太過虔誠。因此很自然地，對於一個青少女來說，戴頭巾就是一種抵抗行為。那天她們在公園裡，當陽光把果汁盒的鋁箔面晒得閃閃發亮之際，她心裡卻因為使命感而感到有點緊張、有點興奮，胃裡不禁一陣翻攬。「從我開始吧。我從明天起就會戴面紗。」她如此跟朋友們說道。

她已經有一條面紗了，那是她從披薩店旁邊的頭巾鋪買來的。上週看完謝赫的影片之後，她就去那裡買了一條。她把自己鎖在家中的廁所裡，試戴了一下那條頭巾，還轉了轉身子，想從不同角度確認自己的眼睛在戴上面紗後好不好看。

隔天早上，她把頭巾塞進書包裡，接著像往常那樣和母親道別。靠近學校時，她鑽進一個門廊，然後將面紗固定在自己的頭巾上——其實也沒什麼，面紗不過就是一小塊遮住口鼻的布罷了。呼吸時，她能感覺到那塊布把自己的嘴唇磨得癢癢的。

校長早上通常都會站在校門口，迎接趕著上學的學生們。努兒緊跟在一些年紀比較大的女生後面，希望經過時不會被注意到，但校長還是攔住了她。

「你是誰？」校長一邊如此問道，一邊盯著她隱在黑布後面的纖細身軀。或許是幻想吧，但努兒似乎在女校長的聲音中聽到了一絲絲讚許。「我會讓你進校門，但你必須自己過你們老師那關。」校長如此說道。

努兒那天的第一堂課是法文課，她在自己平日的座位上坐了下來，然後把筆記本和原子筆都放到了木桌上。老師在教室的另一端看著她。起初老師並沒有說什麼，只是瞇起了自己的眼睛、帶點敵意地看著努兒，然後才走了過來，最後在離她兩公尺左右的地方停了下來，靠在一張沒有人使用的桌子上。

「你戴的那個是什麼可笑的東西啊？你以為真主希望你把一扇窗簾掛在自己的臉上嗎？我恨

真主。祂才不是什麼和藹、仁慈的力量，祂非常殘酷。」老師將雙臂交叉在自己的胸前，鼻孔還在抽動著。對努兒來說，法文老師這幾句話是在褻瀆真主。努兒直直盯著黑板，全神貫注地看著老師在上面寫出的奇怪線條。「真主殺死了我的父母。」法文老師繼續說道。「如果可以對真主報仇的話，我一定會這麼做的。」全班學生都在看老師如何嚴厲地斥責她，他們從來沒有如此安靜過。法文老師最後終於起身，開始進行當天的課程。

努兒的下一堂課是阿拉伯文學。在突尼西亞，人文學科（尤其是文學）吸引到的一般都是一些說法語的世俗主義者，他們通常都非常討厭信教的人，認為那些人既落後、又愚昧。當文學老師看到努兒時，她驚訝地從自己的座位上站了起來，接著走了過來，卡在努兒和桌子之間。

「你如果要戴這個，就別想在我的班上上課。馬上給我摘掉。」她說。

努兒的臉熱得發燙。她拒絕了老師的命令。

「我說了，給我摘掉。」老師又重複了一次，每個音節都鏗鏘有力。

努兒心想，不知道老師知不知道眼前的人是她。文學老師明明很喜歡她的。她是誰重要嗎？「不，我沒辦法摘掉，拜託。是我，我是努兒。」她的聲音在顫抖著。

老師聽了向前踏了一步，將自己的手壓在努兒的胸口上。「你沒聽到我說什麼嗎？我叫你把它摘掉。」她現在是用吼的了，臉部因為憤怒而扭曲變形。

努兒的耳裡充滿了自己的心跳聲。她向後退了一步，想擺脫老師用手施加的壓力。其他學生則圍了過來，試圖讓老師冷靜下來。她接著一把推開了學生，將自己的雙手都壓到了努兒的胸口上，用力地推著，彷彿想要把她推倒似的。

努兒倒抽了一口氣，向後踉蹌了幾步。老師再次把手臂舉了起來，像是要出手打她，又像是要將她的面紗摘下來似的。此時，努兒在班上的一個朋友——一個偶爾會被大家稱作「長頸鹿」的女生抓住了老師的手。「拜託，老師，拜託，冷靜一下。」

努兒哭了。她慶幸沒有人看得到她藏在面紗後方、因為屈辱而落下的淚水。整個班此時都陷入了混亂。有人去把校長找了過來，後來校長衝進了教室裡，命令所有學生到操場上集合。當天接下來的課程，全都被取消。

在二十世紀中葉和接下來的數十年裡，男性和女性曾共同領導中東的武裝叛亂團體和起義行動。參與行動的女性，經常在國際間聲名大噪。阿爾及利亞的抗爭鬥士布希兒，就曾在一九五〇年代期間反抗法國統治，當時她在阿爾及爾的一家咖啡廳設置了炸彈，爆炸導致三人喪生。法國殖民政府的法院後來將她判處死刑，並在監獄裡對她百般凌虐。當時她的案件轟動國際；摩洛哥的公主、數十名英國國會議員，以及英國的哲學家羅素，都曾為她的案件向法國總統請命，最後法國總統決定暫緩執行布希兒的死刑。布希兒後來嫁給了當時為她辯護，並在案件審理過程中愛上她的法籍律師；後來布希兒被稱為「阿拉伯世界的聖女貞德」。她的故事後來被搬上銀幕，曾出現在《阿爾及爾之戰》以及其他兩部電影之中；她甚至還成為畢卡索的模特兒；曾被寫進波斯語的歌曲之中。當巴勒斯坦解放戰士哈莉德在一九六九年發動劫機事件時，她也曾經成為幾首搖滾歌曲的主題；電視影集《超時空奇俠》中的一個角色；出現在一部專題電影之中；以及北愛爾蘭貝爾發斯特的一幅壁畫上；甚至成為一個使用了三千五百條口紅、被稱為《圖像》的藝術裝置的靈感來源。為了避免被人認出，她進行過六次整容手術。

換作今日，像哈莉德和布希兒這樣的女性，絕對會被稱作恐怖分子。但在一九六〇和七〇年代，她們廣泛的感染力所反映出的其實是某種世界觀——當時的人比今日更能理解武裝鬥爭。在那個年代裡，這種反抗行動被視為一種正當的政治訴求手段，是不對稱衝突的一種徵兆，而不是什麼邪惡的意識形態。在那些年代裡，世界各地都能見到後殖民的解放運動，而且還能博得西方世界的同情，並獲得蘇聯，甚至是美國不同程度的支持，直到冷戰期間都是如此。

布希兒與哈莉德非常切合當時西方對中東女性的主流態度。西蒙波娃曾在她一九六七年的埃及旅行紀錄中提到，埃及女性那種被「不斷重複的生活」束縛住，被像是「封建主、殖民者和種族主義者」那般的男人對待的現象，都讓她感到非常的不舒服。一位來自中東的「致命美人」，曾為了她所屬組織的政治鬥爭運動執行過一場劫機，而這個舉動也出人意料地隱含一種原始的女性力量。另一位年輕的阿爾及利亞女性，則不願像殖民統治下的學生在背誦課本那樣高唱「法國是我們的母親」，而是大聲喊出了「阿爾及利亞是我們的母親！」儘管未必容易，但要去支持一群希望將國家從占領者手中解放的中東女性，至少在當時還是可行的。

然而就在布希兒被逮捕，遭法國人審判，以及哈莉德劫機之後，中東的政治地景便在接下來的數十年裡出現了劇烈的變化。曾在二戰結束之後壯大、對殖民統治帶來挑戰的世俗派民族解放運動，此時開始變得愈來愈孱弱。許多女性原本還能在巴勒斯坦人第一次起義期間躋身成為領導人，此時卻開始只能眼睜睜看著自己的領導人遭以色列暗殺。在伊朗，美國中情局則是支援了一場政變，消滅了一場試圖將伊朗石油產業國有化的民主運動。一九六七年，埃及在對以色列的戰爭中落敗，導致納瑟主義運動無以為繼，最後導致穆巴拉克上台，實行軍人獨裁統治，而穆巴拉克正是美國堅定的盟友。在整個中東地區，世俗化的運動和領導人的處境則每下愈況，不論他們鼓吹的目標是取回被占領的土地、政治自由，還是社會經濟上的正義，成果都不盡理想。這些民族主義、左派武裝鬥爭，甚至是世俗化民族主義政治，都將一個信念奉為圭臬——他們都相信自由的普世價值和民主主義，並假設信奉這些信念的西方人，也會回應或是容忍同樣擁有這些信念的中東人。然而隨著時間過去，他們愈來愈清楚事實並非如此。監獄裡開始塞滿了伊斯蘭主義*者，他們都是運動分子和武裝分子，對於過去已然失敗的意識形態不再抱有任何期待，因而決定轉向宗教，從而讓反抗行動開始變調。他們常常受到欺壓，而這種遭遇也促成、加深了他們的極

*伊斯蘭主義其實是指一些穆斯林奉獻於政治活動，執行穆斯林認為的伊斯蘭理念。這些穆斯林透過各種方式抵抗當前政治與社會經濟現狀。但這個名詞常被西方媒體引用，已取代「基本教義派」，成為一種負面的概念。很多團體都被貼上此一標籤，不論是試圖用暴力推翻政府的激進團體，或是溫和的伊斯蘭復興黨及穆斯林兄弟會等。一般媒體認為伊斯蘭主義者過於極端，帶有暴力傾向與支持恐怖主義。不過多數的伊斯蘭主義者拒絕使用暴力，並認為西方的民主制度與自由概念等價值與伊斯蘭原則並不互斥，只不過得再透過伊斯蘭的詮釋方式來傳播。

端主義。中東地區大部分區域的政治發展於是逐漸停滯下來。到了一九七九年，伊朗革命運動以最小程度的暴力，完成了一件不可思議的事情：這場運動推翻了一個現代又世俗化並且與美國維持盟友關係的政府，並讓一個什葉派的神學士成功掌權；這位神學士穿著黑袍，擁有中世紀的陰沉形象，承諾自己會在伊斯蘭共和國的旗幟之下，為人民帶來獨立與自由。這是中東的一個關鍵時刻：不論是主張普世價值的左派，或是鼓吹民主制度的民族主義者，這些世俗派的領導人最後全軍覆沒，只有這位神學士成功了。而且把他推上執政大位的群眾裡，有不少都是女性；不論是穿著裙子、把頭髮露出來的女性，還是戴著頭巾的保守派女性，全都被民族主義的信念給團結在一起——她們相信，伊朗必須從美國的控制之下獨立出來。伊朗革命也激起了中東地區新一波的政治運動；武裝組織、政治上的反對派，以及對未來開始浮現的展望，都變得愈來愈和宗教有關，也愈來愈極端，而在這種轉變之下，這些政治領域也變得更加專屬於男性。

到了一九八〇年代，美國在冷戰期間支援外國的穆斯林戰士，幫助他們對抗阿富汗的蘇維埃分子。這場戰爭吸引了來自世界各地的男人，但女性卻沒有被邀請前來參與這場宗教聖戰。那些戰士的妻子通常會陪伴丈夫身赴前線，但她們當時所扮演的是傳統的家庭婦女角色。在此之後逐漸壯大並在九一一攻擊事件中到達巔峰、由賓拉登領導的蓋達組織，也有相同的特點。在性別角色這件事情上，蓋達組織的態度非常傳統，也不期待女性有任何參與。即使到了二〇〇八年，賓拉登的副手查瓦希里依然堅持「蓋達組織裡沒有女人」，她們只是聖戰士的妻子而已，「承擔的是照料家務的英勇職務」。蓋達組織既沒有用新娘作為招攬士兵的誘因，也沒有吸引單身女性加入組織。美國於二〇〇三年與伊拉克的戰爭，吸引中東各地的阿拉伯人前來伊拉克與美國占領軍作戰，並開啟了一波戰事，在接下的幾年裡讓伊拉克陷入了混亂。到了此時，女性參與軍事行動的嶄新篇章，才終於在解放過後、滿目瘡痍的伊拉克裡展開。

有些伊拉克女性被關進了美國設置的阿布格萊布刑求室，有些則苦於伊拉克殘酷的刑事司法體系；她們被玷汙的榮譽十分具有號召力，成了伊拉克的蓋達附隨組織（即伊拉克的伊斯蘭國的前身）可以運用的元素，而年輕女性也開始報名參與遜尼派發起的自殺攻擊行動。這起黑暗的插曲，原本主要是發生在伊拉克的故事，也是美國入侵之後留下的傷口，卻為接下來浮現的現象奠定了基礎。由於許多前往伊拉克的戰士都曾經參與過前幾次的聖戰，因此制定政策的人和安全事務分析家很容易會以為，出現在他們眼前的景象和過去是一樣的，並認為這就是伊斯蘭催生的中東恐怖主義。在西方人看來，驅動這些事態的源頭在此時更加確定：起義是宗教性的，而領導起義、作戰和招募新血這些事情，則是男人的事情。

當你在翻閱關於這些衝突的任何一本書籍、查找索引時，很可能看不到任何一女性的名字。暴力和起義行動是由男性進行的，而女性則融入了如壁紙般的歷史背景中，被認為是旁觀者，被動讓事情發生的人，有時甚至還是受害者。她們不是在講道壇上滔滔不絕、撻伐西方或阿拉伯獨裁者的人。她們不會用錄音帶錄下宗教指令，讓人夾帶跨境在全球流通。她們不會拿著槍，也不會包著頭巾，蹺著二郎腿，和西方記者一起坐在滿是灰塵的地上。但女人總會出現在背景裡：她們是妻子，是提供後勤補給的人，是負起教育職責和加油打氣的人，是對下一代年輕人低聲闡述價值觀、政治觀和世界觀的人。她們的角色是間接的。置身局外的旁觀者通常只會關注舞台上配備武器的人；在他們眼裡，女性是隱形的邊緣人。

然而，二〇一〇年代發生的一連串事件，永遠改變了這種現象。二〇一一年，整個北非和中東地區爆發了一連串起義，也開啟了關鍵的轉變。在開羅的解放廣場上，在巴林、葉門、利比亞和突尼西亞，女性經常出現在示威者的最前面，她們鼓動男性和軍警對抗，要求政府賦予政治上的自由、尊嚴和生存機會——她們催生了這場阿拉伯之春運動。像努兒那樣的年輕女性，過去原本無法在突尼西亞的舊秩序中找到一席之地，此時卻成了運動的主幹，而這場運動最重要的目的，只是希望不論在學校、政治領域，或是就業市場裡，所有人都擁有不被排除的權利而已。

阿拉伯世界的獨裁者紛紛鎮壓這些示威活動。在阿拉伯之春引發騷亂的那幾年裡，這些獨裁者擁有一些令人意想不到的盟友。儘管美國和歐洲多年來都在抱怨獨裁統治阻礙了阿拉伯世界的發展，還導致女性的不平等處境惡化，助長了極端主義，但在面對這波突如其來的巨變時，西方國家的態度卻又顯得曖昧不清。當埃及的革命運動一路跌跌撞撞、逐漸落入伊斯蘭主義者的統治之下時（而且這些支持伊斯蘭主義的政治人物，還是經過民主程序被人民選上台的），歐巴馬總統卻開始轉向支持幾位渴望掌權的軍事將領。他宣稱美國的首要目標，就是維持穩定。於是在兩年裡，這些充滿希望的阿拉伯革命運動便陸續瓦解，逐漸演變成一場場內戰或軍事將領和獨裁者的鎮壓行動——他們知道，美國還有其他更重要的目標，無暇顧及太多。

伊斯蘭國，正是在這首由希望和混亂所譜寫而成的歷史插曲，以及隨之而來的秩序真空狀態之中逐漸崛起的。這個政權經驗豐富、組織完善，也有決心要利用這場失敗的革命所帶來的不滿、裂痕和混亂局面。他們也敏銳地注意到了女性的角色，開始將她們視為日益重要的政治力量，儘管他們依然主張極端父權的家庭組織形式，也不讓女性在政治領域擁有自主權。

伊斯蘭國是從敘利亞和伊拉克的近代史，以及這些國家的冤苦和裂痕之中長出來的東西。然而伊斯蘭國最初在講述自己時，使用的卻是一個非常不同且崇高許多的敘事。它宣稱繼承了全球遜尼派領導者的衣缽，還預言伊斯蘭勢力終將會和西方發生一場末世之戰。它承諾將會創建一個伊斯蘭家園，一個穆斯林可以在天國之下自由及公平生活的帝國。它呼應了阿拉伯之春示威活動的訴求，以開明統治、機會和尊嚴為號召，吸引了數萬名穆斯林前往它的領地。

如果阿拉伯世界的女性在二〇一一年的訴求是自由的話，那麼當伊斯蘭國的領袖巴格達迪於二〇一三年宣布成立哈里發政權*之後，她們未來的命運卻只是變得更像西蒙波娃曾經鄙夷的那樣、也更像過去的中東女性所習於接受的那樣——不斷重複的生活；而自由這個夢想，儘管曾經似乎近在眼前，後來卻又消失在政變和殺戮的煙霧與催淚瓦斯之中。西方人一般認為，對女性來

---

*當時伊斯蘭國的領袖自稱哈里發，哈里發是自從西元七世紀穆聖歸天後，伊斯蘭世界的政治宗教領導者。哈里發制度在二十世紀初被土耳其總統凱末爾廢除，直到伊斯蘭國的領袖借用哈里發的概念，來支撐自己的統治正當性與吸引其他穆斯林。

說，那些名義上支持世俗主義的阿拉伯軍事將領和王室獨裁者，總比政治上的伊斯蘭主義者來得「好」，然而在這類領導者的統治之下，女人其實仍會面臨到多重的束縛：她們必須面對自己身處的文化裡的父權體制，而這種文化對於女性受教育、外出工作是持負面態度的；在突尼西亞這種不讓信教的女性進入公共領域的社會裡，她們也必須和阻礙她們進入職場、接受教育的結構性障礙進行對抗——**與此同時**，她們也無法組織起來，透過政治行動來挑戰這些規範，因為世俗的獨裁者根本就不允許任何政治活動。

這些理應對女性處境更有利的獨裁者，其實並不反對透過監禁、性暴力（輪暴、檢查處女膜）等方式來處罰反對他們的女性。對於有更多訴求的女性來說，不論她們要求的是更多尊嚴、更多公共和公民影響力，還是更多實踐宗教的空間，當時的狀況都不容許。

就在這種持續升溫的絕望氣氛之中，伊斯蘭國拋出了它的願景。它既不是專制獨裁的附庸國，也沒有要假裝自己是個自由的民主國家。它根本就不是一個傳統意義上的民族國家，也毋須順從新自由主義的資本主義的支配。

到了二〇一三年，數千名女性從世界各地湧向了這個應許之地。她們來自北非和其他中東地區，也來自歐洲、俄羅斯、中亞地區、美國、澳洲、中國和東亞地區。在那些從歐洲前往這個哈里發政權的人裡，有百分之十七是女性。在這些女性之中，有教養出眾的外交官女兒，有實習醫師，有成績優異的青少女，也有無家可歸的低收入女性和孤獨的家庭主婦。她們湧入那些被伊斯蘭國控制的城市，在敘利亞和伊拉克難民逃走後留下的房子裡落腳。她們為這個伊斯蘭國度——

這個她們相信自己正在建立的祖國，搭建了許多臨時診所和學校。

在這些女性當中，許多人試圖以一種扭曲的方式追求尊嚴和自由，然而這種方式，卻也讓她們擁抱那些終將會違背尊嚴和自由的政治形態。這些女性的武裝鬥爭願景，其實脫胎自早年那些解放鬥士；雖然並非絕無可能，但我們或許還是很難理解、同情這些女性。她們擁護一種世界末日式的意識形態，支持對咖啡館或禮拜場所發動攻擊，而且似乎也相信自己的從屬地位並無不妥——這種信念，是透過一種嚴格的男女有別的精神所促成的，而其嚴格的程度，也讓她們很難真的能夠維護正義。

對於外界而言，這個故事的結尾或許已經書寫完成了。但伊斯蘭國裡那些原本即將成為公民的女性們，心懷期望，卻也目睹了這些期望如何快速瓦解。那些好戰分子向我們展示了，他們並沒有比那些他們宣稱要反對的獨裁者更好；他們同樣把宗教當作裝飾品，同樣對權力、戰利品和領土貪得無厭，而且不顧或輕視那些伊斯蘭正義的基本原則。不論是將人釘在柱子上，或是斬首處決，都能吸引到很多觀眾。她們的丈夫原本在家裡都非常安分，如今卻開始會在手機應用程式上尋找性奴隸。

這些女人有多後悔呢？我們極難斷言。但她們後來卻甘冒被處決的危險拒絕伊斯蘭國的統治，甚至試圖逃跑。然而就算真的能夠成功逃跑，她們一旦承認自己曾經自願和伊斯蘭國有過瓜葛、甚至曾經相信過這個國家，依舊要面臨生命的威脅，或者承擔一些社會汙名。有些女性會合理化丈夫的殘忍行徑，聲稱許多人都一樣殘忍，或者宣稱和丈夫的行為相比，那些他們所反抗的對象並沒有比較不殘忍——比如阿薩德的軍隊、受伊朗控制的什葉派民兵、俄羅斯的空軍、和蓋達組織有關係的叛亂團體，以及美國支持的親庫德族自治軍隊，他們也都一樣殘忍。許多女性發現自己被困在一個沒有法律的地方，每晚都有來自不同國家的轟炸機會對她們進行轟炸。如果她們的丈夫不幸陣亡，過不了多久就會有人前來敲門，出現某個指揮官要求她們改嫁，於是她們就這樣一而再、再而三地，不斷成為寡婦。

雖然伊斯蘭國作為一支戰場上的軍隊，今日已經在敘利亞和伊拉克被擊敗了，但它並沒有消失：二〇一九年的復活節，伊斯蘭國的支持者在斯里蘭卡的幾場炸彈攻擊之中，一共殺害了超過兩百五十人，而他們的領導人巴格達迪也在同年四月出現在一段影片中，宣布他的組織並沒有放棄目標，還誓言會繼續對全球各地的非穆斯林信徒發動血腥的游擊戰。和這個團體有關係的附屬組織，今日仍在世界各個被他們堅稱為「下轄省份」的地方發動武力強大的地方性暴力事件。伊斯蘭國的教派仇恨，如今已經感染了阿拉伯世界的整個世代。

讓伊斯蘭國得以崛起的政治裂痕，至今仍未修補完成。歷史告訴我們，除非各種條件出現了實質性的變化，否則新的暴力事件依然會從舊事件的灰燼之中冒出。

如果我們想要打破這個循環，就必須對付這個團體那可恥、充滿侵略性的遺緒，同時也要去理解他們究竟是如何說服數千名女性，讓她們相信只要加入伊斯蘭國，就可以為她們帶來安全、讓她們充滿力量。

本書跟著十三名女性的腳步，記錄了她們居住在伊斯蘭國、或是支持伊斯蘭國的經過——她們有些非常年輕、有些年長一點；有些受過教育，有些則沒有。這本書訴說的，既不是一個西方的故事，也不是一個中東的故事，其場景橫跨了英國、德國、突尼西亞、敘利亞、土耳其、利比亞以及伊拉克。它描繪了女性受徵召、被鼓舞，或是被迫進入這個軍事組織的各種方式，而其過程通常都和他們的情人、親戚、老師和鄰居脫不了關係。

伊斯蘭國的女性受害者（尤其是被奴役的雅茲迪女性），今日已經引起了許多人的關注。沒有人能否認她們所感受到的極端恐懼，以及她們所承受過的苦難。但與此同時，我們或許也因為太過反感，而無法體認到造成女性願意追隨伊斯蘭國的原因到底是什麼。如果我們想要真正理解這些原因，那麼我們就必須以更細緻、更同理的方式，探看那些加入這個組織的女性們。

就在我寫下這些文字的同時，數千名伊斯蘭國的女性和孩童滯留在中東各地的營區和拘留所裡，他們在那裡等待死刑，懸在國籍不明的狀態中，或聽天由命地遭到永久監禁。在那些散發惡臭的營區裡，她們的孩子也在受凍，或者因為罹患數十種疾病而死去。無人重視他們，他們是所有人都希望遺忘的劫後餘民。就短期而言，遺棄他們，在政治上可能的確是個方便的權宜之計。但這麼做，也可能只是在為下一輪同樣的仇恨和回應方式提供薪火罷了——而伊斯蘭國，就是那些仇恨和回應方式帶來的結果。並非每個加入伊斯蘭國的女性，都希望傷害別人、奴役別人，或壓迫別人。很多女性以為她們正在拯救自己、或在拯救別人，以免自己或別人遭遇到那些難以名狀的傷害——沒想到她們無法想像的那些傷害，就在伊斯蘭國裡等著她們。

第一部 繼承之荊

如果我在詩中瘋狂怒吼，那一定是為了對抗警察
如果我寫成了一首詩，那一定是為了對抗警察
我還沒寫過哪個字、哪首詩、哪個句子，不是為了對抗警察的
我所寫的一切，都是為了對抗警察

——米格爾．詹姆斯

〔賓．阿里總統〕在突尼西亞做出了極大的貢獻，不只在家鄉廣受尊重，在阿拉伯世界也是如此。

——美國國會議員希利亞德，於一九九九年第三次拜訪突尼西亞

努兒

突尼斯，克蘭姆，二〇〇七年春

發生面紗事件之後，校方決定讓努兒停學十天，與此同時，老師和校長則在討論應該如何處置一個對宗教產生興趣的十三歲女生。沒人想到要把努兒找來，問她為何會戴著面紗出現在學校裡，或是家裡是否發生了什麼事。努兒只是想要成為一個有操守的女孩，一個順從真主的女孩，好確保自己在天堂裡能獲得一個位子；她同時也是個青少女，需要藉著反抗某個東西，尋求認同，才能讓她覺得充滿活力。然而沒人問她，到底為什麼會覺得戴面紗是她的宗教義務。如果他們給她一個機會，讓她說說那位 YouTube 上的謝赫，那麼他們或許就能告訴她，其實還有其他學者抱持相反的看法，而且的確更有說服力，也更有根據。然而校長並沒有這麼做，而是把努兒和她的父母請到了學校，並在一位長相猥瑣的警察的陪同之下，強迫努兒簽署一份聲明書，保證自己不會再用布蓋住自己的臉部或頭髮。

突尼西亞這個國家，從一九五六年自法國治下獨立出來，一直到二〇一一年的革命為止，都一直被視為一個世俗國家；然而與其說是世俗，這個國家對待宗教的態度，用「獨裁」來形容其實更加適當。突尼西亞政府會控制突尼西亞人信奉伊斯蘭教的方式，甚至細微到日常禮拜的各種外顯細節，比如規定女人可以穿什麼、男人什麼時間可以去清真寺，同時使用警察國家鋪天蓋地的監控行動來實行這些規範。突尼西亞在獨立之後，統治國家的總統布爾吉巴，對於法國模式的**世俗主義**（laïcité）情有獨鍾；這種世俗主義強調在公共事務上的世俗性，希望創造一個世俗的社會。布爾吉巴掌權之後，便將伊斯蘭教的教訓和指示，完全納入國家的控制之下。

透過這種做法，他反轉一個維持了好幾世紀的傳統。突尼西亞是一個擁有深厚伊斯蘭遺產的國家，最早可以追溯至七世紀末，當時阿拉伯人從拜占庭帝國的手中，取得了對北非的控制。儘管伊斯蘭世界的疆界隨著時間不斷變動，最遠可及西班牙和西西里島，但突尼斯這個區域一直都位於接下來幾個穆斯林帝國的核心地帶。突尼斯極具歷史意義的宗教學習重鎮是宰圖納清真寺，最早可以追溯至公元七三七年。然而布爾吉巴上台之後，便關閉了宰圖納清真寺。他廢除了宗教法庭、將伊瑪目*變成公務員，並對學校裡使用的宗教典籍進行了修改。他企圖終結在齋戒月裡進行齋戒的習俗，並主張如果不去除這種教規，突尼西亞就無法發展，甚至曾親自於齋戒月期間，在國營電視頻道上飲用柳橙汁，藉此來表達自己的觀點。他和很多二十世紀中東的現代化建國者一樣，相信他們的社會需要成長和紀律來進行現代化、追上西方的腳步，但伊斯蘭卻不允許

＊穆斯林社群的精神領袖。

這些特質。

到了一九八七年，賓・阿里則從布爾吉巴的手中奪取了政權，並進一步將宗教當成自己的工具，以此建立自己的權威。他允許廣播電台播送喚拜聲，還親自前往麥加朝覲，並鼓勵慶祝蘇非主義的節慶，藉此精心打造出一個「溫和」的突尼西亞伊斯蘭，並把這種宗教看作一種民族特色，而國家的地位比宗教高則是核心原則。

一九八九年，他曾允許安納赫達的候選人參選（安納赫達是一個反政府的宗教運動）；然而當他們取得不錯的成績時，賓・阿里卻又開始欺壓、監禁他們。他還關閉了清真寺，並擴大戴頭巾的禁令。在禮拜以外的時間，清真寺不能對外開放，而警察則會在第一道曙光出現時於街上巡邏，注意哪些人早起進行晨禮。

即使如此，突尼西亞政府仍然沒有辦法，將突尼西亞人轉變成和政府關係較好的蘇非主義信徒，也沒辦法將他們變成像巴黎人一樣的世俗派；大部分人依然是保守而傳統的穆斯林。在這種壓迫之下，堅守自己的信仰，便成了一種挑戰國家的方式。像努兒這種在對宗教的好奇中成長的年輕女性，通常只好在那些海灣國家的衛星電視節目裡收看謝赫的演說，而那些謝赫的伊斯蘭法學路線，比突尼西亞本地幾個世紀以來的「宰圖納」學院*還要嚴格許多。

幾個世代的突尼西亞年輕人，在成長時期的自我認同都是穆斯林，但他們的禮拜行為和宗教認同，卻充滿了政治意涵。對很多人來說，在宗教上的虔誠態度於是成了一種語言，他們會透過這種語言來對抗國家侵犯他們的日常生活，奪回生活的自由。

一週之後，學校終於對努兒重新開放；那天早上，努兒穿著睡衣吃早餐。她的母親告訴努兒，她還太年輕，沒有辦法決定自己的未來，她最好去把衣服穿好。她同意了。但這起事件也加深了努兒戴面紗的信念；現在的她，已經不會在離家之後、等到經過麵包店時，才偷偷戴上面紗，而是在家裡就開始大剌剌地戴上面紗，上了街也戴著，一直到校門口才摘下。在教室裡，她覺得自己彷彿是個怪物，老師們都不願看她一眼，也不願和她說話。

「你也應該戴面紗，」她用責難的語氣和母親說道。努兒的母親身為家庭主婦，還有其他四個孩子要照顧，不知道該對這個惱人的年輕女兒說些什麼。努兒經常對母親說教，要她更加認真地看待伊斯蘭。在努兒看來，除了不想在街上丟臉、避免被帶進警察局這些原因之外，他的母親似乎沒有仔細思考過為何自己不戴頭巾。努兒心想，那些都是站不住腳的立場；那甚至稱不上是立場，只不過是為了自保的本能罷了。

布爾吉巴總統曾把面紗稱為「那塊可悲的破布」而廣為流傳，並於一九八一年禁止女性在學校和政府機關佩戴面紗。你今日還能找到一段畫面粗糙的影片，內容是他有次在開齋節那天，在街上將一條白色頭巾從一個中年女性的頭上扯了下來；那名女性看起來既驚恐又尷尬，連忙用顫抖的手指把頭巾給拉回來，但總統像是在糾正孩子一樣，又將她的頭巾給拉下來，並放肆地輕輕拍了拍她的臉頰。從一九八一年起，突尼西亞女性在前往諸如學校、大學、銀行和政府機關之類

＊突尼西亞最古老的「宰圖納」（Zaytuna）清真寺開辦的學校。

的公共場所時，必須先將頭巾摘下。

和該地區其他推動現代化的政治人物（比如土耳其的凱末爾，和伊朗的巴勒維）一樣，布爾吉巴並沒有明確鼓吹女性應該放棄伊斯蘭信仰，但他曾明確表示，他希望她們的**行為舉止**可以更世俗化一些，比如和異性打交道時不戴頭巾，或是穿著現代西方樣式的服裝。與此同時，他也在選舉、婚姻和孩童監護權等方面，大刀闊斧地給予女性許多權利，讓突尼西亞女性很快便成為阿拉伯世界識字率最高、教育程度最好，也最為獨立的女性群體。布爾吉巴的陵墓上，還刻著「女性的解放者」幾個字，但他究竟是為所有女性、還是只為其中一些女性帶來了解放，這點還要再過幾個世代才能釐清。

努兒的母親和許多同輩人一樣，她們之所以遵循這個模式，其實是出於實務上的因素，因為突尼西亞的工作機會供不應求，但她卻要撐起一整個家庭的重擔。社區裡那些不願就範、堅持配戴頭巾和參與宗教活動的女性，她們的家庭最後下場如何，每個人都心知肚明。她們的家人總是緊張兮兮，頻繁出入警察局，生活在貧窮的邊緣，而她們的父親、丈夫和兒子，則因為參與異議活動而遭到監禁，或者被迫流亡海外。努兒的母親為了讓女兒能聽進那些基本的道理，時常會提起一些恐怖的故事，比如嫁給伊斯蘭主義者的女人，到了婚禮現場才發現許多警察正把賓客們的頭巾扯下，又比如那些被懷疑參與「宗教」活動的人，家裡會在夜晚裡遭到突如其來的搜查。

她告訴努兒，住在三條街外的某個女人，有天晚上遇到警方上門搜查，最後卻遭到一名警員強暴；事發過後，那個女人整整一年都沒說過一句話。「整整一年啊，努兒，她一句話都沒說。

我們當時每星期都會問：『她說話了嗎？』他們總是回答：『還沒。』」

努兒知道這些故事是用來嚇她的，但她依然堅持己見。「如果很容易的話，那就算不上試煉了，不是嗎？阿拉最愛的人，就是那些被祂用最嚴格的方式試煉過的人。」根據古蘭經，這種說法的確沒錯，但這句話也已經成為一種美好的想像，在穆斯林青少女之間非常流行。

就在努兒成為學校裡的怪物的幾個月之後，她終於告訴父母親自己再也受不了了。她的母親告訴她，「至少念完，先拿到畢業證書再說。」但她覺得老師們都在辱罵她，她不知道這樣子自己到底可以學到什麼。反正也沒有什麼東西進得了她的腦袋裡——她既畫不出一個原子的樣子，也說不出直角三角形斜邊的性質。上學還有什麼意義？

到了二〇〇九年，她決定輟學。現在的她，每天早上都在家裡幫母親打掃煮飯。她會在午餐過後讀古蘭經。附近一座清真寺裡，有個祈禱室會開放給女性聚會、討論宗教，而努兒就是在那裡，和伊瑪目的妻子成為了朋友。

努兒很喜歡伊瑪目的妻子生氣蓬勃的笑聲，也喜歡她們之間真誠的對話；那些對話就像一堂堂課程，為努兒闡明了宗教的各個面向，比如應該帶著什麼心態來做禮拜、慈悲施捨的重要性，以及慈悲的心如何能讓一個人變得更為高貴。她還告訴努兒幾位先知的故事，告訴她關於摩西和耶穌的事情，以及最重要的，讓她知道先知穆罕默德的品德。先知穆罕默德曾說：「即便只是施捨半顆椰棗，也能讓你免於地獄之火。如果你找不到椰棗，那麼施捨幾句好話也可以。」半顆椰棗，努兒還負擔得起，而且就算自己擁有的並不多，她還是覺得可以幫助其他人，是一件非常令人振奮的事情。她並不像自己以為的那樣無能為力。當伊瑪目的妻子邀請其他女人過來、圍成一圈進行討論時，努兒通常都因為太過害羞而沒有太多發言，但她仍會熱心聆聽，並將聽到的一切銘記在心。

阿斯瑪

敘利亞，拉卡，二〇〇九年夏

那是在某個陽光明媚的美好日子，拉卡的天空填滿赫拉特的土耳其藍，而甜品店裡的果仁蜜餅吃起來酥酥脆脆，就像天堂的味道。阿斯瑪幾乎覺得，如果希山姆也在身邊，而且每天都像那天一樣的話，自己就可以在這個省城裡過著開心的日子了。

他們在「負片咖啡店」用咖啡開啟了一天的早晨；自從阿斯瑪抱怨拉卡沒有現代咖啡店之後，幾個星期以來，希山姆就一直想要帶她去那裡看看。那家咖啡店還算過得去，有白色的皮椅、拼貼各種黑白照片的牆面，彷彿要人想像一九五〇年代的巴黎一般，但阿斯瑪還是露出迷人的笑容，表示自己非常感謝他所做的努力。當他們走出咖啡店時，她感覺到其他女人的眼睛正在打量她。如果其他人的裝扮能夠再時髦一點，她會更喜歡那個地方，因為那樣就有東西可以讓她觀看和思考。對阿斯瑪來說，成為一個房間裡最會打扮的女生，並不是特別值得開心的事情，那只代表她根本就不該身處那個房間裡。

他們在女士宮的遺址附近散步；這座建築物，是阿拔斯朝的拉希德哈里發，於十二世紀將首都從巴格達搬到拉卡時所興建的。當時正值中午，氣溫燠熱難當，他們在階梯上抽菸，還得不斷趕走飛舞的蒼蠅。希山姆提議去舊橋邊游泳，但他的意思其實是**他**可以去游泳，因為阿斯瑪沒辦法穿著衣服跳入幼發拉底河。

阿斯瑪也很想喜歡上拉卡這座城市，她的新家，因為她很愛希山姆，也渴望擁有他。他的身形修長，擁有一頭黑色的捲髮、蜂蜜色的眼眸，以及一個迷人的鷹鉤鼻。以拉卡的標準而言，他的父母經濟狀況不差，他也有那種出身優渥的人會有的個性：不太正經、容易覺得無聊，時而穩重時而輕浮。但拉卡給她的感覺卻非常枯燥乏味，令她有些失望。阿斯瑪在大馬士革長大，直到快二十歲時，才搬到拉卡這座城市（她心想，這裡還算得上是座城市嗎？還是只是個小鎮？），因為她的父母決定回到她母親的故鄉。她很想念首都裡五光十色的生活：在泳池畔舉行的派對、五星級酒店、來自世界各地的觀光客和學語言的學生、現代化的餐廳，還有那裡對一切外來事物徹底開放的氛圍。大馬士革給人一種能連結上二十一世紀脈動的感覺，而拉卡儘管並存各種宗教，是個頗容易適應的河畔城市，但給人的感覺也就僅止於此了。

阿斯瑪在哈薩卡大學修讀行銷，那座學校位在拉卡東北方，坐巴士過去要四十五分鐘。一有空閒時，她大多都在閱讀，或掛在網路上看影片、學習新東西，希望能參與外面的世界。她想知道西方人都在讀些什麼、吃些什麼、穿什麼衣服、聽什麼音樂、在想些什麼。她覺得，行銷這門學問是一條不錯的途徑，能帶領她走向外面，最好是走向拉卡以外、敘利亞以外的地方，前往更寬廣的世界。她希望接觸外國人，甚或從事旅遊業或是旅遊行銷，只要能跟外國扯上關係都行。

她的書架上擺滿了書，而那些書的作者有丹．布朗、雨果、海明威，還有埃及的作家兼哲學家塔哈．侯賽因。她在臉書、Instagram 上都有帳號，也會聽酷玩樂團，而且也像世界其他地方的女性一樣，覺得安潔莉娜裘莉不知道為什麼就是有點討人厭。她盡可能以英文閱讀，並開始會在看似必要的情況下，使用英語來講述某些詞彙，比如：放鬆、金錢、權力等。用英語講這些詞彙，聽起來就是不太一樣。她覺得自己是個現代年輕女性，有自己的理想抱負，因此當希山姆建議她戴頭巾時，她內心非常憤恨不平。

有天傍晚，他們先是吃了漢堡當晚餐，接著把車子開到某個上流社區安靜的巷底，坐在車子裡聊天；阿斯瑪很喜歡看那個社區裡的別墅。希山姆和阿斯瑪十指交扣，然後對她說，「男人對妻子的期許，和對女朋友的是不一樣的。為什麼要讓所有人都能看見你的美呢？」他繼續告訴阿斯瑪，對他來說她有多麼珍貴，他又有多麼希望能擁有她的某些東西，而那些東西是其他人無法擁有的。

那是他第一次提到這件事；她無法相信，他居然會說出這些話來。他們曾一起去過某個海灘，她當時穿的是一件黃色的比基尼，也曾經穿過短裙、小可愛，一切都沒什麼問題。她的兄弟們並不在意，她的父親也不在意，而她也以為她的男朋友不會在意。

「在我身上，你的確擁有某些特別的東西：你能進到我的心裡。」她如此回覆道。

他說，他希望她身上一些**看得到的**部分，是專屬於他的。

是因為他懷疑她的貞操嗎？還是，這是他父母親的意思？

「如果你想要嫁給我，你就必須要戴頭巾。」他語調平緩地說道。

「希山姆，信任在這裡。」她一邊說著，一邊用手指敲了敲自己的胸前。「而不是在這裡呀。」她用手摸了一遍自己的頭髮和身體。「你一開始喜歡上的我，是沒戴頭巾的。為什麼現在又要我戴上頭巾了？」

他聳了聳肩。「我不能改變那個想要你戴頭巾的那個部分的我。那是無法改變的。」

麗娜

德國，魏恩海姆，二〇〇〇年夏

那又如何？不論他是德國人還是法國人、是朋友還是敵人，最重要的是，他是一個男人，而我是一個女人。他對我很好，很體貼、很殷勤……對我來說，那樣就夠了。我別無所求。有這些戰爭、這些轟炸，我們的生活就已經夠複雜的了。在一個男人和一個女人之間，那些一點都不重要。我完全不在乎我喜歡的男人是英國人、還是黑人——只要我有機會，我還是會將自己獻身給他。

——《法蘭西組曲》，內米洛芙斯基，一九四二年

麗娜在大哭時，眼淚有時會落入她塞進葡萄葉的米飯裡，以至於她總懷疑，那些米飯會不會因為她的眼淚而變得又鹹又苦，或者將它們吃下肚的客人，會不會因為她的悲傷而生病。魏恩海姆是一座位於海德堡附近的小鎮，她在那裡的生活一直都過得非常艱辛。而她丈夫那邊的黎巴嫩親戚，又從貝魯特搬了過來；他們的出現讓她相當難受，因為那讓她非常想念昔日的時光。至

少，從前的她不用像現在這麼辛苦。

麗娜有三個年幼的孩子，而她的丈夫，則是一個讓她非常討厭的男人——他腫脹的臉龐上，有著一對小小的眼睛和一個塌鼻子。他以前有個女朋友，而且經常在迪斯可舞廳裡流連；他不做禮拜，不會讀古蘭經，根本就不相信真主的存在。在德國漫長的冬天裡，天空總是陰沉沉的，而且通常會從九月份一路持續到隔年的六月份，這讓她變得更加憂鬱。麗娜和他的丈夫，是在一九九〇年代初從貝魯特搬到魏恩海姆的。他們移居後的第一年，她總會在鎮上花很長的時間隨處溜達，試著讓自己熟悉那裡曲折迂迴的街道，以及那些歪斜、帶山牆的建築物。有次，她在一個古老宮殿的花園裡發現了一株黎巴嫩雪松，它的樹幹至少有兩公尺寬，樹枝挺拔參天，她想像那株雪松的根部，應該也深深地扎進了土壤裡。麗娜欣喜地看著那株雪松，覺得自己也是一株被移植到德國來的雪松，只是適應得沒那麼好。

麗娜丈夫那邊的家人，是在他倆移民到魏恩海姆幾年後，就跟著過來的；那些親戚就像世界各地的黎巴嫩商人一樣，自信滿滿地認為自己可以看出他們剛落腳的這座城鎮裡，還有哪些商機沒有被人發現，然後豪氣干雲地在這裡開創一番事業。魏恩海姆沒有黎巴嫩餐廳，因此開一家餐廳似乎就是顯而易見的選擇了。她的公公會準備沙威瑪要用的肉，因為那是男人要負責的工作，但其餘的一切餐點，就得由麗娜和她的婆婆負責完成了。通常她會在日出之前起床，準備她負責的項目：葡萄葉捲、烤茄子泥，以及麝香草糕點。因為實在太常準備這些食物了，到後來她愈來愈討厭吃這些東西，因為它們嚐起來的味道會讓她想起她辛苦的勞動。

麗娜的丈夫在餐廳工作，而且通常會在早上離家時，將她作好的食物帶出門。但這並不代表她一天的工作就結束了。她的婆婆希望她可以幫忙打掃她的家裡。在夫家之前居住的貝魯特，請人來家裡打掃並不貴：只要一個豪華一點的三明治的價格，你就可以請到一個黎巴嫩本地人或南亞裔的女性來幫忙家務。許多貝魯特中產家庭裡的女性，都因為做了指甲美容，而已經有好幾十年沒碰過馬桶刷了。

但在魏恩海姆，勞動力可不便宜。不，廉價勞動力其實還是有的，那就是麗娜本人。有時她自己的家務和煮飯工作實在做不完，或者肩膀和手指因為疲勞而太過緊繃，又或者只是想要偷閒一個小時看看電視，但只要沒有馬上過去婆婆家，婆婆就會在午飯時間過後立刻打電話來。她的婆婆會在電話裡無力地、像誦經一般地說，「哎，麗娜？你今天是**去了**哪裡啊？」

麗娜知道婆婆是個虛弱的女人；她那粉藍色的眼眸，以及幾乎讓人聽不見的聲音，意味著人們總會希望她講話能大聲一點。然而雖然婆婆有些虛弱，但她卻覺得婆婆反而像擔任了她婚姻裡的丈夫角色。她的丈夫無法（或不願？）挺身而出，反對自己的父母，沒辦法阻止他們繼續要求麗娜過去打掃、為餐廳煮那麼多菜；他甚至沒辦法為自己爭取到休假時間。直到第三個小孩出生之後、麗娜和他說她實在受夠了，他才終於幫她要到一天休假。在家的時候，他幾乎什麼都不做，然後把所有時間和金錢都花在外面。她幫他洗衣服時，發現衣服上留有別的女人的香水味；她必須省吃儉用，丈夫留給她的錢才勉強夠用，因為他每個月都會花掉許多錢，來支應自己在外頭鬼混的開銷。他在家裡的時間愈來愈短；到最後，他回家只是為了睡覺而已。唯一能看出他待過的痕跡，就只有他留在廁所裡的短褲，以及每天早上他喝即溶咖啡時留下的菸屁股。雖然她後來沒那麼常在小鎮上漫步了，但有時她會想，這個因為絕望而結的婚，或許已經沒什麼值得期待的東西了。

當麗娜六歲時，她德國籍的母親和黎巴嫩籍的父親，在激烈的爭吵過後離婚了。她父親搶走了她，將她帶離她出生成長的德國，回到黎巴嫩，然而她父親之所以這麼做，並不是因為他真的很想要這個孩子，而只是想要報復他在德國的前妻。於是六歲大的她，就這樣突然失去了自己的母親，被丟進一個阿拉伯語的環境之中，但她幾乎完全不會這個陌生的語言。很快地，她的父親便再婚了。

然而她的繼母顯然非常善妒，無法容忍任何可能奪走自己丈夫注意力的東西。當她的父親用德語為她念床邊故事，或是和她一起唱德語歌曲時，她的繼母便會用力甩門，或把電視的音量調高。在黎巴嫩時，他們實在是太常搬家了，以至於麗娜必須一直留級，因為他們從來沒有在一個地方住得夠久，因此她從來都沒有機會參加期末考。父親外出工作時，她的繼母對她異常冷淡，有時還會對她咆哮，把一堆家事塞給她做。幾乎每個夜裡，麗娜在睡前都會一邊哭，一邊聽著鄰居的生活。在溼熱的夏天裡，大家都會敞開窗戶通風散熱，而鄰居講話的聲音便會飄盪在空氣之中。她知道樓上的夫妻正為了浪蕩的兒子爭吵不休，而樓下的家庭正在籌錢把女兒送進藝校。有時她會希望自己就是那個女兒的姊姊或妹妹、希望自己成為他們家的一員；他們對彼此都好溫柔，也不用擔心回到家時會有什麼意外在等著自己，還會一起想寵物要叫什麼名字。

當麗娜十四歲時，她的父親便宣布要把她嫁給她的堂哥。沒人問她是否喜歡那個男生的塌鼻子和慢條斯理的步伐，甚至也沒人問她是否想要結婚。她的父親之所以把她嫁掉，並不是因為他認為那可以達成某個特別的夢想，也不是要讓她過上更好的生活。他只是想要擺脫她而已。麗娜也看不到有其他離開那個家的可能性；在那裡，空氣總是因為繼母的不悅和父親認命的嘆息聲而異常沉重。

於是他們結了婚，並在結婚之後幾乎是馬上就搬到了魏恩海姆。麗娜當時十五歲，正在念七年級。她的德文能力慢慢恢復了。她總期待上學的時光——那裡整潔有序，老師的舉止也十分可靠、讓人安心。然而過不到幾週，她卻發現自己月經沒來，早上起床後還會覺得反胃。她知道自己懷孕了。她覺得帶著逐漸隆起的肚子出現在學校裡實在太丟人，於是乾脆留在家裡，每天看好幾個小時的德語電視節目。她對語言很有天份。她在黎巴嫩的不同學校就讀時，曾經斷斷續續學過一些英語。每當她從電視機裡流瀉出的一長串句子中，辨認出一些英語單字時，不由得感到滿足。那像是某種她很擅長、專屬於她的遊戲一般。

伊斯蘭在麗娜的生命中，一直都不可或缺。她在十歲時，曾在夢裡見過先知穆罕默德。她一直都把那段與先知相遇的記憶當作自己的護身符；每當她感到特別孤獨時，就會去回想那個夢境。那個夢也讓她開始翻開古蘭經，試著解讀裡頭的字句；那裡頭的敘事，講述真主為祂創造出來的萬物所鋪設的道路，於是也成為了她的敘事。麗娜在二十出頭時，曾經考慮過要離開她的丈夫，當時他們已經有了三個孩子，彼此卻並不親密；與此同時，她也變得愈來愈虔誠。她發現自已在那些寒風刺骨、天空活像被鐵鑄圓頂籠罩的冬日裡，會更頻繁地做禮拜、更頻繁地翻開古蘭經。在人行道上走著的時候，和她擦肩而過的德國人總是對她視若無睹，彷彿她戴的頭巾不只蓋住了自己的頭髮，還像個隱形斗篷一樣讓她變成了一個透明人。

她感覺自己像在演戲一般，只是漠然地在完成她作為一個家庭主婦、一個母親、一個餐廳員工應該要完成的工作。她曾跟丈夫提出離婚五、六次。他每次聽了之後，反應都非常激烈，會罵她是畜生、罵她無恥，接著她就會把自己鎖在臥房裡，然後等幾個月過後再次提起。她曾和自己的親人、和夫家的親戚談過自己有多不快樂；實際上，她的夫家本來就是她的親戚——她的丈夫就是她的堂哥，因此她的婆婆也是她的伯母。沒有人願意認真面對她所受到的傷害，而且也都不贊成她離婚。「你瘋了嗎？你有小孩耶，可不能隨便離婚。」她的婆婆最後如此作出了裁示。

二〇〇九年底某個晚上，當她的三個孩子都睡了之後，麗娜在電話旁坐了下來，手裡還拿著一疊紙。她在網路上找到了三個伊瑪目的電話號碼，並草草地記了下來，他們都說可以提供電話諮商。她對每個伊瑪目都說了同樣的話：「我的生活一團混亂。我丈夫不做禮拜、也不尊敬伊斯蘭。他會喝酒，還和別的女人亂搞。」

那些伊瑪目聽了之後，都說了一樣的話。根據伊斯蘭法的規定，她的丈夫已經犯了通姦罪，那是所有罪惡中最嚴重的一種罪行。她不只有權要求離婚，在那之前，她也不應該繼續和他住在一起。那些伊瑪目的聲音、正確而堅定的話語，都讓她確信只有虔誠的男性才是正直、有骨氣的。她將自己丈夫的無能以及對她的傷害，歸咎於他在信仰上的不夠虔誠。

於是她默默地打理好行李。她知道自己不能帶著孩子一起走。她能帶他們去哪裡呢？誰會為他們提供協助呢？儘管孩子的父親對她不好，但至少對孩子還不算太差。把孩子們留給丈夫，她完全不擔心。

她這輩子都在服侍別人；拯救自己的時刻，終於到了。

黎巴嫩，貝魯特，二〇一〇年春

她當年一離開貝魯特之後，父親和繼母便搬進了一個高級住宅，地點就位在「新馬路」的烈士墓園附近，那是個以遜尼派穆斯林為主的社區，而名稱的來由則是通往機場的那條高架道路。坐在從機場前往市區的車上，麗娜看得出貝魯特變了不少。

在她的印象裡，貝魯特的市中心在歷經一九八〇年代的內戰之後，已變得滿目瘡痍。許多典雅、擁有拱門的建築物，都已經在戰爭中成為空殼，街道上也隨處可見爆炸留下的殘骸，人去樓空的房子猶如大大的齒縫，然而現在早已重生，看起來既俐落又耀眼。那些古老的建築物，擁有糖絲般的金黃色外觀，裡頭有普拉達、迪奧之類的精品店。餐廳外面，則有皮膚被晒成古銅色、穿著白色長褲的年輕男子，正在提供代客泊車的服務。麗娜目瞪口呆地看著他們經過的每條街道，這座城市看起來，竟然既熟悉又陌生。她以為自己認得出來她舊家附近的果汁攤；她還小的時候，父親有時會在傍晚帶她去那裡，喝上一杯覆蓋著凝脂奶油和蜂蜜的綜合果汁。雖然貝魯特是個紙醉金迷的地方，但那裡的街道依然充斥各種旗幟和看板，正在述說一個依然未解的政治故事：各種敵對的宗教派系、民兵組織或王朝在此競逐，試圖取得對這個小國的控制，而它們也都各有考量，並對某些更大的區域強權負責。

那幢公寓大廈非常宏偉。公寓大廳的兩旁，排列著充滿異國風情的蕨類植物，倒映在牆壁上的鏡子裡彷彿永無盡頭；穿過大廳時，她心裡有些緊張。電梯安靜無聲地向上移動。當她父親打開家門、看到她站在那裡時，他彷彿凍結住了一般，臉上還閃過一絲驚愕。

「你瘋了嗎？」他指著她包得密不透風的黑袍和頭巾。在那個社區裡，很少有女人會這樣子穿；麗娜猜想，住在那裡的人都期待自己的孩子能在銀行上班、在知名的飯店裡舉行婚禮，而不願致力於靈性活動（這也許能讓他們在離開人世後過得更好）。但不論她覺得他有多麼不相信真主，他都依然是她的父親，而且也依然有能力傷害她。她幾乎咬穿了舌頭來止住淚水。他站在那裡，一隻手還扶著門，彷彿不太想讓她進去。他沒有探身過來給她一個擁抱，也沒有問她過得如何。直到屋內傳出他妻子的聲音之後，他們才終於打破僵局。「進來吧。」他終於說道，同時側開身子，然後又不太自然地在她的背上輕輕拍了幾下。

同樣的景象在廚房又出現了一次，她的繼母正在那裡煮咖啡。「我的寶貝，**為什麼會這樣呢？**」繼母一邊如此問道，一邊上下撫摸麗娜的身子。繼母的嘴唇有點肥厚，像個卡通人物一般，還穿著一件修長的牛仔褲、一雙白色的運動鞋，和一件緊身的圓領運動衫。一副年輕人的打扮，麗娜心想。牆上掛著幾幅他們夫妻倆出遊的照片，繼母在其中一張裡還穿著比基尼泳裝。他們三人一起坐在廚房的餐桌旁。她的父親表情看起來有些痛苦，不斷望向窗外。「聽著，你給我把頭上那個黑色的東西拿掉。然後回去德國，開始穿一些現代的衣服。交個男朋友。雖然其他人可能會反對，但我可不在意。」父親如此說道。麗娜心想，他說的其他人，指的可能是他的姊妹，也就是她的婆婆，因為她反對他們離婚。

麗娜盯著自己放在桌上的雙手；她早該知道自己不該來的。信教的人和不信教的人之間的鴻溝，是不可能跨得過的。她父親居然如此輕易就叫她去找個男朋友，要她變成一個隨便的女人。他們不明白她為何決定要穿成那樣。他們不了解信仰如何撫慰了她的心。她想要活在真主的恩典之中，想要穿得像先知（願他安息）的妻子一樣。對他們來說，這種想法很愚蠢，但麗娜衷心相信審判日終會到來，也相信那些觸怒真主的人有地獄之火在等著他們，而她也願意、甚至熱切地期盼能在此生做任何事情，好獲得真主的寬恕。

看著父親不斷蹺起又放下的二郎腿，麗娜感覺得到他有多麼希望她趕快離開這個房子、離開貝魯特，回去那個地方，成為別人的問題就好。於是她收拾了自己的行李，隔天傍晚攔了一輛計程車逕自前往機場。

向晚的太陽，讓這座城市沐浴在一片桃紅色的夕陽餘暉中。麗娜本來希望可以在這裡待上一段時間，在靠海的濱海長廊，以及那些有著拱門、窗戶閃著鑽石光澤，並和高聳豪宅形成對比的老房子之間散散步。她知道自己很容易沮喪，總是必須努力讓自己不被憂鬱攫住。她原本希望貝魯特春天和秋天的陽光和暖意，能讓她的心情好轉一些——在德國，春天和秋天幾乎是不存在的。她原本希望可以在附近的街道上走走，去市場裡買些東西，在某個蔬果攤或街角的雜貨店停下來和人聊聊天。

在貝魯特，即使是陌生人也會熱情地彼此相待。不論麗娜穿什麼衣服，都不會直接影響別人和她說話的意願，也不會讓別人覺得她無法勝任某個工作或不是個值得喜歡的人。她可以坐在那些虔誠男女會去的咖啡店裡，大家會一邊喝香料咖啡和草莓果汁，一邊享受太陽灑在地中海上的醉人光輝。

然而，這些篇章不存在於她的人生中。真主並沒有賜予她這些事物，而祂是這世間的權威。

一降落在法蘭克福機場之後，麗娜便找上一位女警，向她說明自己無處可去，還說她上次看到前夫的時候，他甚至想要殺死她。她並不想提起這些往事，因為那些記憶會讓她心跳加速。但這些資訊不只真實，還攸關政府是否願意幫她找個地方，讓她安身立命。

機場裡的女警都非常和善。他們將麗娜帶往一個女性收容所，那裡的工作人員十分謙和，向她展示了共用洗手間的位置，以及她的個人房間。她實在太過疲累，只能無力地說出「謝謝」幾個字，但依然試著用眼神表達自己的謝意。頭兩天裡，她都躺在床上，想著接下來可能會遇到的問題。他們肯定不會讓自己一直住在那個房間裡。他們一定會請她離開，或要她換掉她身上的伊斯蘭服裝。然而這些事情並沒有發生。那個女性收容中心的工作人員很有禮貌，對她也很好，讓她既驚訝又感激。他們甚至還幫她找到了工作。後來她搬進了收容中心的一個小套房，裡頭有客廳、簡易的廚房，讓麗娜可以為自己泡杯茶，做些簡單的餐點。

幾個月後，她從另一個也住在收容中心裡的阿拉伯女人那裡，得知了一個工作機會，而那是一個可以讓她戴頭巾和面紗的工作，這點至關重要。在法蘭克福有個摩洛哥男子經營了一間公司，專為病人和老人提供照護服務。從十二月起，麗娜便開始為那位摩洛哥人工作；那年的冬季特別多雨，而烏雲也幾乎未曾散去。她的工作是前往年長婦女家中，做些簡單的打掃工作，然後協助她們洗澡、服藥。那些年長婦女都很孤單，也很感激麗娜的陪伴。她們對於麗娜的裝扮並不在意，或者至少在麗娜過去一、兩次之後，就逐漸習慣了。

麗娜非常同情她們，因為她在那些老人的憂鬱和孤獨之中，也看到了自己的處境。每逢中午或下午，她可以暫時停下手邊工作做禮拜；她很感謝真主給了她這個機會，讓她既能賺錢、也能實踐自己的宗教信仰。但工作量卻變得愈來愈少。她的老闆抱怨，由於他是摩洛哥人，所以沒什麼新的顧客願意上門。麗娜對此一無所知；她要的只是工作而已。

她後來找到了第二份工作：週末在一個學校裡擔任工友。這份工作的問題是，她必須要和另外一位男性清潔工共事，而她擔心自己在他旁邊戴面紗會引起問題。德國人對於面紗這種東西，有時會有點敏感。但她想到了一個非常聰明的辦法：她可以戴醫療用的口罩。「這些清潔劑的毒性太強了。」她如此解釋道，而那位男人聽了之後則是點了點頭，不置可否。對別人來說，用不一樣的東西遮住臉龐，結果竟然會完全不同。最好的情況是，有時那個男人不會出現，她必須獨力進行清掃工作，於是她就可以不用擔心這些問題。

日子一天天地過去。依然住在收留中心的麗娜，已經不再開伙煮些真正的飯食，而是靠著水煮的雞肉和馬鈴薯過活——那是病人吃的食物。她也不再仰望夜空，不再留意月亮是圓是缺。年長女性房間的氣味已經滲進了她的心裡，那是一股酸臭凝滯的味道。除了氣味之外，揮之不去的還有她們得了甲癬病的指甲，因為白內障而混濁不清的眼眸，以及充滿困惑的喃喃自語。她一直都沒有和自己的小孩說過話。有時，她甚至連他們的聲音都不太記得。如果是某個人過世的話，那種哀傷至少是有不同階段的，而且有可能慢慢減輕；但她的那種哀傷，卻永遠揮之不去，像是某種疼痛，也像是耳鳴。她很害怕如果打電話給孩子，她的前夫就會知道自己人在德國。她知道他會找到她、也會試圖傷害她。

她擔心，即使是在德國，如果她試著透過法律程序聲請離婚，也無法獲得保護。就在兩年前，二〇〇七年那時，有位摩洛哥裔德國女子因為受不了丈夫家暴，提出了快速離婚的請求，最後卻遭德國法官駁回，法官的理由是他們夫妻倆都是穆斯林，因此那位女性並不符合快速離婚所需的痛苦標準。法官還對古蘭經裡的某句話做了詮釋，主張不論是真主、或是穆斯林的習俗，都允許穆斯林男性毆打自己的妻子——儘管好幾個世紀以來，穆斯林對於這個說法也一直爭論不休。這個案例當時在社會上引起了一陣騷動，尤以德籍穆斯林為甚：他們無法理解，為何法官要以一種邊緣、醜陋的方式，來詮釋他們的宗教信仰。麗娜不知道為什麼會有德國法官覺得自己有資格閱讀、詮釋古蘭經。並沒有證據顯示先知曾經打過他的妻子；而先知的自制、愛開玩笑的性格和廣為流傳的同理心，也的確都提供了行為上的模範，長久以來這都是妻子希望自己丈夫能夠成為的樣子。

雖然她從未考慮過這點，但有天晚上她突然想到，或許她的前夫已經再娶了。他再娶的妻子，會不會像麗娜自己的繼母一樣，惡待她的孩子呢？這個想法讓她非常恐慌。她感到自己的心跳和呼吸都變得異常紊亂，彷彿有蝴蝶在她的皮膚下面振翅飛舞。於是她吞了一顆安眠藥；她失眠時，吃安眠藥通常都還算有效。她最喜歡的事情就是睡覺，有時甚至幾乎一整天都躺在床上，連睡衣都懶得換。

對她來說，要找到解決方法並不容易。於是那天夜裡，她又多吃了幾顆安眠藥。她下定決心，沒有什麼，能比一覺不醒還要更棒的了。

幾個小時之後，麗娜緩緩醒來。她感覺嘴裡有股金屬的氣味，肩膀非常僵硬，周圍都是她嘔吐出來的東西。她知道真主又給了她一次機會。穆斯林一旦自殺，死後便必須在地獄裡不斷重複自己的死法，而麗娜逃過了這個命運。

從那之後，麗娜每天早上都會盯著洗手間鏡子裡的自己，提醒自己真主不會對祂所創造出來的人，施加他們所無法承受的東西。於是她鐵了心腸，決定對抗自己心中想看到孩子們的渴望。她的人生，現在全都寄託在永遠不要再見到她孩子的父親這件事情上。她每晚都會祈禱，希望此生能有機會再看到孩子們，向他們解釋她的故事，好讓他們能理解她、原諒她。

雖然她性格有些孤僻，但還是決定上清真寺，因為她還算頗有自覺，知道徹底孤絕會讓她生病。離開孩子之後，她覺得自己有義務至少讓自己開心一點，而週五和別人一起參加聚禮這件事，可以讓她的心情變好一些。和其他女人擠在一起排隊等待禮拜、袖子被其他人拉著的時候，她都能感受到某種親暱的氣氛；就算只有短暫的十五分鐘，但這種感覺讓她覺得自己有個特定的地方可去，讓她可以置身在一群女性之中，和其他人一起跪下，成為共同體，誠心地降服於真主。

到了後來，每次她在清真寺的中庭和認識的弟兄姊妹彼此問候時，她經常都會被問到自己是否想要結婚。這個問題總是讓她刷紅了臉，而她則虛構了一個未婚夫來搪塞他們。然而這個虛構的未婚夫在她的心裡，卻逐漸有了明確的樣貌。直到此時，麗娜才終於發現自己其實非常希望可以再婚，可以多生幾個孩子，然後再以勝利的姿態回去拜訪住在貝魯特的父親，告訴父親她這次成功了，而且身為一個虔誠的穆斯林，不論怎麼比，她都比父親更為優秀。

艾瑪

德國，法蘭克福，二〇〇七年

我們雖然年輕、雖然笨，但我們有心。

——沙庫爾，二〇〇三年

艾瑪的母親是在德國出生的；作為一位裁縫師，她必須四處打工才能養活她兩個年幼的女兒。她個人的生活非常混亂，而且也為兩個女兒帶來了不少痛苦；然而由於艾瑪已經是個大人、而且也已皈依伊斯蘭，因此她不願暴露太多細節，因為伊斯蘭勸告世人必須尊敬父母，不論他們曾經如何辱罵你、疏於照顧你，都必須如此。在遇到艾瑪的西班牙父親前，艾瑪的母親曾經和一位摩洛哥男人結過婚。她沒能及時和他離婚，因此艾瑪冠上了和她母親已經消失的摩洛哥前夫一樣的姓氏。

到了後來，艾瑪覺得這件事或許就是在預告她的命運：她的姓氏總在召喚著某個陰魂不散的穆斯林男性，應該要好好照顧她、卻又消失得無影無蹤。艾瑪和她妹妹的生父，在她妹妹出生沒多久便拋家棄子，跑回西班牙的老家去了。她母親認為自己的這些遭遇，證明了男人沒有一個是好東西，而非自己總愛和爛男人在一起。艾瑪從小聽著各種關於男人的咒罵長大，大意基本上都是「所有男人都是狗」，她認為那些咒罵和母親的不幸際遇有關，儘管如此，那些說法仍逐漸滲進了她的意識之中，成了一種常識。

她們家和其他法蘭克福的家庭不一樣，沒有那些德國家庭養育後代時會有的美好元素——他們沒有木製積木，沒有復刻版的格林童話，也沒有以聰明的動物為主角的卡通。她們的童年非常貧乏。她的母親有時甚至會沮喪、疲憊到忘記一些基本的東西，比如那五顏六色、盛滿糖果、活像顛倒的小丑高帽般的甜筒，是小朋友會在開學第一天帶到學校的東西。

當她母親於一九九〇年代初將艾瑪和她妹妹送到城裡時，來自土耳其的移民，會和那些德國本地人一起住在法蘭克福的工人階級住宅區。

住在那裡的土耳其家庭，幾乎全都是穆斯林，而且處境也都同樣壓力沉重。他們狹窄破舊的公寓照不太到陽光，永遠散發著晒衣服的潮溼氣味，而他們的工資，也無法支應整個家庭的開銷。所有人都在折扣超市購物，也無人有錢去度假。

然而當艾瑪到那些土耳其同學的家裡作客時，卻彷彿像是踏入了另一個世界那般。對她來說，每個穆斯林家庭的快樂都很類似。他們的公寓雖小，但內部總是整齊乾淨，連最不起眼的家具，都會自豪得用塑膠布或沙發套保護著，桌上也總會有一個玻璃碗，裡頭裝滿糖果和葡萄乾。那些家庭幾乎是挨著彼此居住，總會互相串門子；沒有人覺得在登門拜訪之前，需要先打電話知會一聲，每個家庭幾乎天天都有訪客。不論他們晚餐煮什麼，也一定都能餵飽臨時登門的客人。很少有食物會被浪費掉，因為總會有個姑婆用得到那些剩菜。如果孩子的父母開計程車，或在餐廳裡上晚班，也總會有親友可以幫忙哄孩子上床睡覺，讓他們準備好隔天上學。住在法蘭克福的土耳其家庭的孩子們，通常都是由一整個社群養大的，而這個特點也減低了貧窮的影響，讓孩子不致遭到忽略。

艾瑪進入青春期之後，和她的大多數穆斯林朋友一樣，都進入了職業預科中學這種低階的學校——那些注定會成為技術工人的孩子，都會到那裡上學。德國政府相信自己可以決定哪些孩子適合進入學術的教育體系，決定對哪些孩子而言（或者說對國家而言），進入技職體系又是最好的選擇，因為技職訓練可以讓他們成為學徒，理想中也能讓他們終身都擁有一技之長。職業預科中學這個體系，並不能確保艾瑪這輩子最想要的東西——一輛流線型、馬力十足的ＢＭＷ６系列房車；然而她在土耳其同學的家中作客之後發現，擁有許多孩子的家庭，本身就是一種很棒的財富了。

她喜歡待在朋友們狹小而熱鬧的家裡。事實上，雖然她在德國土生土長，但她卻覺得自己整體上更像她的土耳其朋友；她很喜歡他們溫馨的舉止態度，喜歡他們愛聽的音樂，也喜歡他們會公開而自然地主張，男性和女性擁有不同但彼此互補的職責。她喜歡每個家庭都會在牆角準備幾疊折好的床墊和被單，提供給臨時過夜的訪客。她和他們只有一件事不一樣：她不是穆斯林。

她的很多朋友都稱不上特別虔誠，但伊斯蘭信仰在他們的身分認同、價值觀、社會慣習之中，依然是個熟悉的組成部分——他們很難將宗教和文化完全分離開來。以溫暖和愉悅的態度照顧家人，甚至是微笑本身，都是穆斯林公開推崇的價值觀。艾瑪是在十八、九歲，閱讀關於伊斯蘭的書籍時得知這些事情的。「沒有人笑得比真主的信使還要多。」伊瑪目阿里曾經如此論及先知穆罕默德。

艾瑪想要成為他們的一分子。她也想要共有那種歸屬感和溫馨的感受。於是她在十九歲那年，皈依了伊斯蘭。她一開始並沒有戴頭巾。她的朋友有些會戴、有些不會，而這也反映出第二代穆斯林女孩的態度其實並不一致：有些人欣然地採取務實路線，更關切能否在職場中平步青雲、或是能否融入社會，並自信她們的伊瑪目、她們的信仰，就存在於她們心中；有些人或許也想如此，但更在意如何取悅阿拉。

在二十一世紀第一個十年即將結束的某個早秋時節裡，艾瑪和她的女性朋友在一個週末午後，經過了法蘭克福市中心的一個廣場；來自土耳其的庫德族人經常會在那裡聚集，聲援土耳其家鄉的庫德斯坦工人黨分離主義運動。他們在那裡舉著標語，鳴放顫抖微弱的喇叭聲，以此表達和他們的庫德族同胞站在同一陣線，而他們臉上的鬍鬚，也和他們的領導人留的樣式一模一樣。穿著外套、手裡拿著購物袋經過的婦女，則在一旁看著他們大張旗鼓的行動。在廣場的另一端，艾瑪和她的朋友們在一個伊斯蘭的達瓦（阿拉伯文的「傳教」之意）攤位前面停了下來；那個攤位裡的人，她的朋友正好認識。攤位裡的一位伊瑪目給了艾瑪一個微笑，並把一張寫著「你有沒有考慮過皈依伊斯蘭？」的傳單遞給了她。她突然覺得自己有些被冒犯了。「我已經是穆斯林了，感謝真主。」

「感謝真主。」他笑了笑，重複了一遍這句話。「但你為什麼不戴頭巾呢？姊妹？」

她解釋說，因為她的家人不是穆斯林，而她也在嘗試讓他們慢慢接受她的這個新認同。「你真的覺得這是個好理由嗎？」伊瑪目問道。他從桌上的幾疊傳單裡，找出了一張粉紅色的遞給她；那張傳單的內容，是關於戴頭巾的優點。傳單上，有一片平靜的粉紅色海洋，以及一顆有點朦朧、被貝殼半掩著的珍珠，而那顆珍珠正在散發著光芒。

「我也想要戴頭巾。我總有一天會戴的，我只是不知道什麼時候而已。」艾瑪回覆道。

「如果你向阿拉祈求幫忙的話，他會讓這件事變得更容易一些。你有很多的理由可以現在就開始戴。如果你不戴頭巾，就會讓其他穆斯林女性也不願意戴。除此之外，戴頭巾也可以讓你成為一個訊號。想像一下，今天某個穆斯林走在這個廣場上，看到一個戴頭巾的女人，心裡便會覺得很開心！……她心裡會想，『看，這裡有穆斯林耶！』於是你就變成一個讓人快樂的訊號了。」

一個讓人快樂的訊號——艾瑪無時無刻都想成為一個快樂的訊號。儘管伊瑪目的措辭有些急迫而熱切，但他的聲調卻十分溫柔、淡藍色的眼眸也充滿了笑意。艾瑪很喜歡和他說話的感覺。她喜歡他給她的感覺：他讓她覺得自己的行動並非無足輕重；如果她聆聽他說話，他就會一直注視著她；他們的交談儘管簡短，卻非常重要；她甚至覺得，在那個落葉遍布的廣場裡，沒有人的對話比他們的還要重要。那位伊瑪目充滿了魅力。他顯然是那種非常適合經營傳教攤位的人。

「如果你不戴頭巾的話，」他繼續說道，「也會讓其他穆斯林女性覺得更加艱難。她們看到你不戴，心裡就會感到遲疑……她們會想：『如果其他人不戴的話，那我幹麼戴呢？』」

「謝謝你的忠告。」當她們準備離開時，艾瑪如此和那位謝赫說道。她希望謝赫知道自己衷心地把他的話聽了進去，也能理解那是伊斯蘭信徒的忠告。他則祝她好運，希望她繼續努力。她心想，也許她可以把這段對話轉述給母親聽。但她母親一定會說，「這根本就是在控制別人的行為」，因為那就是她對穆斯林男性的感受；但在那個當下，艾瑪並不覺得自己被人控制、或被人責備了。她反倒覺得自己被關懷呵護，覺得藏在心裡的孤單慢慢地被化解了。

當天晚上，她在家裡的沙發上盤腿而坐，點燃一根菸，然後開始詳讀那張傳單。

女性從小就被灌輸一個觀念：她們的價值，和她們的魅力成正比。然而美的定義永遠都在改變。纖瘦的身材有時很好，有時卻又不那麼受歡迎；有時人們喜歡結實強壯的女生，但抱歉，有時候就不是這樣了。如果把自己的身體公開展示給別人看，那麼女性平權永遠不可能獲得實現——雖然有些人是希望你這麼相信的。事實上，那樣只會讓我們也物化了自己。

戴頭巾，能給予我某種自由，讓我不用總是注意自己的外貌。因為我的外表，並不需要受到外界的監控，不論我美不美，這個問題都不在應該被討論的範疇之內。

在西方世界，頭巾或者被視為一種強迫女性靜默的象徵，或者被視為一種激進、無理的

> 好戰心態的象徵。但實際上這些都不是事實。女性之所以戴頭巾，只是為了聲明一件事：外界對她們外貌的評斷，並不會在社會互動的過程中扮演任何角色。戴頭巾的目的，是為了將她們對自己身體的最終主控權還給她們。
>
> **我只依各人的能力而加以責成**（古蘭經，23：62）。

儘管傳單的封面是稍嫌甜膩的紫紅色，儘管珍珠藏在貝殼裡的這個隱喻有點老套，儘管她知道自己內心有部分只是想要取悅那位擁有藍色眼眸的伊瑪目，但艾瑪在那張傳單裡，找不到任何一句陳述是她不同意的。

艾瑪認為自己是穆斯林的這份新認同，在家裡讓她的母親和妹妹都感到有點不太自在。她們並沒有試著勸阻她，但她們的意思非常清楚：這是一個背叛、不怎麼光彩，而且並不正確的選擇，彷彿她母親的選擇——亦即活在德國基督教的陰影之下——有讓她在男人、孩子和工作這些課題上取得一絲絲的成功一般。

艾瑪認為，大多數德國人在內心深處都是種族主義者；就算他們表面上不是種族主義者，但他們對於和自己不同的族群依然明顯有既定的成見，而那實際上可能也和種族主義沒有什麼兩樣。法蘭克福就像大多數其他有土耳其移民的城鎮一樣，本地德國人對於外國人的不安，會展現在公共空間美觀與否這種微不足道的爭議上。

艾瑪住的大樓裡，有位已經退休的鄰居就非常討厭樓下土耳其人煮飯時飄出的奇異氣味，還經常會斥責他們種在窗邊的花沒有盛開。於是能否善加整理家裡的灌木叢、花園和草皮，也成為了一種戰場，而德國人則直白地表達出了他們的焦慮：這些德國人對於必須和外國人住在一起，必須容忍他們不同的習俗、行為舉止、外觀以及食物氣味，顯然並不覺得開心。他們不想承認，自己的現代化經濟既然需要那些擁有艾赫邁特、法蒂瑪之類穆斯林名字的外籍勞動力，那麼那些艾赫邁特、法蒂瑪也就會需要建造自己的禮拜場所，甚至也會想要接受高等教育、擁有更好的工作機會和公民身分；他們不想承認這些外國人會生育後代，而那些小孩也會繼承父母的文化；他們認為德國人的認同，就是由白皮膚、嚴謹的文化和規範為特徵，因而也不想承認自己必須和一個非常不一樣的身分認同並存共處——一個同樣可以稱自己是「道地德國人」的德籍土耳其裔穆斯林身分認同。

那位退休老人不斷地騷擾樓下的土耳其家庭。她反對他們的母親在週日使用吸塵器打掃家裡，因為正常的德國人不會在週日用吸塵器，那是休息的日子。難道外國人不懂這點嗎？每當吸塵器的聲音在週日的樓下傳來時，她便會拿拖把用力地在地上敲打，還會在公共走廊上張貼措辭嚴厲的告示。有時她還會從陽台將垃圾丟到他們一樓的花園裡，然後再下樓敲門，指責他們沒有好好保持花園的整潔。

她和很多德國人一樣，在一九六〇年代政府開始加速引進外籍勞工的時候都還年輕，他們一直深信政府最初的用意，其實是要用那些外國人填補勞動市場的空缺，而他們最後也會回去自己的國家。當德國努力於二戰之後進行重建，重新進入歐洲貿易網絡之際，外籍移工填補了德國本地人不太想做的工作，比如建築工程、採礦和冶金。起初德國法律將這些從外國引進的勞工視為純粹的人力交易，並規定這些移工不能久留，他們必須在工作兩年之後離境，也不可以攜家帶眷。然而到了後來，德國政府卻逐步對這些規定進行了修改，勞工可以停留的時間變得更長，也可以帶著配偶前來，甚至可以入籍德國。然而，在這個緩慢的過程中，本地德國人不願和外國人生活在一起的態度並沒有消失，他們也依然害怕奠基在白種膚色之上的身分認同，會變得愈來愈淡薄。

到了一九八〇年，德國境內的外籍人口已經翻了八倍。社會偏見和嚴重的職業歧視持續加劇，但政府卻很少論及或不願承認這個問題。雖然德國也湧入了許多來自東歐、南歐的移民，但整體而言，雇主和德國社會只對土耳其人特別抱持排斥的態度，因為他們不是白人，甚至是穆斯林。針對那些不屬於白人，而且不是在德國出生或是來自西德的人，德國人會以「Ausländer」*這個帶有貶義的詞彙稱呼他們，而這個稱呼也愈來愈廣為流傳。

到了二〇一三年，土耳其人在德國人口中占了百分之四，亦即大約四百萬人。他們沒有例外地被拒於專業、技術工作的大門之外，而且通常都住在像艾瑪長大的那種社區。受過教育的德籍土耳其裔第二代，如果擁有更大的抱負的話，有時會搬去像倫敦、巴黎這樣的歐洲首都城市，希

*譯按：德文詞彙，字面上的含義為「外國人」。

望能在那裡受德國的跨國企業僱用。如此一來，他們或許便能以外派的方式回到德國，取得一個較為體面的職位。德國雇主在僱用管理職和其他高階職缺時，一般也都會避開土耳其裔的德國人，而土耳其裔人士也因此愈來愈對德國懷恨在心，因為這個國家拒絕承認他們的存在。同樣令他們感到灰心挫敗的，還有關於公共空間的狹隘規定，而那些規定似乎是肆意制定的而且故意裝糊塗，目的就是要讓土耳其裔居民覺得自己不管怎麼做都不對。

艾瑪的母親雖然是本地出生的德國人，卻不會反射性地厭惡外國人，但她對於艾瑪新的宗教認同除了漠不關心之外，也依然帶著一絲否定意味。她不願意叫艾瑪新的穆斯林名字——敦雅（Dunya）。艾瑪之所以選擇這個名字，是因為敦雅聽起來很不一樣。在阿拉伯語裡，敦雅是「世界」的意思，而她也希望這個名字可以為她開啟一片新的視野。

十八歲那年，艾瑪／敦雅和一個非常親近的好友一起搬進了一個小公寓，那個公寓不大，有一個被木牆環繞、從一九七〇年代就一直沒人動過的廚房，以及一個附有玫瑰粉紅色浴缸的浴室。那是一個由政府資助、提供給弱勢年輕人入住的套房。能夠遠離母親和妹妹，自己一人出來住，都讓她得以更容易去試驗伊斯蘭的生活方式，抽大麻也更為方便。她開始戴起頭巾；之前還和母親和妹妹住在一起時，她一直不太願意這麼做。

關於伊斯蘭的一切都非常迷人；對她來說是很新奇的體驗，而且和她生活的其他部分似乎並不相悖——她平時會和女性朋友一起看愛情喜劇、聽節奏藍調音樂，還會討論阿拉伯明星，覺得摩洛哥歌手薩米拉最為火辣，不過來自黎巴嫩的歌手維哈比也會扭腰擺臀，而另一位黎巴嫩歌手艾麗莎的放蕩姿態也非常優雅。敦雅和她的朋友們嘗試了幾款睫毛膏和眼影，覺得自己幾乎就是個阿拉伯人、土耳其人或穆斯林，反正不是德國人就對了，因為德國女人總會以自己像燕麥粥一樣平淡無味為傲，對於女人味和化妝這檔事也非常不屑。

斷斷續續的平靜

在阿拉伯世界的大部分地方，二〇一〇年的初冬並沒有什麼特別之處，就像過去幾年的每個冬季一樣。長期以來，每個國家都在經歷經濟和政治上的問題，民眾也累積了不少怨氣，但感覺起來，現狀似乎永遠不會改變，而總統依然是那些終生掌權、希望人民乖乖聽話的獨裁者，比如突尼西亞的賓．阿里、埃及的穆巴拉克、敘利亞的阿薩德，以及巴林的哈麥德。

伊拉克再次陷入了騷亂，就像美國於二〇〇三年入侵之後就經常出現的情況那樣。由什葉派領導的巴格達政府，對於伊拉克境內的遜尼派實行不平等政策，也讓遜尼派的起義行動再次一觸即發，直到二〇〇七年美軍增兵，而「覺醒」運動又導致幾位重要的遜尼派部族成員和家族離開民兵組織之後，伊拉克的緊張情勢才又稍稍平息。儘管伊拉克暴動情勢的緩解是很多因素造成的結果，但美軍的高階將領依然主張增兵是個非常成功的決定，還說戰爭的形勢終於獲得了扭轉。

那些遜尼派的反動分子，起初於二〇〇四年成立了一個名為「蓋達組織」的團體，接著又在二〇〇六年改名為伊拉克伊斯蘭國，領導階層也有所變動。由於伊拉克政府的治理方式已經比從前兼容並蓄，也公正許多，因此該團體的勢力近年來已經式微不少，但他們依然在密切關注伊拉克遜尼派高漲的不滿情緒，等待在適當的時間點將他們的極端主義目標，對準某個社群的怨氣。

努兒

突尼斯，克蘭姆，二〇一一年一月

努兒年幼的妹妹用力拉開窗簾、踩了一下她從棉被下方露出來的腳丫，陽光灑進了房間。

「起床！」她叫道。「這個街區要暴動了！我們最遠可以走到這條街底，還不快來。」

努兒原本只是一個不願繼續在學校假裝過著世俗生活、因而決定輟學的高中生，但她輟學之後的平靜生活，卻在幾週前被突然打斷了。二〇一〇年十二月十七日，在希迪布吉德這個位於突尼西亞內陸地區，一個地面乾枯、很難找到工作機會的小鎮裡，一名靠著用推車販賣水果、維持一家五口生計的年輕小販，和一位女警起了衝突。事發當時，那位女警正在向他索取賄賂，但他只願意付一小筆罰款而已，於是女警沒收了他的電子秤，並在眾目睽睽之下打了他一巴掌。水果小販當下覺得自己遭到了羞辱，而最重要的是，他必須把他的電子秤要回來。他去了當地政府的辦公室抗議，卻沒有人願意出來見他。最後，他拿著一桶汽油、站在街上，對著所有人大喊：「你要我怎麼賺錢活下去？」，接著便引火自焚。

他絕望而直白的抗議行動，以最切身的方式，在那些一直在忍受政府無謂騷擾的突尼西亞人之間引發了共鳴。示威遊行於是開始在希迪布吉德的街頭爆發，很快便擴散到了全國各地。

到了二〇一一年一月份，抗議浪潮湧向了首都突尼斯，而努兒居住的克蘭姆，就是首都第一個爆發示威遊行的社區。克蘭姆位於迦太基城下方，而總統府則在迦太基城裡。城裡排列著宏偉的別墅群；同時克蘭姆則在一個平緩的懸崖上依傍著羅馬遺址，俯視整片地中海。克蘭姆，就是這樣一個孤懸在權力中樞附近的工人社區。時間回到一九七〇年代末，當時的布爾吉巴總統，正試圖對拉古萊特這個港口區域進行現代化，因此將原本住在該區域的貧窮家庭都趕到了克蘭姆。許多家庭都住進了突尼西亞猶太人因為以色列建國，而在一九五〇、六〇年代離開時所留下的房子。那些新住進來的家庭，會在那些空屋裡等待時光流逝，因為根據法律，他們必須在房屋空置十五年之後，才能申請成為房屋的新主人。

克蘭姆的外觀，和首都裡許多狹窄、擁擠的貧民窟街區十分不同；那裡的街道不只寬敞，還有成蔭的行道樹，殘留著舊日的輝煌。然而一旦近看，克蘭姆那時光凍結的印象便在破舊的房屋中顯露無遺：到處都是市政府沒有來收的成堆垃圾，牆上塗鴉的主題，總是關於無所事事的年輕人的絕望心情，間或點綴一些反警察的憤怒情緒，或是足球球迷的心聲。

自一九七〇年代起，克蘭姆便誕生了五花八門的各路人士，比如政府部長和暗殺刺客、共產主義者和伊斯蘭主義者、皮條客和詩人——他們不論男女，都不覺得自己屬於當代的突尼西亞，因此窮盡畢生都在試圖去除或發洩這種感覺。那是一個會聽沙阿比音樂（Shaabi）＊的社區，也是工人階級、人民的社區，是那種你在必須偷偷摸摸幹些什麼或從事地下活動時會去的地方。克蘭姆作為動搖突尼西亞政壇的發源地，其歷史由來已久。當布爾吉巴於一九八四年削減麵包補貼時，克蘭姆就是整個首都第一個爆發抗議的地區。在當時一幀深褐色的新聞照片裡，有位來自克蘭姆的女性戴著傳統的白色面紗，就站在街上的坦克前方。克蘭姆暴動隔天，布爾吉巴旋即恢復了補貼政策。

二〇一一年一月那天，努兒穿上了衣服，而她的妹妹在一旁則幾乎等不及了。外頭的街道上，鄰居們或站在門口，或探出窗口，正快速地交談著。隔壁穿得非常居家的女人則在告訴所有人，當地的抗議群眾已經讓警察局陷入了一片火海，並且正在朝賓・阿里總統所屬的政黨總部前進。努兒聽到這個消息之後眨了眨眼。克蘭姆警察局可是整個突尼斯市最大的一間啊。於是她抓起妹妹的手，快步跑了起來。

外頭的大街上一輛車都沒有，人群都聚在了道路中央。一縷縷黑煙從電車站冒了出來，並在一排杉樹後方翻騰著。一個男人此時騎著腳踏車經過，他只用一隻手握住手把，不斷回頭、四處張望。還有一個男人，正搖搖晃晃地隨處走動，還在空中高舉著V字的勝利手勢，含糊地唸著「自由」與「尊嚴」這場革命的兩大訴求。麵包店裡的瑪芬蛋糕，通常會在這個時間點出爐，然而此時卻堆在玻璃櫥窗前，被人遺忘在一片混亂之中。

＊譯按：一種流行於北非的音樂類型，類似於「民歌」，其名稱字面上的意思為「人民的」，特別受工人階級歡迎。

克蘭姆的政治流派五花八門，有各種教派的伊斯蘭主義者、各種職業公會的成員，也有共產主義者；但在二〇一一年初，他們卻團結在一起，陷入了反抗賓・阿里政權的熱潮之中。賈瑪爾是一位二十出頭歲的年輕男子，也是一位忠貞的共產黨員，然而當他談起克蘭姆，講到那天和之後發生的事情時，他卻使用了「我們」這個集體概念當主詞。「我們每個人都覺得我們不屬於這個國家，」他如此說道。「每個人都想要離開。突尼西亞國內的各種政治問題，我們這裡一應俱全。」

到了一月十三日，賈瑪爾開始和薩拉菲主義者*站到了同一陣線上，然而他所屬的左翼團體，在此之前其實有時還會和薩拉菲主義者發生衝突。他們並肩看著一個又一個警察局陷入火海，而他們的同夥則陷入了警民間的衝突之中；此時，那些警察變得比以往還要更像是一支占領軍。到了夜幕降臨之際，燃燒著的輪胎冒出橘色的火光，空中則有燒焦的紙張在漫舞著，在空中飛舞的蚊子不斷撞向燈泡。來自克蘭姆的示威人士裡，至少有九名於當天喪生。警察棄守了他們被燒毀的警察局，最後撤出該地區。克蘭姆贏了。

當年的八月份，突尼西亞迎來了革命過後的第一個開齋節慶；努兒和她的母親沿著住宅區裡一條種植著棕櫚樹和九重葛的街道，往清真寺的方向走去、準備進行週五的主麻禮拜。五十年來，克蘭姆從來沒有像現在一樣，有這麼多女性前往清真寺公開禮拜。

努兒看到自己認識的女人，從四面八方加入她們的行列。由於前來禮拜的女性實在太多，她們為了擠進清真寺狹小的女性祈禱室，還引起了一陣騷亂。當年的齋戒月過後，清真寺為女性另外闢建了一個專屬入口，這是清真寺自多年前創建以來首見的創舉。

到了二〇一一年一月，總統賓・阿里搭乘一架飛機逃亡海外（據傳他當時在停機坪上連站都站不穩，還因為要離開自己被奪走的國家而傷心落淚，最後才被妻子訓斥：「快上飛機吧，你這白痴。我這輩子都要幫你收拾善後。」）政權瓦解之後，克蘭姆很快出現了變化。那裡開始出現了一些新成立的團體在維持治安，比如「革命保護聯盟」。當地的薩拉菲主義者會一起受訓、結隊巡視社區，有時甚至幾乎已經成為某種民兵組織，會和毒販、罪犯和盜匪對抗。

在突尼西亞，不論就宗教領域或是就政治上來說，薩拉菲主義者都是相對新近才出現的群體。薩拉菲這個名詞指的是一種信奉復興主義的保守伊斯蘭教徒，最早是在十八和十九世紀，起源於後來成為沙烏地阿拉伯的地方。薩拉菲運動的創建者們相信，當時的伊斯蘭教已經偏離了先知穆罕默德的真正道路，因而創建了一個去除雜質、回歸基本教義的伊斯蘭教。薩拉菲這個名稱來自薩拉夫（salaf），是早期追隨先知的虔誠信徒。隨著時間演進，薩拉菲主義在沙烏地阿拉伯不斷擴張、演變，漸漸和這個年輕國家萌生的國族意識形態融合在一起，並成為紹德[†]這個統治

＊倡導唯一純粹伊斯蘭教的人稱做薩拉菲主義者（Salafis）。原本意指「信仰虔誠的前人」，可追溯到最初的穆斯林。今天，他們以奮戰（吉哈德）向全世界極力宣揚這樣的觀點，同時也是抗議他們眼中的西方世俗主義、物質主義、政治壓迫與金錢腐敗。二十世紀末在阿富汗出現的塔利班，正是改革運動中一個相當極端的例子。不同情況下，這個詞彙也會包含或代之以原教旨主義、基要派、伊斯蘭復興運動等。

†譯按：Saud，亦即「沙烏地」這個字的來源；「沙烏地」即為「紹德的」之意。

者家族用來取得統治正當性的關鍵要素。薩拉菲主義含有幾個不同的流派，其中有些不涉及政治，有些則在政治領域相對積極。多年以來，阿拉伯世界各地的學者和宗教異議分子，都會在沙烏地阿拉伯尋求庇護，從而為薩拉菲主義注入了來自其他穆斯林世界的正統神學家。

就核心教義而言，薩拉菲主義大致上和正統遜尼派雷同，而少數幾個主要差別在於他們對敵人或是被視為伊斯蘭世界以外的人的嚴酷態度。他們經常熱中於將那些薩拉菲主義者不見容的人打為「塔克菲」*，不把他們當作穆斯林看待，而這也是讓薩拉菲主義者表現得如此偏執、如此容易激進的原因。由於薩拉菲主義和沙烏地阿拉伯在一九七〇年代以降的跨國活動裡並肩而行，也的確都對那些跨國活動提供了支持（比如支援阿富汗對抗蘇聯的聖戰，又比如透過書籍、訓練伊瑪目、興建清真寺和宗教中心等對軟實力的投資，將思想輸出到整個穆斯林世界），因此薩拉菲主義最後擴大成為一個複雜的全球運動，在各地呈現出許多不同的形式。有時它會悄然存在歐洲的城市裡，讓一些人變得更加虔誠，和主流社會更加隔絕，但至少還算和平；有時它則會在充滿叛逆氛圍的貧民區扎根，為本來就覺得自己被歐洲社會排擠孤立、有屈難伸的年輕穆斯林，提供了叛逆的語言和鬥志。

一九八〇年代蘇聯入侵阿富汗之際，美國曾資助一群阿拉伯聖戰士，前往阿富汗對抗蘇聯的占領者。這些聖戰士原本也受到沙烏地阿拉伯的支持，卻在一九九一年的第一次波灣戰爭之後，開始反對起統治沙烏地阿拉伯的家族；美國的軍事基地在當時，已經開始出現在沙烏地阿拉伯各地。讓很多沙烏地阿拉伯人感到憂慮的是，這些軍事基地落地之後就不走了——而賓拉登，就是其中一個感到憂慮的阿拉伯人。這些強烈反對美國人在波灣地區活動的人，後來逐漸聚集成為蓋達組織，他們將自己持續高漲的政治鬥爭稱之為「聖戰」。

在整個一九九〇年代裡，薩拉菲聖戰之中的蓋達組織計畫，在中東大部分地區一直都是相對邊緣，而且只維持在地下活動；一直要到二〇〇五年左右，也就是九一一攻擊事件引發美國入侵阿富汗和伊拉克之後，才開始日益壯大。有些蓋達組織的殘餘成員會主張，美國正在與伊斯蘭世界進行對抗，而美國針對恐怖主義發起的戰爭，也點燃了這些人的激情——這場戰爭持續多年、廣泛地在世界各地進行，並以「對抗恐怖主義」為名，導致了各種酷刑、祕密據點，以及無辜平民的死傷。那些在伊拉克抵抗美軍占領的人，會援引宗教思想和符號，來號召別人支持他們的起義行動；遜尼派的穆斯林在蓋達組織的願景之中找到了現成的素材，而什葉派伊拉克人則沿著教派界線建立了自己的民兵組織，藉此來對抗美國人。曾經參與阿富汗戰爭的戰士，當時正缺作戰目標，也正在找尋下一個戰線、找尋一個為了正義而戰的完美戰爭；而發生在伊拉克的起義，正

＊塔克菲（*takfir*）：就是將不認同的人視為非穆斯林，即使那些人自稱是好穆斯林。這觀念似乎產生自七世紀的哈瓦利吉派。哈瓦利吉派認為凡是犯下令人難以忍受的罪行的人，無論他們如何辯解，他們都將不被視為穆斯林，而是被視為異教徒。凡是真正的信仰者都應該追捕這些異教徒並且殺死他們，將他們的妻兒販售為奴。但直到今日依然有一些團體接受這種意識形態，而這種意識形態也成為伊斯蘭國對待反對他們的穆斯林的態度基礎。

好就是他們當時正在尋找的東西。這場起義吸引了戰士，從諸如約旦、敘利亞、沙烏地阿拉伯或突尼西亞的世界各地前來。

在二〇一一年的阿拉伯之春爆發之前，薩拉菲主義者在北非其實沒什麼影響力，也很少出現在公共場域之中。在突尼西亞，宗教性的政治運動大多都圍繞著安納赫達，而所謂的安納赫達，則是一個擁有伊斯蘭主義認同和目標的政黨，不過他們採取的是務實路線，而且也願意參與體制內的選舉制度。

如果說安納赫達代表的是賓．阿里統治期間，社會上保守中產階級的利益，那麼薩拉菲主義吸引到的，則是突尼西亞中低階層的年輕世代（尤其是在都市地區）。他們的追隨者通常都是在社會上被邊緣化的群體（雖然他們通常都有大學學歷），而在阿拉伯之春的脈絡之中，薩拉菲主義也正好看起來非常激進、非常反建制*，因此對他們來說頗有吸引力。

但薩拉菲運動的內部其實也有不同流派和紛爭，有兩個主要的派系在彼此競爭：其中一個將自己視為一個地方性的社會計畫、帶有革命的目標，希望透過講道和運動，能讓突尼西亞準備過渡到神權統治的社會；另一個派系，則擁有天啟式的世界觀，對於跨國聖戰和專制政權也比較能夠接受。其中，後面這個派系認為只有自己才是真正的穆斯林，並將其他人（甚至包括其他穆斯林）都視為異教徒（*kuffar*），即不信者。這個派系吸引到的，一般是年紀較大，並且曾在阿富汗對抗蘇聯或曾於美軍入侵之後在伊拉克打過仗的薩拉菲主義者。

至於前述的第一個派系則相對溫和，他們跨入了革命所開創出來的空間，希望透過慈善工作、講道等方式參與公眾事務，期待能被認可為一個正常的公共領域參與者。雖然就核心教義而言，這個團體認為穆斯林應該受伊斯蘭律法管轄，但他們並不主張透過暴力的手段來強制執行這件事情，也不一定都是聖戰士。但對於自由派的突尼西亞人來說（比如那些對努兒戴面紗，甚至只是戴頭巾都有些疑慮的老師，或是那些希望公共空間和政府領域能堅定保持世俗化的人），薩拉菲運動的這兩個流派其實並沒有什麼區別。一般對於第二種流派的刻板印象，是一群留著長鬍子、體味濃重的奇怪男子，他們總是穿著沒有品味的阿富汗長衫，想要在首都裡掛滿黑旗或禁止其他人從事瑜伽運動，而這種刻板印象確實也是最常見的。對於已經西化的自由派突尼西亞人而言，薩拉菲主義在革命之後散發出的吸引力，他們似乎很難理解，也感到非常困擾；對於社會上的保守派、認同多數決統治的人來說，薩拉菲主義也是個威脅。

但在克蘭姆，許多人卻把薩拉菲主義者視為鄰居的傢伙們，而不是難以捉摸、由沙烏地阿拉伯資助的「外國」人物。像賈瑪爾這樣的共產主義者，則對薩拉菲主義者在地方上的經營抱持著懷疑的態度，但至少不算太過憂慮。「社區裡的人開始自己維持治安之後，情況就好很多了。」他說道。

儘管賈瑪爾很喜歡德裔美國詩人布考斯基，但他也認為突尼西亞社會存在著「過度推崇陽剛氣質」的問題，而且這種問題不只出現在薩拉菲主義者身上，而是每個人都有的問題；這種被放

＊指反對主流、傳統的政治、社會、經濟體制。

大的陽剛特質，是大家長久以來被國家嚴密控制的結果。信奉薩拉菲主義的街頭混混，通常會一併學習薩拉菲主義的殘暴行為，並對這種行為賦予道德上的意涵：他們會騷擾穿短裙的女生、砸賣酒的商店——儘管他們直到不久前，也都是會喝酒的人。在革命爆發、導致賓・阿里的政權遭推翻之後，薩拉菲主義為這些男人提供了一個出口，讓他們可以宣泄自己長期以來在社會上和政治上的挫敗感。於是乎，童年的焦慮、都市混混的生活、嚴重的邊緣化問題，以及政治和階級上的不滿情緒，就這樣全都匯聚到了一個新的薩拉菲認同之中。

「當這裡的人看到警察只是因為某個老婦人戴頭巾就毆打她，他們很容易會發展出一種反抗賓・阿里的情緒。」賈瑪爾如此解釋道。「然而他們反對的還有西方國家，因為賓・阿里的背後就是有那些西方國家在支持著。他們想要報仇，而這也意味著他們必須反抗西方。每個在賓・阿里手下工作的警察，都製造出了四個薩拉菲主義者。」

到了二〇一一年夏天，努兒可以更加安心地於傍晚時分走在克蘭姆的街上，而不用提防警察可能會因為她戴面紗而騷擾她，也不用擔心一些亢奮的毒蟲可能會突然撲向她腳踝。她所居住的社區，變得比革命之前還要更加安全。

阿拉伯之春過後，突尼西亞到處都有社區組成了地方軍，而這些軍隊後來被人稱作「革命保護聯盟」。起初，這些軍隊在警察體系瓦解之後，能保護居民不被打劫，也能避免公物遭到破壞。到了後來，這些軍隊逐漸變成幾個政治活動的樞紐，而活動的組織者則可以在裡頭進行地方上的策劃工作，以確保舊政權的人物（比如黑幫老大或地方官員）不會偷偷地在革命之後重新取得政治影響力——或至少，這是他們原本的期望。然而隨著時間演進，這些聯盟卻開始在政治上內鬨分化，因而在二〇一一年之後的局勢中反目成仇。

在克蘭姆的版本裡，這種聯盟被稱作為「克蘭姆的革命男子」，其成員是來自背景各異的政治運動分子。年約五十多歲的運動分子艾瑪德，外型看起來更像一位法國學者，而他的穿著也帶點知識分子的調調——白色牛仔褲、黑色皮夾克，以及飛行員佩戴的雷朋太陽眼鏡；他曾如此描述：「政權垮台，不代表我們就一定只會忙著上清真寺而已。我們還有很多其他的事情要做。每個住在克蘭姆的人都有志一同：大家都想要穩定、有尊嚴的工作，想要讓年輕人覺得自己是這個國家的一分子。」

為此，努兒已經準備好要拓展自己的眼界，在嶄新的突尼西亞為自己找到一個位子。二〇一一年夏天的某個夜裡，她去拜訪了伊瑪目的妻子。他們的房子不大，也稱不上豪華，客廳裡擺著一個海綿沙發，以及一張嚴重磨損、外頭上了亮漆的咖啡桌，牆上還掛著一個用書法字體浮雕寫著「阿拉」的盤子。

伊瑪目的妻子還在準備晚餐，於是努兒在廚房的桌子旁坐了下來，而他們的孩子則在盯著牆角的插座看。「我一直都有說到你，」伊瑪目的妻子說道。有個一直住在法國的突尼西亞男子，當時正好回來突尼西亞，要伊瑪目幫他找個妻子。「我說，我知道一個女孩非常適合他，」伊瑪目的妻子說道。「一個很好的女孩，篤信阿拉、非常虔誠，她一定會是個完美的妻子。」

努兒其實還很年輕，還有時間慢慢尋找結婚對象，但由於她高中沒有畢業，既沒有特殊技能，也不習慣開放一點的穿著方式（因而很難在商店裡找到工作），因此婚姻對她來說是個不錯的選擇。她可以離開父母的房子。除了身為成績不好的學生，以及永遠的女兒之外，她終於可以取得一個不太一樣的身分。她要伊瑪目的妻子多告訴她一些關於那個男人的事情。

於是卡里姆隔天便出現在努兒的家裡。他當時已經三十三歲，比努兒大了十五歲，但他長得不錯，擁有一頭黑髮以及一對沉著、宛如咖啡豆般的眼珠。他彎下腰來和她的弟妹說話，還從口袋裡拿出彈跳球，送給他們一人一個，整個人散發著一種和藹的感覺。她和卡里姆一起跟她的父母坐在客廳裡，一邊喝著茶，一邊尋思應該談些什麼話題：他和他們談論了一下他在本嘉爾丹（一個靠近利比亞邊界的小鎮）的雙親，以及住在法國會遇到的挑戰；他在法國已經當了好幾年的服務生，一直在努力存錢，好換個比服務生更好的工作。

卡里姆這輩子都夢想著可以搬去法國，卻又說自己當年一抵達法國，就覺得自己變得渺小許多，也比在突尼西亞的時候感到更多束縛。他在不同的餐廳之間轉換工作，而且通常都在洗盤子，甚至連餐桌邊的服務生都當不上，於是漸漸開始感到絕望。生活連要餬口都很困難，更不用說存錢。在法國期間，他在宗教上愈發虔誠，而這也讓他的工作變得有點棘手，因為他開始不願意在供應酒精的餐廳裡工作。然而這也意味著他在巴黎沒剩多少選擇，只能在油膩膩的連鎖沙威瑪店裡找工作，或從事一些被他稱作「生意」的事情。

努兒不太懂「生意」指的是什麼，但到了第六天（卡里姆當時每天都會到她家報到），她也開始覺得，卡里姆離開法國、返回老家重新開始的決定是合乎尊嚴而正確的——反正法國本來就沒有要為突尼西亞或突尼西亞人著想。她愈來愈習慣看到他和自己的家人一起坐在客廳裡，愈來愈習慣聽到他的聲音，也愈來愈習慣這個男人不斷散發的暖意，且讓她感覺自己變得更成熟了——因為他就是為了她而出現在家裡的。到了第七天，她答應了他的求婚。卡里姆說，他必須回法國一趟，把那邊的事情做個了結。他在三個月之後回到突尼西亞，並且馬上和努兒結婚。

革命過後的隔年秋天，他們依然抱持著希望。努兒和卡里姆還住在努兒父母家中的某個房間裡，和她的兩個弟妹一起共用鋪在地上的床墊。這可都不是什麼好事。她年幼的弟弟會在夜裡吵鬧，而他們醒來時，也常常會看到兩個孩子用卡通人物一般的大眼睛盯著他們看，要他們起床和他們玩耍。但不論如何，那至少還是比跟他的父母一起住要好。

努兒用來掛頭巾和衣服的鉤子，還是她在二〇〇七年頭巾事件發生時使用的那一個。卡里姆正努力找工作——他什麼都願意做，只要能讓他們可以搬出去、有自己的地方住就好，但他最終的目的，還是希望找到一個正規的工作。他需要一個能讓他生養兩個孩子，讓孩子接受良好教育的工作，這樣他的孩子未來才能生活在那座由不平等所築起的高牆的另外一邊——他和努兒，以及他們所認識的所有人，從小就一直在試圖攀過那堵高牆。

卡里姆會在街邊的咖啡座和認識的人見面，透過朋友的人際網絡，找尋可能幫他在政府裡找到工作的人，有時會在外面待到晚上才回家。在突尼西亞，政府部門裡的工作可是個金飯碗：不只終身都有穩定的收入，社會地位也不錯。努兒慢慢學會從卡里姆的表情、以及他肩膀的線條來判斷，她是否應該開口問他當天過得如何。有時她會讓自己想像，卡里姆會捎來一些好消息，比如找到了一些什麼差事，比如下週就會開始上班、告訴她要開始找房子了，以及一切都會變好。

在嶄新的突尼西亞裡，這似乎不是一個太過分的期待。革命運動散播到了阿拉伯世界的其他地方——先是埃及，然後是利比亞、葉門、敘利亞和巴林，但在所有這些國家裡，動盪局勢只是帶來了更嚴重的壓迫、內戰，有些國家甚至完全崩解。突尼西亞是唯一還能維持穩定、舉行選舉，並依照選舉結果運作的國家。

突尼西亞於二〇一一年末舉行了史上第一次自由選舉，而主張伊斯蘭主義的政黨安納赫達獲得了大勝。安納赫達的黨主席加努希在流亡倫敦數十年之後，終於回到了突尼西亞，並對選民承諾「突尼西亞是每個人的」。在前一個政權治理下受過不少折磨的安納赫達成員，現在開始和那些來自舊政權、曾經負責騷擾他們的政治人物，一起在政府裡面工作。那位賣水果的烈士布瓦吉吉，後來也成了郵票上的人物。

努兒充滿了活力，生活中有好多事情可做。克蘭姆的清真寺因為各種活動而變得熱鬧非凡，而帶有宗教色彩的社會運動，則在地方和全國的層級中都變得愈來愈壯大。在過去，就連慈善活動都具有危險性，因為政府會將那些慈善活動，視為一種通往安納赫達或伊斯蘭主義的行為。然而現在的氣氛，卻是開放而百無禁忌的。如果想散發出穆斯林的氣質，現在也已經可以被接受了。有些受歡迎的名人，例如會在足球賽裡帶領群眾歡呼的歌手立可巴，就開始留起了鬍子，甚至還將自己的革命歌曲，和伊斯蘭聖歌融合在了一起。他還在 YouTube 上傳了一些影片，而他則在影片裡站在一個戴著薩拉菲黑色頭巾的年輕男子身邊，對一位記者說道，「為什麼你不和我的這位朋友，這位年輕的薩拉菲主義者也說說話呢？他可是個大好人哪！」

在克蘭姆，努兒參與的那個女性團體，是一個附屬在「伊斯蘭教法虔信者」下的組織；伊斯蘭教法虔信者是一個由埃亞德創建，在革命之後出現的薩拉菲主義組織。在所有曾被賓・阿里政府囚禁，並在革命之後被釋放的宗教武裝分子裡頭，埃亞德就是最資深的一位。二〇一一年四月，伊斯蘭教法虔信者召開了第一次年會；到了隔年四月再次召開年會，他們吸引了將近一萬名突尼西亞年輕人參加。在這兩場年會之間，伊斯蘭教法虔信者的規模成長了十倍左右。那是新突尼西亞的政治市場剛剛開啟的時代，從安納赫達到伊斯蘭教法虔信者的所有人，都在竭盡所能地吸引選民的青睞。伊斯蘭教法虔信者在新的時代氛圍之中游刃有餘，在臉書上也非常活躍；他們在兩個月的時間裡，便在全國各地的大約三十個地點，舉行了六十五場活動。一位以伊斯蘭教法虔信者作為論文主題的年輕突尼西亞研究生形容，那是一場「工業規模的慈善活動」。埃亞德曾說，「我們想要觸及人的內心，而不是想要傷害他們。」然而當薩拉菲主義者騷擾那些喝酒，或是穿得不夠保守的人時，他卻又沒有出手制止。

在外界看來，這個組織會吸引到像努兒這樣的年輕女性，其實是很難理解的事情。薩拉菲主義對女性非常嚴格：男女不能隨意聚在一起，而且女性還必須完全遵守伊斯蘭教的衣著規定，通常也必須佩戴面紗。儘管面臨來自外界的指責，但該組織依然成功地在不同性別的群體中都創造出了一種團結感。對於女性來說，原本施行自由主義的突尼西亞社會，其內部的世俗空間雖然被解放了，卻也經常造成西化和物化的現象；相較之下，伊斯蘭教法虔信者則鼓勵女性讀書、工作，在社會裡貢獻己力——儘管女性必須待在性別分隔線的另外一側。那位突尼西亞的研究生形容，伊斯蘭教法虔信者裡的女性並不覺得自己受到限制，反而還覺得自己是賦予力量的，而且還會認為該組織在他們設下的界線裡，其實是非常尊重女性的。它並不假裝自己信奉西方的女性主義與性別平等概念，而是主張女性應該擁有教育的權利，也應該要能透過慈善、宗教活動來參與公共事務。對於像努兒這樣的年輕女性而言，這種主張更能引起她們的共鳴。

女性會組成自己的皈依圈，在那裡邀請新的成員學習、理解伊斯蘭教，並積極營運伊斯蘭教法虔信者的社群媒體帳號。她們的談話與熱鬧活動，儘管本質都和宗教有關，卻經常關注一些很實際的問題，比方如何在突尼西亞建立一個符合伊斯蘭教規的清真旅遊產業。清真旅遊，是全世界成長最快速的一種旅遊市場，觀光客對於不提供酒精、為女性或家庭提供專屬或私人游泳區、並鼓勵得體穿著的度假村等需求大增。許多年輕的薩拉菲主義者都認為，突尼西亞漫長的地中海海岸線上，既有沙灘，也有棕櫚樹羅列的古代遺跡，以及房屋外牆用白漆粉刷的沙漠城鎮，很適合倚重觀光業來創造國民收入。

比較謹慎的年輕薩拉菲主義者，則是試圖將伊斯蘭教法虔信者極具吸引力的反建制能量，和強調在體制內務實行事、相對穩健的路線融合在一起。卡里姆的朋友瓦利德，就屬於這種派別。努兒非常欣賞瓦利德；事實上，瓦利德也是個很難不讓人喜歡的人物。他來自本嘉爾丹的一個中產家庭，父親是一個事業成功的地主，而瓦利德則受過良好的教育、畢業自經濟學研究所，又能靠家裡的關係在政府裡找到工作。他總是穿著淺色的馬球衫和白色的球鞋。他的身形高䠷、肩膀很寬，看起來既能打網球，也能把別人痛扁一頓。客觀而言，瓦利德的確長得不錯，但真正讓努兒覺得他迷人的原因，其實是因為他是一個「血統純正」的武裝分子，之所以成為伊斯蘭主義者純粹是為了信仰，而不是因為自己出生在某個都市貧民窟的窮困家庭裡。

瓦利德用知識分子的方式來理解薩拉菲聖戰的起源。他解說薩拉菲聖戰在理論和政治上的演變時，會從庫特布的早期著作，一路講到巴勒斯坦的阿扎姆。庫特布是一位埃及的理論家，他主張以激進的武力途徑來反抗埃及總統納瑟的民族主義獨裁統治；而阿扎姆則是一名鼓吹聖戰的神學家，同時也是蓋達組織的創始人之一，他認為防禦性的聖戰能為平民帶來嚴密的保障，還能防止平民死傷。瓦利德從青少年時期，就開始透過錄音帶或錄影帶聽他們講道，對他們期待為社會帶來正義的計畫，留下了非常深刻的印象。他愈來愈相信，賓・阿里在西方（尤其是法國）支持之下實行的裙帶資本主義*，不只無法為突尼西亞人帶來工作機會和尊嚴，還剝奪了他們在精神上的慰藉。他認為，如果不阻止西方的強勢力量持續對突尼西亞施加這種世俗化的獨裁統治，這裡的人民就永遠不會有機會推翻壓迫他們的人，因為你終究很難推翻一個有西方富國作靠山的政權，它們會透過直接援助、軍事支援、情報共享以及提供訓練等方式，來支持突尼西亞的獨裁

*指非透過市場機制，而是國家與商人結盟而獲利的模式。

者。這種對於西方介入的後殖民式不信任感，正好也存在於蓋達組織的策略之中。雖然瓦利德在很多事情上認為賓拉登是有問題的，但他也同意若想在獨裁的穆斯林國家帶來變革，就必須減弱西方國家支持那些獨裁者的意願。

對瓦利德而言，在伊拉克對抗美國人顯然是合乎正義的事情，也是一場反帝國主義的戰爭。但在突尼西亞，他卻不認為有必要採取暴力途徑。在歷經了多年世俗思想的灌輸之後，他們需要時間和耐心來說服突尼西亞人以同等態度看待伊斯蘭主義，並將伊斯蘭主義視為一種確保獨立、社會正義和革命核心需求的可能途徑。

瓦利德有時會取笑努兒，因為她會興致勃勃地聽他和卡里姆進行討論，卻又習慣透過自己在臉書上讀到的貼文來過濾那些思想，再將其提煉成容易理解的程度。她和很多突尼西亞的年輕人一樣，每天都花很多時間使用社群媒體。她曾經在上面看過〈條子都是狗〉這首歌的影片，這首歌是突尼西亞饒舌歌手「威爾德十五」的作品。若要說二〇一二年有什麼東西是所有突尼西亞年輕人都能感同身受的，那麼很可能就是這首歌了。她還在上面讀到一則貼文，內容是兩個當地女醫師說自己會努力加班，目的只是為了每個月都捐出三分之一的薪水給伊斯蘭教法虔信者。

當卡里姆在找工作的時候，努兒會耐心地安撫他，但最近她卻愈來愈無法克制自己。當卡里姆向她求婚時，他曾提到自己在搬去法國之前結過一次婚；他的前妻是突尼西亞人，而且還和她生了一個女兒；他當時提到這件事時，聽起來感覺沒什麼大礙，事情也早就都解決了。當他還住在國外的時候，這件事也許確實不會有什麼問題，但他現在畢竟回到了突尼西亞，而那位前妻也開始出現在他們的生活之中。努兒對此顯得非常大方；在卡里姆和前妻生的小女兒來拜訪他的時候，她不但對她表示非常歡迎，甚至還會幫她綁辮子，帶她去濱海大道吃冰淇淋。卡里姆的前妻幾乎每天都會打電話給他，問他什麼時候可以開始給她們錢。但卡里姆除了偶爾輪班開計程車之外，其實沒有別的工作可做。當他對前妻如此解釋時，她卻尖聲地說自己也無法變出錢來，還威脅說如果他不想辦法弄錢給她們，她就要向警察舉報，說他以前是極端分子。

他的手機不斷有陌生來電。每次看到電話在震動，他的身體都會變得非常僵硬；有時他會裝作沒看到，有時則會用急促的聲調接聽電話。那些通話內容，讓他眼睛周圍的皺紋變得愈來愈深。最後他告訴努兒，警察打了電話過來要求見他，還要他告訴他們自己在法國認識了哪些人。卡里姆告訴努兒，他在法國的時候也曾被警察監視。

努兒的母親後來也好奇警察為何要來騷擾他。「因為他的信仰。他的宗教信仰為他帶來了很多麻煩。」她如此說道。

阿斯瑪

敘利亞，拉卡，二〇一一年一月

在一月份大部分的時間裡，甚至直到二月初，阿斯瑪在步下那輛載著她於大學和拉卡市中心之間來回的巴士時，心裡都會想，在遠方隱隱蠢動的革命浪潮，應該永遠都不會湧向他們。阿拉伯之春很快便從突尼西亞擴散到了埃及和葉門，至於約旦和阿曼，也都出現了小型抗議事件；然而自從阿斯瑪出生之後便一直在統治敘利亞的阿薩德政權，卻像海岸山脈上的那些松樹一樣，依然根深柢固地在掌控著這個國家。巨大的哈菲茲·阿薩德塑像，依然在城市裡的許多廣場上睥睨一切；他頂著異常高的額頭、伸出手臂召喚世人，似乎正在說著「歡迎來到敘利亞，你看到的一切都是我家的！」

阿薩德家族屬於阿拉維派*；在鄂圖曼帝國滅亡後被稱為敘利亞的黎凡特地區裡，阿拉維派其實是個少數派。鄂圖曼帝國瓦解之後，敘利亞便落入了法國的統治之下，而在這段期間裡，法國也曾鼓勵阿拉維派的信徒從軍，背後則是很典型的帝國主義目的：法國人希望沿著族群的斷層線分化當地居民。黎凡特地區的穆斯林，在當時是幾百年來第一次被歐洲的基督教政權統治，而遜尼派的穆斯林對此的不滿情緒和抵抗行動也非常強烈。法國人劃設的殖民地新邊界，也導致遜尼派的貿易商無法進入以往的鄂圖曼貿易市場和海港。然而對於主要由農民組成、住在鄉村地區的阿拉維派信徒而言，這種新的安排，卻為他們提供了一個此前從沒想過且十分快速的掌權途徑。巴沙爾．阿薩德的父親——哈菲茲．阿薩德，在一九七〇年的一場政變之後開始掌權。住在鄉村地區的阿拉維教徒，於是開始逐漸流向都市，而傳統上相對富裕而保守、住在阿勒坡和荷姆斯這些城市的遜尼派，則發現自己的影響力和財富都在不斷流失。

到了一九八〇年代初，穆斯林兄弟會也開始崛起，逐漸成為某位歷史學家所稱的遜尼派的「天然發言人」；遜尼派（尤其是地主、商人和製造商階級）當時在社會上的利益，則因為阿薩德的世俗化、民族社會主義計畫而受到了不少傷害。穆斯林兄弟會於一九八〇年發表了一項聲明，其內容幾乎和伊斯蘭教以及意識形態毫無關係，而是在主張推行一個不同的經濟政策，以期讓更多選民都能受益，並提升政治自由和公民自由。一如既往，這項聲明的訴求是改善政府的治理模式：更公平的經濟政策、減少政治酬庸，以及一個不那麼壓抑的政治環境。雖然穆斯林兄弟會在西方人的想像中，是一個由意識形態所驅動的極端運動，但該組織在一九七〇、八〇年代於

＊阿拉維派又稱作努賽里耶派（Nusayris），屬於九世紀從主流什葉派分離的團體。雖然有時聲稱自己是十二伊瑪目派，他們複雜奧祕的信仰與入教儀式，顯然兼有其他伊斯蘭派別與基督教的成分。他們的異端信仰之一是將阿里神性化。

敘利亞崛起時，其實是誕生自一個倡議運動，而他們當時的目標，則是改善某些群體在政治上缺乏代表的問題。

在當時，哈菲茲・阿薩德已經成功地在充滿壓迫的統治手段之外，塑造出了對他的個人崇拜：他是所有人的「父親」、是「永遠的領袖」，也是「英勇的騎士」，甚至還是敘利亞的「首席藥師」（premier pharmacist）。和今日一樣，當時敘利亞境內的分歧，可以說是阿拉維派和遜尼派之間的對立——然而也有許多其他的因素，會模糊這之間的界線，因為有些紛爭是因為經濟和社會利益，以及地理和商業的界線而出現的。在一九七〇年代以前，敘利亞並沒有大型教派衝突的概念，因為沒有人把阿拉維派的信徒當作穆斯林看待；遜尼派和什葉派的信徒都把他們當作異端，而不是伊斯蘭教的一部分。然而阿薩德卻希望藉由宗教，來對他根基淺薄、只代表少數群體的統治權力賦予正當性，並將伊斯蘭教整併進他的國族神學之中。他試圖重新打造阿拉維派，讓這個教派不再是一個不虔誠、自成一格的獨立宗教，而是一個有點像什葉派的穆斯林群體。他對那些願意稱自己屬於阿拉維派的什葉派教士提供了保護和資助；知名的黎巴嫩什葉派教士穆薩・薩德爾曾使用「有難的夥伴」這種說法，來形容他們凝聚在一起的現象，言下之意就是阿拉維教派和什葉派雖然不見得在神學上有共同的起源，但在當代卻擁有相同的政治考量。

居住在哈瑪的遜尼派，曾在一九八二年二月透過穆斯林兄弟會發起反抗哈菲茲・阿薩德政權的暴動事件。哈瑪這座城市當時約有二十萬名居民，阿薩德卻派出了一萬兩千名士兵封鎖這座城市，不只有坦克出現在街上，空中也有武裝直昇機在盤旋著。在三週之內，政府軍便殺害了五千到兩萬名的市民。

幾乎每個家庭都有成員喪生。由於橫躺街上的屍體實在太多，這座城市引來了大量的狗群，牠們不只啃咬屍體，也會攻擊那些在搜尋親人屍體的人。阿斯瑪當時還未出生，但她的雙親那時住在首都大馬士革；由於當時首都裡中產階級的利益（甚至包括遜尼派）早就受到了阿薩德的妥善照顧，因此他們並不會把其他城鎮遜尼派關心的問題放在心上。

直到今日，對於任何一個來自中東的人來說，哈瑪這個名字都依然是個帶有死亡意味的字彙，就像波士尼亞的「斯雷布雷尼察」*，幾乎已經和最嚴重的暴政劃上等號。「你很難解釋這座大城市為什麼會突然消失，尤其它就位在大馬士革通往阿勒坡的主要公路上。」一位歷史學家在這起大屠殺發生不久之後曾如此寫道。

起義被平定之後，阿薩德和他的阿拉伯復興社會黨曾經警告敘利亞人民，不要和「野獸一般」的穆斯林兄弟會走得太近，他們已經「將自己出賣給了惡魔」。阿薩德還曾在起義之後發表一場演說，將那些起義反抗政府的人士全都冠上了極端人士的稱號。

> 他們正在以伊斯蘭之名屠殺小孩、女人和老人。他們正在以伊斯蘭之名抹除掉所有家

＊一九九一年在南斯拉夫聯邦解體後，波士尼亞與赫塞哥維納宣布獨立，但塞族共和國不同意，於是引發塞族對波士尼亞人的屠殺。一九九三年聯合國宣布斯雷布雷尼察為「安全區域」，但依舊遭遇塞族攻擊，一九九五年七月更發生大屠殺事件，此事件造成數千平民死亡，被視為二戰後歐洲最嚴重的屠殺。

庭。他們接觸了外國人和其代理人，也接觸了位在我們隔壁的親美傀儡政權。他們從這些境外勢力手中拿到了許多資金和武器，欺瞞背叛了自己的祖國、殺害了他們的同胞……真主禁止的所有行為，他們全都做過……他們是叛徒。我們才是守護伊斯蘭、守護宗教、守護祖國的人。

在接下來的幾十年裡，即使政權已經從哈菲茲的手中交給了他的兒子巴沙爾，敘利亞都一直存在著高壓的箝制政策。然而到了二〇一一年的二月，也就是突尼西亞的革命爆發不到幾個禮拜之後，整個中東地區的阿拉伯人一邊瞠目結舌地看著時勢變化，一邊也有了勇氣去思考統治他們的獨裁者是否也該負起責任。在達拉亞這個靠近約旦邊界的南部小鎮，一群年輕人在當地一座小學的牆上塗鴉。他們嬉鬧地寫上「輪到你了，醫生」，指的就是巴沙爾・阿薩德這位曾受過眼科訓練的醫生，而且這句話在阿拉伯語裡有押韻——「Ejak el door, ya Doctor」。

然而當他們被警察逮捕時，他們充滿嘲弄意味的塗鴉卻彷彿成了某種預言。到了三月底，開始有傳言指出那些年輕人在獄中遭到了刑求。某個星期五中午的晌禮過後，憤怒的示威者開始在達拉亞的街上遊行，要求警方釋放那些年輕人。警察接著對示威群眾展開了無差別射殺，最後導致多人喪生。在一個月的時間之內，示威活動便擴散到敘利亞各地的幾十個城鎮，而且通常都是在星期五的聚禮之後爆發的，最後演變成自一九八二年的哈瑪起義事件以來，對阿薩德家族政權最持久、最嚴重的一次挑戰。

巴沙爾的回應方式和他的父親並無不同。雖然示威者一開始要求政府進行改革，但巴沙爾・阿薩德並不在乎他們有多不滿，也拒絕作出任何讓步，甚至還動用武力鎮壓了那些示威行動。他和自己的父親一樣，都在第一次電視演說之中將那些示威者稱為「極端分子」，並警告如果少了他，敘利亞便會落入聖戰士的手中。很多敘利亞人都很害怕這樣的情況發生——就連住在大馬士革的那些顯赫的中產階級遜尼派也是如此。

阿薩德政權於是對達拉亞進行了圍城計畫，並開始殺害湧上街頭的示威者，有時在一個星期之內會有超過一百人喪生。像荷姆斯這樣的大城市變得愈來愈不受管束，網路上還流傳著這樣一則推特：「荷姆斯 2011＝哈瑪 1982，只是速度比較慢而已。」

革命浪潮抵達拉卡的速度則慢了一些。阿斯瑪每天仍會搭上巴士，前往哈薩卡大學上行銷課，也仍會把頭靠在窗戶上專心地看著手機，或者傳訊息給她的男朋友，或者滑滑臉書動態。然而慢慢地，原本似乎非常遙遠的革命運動，終於也開始逼近了。阿斯瑪的大學取消了課程，而且沒有說明復課的日期。最後，市中心出現了遊行的隊伍，而拉卡市民也終於開始吶喊起其他敘利亞人早就在高喊的口號：「民之所欲，政府下台！」

由於西部城鎮的難民開始湧入，其他地方的屠殺事件和激烈戰鬥的消息也傳進了拉卡，而拉卡的年輕人，也開始加入該地區人數最多的幾個反阿薩德團體（大多加入了努斯拉陣線），但日常生活的紋理似乎沒有太大的變化。在兩、三天的時間內，自由敘利亞軍便和努斯拉陣線攜手解放了拉卡這座城市。

二〇一一年的阿拉伯革命運動（或者用比較樂觀一點的稱法——阿拉伯之春），擾動了中東地區超過半世紀以來的政治同盟關係：阿拉伯世界各個附庸國的獨裁者，以往會與西方達成隱晦的協議，比如仰賴美國、法國和英國，要求這些西方國家在政治上提供支持、援助和軍事保護，然後再以投資西方經濟，以及購買價值數百億美元的軍武和支持西方國家國防產業的方式作為回報。

在敘利亞，這場運動原本只是和平示威，卻在不到一年的時間之內，便演變成了一個反阿薩德政府的武裝叛亂運動。

阿薩德很快便採取了行動：他將那些示威者描繪成極端的伊斯蘭主義者，並警告全國人民，要大家留意這些人施行暴力的宗教意圖。為了讓這種說法成真，他的軍警人員會瞄準路線平和的運動人士下手，將數千人關進牢裡，並對他們進行刑求，甚至強暴。他釋放了一些伊斯蘭主義者和堅定的聖戰士，好讓他們可以自由組織團體、策劃活動。

從敘利亞軍隊叛逃出來的軍人組成了自由敘利亞軍，而被釋放的聖戰士則找上了正在崛起的反對勢力，和那些比較虔誠、比較激進的派系結合在一起。當時正在主掌伊拉克的伊斯蘭國的巴格達迪，則在這個過程中看見了大好機會，於是派出了一位資深的特務人員，前往敘利亞拉開新的陣線。這支新團體被稱為努斯拉陣線，而他們所吸引到的成員，不只是有剛被釋放的地方武裝分子，還有來自國外的穆斯林戰士。蓋達組織的領導人查瓦希里（亦即賓拉登的接班人）則發表了一段聲明，稱讚敘利亞的反政府勢力，並呼籲該地區的穆斯林前往敘利亞的「聖戰戰場」。

二〇一二年二月，阿薩德的軍隊對荷姆斯的某個媒體中心進行了轟炸，導致《星期日泰晤士報》的記者柯爾玟和法國攝影師歐奇里克不幸喪生。

同年的五月份，敘利亞侯拉地區的喪生人數大約一百人，其中有近半數都是兒童。外界一般認為，這些屠殺行為是由阿薩德政權派出的死亡部隊所犯下的，他們如幽靈般，被外界稱為「沙比哈」（字面上的意思為「魔鬼」），通常都會穿著平民的衣服和白色的球鞋。

西方國家的政府於是紛紛要求阿薩德下台，並對他的政權實行制裁措施。該地區幾個重要的國家（包括卡達、土耳其和沙烏地阿拉伯）都和阿薩德切斷了關係，並開始對反對阿薩德的陣營提供資金和協助。作為敘利亞在該地區最親近的盟友，俄國與伊朗則是堅定地站在了阿薩德的背後；德黑蘭甚至還派出了顧問，並開始支持那些和敘利亞政府軍合作的武裝團體。

美國總統歐巴馬則授權中情局和其他機構，對敘利亞的叛軍團體提供武器和資金，而美國的許多援助，就是透過沙烏地阿拉伯在安排的。對於沙烏地阿拉伯而言，反抗阿薩德的行動是一場遜尼派的起義運動，也是一個大好機會，可以用來動員遜尼派反抗伊拉克和伊朗境內由什葉派主導的政府——尤其伊朗就是沙烏地阿拉伯在該地區的頭號敵人，也是一個什葉派的強權。歐巴馬總統則警告，使用化學武器就是他的「紅線」，一旦有人跨過這條紅線，除了必須承擔巨大的後果之外，也會「改變我對美國是否應該介入的打算」。

到了二〇一二年，聯合國派出了前祕書長安南前去調停。然而五個月之後，他便決定辭去這項職務，並說如果不讓伊朗加入談判的話，原本成功機率就已微乎其微的調停行動，是絕對不可能帶來任何政治協議的。

於是，敘利亞的內戰就這樣成了一場代理人戰爭，讓幾個地區強權和美國都捲入了其中。

拉赫瑪與古芙蘭

突尼西亞，蘇薩，二〇一二年六月

拉赫瑪捏著一隻流浪貓的脖子後方，走樓梯爬上頂樓；那隻貓瘦骨嶙峋，全身髒兮兮的。這隻已經死掉的貓，原本躺在一家麵包店附近的馬路邊；他的母親就在那家麵包店裡工作，輪的是下午班。十三歲的拉赫瑪撿起了那隻貓，把牠塞進了自己的背包裡。

低矮的水泥方塊建築在蘇薩這座城市裡向四面八方蔓延開去，並在布滿車輪痕跡的狹窄街道旁簇擁著；每當下雨時，那些街道便會化作一條條泥濘的河道。蘇薩位於地中海岸邊，從首都突尼斯向南驅車過去，大約需要兩個鐘頭的車程。蘇薩的老城區裡有個古城，遊客有時會在那裡流連觀光。沿著海灘興建的豪華旅館就像一個個自成天地的飛地一般，近乎全裸的英國人和德國人會躺在棕櫚樹蔭間的躺椅上；然而除了這些旅館之外，這座城市其實大部分的地方都是低矮的平房，垃圾遍布四處，街上也盡是些速食連鎖店，它們或擁有廉價的金屬店門，或店面緊閉。有些街道還算寬敞，有些則相當狹窄，建築物則像個大雜燴般風格參差，彷彿這座城市是靠著一連串事後臨時想到的方案發展起來的。

拉赫瑪和她的母親歐爾法、三個姊妹以及一個弟弟住在一起；他們的兩房小公寓，位在一個充滿垃圾、環境骯髒的社區裡。他們的父親（也就是歐爾法的前夫）酗酒，住在附近的鎮上，既沒有錢、也沒有意願幫助他們。歐爾法身兼多職，每天長時間不在家裡，只為了賺到足夠的錢支付水電和房租。她每天回到家時通常都已精疲力盡，很容易因為一些雞毛蒜皮的小事對孩子大吼大叫。儘管歐爾法不像其他工作負擔較輕的母親一樣，能夠時時刻刻注意孩子的行蹤，但她依然希望自己的女兒都能成為品行良好、舉止端莊的女性。由於她們家境清寒、沒有父親，又時常穿著二手衣服，學校裡的其他孩子經常會看不起她們。

六月份的那天，除了從她胃裡發出的咕嚕聲之外，樓頂天台上什麼聲音都沒有。有時家裡沒有東西可吃，比如當天就是如此。拉赫瑪想到自己的姊姊古芙蘭正在樓下的公寓裡，一個人照顧她們年幼的弟妹，就決定要盡快處理掉那隻死貓。屋頂上幾乎什麼都沒有，只有一間臨時搭建的鐵皮小屋，她都在那裡做解剖。她有一張小桌子，上面擺著幾只尺寸各異的刀子。她從脖子的下方開始，俐落地向下劃了一刀，直到尾巴才停止，接著開始將刀峰滑向兩旁，將骯髒的毛皮與皮下的肌肉分離開來。拉赫瑪對於這種事很在行，她很擅長為家裡附近死去的動物扒皮。她的姊姊古芙蘭今年十四歲，只比她大一歲；古芙蘭經常把屋頂上的那間小屋稱為「肉鋪」，但對拉赫瑪而言，那裡並不是肉鋪。支解貓或鳥，以及過程中所需的精確性，都能讓她靜下心來。每當她在屋頂上解剖動物時，世界上的其他東西便會統統消失。

前一天晚上，拉赫瑪告訴母親自己被學校停學兩天，因為她頂撞了化學老師。事情的源起，是兩個女孩在下課時笑她沒有爸爸。「誰曉得，你媽媽說不定連你爸是誰都不知道。」其中一個女孩這樣說。拉赫瑪當時一聽到這句話，便立刻撲了過去；在和那個女生扭打之後，拉赫瑪又接著對老師大吼大叫，最後遭到停學。拉赫瑪是一個意志堅強的女生。她過去也曾因為一些其他事情而捲入麻煩之中——比如有些弱勢的女孩會因為長相、家境清寒和家庭因素遭到霸凌，而拉赫瑪總會為那些女生挺身而出。

體型結實的歐爾法年約四十五歲，布滿雀斑的臉上掛著一個塌鼻子和一對亮棕色的眼眸，透露出她的壞脾氣與愛開玩笑的個性。她的生活沒有自由時間能發展興趣或休閒活動，只要醒著，她大部分的時間裡都會在鐵皮屋頂下的一間麵包店裡工作，或是在一間餐廳裡當服務生。她的腦子裡永遠都在算個不停，好確保每週排班的時間能讓她賺到足夠的錢。許多夜裡，當她結束漫長的晚班、從餐廳回到家後，她便會躺在沙發上用乳液擦自己腫脹的腳踝。她總希望拉赫瑪能懂事一些。「為什麼你總是要挺身而出、保護別人？別人會為了你站出來嗎？」歐爾法心想，為什麼上天要賜給她一個如此喜歡挑戰不公的女兒——這個問題其實她早已問過無數次了。「世界上就是會有人被欺負，你不需要每次都跳出來插手。」歐爾法說道。

那個夏天的夜裡，拉赫瑪舉起那隻貓的右掌，仔細端詳了一下。似乎有一塊金屬卡在那個貓掌裡，感覺像是一個缺頭的釘子。她把那塊金屬撬了出來，然後把貓的毛皮全部割下。毛皮取下之後，牠看起來更加瘦小了，只剩下肌肉和粉紅色的肉身。拉赫瑪把刀子丟到了一旁，然後一邊走到天台上，一邊思考要為弟妹準備什麼當晚餐。

街底的那個傳教攤位很快便搭建起來了。自從去年革命爆發之後，地方上的伊瑪目便常常在城市四處建立這些傳教攤位，希望讓蘇薩的好心人接觸他們之前在賓·阿里時代不願接觸的宗教思想。帳篷下的那些攤位一般會擺幾張桌子，上頭則放著各種傳單和古蘭經，以及宣傳慈善活動的看板。

蘇薩是個枯燥沉悶的地方，他們平常不太有機會在街邊看到免費的活動——正確來說，是根本不會有。古芙蘭問歐爾法自己能不能去那個攤位，還解釋說自己只是想知道他們在幹麼而已。隨著孩子愈長愈大，歐爾法已經不太管他們了；當她去餐廳上班時，敢整晚將孩子們鎖在家裡。於是歐爾法同意了古芙蘭的請求，然後就把鑰匙留給了她十三歲的女兒。

傍晚的禮拜結束後，空氣中的熱氣也隨著日落而開始消退；古芙蘭此時向那個攤位走了過去。一位鬍子修剪得非常整齊、身著長袍（就是波斯灣地區的男人會穿的那種）的年輕男子問候了她，還找來了一個女士招呼她。那位女士穿著一襲全身黑色罩袍，卻沒有把自己的臉遮蓋起來，帶著雀斑的臉上掛滿笑容。

那位女士帶領她走進帳篷的某個角落裡，一群坐在椅子上的女人當時正好在那裡圍成了一圈。古芙蘭在一張椅子上坐了下來，開始聽那個被圍在中間的女性說話；她當時正在談論真主為她們鋪下的康莊大道：只要她們願意臣服在祂的意志之下，願意過純粹的生活，她們就能獲得祂的賜福——不只是人生短暫在世的時候而已，直到死後也都能永遠蒙福。那個女人還說，真主擁有無盡的智慧；雖然改變生活型態有點困難，雖然可能會和家人有點疏離，但如果她們願意打從心底相信真主的話，她們就能獲得最純粹的寧靜，讓自己的心平靜下來。

對古芙蘭而言，這些聽起來都非常美好。她從來沒聽過有人用如此讚頌、如此吸引人的方式形容伊斯蘭教：這個宗教似乎是一個能安撫哀傷的東西，對她充滿好奇心的心靈來說，也永遠是個難解的謎團，在她感到迷失的時候，甚至也是一個能穩定人心的錨栓。這些女人討論著伊斯蘭如何為女性提供了正義。她們描述著先知——願真主保佑他——的特質，以及他如何尊重女性，如何選了一位獨立自主、富有教養的女性作為妻子，直到她過世為止都忠於妻子。討論結束之後，有位女人將古芙蘭拉到了一旁，給了古芙蘭幾件符合伊斯蘭教法的衣物，包括一件柔軟的黑色長袍，以及一條頭巾。還是青少女的古芙蘭，經常在苦惱要穿什麼出門——但她們穿的服裝卻是同樣的、是低調的，同時也和其他女孩穿的衣服非常不同。就在她將身體滑進那件長袍，戴起那條頭巾的瞬間，那些焦慮全都消失了。穿上長袍，感覺就像把頭倚靠在某個人的胸膛上。

古芙蘭回到家裡時，拉赫瑪將目光從電視螢幕上移開，抬頭看了姊姊一眼，隨即便爆出一陣大笑。電視裡當時正在播放英國歌手愛黛兒的音樂錄影帶，而古芙蘭原本也很喜歡愛黛兒，但她此時卻拿起了遙控器，將電視給關掉了。

在她們兩姊妹裡，外人一般會覺得古芙蘭是比較漂亮的那個。她的皮膚白皙通透、嘴唇飽滿，還擁有一對杏仁般柔和的眼睛，以及歐洲人那種窄窄的鼻子。拉赫瑪則比較瘦小，膚色比較深一些，眼眸是核桃的棕色，但雙眼分得太開。她們兩人都遺傳到了歐爾法無人可以否認的魅力。附近的鄰居有時還會在歐爾法的背後偷偷議論她：像她這樣在夜裡工作的女性，眼裡還充滿那種笑意，幹的肯定不是什麼好勾當。

隔天早上，古芙蘭穿著她的黑色長袍去吃早餐。歐爾法的眉毛挑了一下。「昨天那個女孩拿給我的，她們之後會教我伊斯蘭法。」古芙蘭對著母親說道。

歐爾法覺得沒什麼好反對的。她覺得女兒們穿得保守點也是好事；如果她們都像古芙蘭那天早上一樣，打扮得嚴肅一點，美貌能被僵直的黑色長袍遮掩一些，那些搭訕她們的饒舌男孩、搖滾男孩也會閃遠一點。

「古芙蘭看起來簡直像個會吃屍體的盜墓人！」拉赫瑪嗤之以鼻。

「你給我閉嘴。你也應該試試看穿成這樣，不要只會笑我。這樣穿對你其實可能很好。」古芙蘭說道。

儘管古芙蘭做了嘗試，但她依然沒辦法說服拉赫瑪和她一起去那個傳教的攤位走走。上次圍成一圈做禮拜的那些女人，也開始會登門拜訪，和古芙蘭聊聊，但拉赫瑪只會擺臉色給她們看，然後再回到自己的房間裡，大聲地播放起刺耳的搖滾樂。

幾天之後，一位在那個謝赫身邊當助手的男子，在街上突然叫住了拉赫瑪。「你為什麼要穿這些衣服呢？」他如此問道，並在拉赫瑪試著繞過他時擋住了她的去路。由於自己的父親根本不聞不問，因此從來就沒有男人關切過拉赫瑪的衣著、生活近況和精神狀況——坦白講，也沒有哪個男人關懷過她最基本的健康狀況。那些玩搖滾樂、跳霹靂舞的男孩，大部分都只是想要和她調情鬼混而已。但這個男人——這個謝赫的助手，那天卻花了半小時和她談話，而且目光始終維持在她頭部的高度。拉赫瑪從來沒跟別人說過他到底和她說了什麼，但那天她回到家時，卻開始低聲啜泣，對自己充滿了厭惡和憤怒。

這種情緒對她來說其實並不陌生。她從小到大都一直覺得自己很糟，覺得自己總在犯錯。她的母親經常會對她大吼，罵她穿得不對，罵她入夜之後還在街上和人鬼混——儘管晚上本來就沒有人會看管照顧他們。歐爾法不喜歡拉赫瑪和年輕男子講話，但拉赫瑪會在法第的婚禮樂隊裡跳舞，藉此賺取上學的花費；如果不讓她和法第講話的話，她們是要如何加入法第的婚禮樂團呢？

於是薩拉菲主義像一抹幽微的色彩，就此改變了她們姊妹倆，讓她們的性情明顯變得柔和許多。古芙蘭變得比較開朗活潑，也更加善於表達愛意，不但會關心歐爾法，也會熱切談論她正在學習的東西；拉赫瑪則會用薩拉菲主義的意識形態在家裡威嚇別人，批評歐爾法和其他妹妹的行為失當——沒有早點起床做晨禮、穿的衣服太過緊身，或是收看、收聽一些伊斯蘭教法不允許的電視節目或音樂。拉赫瑪開始強迫她年紀最小、當時年僅九歲的妹妹戴頭巾。如果她不聽話，拉赫瑪吃飯的時候便不願坐在她旁邊。歐爾法看到之後決定出言阻止，並揚言如果拉赫瑪繼續把自己九歲大的妹妹稱為異教徒的話，就要賞她一個巴掌。

歐爾法起初沒有意識到女兒們的變化有多嚴重。來自清真寺的女人現在每天都會登門拜訪，甚至連謝赫也會親自前來。他有次坐在他們家裡褪色的沙發上，傲慢地讓自己的長袍披散滿地，並告誡歐爾法：「女孩們告訴我，你要他們禮拜結束之後直接回家。姊妹呀，我已經跟你解釋過了，她們也需要參加課程，那才是她們能夠真正進行學習的地方。我請求您不要阻止她們。」

只要情況合理，歐爾法其實並不反對她的女兒變得更加虔誠。然而最難釐清的，就是到底怎樣才「算是合理」，因為歐爾法只有中學畢業，對宗教的理解也非常粗淺。她對自己女兒信仰的薩拉菲主義是這樣理解的：雖然似乎有點愚蠢、又有點嚴格，但它鼓吹的是慈悲和良善的伊斯蘭品德。她身為一名單身母親，為了避免一家五口陷入赤貧，只要醒著就幾乎都在工作；對她而言，嚴謹管教再怎麼說都比放牛吃草好得多。

兩個星期過後，當歐爾法有次正在準備去餐廳上晚班時，拉赫瑪遞給了她一件長袍，告訴她必須穿得得體一點。「你現在穿的東西不符合伊斯蘭法。」她一邊說道，一邊指著母親鑲有亮片的無袖上衣、深藍色長褲，和粉紅色的緊身羊毛衫。

「我這麼多年來一直都是這樣穿的，我就喜歡這樣穿。」歐爾法回覆道，同時用一條紅色頭巾包裹住自己的頭髮。

拉赫瑪的眼睛突然湧出了淚水。她不想和自己的母親在死後被迫分開，但通往天堂的門檻偏偏又很高。「你覺得我只是很討人厭，但如果你穿成這樣出門，以後就沒辦法上天堂了。」拉赫瑪說道。

走路前往餐廳的一路上，歐爾法都在思考該拿自己的兩個女兒怎麼辦。最近，在蘇薩的薩拉菲社群裡，她們開始擁有了一些影響力。由於婚姻在穆斯林的生命中是非常重要的一個部分（古蘭經明確指出，結婚是為了「讓生活過得更好」），於是古芙蘭被指派了一個任務：幫教友們尋找婚姻對象。她負責在當地找尋想結婚的年輕男女，幫合適的對象牽線。由於古芙蘭是個愛好社交而浪漫的人，又喜歡打扮得漂漂漂亮，在家就如珍．本內特*一般，因此這個工作的確非常適合她。

至於個性堅強、意志堅定的拉赫瑪，則扮演起倡議和調解者的角色。她會出現在學校或別人家裡，替那些因為參加薩拉菲運動而與父母發生衝突或被學校禁止佩戴面紗的女生發聲。歐爾法不禁覺得，這個工作非常適合拉赫瑪：她的嘴巴本來就無法安靜下來，總會一頭栽進發生在學校裡的衝突，儘管那可能只是她用來舒緩自己苦痛的一種方式罷了。

歐爾法的職場生活，就是一個單親媽媽的典型案例，可以看出蘇薩的勞工正面臨許多挑戰：工作機會不多，僅有的職缺又都是粗重、低薪的臨時工。她的女兒可以透過說媒、調解衝突賺到一些錢，簡直就像被南瓜馬車載去參加舞會一樣不可思議。那裡可是充滿勞工階級的蘇薩：沒有程式語言課，放學後沒有西洋棋社團可以參加，窮人家的小孩也沒有力爭上游的出路。可以獲邀參與地方上的慈善工作、為從鄰國利比亞逃來的難民募款，或是為宗教慶典籌措捐款，在蘇薩都算得上是少數接近公民參與的事情了。可以在社區裡做些正面的事情，取得一些社會地位和自信，總比坐在家裡看小賈斯汀的影片來得好——而這可能就是拉赫瑪和古芙蘭原本會做的事情。

*譯按：《傲慢與偏見》中本內特家族的長女，以天真爛漫的個性與美貌著稱。

努兒

突尼斯，克蘭姆，二〇一二年九月

努兒在去年革命還未發生，而她也剛剛輟學、沒事可做的時候發現，如果午休睡久一點，夏季燠熱的天氣就會變得比較容易捱過。但現在回看，她卻覺得那是完全不同的生活方式；現在的她，可以做的事情實在太多了——參加清真寺裡女性團體的聚會、慈善活動，關切臉書上推動薩拉菲運動的各種活動。卡里姆的朋友瓦利德也很忙碌，總在工作和政治會議之間來回活動。似乎只有卡里姆和他們不同，他依然在外面努力地找工作，不斷瀏覽手機裡的通訊錄，彷彿這麼做，就能讓想像中某個幫得上忙、人脈通達的朋友出現在現實中一樣。她回到家時，偶爾會看到他依然躺在沙發上，姿勢和她出門前一模一樣；那幅景象讓她感到有點害怕。

然而九月某個和煦的星期五，卻永遠改變了他們三個人的命運。在突尼斯市中心的一座清真寺裡，伊斯蘭教法虔信者的領導人埃亞德當時正在進行一場慷慨激昂的布道會，譴責某個嘲笑先知穆罕默德的業餘 YouTube 影片。他的支持者擠滿了清真寺外面的露台。街上有巴士在等著載這些男人，前往城市另一端偌大的美國大使館園區，抗議那位製作影片的美國加州男子。

當天稍晚，抗議分子衝破了大使館的大門。他們在建築物外面掛上了黑色的薩拉菲旗幟，並放火燒掉了附近的美國學校。濃煙不斷從那些建築物裡冒出。「歐巴馬、歐巴馬，我們全都是賓拉登！」他們一度如此叫囂。有些趁亂打劫的人從大使館出來時，手裡還拿著電腦。警方試圖驅離那些示威人士，而總統也派出了總統府的衛隊，最後導致兩名示威者喪生，近三十人受傷。那部加州男子錄製的影片，以及伴隨而生的抗議事件，在周邊地區都引發了不少血腥事件：在抗議發生的四天前，利比亞幾位伊斯蘭教法虔信者旗下的武裝分子，也對班加西一個美國領事館園區發動了攻擊，最後導致大使和另外三名美國人死亡。

想在眾人對美國的怒火上火上加油，簡直輕而易舉。二〇一〇年底，「維基解密」公布了幾段美國外交官的通訊內容，非常詳細地描述了「僵化」的賓．阿里政權犯下了哪些貪腐罪行。那些美國外交人員明知突尼西亞「陷入了不小的麻煩」，但依然強調賓．阿里作為美國對抗恐怖主義的「盟友」，其地位依然非常重要。有位美國大使，還描述了自己受邀去總統女婿家裡共進晚餐的經驗。那幢豪宅裡有一座無邊際設計的泳池，獅頭形狀的注水口不斷汩汩流出水來，露台上有羅馬式的柱子，天花板也有壁畫裝飾；總統女婿的寵物是一隻老虎，牠的名字叫帕夏，一天得吃掉四隻雞。至於人吃的食物，則是用飛機從巴黎運來的。這個受西方支持的政權毫無羞恥之心；那位女婿甚至曾雲淡風輕地對一個法國報紙的記者說道，「我已經有法拉利、有加長型禮車了，但沒有什麼東西能像船一樣讓我興奮——就算是我老婆也不行。船就像是一顆未經雕琢的鑽石一般。」

然而，雖然很多突尼西亞人可能和那些示威者一樣，都非常憎恨美國（那些通訊內容還提及突尼西亞人對於美國入侵伊拉克深惡痛絕），但一般人還是不太能接受暴力衝突。安納赫達這個在革命過後當選為執政黨之一的伊斯蘭主義政黨，正在企圖緩和民眾的情緒；安納赫達的黨主席加努希說，「隨著時間過去，這種極端主義也會跟著消失。」這種看法，出自於他長年來參與伊斯蘭主義運動的經驗：他看過太多滿腔熱血的年輕人，是如何在長期參與政治之後，變得愈來愈老成穩健。政治科學家把這種路徑稱為「包容溫和假說」（inclusion moderation hypothesis），這種假說主張，一個社會愈是民主化、愈讓基進團體參與政治，這些團體也就愈有可能軟化自己的措辭和行為。然而儘管加努希希望緩和大家的情緒，但突尼西亞或西方的媒體，都仍在報導大眾對這些暴力展示行為的恐慌反應。（突尼西亞媒體大部分仍掌握在支持舊政權的人手裡，而西方記者在書寫薩拉菲主義運動時，一般只會採訪說英語或法語的政治人物和世俗運動分子，很少接觸像努兒這樣的年輕女性。）

當時的安納赫達，正深陷在一場關於突尼西亞新憲法的困境之中。負責起草憲法的委員會，當時正在決定是否要將褻瀆神祇視為犯罪，或者換句話說，是否要明文將詆毀真主或伊斯蘭訂為一種違法行為。許多安納赫達的支持者都非常贊成，但和安納赫達一起聯合執政的世俗派政黨卻無法接受這種價值觀。安納赫達的主要目標，是成為一個能被國際社會接受、被政治對手容忍的一般政黨。如果想在政治上「正常化」，安納赫達就必須和宗教性的思想和主張保持距離，然而選民對它抱持的期待，以及它作為一個伊斯蘭政黨的認同，卻又讓它不得不投入宗教議題。最後，由於世俗政黨和公民團體的強烈反彈，安納赫達放棄了大部分的立法目標，也沒有將伊斯蘭法引為法源，而他們的領導階層也退回了一個禁止賓·阿里時期的執政黨黨員參選國會議員的法律草案。但安納赫達並沒有完全讓步。

在安納赫達的黨員看來，有鑒於國內和周遭地區的時勢，這種願意妥協的態度似乎是完全可以理解的。幾位埃及軍官才剛剛在沙烏地阿拉伯和阿拉伯聯合大公國的支持之下，發動了一場政變，推翻了透過民主選舉上台的穆爾西的伊斯蘭主義政府，而軍隊和警察在一天之內便殺害了大約一千名示威者。西方世界對於這場政變大多漠不關心。不論阿拉伯之春是幻影還是驕傲，當時都已經成為了一個模糊的記憶；阿拉伯地區的強權和它們在西方的支持者，似乎更喜歡獨裁主義的秩序，而不是民主帶來的騷亂。

雖然安納赫達認為應該循序漸進、謹慎行事，但這種態度對於身處突尼西亞革命的激進年輕人來說，卻是一種背叛。如果一個宗教性的政黨之所以存在，就是為了將宗教性的政治、社會價值觀與認同帶入政治場域的話，那麼在更死忠的伊斯蘭主義者看來，安納赫達早就已經不是個支持伊斯蘭主義的行動者了。那些感到灰心、相信革命已經幾乎失敗的年輕人會說，安納赫達今日少數仍然和伊斯蘭主義扯得上邊的東西，只剩他們的頭巾和鬍子了。

革命不再純真

到了二〇一二年的初夏，敘利亞境內的反政府勢力已經在幾個城鎮裡打敗了阿薩德的政府。被視為溫和派叛軍的自由敘利亞軍，則正在和努斯拉陣線爭奪拉卡這座城市。二〇一三年三月，這座城市終於落入了叛軍手中。

到了四月份，伊斯蘭主義的叛軍因為意見不合而開始分裂。巴格達迪稱，努斯拉陣線是伊拉克伊斯蘭國的一個支脈，並宣布這兩個團體將會合而為一，而他也首次將合併之後的組織稱為「伊拉克與敘利亞伊斯蘭國」。然而過了一天半之後，努斯拉陣線的領導人卻拒絕了這個說法，並堅稱努斯拉陣線是一個獨立的團體，專注於在敘利亞進行戰鬥，並效忠蓋達組織中央。

雖然他們之間在某些面向上非常不同（比如戰術，以及對非遜尼派的敵對程度），但沒人知道造成這場分裂的原因，到底是意識形態的差異，或只是聖戰組織之間的政治操作而已。世人難以理解這些組織的對立和分裂，應如何形塑他們對敘利亞戰爭的回應方式。

八月份，一場發生在古塔（位於大馬士革郊區）的沙林毒氣攻擊事件，奪走了一千五百條平民的性命，其中包括四百多名兒童。從網路上所發布的大量影片裡，可以看到口吐白沫、不斷抽搐的人躺在地下室和醫院的地上。聯合國調查之後確認有人使用了沙林毒氣，但安理會卻並未指示要找出使用毒氣的元兇。歐巴馬並沒有立刻對敘利亞發動攻擊，而是轉向了美國國會。到了十月份，阿薩德終於承認自己擁有化學武器，並同意解散製作化學武器的兵工廠。

後來有位名為姆勒的美國籍援助工作者，在陪同任職於無國界醫生的男友前往阿勒坡時遭到了綁架。

十二月份，美國國務院在伊斯蘭國追隨者常用的社群媒體平台上，建立了一個名為「三思而後離開」（Think Again, Turn Away）的帳號，希望透過「反論述」的方式挑戰該組織的吸引力。然而這個帳號卻經營得不怎麼樣，而且還曾因為美軍在阿布格萊布的虐待戰俘事件，和網路上的聖戰士進行過不少次交鋒，最後落居下風，甚至還不小心激怒了反對伊斯蘭國的知名宗教人物。短短不到幾個月之後，這個帳號便遭到了關閉，而它在網路上的存檔資料也從公眾的視野中被抹除殆盡。

麗娜

德國，法蘭克福，二〇一四年初

雖然麗娜在離開丈夫之後，便被安置在女性收留中心裡，但她依然沒有電視，也沒有買報紙。她多半都是在工作的時候聽新聞的——她照顧的老人們都喜歡把收音機開著。

然而她的生活，卻在申請了一個臉書帳號之後出現了劇烈變化。突然間，她可以看見誰在做什麼、說什麼，卻不用覺得有壓力必須參與。幾週之後，她試探性地張貼了一條來自古蘭經的句子。一輩子都害羞、文靜的麗娜，有點欣喜地看著大家在她的貼文下方點讚。那個冬季的某一天裡，她看到一個名為阿布薩拉的男子的貼文。他和她一樣，也住在法蘭克福；他在臉書上公開詢問，有沒有善良的穆斯林女性想要結婚、移民海外，並附上了電話號碼。

起初，她因為實在太害羞，而不敢替自己打電話過去詢問。她傳了訊息給阿布薩拉，說自己認識一個穆斯林姊妹正在找尋結婚對象；不知道能不能請他透露多一些訊息，好讓她可以傳話給那個姊妹？阿布薩拉似乎非常真誠，也很感激她。他傳了一張照片給他，照片上是一個名為賈法的男人，他當時已經前往敘利亞、加入了一個組織；那個組織，當時正在建立一個嶄新的伊斯蘭社會，也就是一個伊斯蘭國。雖然賈法是在德國出生、成長的，但他的祖先來自土耳其，最近才皈依遜尼派的伊斯蘭教。他的臉龐約一個手掌大，擁有一對濃眉和一個挺拔的鷹鉤鼻。麗娜於是開始和賈法互傳訊息，後來也用電話進行通話。

在幾個星期之內，他們便提到了生活和婚姻，也討論了自己的志向和性格。賈法似乎非常和藹，而且最重要的是，似乎也非常虔誠——完全不像她的第一任丈夫，既懶惰又不虔誠就算了，而且還非常邪惡、非常惡毒。麗娜想要一個嶄新的生活、一個新的丈夫，生活在真主的庇蔭之下。

賈法向她描述了在新的伊斯蘭國裡的生活樣貌，也描述了伊斯蘭國的政府正如何試圖推翻當地的政府、建立學校，並提供人民一直以來無法獲得的公平治理模式。前往戰區開啟新生活，對麗娜來說似乎不是一個太過激進的決定。她成長於一九八〇年代內戰期間的黎巴嫩，對於衝突動盪並不陌生。她不是那種非得等到轟炸停止，才願意回到家園的人。她眼前有兩個選擇：一個是跟著一位正直、虔誠、忠實的丈夫，在詭譎多變的環境裡展開新生活；另一個則是孤單一人住在法蘭克福的女性收容所裡。哪個會比較快樂呢？答案對她來說似乎顯而易見。

艾瑪／敦雅

德國，法蘭克福，二〇一二年春

二〇一二年初，二十三歲的敦雅依然在找尋生命中的依託，也依然在嘗試成為一名年輕的德國穆斯林女性。就在此時，她遇見了賽林姆。

賽林姆是她朋友的哥哥的朋友；他們初次相見，是某個晚上在法蘭克福的一間土耳其烤肉店裡。他在土耳其出生、長得很帥，下巴線條非常剛硬，擁有一雙桃花眼。每當和他說話時，敦雅就會特別緊張不安。他們在餐廳的螢光燈下聊了很久，番茄紅的美耐板桌子上，可能也鋪了桌巾，點了幾枝蠟燭。賽林姆是個有趣的人，而她本來就是個呆呆的女生，於是他們開了一些輕鬆的玩笑。關於他們剛開始交往那段輕狂的時期，敦雅不是很喜歡透露太多。每當被問起時，她都會抽著鼻子說道：「在伊斯蘭文化裡，這些事情都是夫妻之間的隱私。」（歐洲很多皈依伊斯蘭或第二代的年輕穆斯林，在成長的過程中都覺得老人家或父母親信仰的伊斯蘭既懶散又太過軟弱，而且更像一種「文化」，而不是宗教；敦雅也和他們一樣，經常會提到世界上只有一個「真正的伊斯蘭」，彷彿這種東西可能存在。）但很顯然地，她當時愛上了賽林姆；她說他唯一的缺點，就是習慣半夜在床上吃洋芋片，然後吵醒她。

賽林姆並不是特別遵守教義規範的那種人，但她要求他們必須取得伊斯蘭婚約（阿拉伯文稱為「尼卡」（nikah）），才能繼續交往下去。他們買不起自己的房子，所以有時賽林姆會在她家過夜，有時他們則會一起住在他朋友的房子裡。根據敦雅所述，二〇一二年秋天，也就是他們開始交往幾個月之後，賽林姆開始變得愈來愈虔誠。他開始在清真寺和一群薩拉菲弟兄們聚會，還會要她戴上面紗，而不只是普通的頭巾而已。他對宗教的虔誠態度，有時會變得有點超過；比方說，他決定遵守嚴格的規範，不再過生日。對此，敦雅覺得很難過。那不過就是每年可以慶祝一下的日子而已，有必要搞得這麼嚴重嗎？但對於賽林姆來說，過生日卻變成一件違反伊斯蘭的行為，絕對不能允許。她開始會在彼此生日快到的時候多買一些蛋糕，假裝那些蛋糕只是剛好出現在家裡而已。

他們在同年稍晚完成了「尼卡」；取得婚約過後幾週，賽林姆在餐廳裡安排了一頓晚宴，讓敦雅可以和他的母親見面。那是個天空灰暗、飄著毛毛雨的一天，大家走在街上去搭地鐵和公車時，都是低著頭的。因為天氣實在太過陰鬱，敦雅還將自己在WhatsApp上面的照片，換成了一個架在藍綠色海水上面的度假小屋。她原本想要帶個禮物送給賽林姆的母親，後來覺得還是要等到自己受邀前去他家的時候再帶會比較好。賽林姆的母親挑染過的頭髮及肩，有一張寬大的臉龐，穿著一雙無鞋跟的便鞋。她的個頭非常嬌小；敦雅在他們就座之後，便快速地傳了一則簡訊給她的一位女性朋友：「很可愛。很像神奇寶貝。」

她就像敦雅成長期間，曾在法蘭克福的朋友家裡看過的那些土耳其媽媽一樣，永遠都不覺得累似的；她們會做甜椒鑲肉，永遠讓地板保持在拖過地的乾淨狀態，用中間窄窄、形狀像鬱金香一般的茶杯幫每個人準備茶水，非常能幹，永遠不會遲疑，永遠不會要自己的兒子幫一點忙，因此總像烈士那般，會染上一種需要別人關注的神祕症狀。賽林姆的母親問了關於敦雅父母的問題，然後在得知她父親住在西班牙，很少會過來看她時，臉上的表情看起來有些痛苦。她顯然比較希望自己的媳婦是個土耳其人，這樣媳婦才可以和她說同樣的語言，來自一個他們聽過的大家族，讓他們覺得可以依靠，可以讓賽林姆繼續作為家裡的一分子，也才會願意學著做甜椒鑲肉。晚餐結束之後，她們胡亂地握了幾下手，連來回親吻臉頰都沒有；敦雅於是傳了一個「🤔」的圖像給她的女性朋友們。

賽林姆的父母親過得還算體面，似乎也很滿意在德國的生活——或者至少根據敦雅的直覺，他的母親應該是很滿意的，因為她在家裡是主掌一切的人，而她的丈夫和兒子則不會表達任何不滿。賽林姆的父親在火車站擔任警衛。他有時會告訴兒子們自己寧願搬回土耳其的老家。敦雅就像所有覺得自己被婆婆評判而受到排斥的女人一樣，開始將自己的怨氣和家庭動態結合在一起，然後再投射到賽林姆的父母身上：她的母親支配著所有人，決定了所有人對於在德國生活的感覺，也決定了他們的信仰、決定了一切。

但賽林姆的行為舉止，包括他穿著的長袍、他講話時偶爾會使用的一些阿拉伯文詞彙，以及他最近才開始出現的虔誠態度，也的確讓他的母親有理由感到擔憂。她有次還在他的房間裡找到麝香，而麝香這種香水，你在世界各地的清真寺外面，都能看到幾個薩拉菲的香水小販在賣。那天晚上他回家時，他的母親將那小瓶香水舉到了他的面前，然後大罵：「這是什麼？你幹麼要讓自己聞起來像一個該死的阿拉伯人？」

由於他的行為開始出現變化的時候，正好也就是敦雅出現在他生命裡的時候，因此他母親相信，讓他變得愈來愈激進的人就是敦雅。但究竟是誰影響了誰，這個問題至今未解。敦雅依然認為，賽林姆才是變得愈來愈虔誠的那個人；他要求敦雅遮蔽自己的身體，而且變得愈來愈嚴格。不過其他人倒是有不同的感覺。

她第一次受邀去賽林姆家時，是戴著面紗過去的。他的母親用一種目瞪口呆的驚恐表情看著她。「你很了解伊斯蘭嗎？我想你可能誤解了些什麼？為什麼你會覺得有需要戴這個？」敦雅並不覺得有什麼好爭論的。賽林姆的母親是個典型的凱末爾主義者，也就是那種會崇敬土耳其國父凱末爾的人；凱末爾在二十世紀終結了鄂圖曼的哈里發政權，並創立了世俗化的土耳其共和國，從而推動了土耳其的現代化。賽林姆的母親認為自己是個穆斯林，但也是一個虔誠的土耳其民族主義者，同時也強烈認為土耳其應該成為一個世俗化的民族國家。（對敦雅來說，這種立場卻是在拒絕信仰、妥協讓步。真正的穆斯林並不相信民族國家的存在，也絕對不會把世俗的政治人物看得比信仰還重要。）然而敦雅覺得，賽林姆的母親只是因為她並非生來就是穆斯林、也不是土耳其人，就認為她說的話沒有道理，這點非常不公平。賽林姆的母親認為自己在文化上更有權力解釋關於伊斯蘭的知識，儘管她明明就不戴頭巾，也從不做禮拜。在那個當下，敦雅覺得婆婆就像凱末爾和希特勒的合體，雖然不是什麼大人物，但和他們一樣專制。

自從敦雅戴著頭巾前去拜訪之後，賽林姆的母親便禁止她再踏進家裡一步。她告訴兒子自己從別人那邊聽到一些關於敦雅的事情，讓她非常擔心，比如她的行為不夠檢點，不是個良家婦女。然而賽林姆拒絕和敦雅分手，於是他母親便將他趕出了家門。

這件事讓敦雅非常生氣。她覺得自己注定要和母親這種角色纏鬥：媽媽們總是會在她的身上找到應當反對、不值得培養的特質。她想像賽林姆的母親，會偷偷在背後和他說關於她的壞話。就在這個公開的家庭戰爭的背景之下，這對戀人開始討論要不要前往敘利亞。「如果你媽像隻惡龍的話，離開就是理所當然的事。」敦雅如此說道。

伊斯蘭國的崛起

二〇一四年一月，美國總統歐巴馬將伊斯蘭國稱為聖戰士的「菜鳥校隊」。他之所以使用這種輕鬆的說法，是為了強調蓋達組織作為一個跨國運動組織，對美國造成的安全威脅，比伊斯蘭國還要嚴峻。

然而就在當年六月，伊斯蘭國卻在一週內，便攻下了伊拉克的第二大城摩蘇爾，以及底格里特和塔爾阿法爾兩座城市。擁有兩百萬人口的摩蘇爾，居然在四天之內就告淪陷。伊斯蘭國的士兵包圍了巴格達，陣線距離城市只有四十公里遠，離機場也並不遠。「這已經不再是個恐怖主義的問題了。這是一支正在伊拉克和敘利亞活動的軍隊，而且他們正在取得許多領土。」一位華盛頓的智庫專家如此說道。

六月底，巴格達迪在齋戒月的第一天首次公開露面，並在摩蘇爾歷史悠久的大清真寺舉行了主麻日禮拜。他宣布他們成立了一個伊斯蘭的哈里發政權，並重新提及了伊斯蘭之地和其外的異教徒之地之間的傳統差別。

「穆斯林快前來你們的國度吧。是的，這裡是你們的國度。快，因為敘利亞不是敘利亞人的國家，伊拉克也不是伊拉克人的國家。這個世界是屬於阿拉的。」他如此說道。「如果阿拉願意的話，很快地，穆斯林就可以在任何地方都成為主人、充滿榮耀、受到尊敬，可以抬頭挺胸、保有尊嚴。」

「那幅景象已經不光是可怕而已。那已經幾乎是個夢魘一般的局面了。」伊拉克北部的庫德斯坦地區政府的一位發言人如此說道。

美軍指揮官也開始考慮動用地面部隊。到了八月，在美軍戰機、庫德斯坦士兵，以及伊朗支持的什葉派民兵的合作之下，他們終於擋住了伊斯蘭國挺進伊拉克北部的大型攻勢。伊朗也派出了軍事顧問和後勤人員，對伊拉克和庫德斯坦的軍隊都提供了支援，於是頗出人意料地，華盛頓和德黑蘭就這樣在軍事上進行了合作，不過雙方對此都非常低調。

艾瑪／敦雅

德國，法蘭克福，二〇一四年夏

這則訊息，是特別講給美索不達米亞的自由女性聽的，同時也是給「穆斯林國」所有女性的：在這場聖戰之中，你的角色是什麼呢？你為這個國家做出了哪些貢獻呢？你難道不敬畏真主嗎？你辛苦把孩子養大，是為了讓他們被獨裁者殘殺嗎？你是否在屈從獨裁者、拒絕聖戰呢？

——扎卡維，〈人活著不應該沒有信仰〉，二〇一五年。

從賽林姆回到家，開始說要移民去敘利亞，一直到他們真的搭機飛往伊斯坦堡，中間只隔了短短八天。賽林姆當天晚上在一個朋友（一個薩拉菲弟兄）的家裡，他們整晚都在收看半島電視台，看著敘利亞兒童和女人被從瓦礫堆中拖出來的畫面。當他回到家時，他坐在了地上，彷彿地面上有種重力讓他不得不靠近地面一些。他告訴敦雅，阿薩德的政權正在殺害穆斯林，他必須過去幫助他們。他把手機螢幕上的照片拿給她看。那是一個女性把年幼的孩子抱在懷裡，而孩子的半邊臉部已經被炸得面目全非。

「不要再看了。」她說道，然後把他的手推開。但他不願罷休。在那些日子裡，他的主張不斷以一種前後並不連貫，卻渾然天成的方式在說服她：當其他穆斯林受到那些傷害時，他們不該袖手旁觀；一旦伊斯蘭的哈里發政權國成立了，離開異教徒之地，搬去哈里發的國度，便是每個人的宗教義務，也是她的宗教義務。敦雅試著把他從這個計畫拖出來。「我們沒有別的辦法可以幫忙嗎？」她問道。沒有，他說。去敘利亞，就是唯一的辦法。

雖然敦雅有時贊成，有時又會拒斥，但這些觀點在激進政治立場和末世論的世界觀裡，都具有非常重要的地位。她和很多皈依伊斯蘭教的穆斯林一樣，會在 YouTube 上面看奧拉基的布道影片；奧拉基是一位葉門裔美國籍的伊瑪目，支持者遍布世界各地。他在許多方面都給予了豐富而周詳的指引，比如日常的健康措施、齋戒月的齋戒方式，以及健康的婚姻應該擁有的特徵和習慣。不論你是剛開始接觸伊斯蘭，或是已經有過多年的信仰和學習，奧拉基的布道都能讓人有所收穫。他的聲音很吸引人，既風趣又口齒清晰，在討論看似當代、相關的議題時，也會引用伊斯蘭早期的歷史和先知穆罕默德的生平故事。二〇〇〇年初，奧拉基在維吉尼亞州瀑布教堂市的一座大型清真寺擔任伊瑪目，當時一般人也都認為他的立場溫和，願意接觸社會中的其他社群，甚至也願意和政府接觸——他曾參加過一場五角大廈的午宴活動，也曾在國會山莊傳教過。九一一恐怖攻擊事件發生後，他曾說，「做出這種事的人，絕對不可能是穆斯林；如果他們自稱穆斯林的話，那麼他們便是在扭曲宗教。」

到了隔年，美國聯邦調查局在維吉尼亞州北部四處掃蕩，而那裡正好就是奧拉基負責的教區。調查局的探員當時會拿槍指著婦女和兒童的頭，用手銬長時間銬住他們，因此奧拉基對那些探員提出了強烈的指控。但他當時會將那些指責上升到公民權的層次，並引用非裔美國人過去的奮鬥來組織、捍衛他們的社群。當他對美國在中東的外交政策、當時正在如火如荼進行的反恐戰爭，以及聯邦調查局的強硬手腕提出批評時，他會小心翼翼地遵守法律上的權利框架，而且不論是對國家，或是對武裝團體，他都抱持著非暴力的準則。他曾在二〇〇一年十月如此說道，「就算美國在伊拉克造成超過一百萬名平民死亡，就算美國在背後支持別人殺害數千名巴勒斯坦人，那也不代表你就能殺害紐約、華盛頓特區的美國平民；即使紐約、華盛頓特區有六千名平民死亡，也不能合理化你殺害阿富汗平民的行為。」

有些恐怖主義專家會引用奧拉基的這句話，來證明他其實打從一開始就是極端分子，因為他的說法將精心策劃且由國家造成、針對平民的暴力行為，在道德上和九一一這樣的攻擊事件劃上等號。然而真要說的話，在許多穆斯林，甚至是非穆斯林的中東人心中，這種觀點都不算少見。接下來發生在奧拉基身上的事情，則是一個不太光彩的故事，而世界各地支持他的網民，大部分也都不知道這些故事。

後來聯邦調查局收到情資，發現九一一事件中的劫機者，至少有兩名曾在奧拉基的清真寺裡做過禮拜，於是開始密切監控他的行蹤。在他們進行監視的過程中，他們發現了一些證據，據稱能夠證明奧拉基曾和妓女會面；一旦這件事遭到曝光，這位受尊敬的伊瑪目很有可能會身敗名裂。奧拉基後來告訴他的夥伴們自己是被設局陷害的，那些不利於他的證據是聯邦調查局揑造出來的。

到了二〇〇二年三月，就在聯邦調查局對維吉尼亞州北部幾個穆斯林家庭進行一連串無差別式的突襲之後，奧拉基在布道時發表了一段憤怒而直白的談話；他提出警告，美國的穆斯林正在成為法律上的二等公民：「所以現在這已經不是一場反恐戰爭了。我們必須清楚認識到這點。這是一場針對穆斯林的戰爭。這是一場針對穆斯林和伊斯蘭的戰爭。這場戰爭不只發生在世界各地，還發生在美國這裡；他們宣稱自己是為了自由而戰，卻因為某些公民是穆斯林，就侵害了他們的自由。」

二〇〇二年春天，奧拉基離開美國，前往倫敦，從此再也沒有回過美國。有些人將他描述成能言善道的極端分子，還認為他之所以離開美國，就是因為擔心聯邦調查局會將他嫖妓的證據公諸於世。有些人則認為政治改變了他，讓他不得不離開美國，因為他認清了美國在後九一一時代的真實狀況，認清了政府在法律上對穆斯林愈來愈廣泛的騷擾行為，也認清了美國入侵阿富汗終究與他溫和的神學觀格格不入。在倫敦待了兩年之後，他的觀點變得愈來愈極端，最後又前往了他的祖籍地——葉門。根據《紐約時報》記者的報導，葉門的地方政府於二〇〇六年曾經逮捕過奧拉基，並在美國的指示之下監禁他。奧拉基被關押在葉門監獄期間，也曾經遭到獄方的刑求。

他的立場在出獄之後開始大變。他不再那麼同情美國平民了。他在被釋放時曾說，他在被偵訊的過程中，美國聯邦調查局的人員不只在場，也參與了偵訊的過程，他們對那些刑求行為是知情的。他不再呼籲避免攻擊平民，還開始在全球聖戰的脈絡之中，呼籲大家對美國採取暴力行動。他曾在二〇一〇年一場名為「聖戰的召喚」的演講之中，闡述了自己新的立場，而在他的描述中，這場演講的背景，就是美國在穆斯林的土地上愈來愈嚴重、規模也愈來愈大的暴力行動。

> 我們從美國身上看到的，是它如何侵略了其他國家；我們看到了阿布格萊布、巴格蘭，以及關達那摩灣；我們看到了巡弋飛彈和集束炸彈；我們也剛剛在葉門目睹了二十三名兒童和十七名婦女喪生。我們不能在面對這樣的攻勢時袖手旁觀，我們會進行反擊，也呼籲其他人這麼做。我自己就是在美國出生的，我在美國生活了二十一年。美國是我的家。我在為伊斯蘭教傳道時，原本是主張非暴力運動主義的。然而由於美國入侵伊拉克，又持續對穆斯林發動了攻擊，因此我再也沒辦法以一名穆斯林的身分，繼續住在美國。我最後的結論是，對抗美國的聖戰是我的職責，而那也是每個有能力的穆斯林的職責。

有位學者曾說，奧拉基的「激進化符合一個歷史上常見的模式：當政治行動無法帶來改變時，運動分子便會開始相信恐怖主義」。他的經歷，也反映了一個常見的現象：伊斯蘭主義者或穆斯林運動分子經常是在監獄裡誕生的，他們都曾在監獄裡遭受密集的刑求，出獄之後也會大幅改變立場，開始支持對平民使用暴力。

這樣說，並不代表刑求就一定會改變所有人，讓他們變得更加殘忍。但像拜倫科恩這樣的心理學家曾指出，經歷創傷很有可能會導致一個人喪失同情心，而喪失同情心的人則通常會把其他人視為沒有生命的物體，這也正是我們在對他人施加暴力行為時所需要的。拜倫科恩的研究告訴我們，刑求一個人，將一個人視為物件、一個可以抽取情報的容器，會讓一個人在關注自身利益時，大幅降低關注他人利益的能力。

曾在網路上看過奧拉基謝赫的數千名穆斯林，並不知道他在葉門的牢房裡經歷過些什麼。他們並不知道，他曾在美國的要求之下遭到監禁，也不了解他經歷過的事情。他們看到的只是這個備受喜愛的伊瑪目改變了自己的立場：從原本的宗教寬容和共存共榮，變成以自衛名義使用暴力，針對美國平民進行暴力攻擊的矛盾心態。他把許多年輕人都拉了進來，因為他早已讓他們登上了同一艘船。坐過牢的奧拉基，接連鼓動了許多場轟動輿論的恐怖攻擊事件，也讓美國總統歐巴馬覺得有必要出動無人機進行轟炸、暗殺美國公民——這是美國自從南北戰爭以來，首次在沒有審判的情況下殺害公民。他於是成了一位思想家、武裝分子和烈士；即使到了現在，「奧拉基問題」這種說法，都仍會被用來指稱他所遺留下來的種種難題。後來各國政府和科技公司合作，試圖將他的足跡從網路上抹去，但他如幽靈般對新一代穆斯林帶來的吸引力，帶來了一個沒人想要面對的麻煩問題：奧拉基真是那些武裝運動的源頭嗎？或者，他的聲音，他那複雜、令人同情的身世，會不會只是支撐武裝運動興起的一種表演而已？

敦雅了解奧拉基謝赫這種令人信服的邏輯。儘管奧拉基起初其實並不願意採取這樣的觀點（他自己是這樣說的），但要敦雅理解這種觀點其實並不困難。她也可以理解，為何有人既認為奧拉基所說的事情都是對的，卻又覺得去敘利亞加入伊斯蘭國是個很糟糕的決定。

雖然敦雅可以同時抱持這些看似彼此衝突的立場，但賽林姆可沒辦法。她不太認為賽林姆遭到了洗腦，但他是那種相信世界上只存在一種真相的人。與此同時，他又是她的丈夫，她非常喜歡他，無法想像他們有天會分隔兩地。而且她還有其他理由可以說服自己：她只是一個盡責的妻子在滿足丈夫的心願；那只是一場旅程，可以帶她前往一個自己從未去過的地方——敘利亞，那裡離貝魯特很近，而貝魯特又有很多她喜歡的阿拉伯明星；那是一場真槍實彈的突襲，可以對抗那個無疑正在殺害自己子民的獨裁者。

她告訴家人他們將會在土耳其住一陣子。她很快便收拾了行李，把東西都塞進了一個行李箱裡：衣服、盥洗用品、化妝品，以及其他不能不隨身攜帶的重要物品，比如纖長睫毛膏和柔膚面皂。登機前往伊斯坦堡之前，她還額外購買了電池和一些手電筒。她不知道那些電池和手電筒能不能派上用場，但似乎很有可能。

沙比拉

東北倫敦，沃爾瑟姆斯托，二〇一三年十月

從很久很久以前，她還小的時候開始，她的整個家族便會選在週六於祖母家聚會，一起共進午餐。那個地方總是充滿烹飪的氣味、孩子們的玩鬧聲，以及三姑六婆在廚房裡會聊的那種話題：健康狀況、打混摸魚的丈夫，然後擔憂一下遠房親戚最近新生的孩子和近況。

兩個星期之前，沙比拉剛剛得知自己的哥哥蘇海爾正打算前往敘利亞；這個消息讓她感到既害怕又緊張。蘇海爾十分信任母親，所以沙比拉是從母親那裡得知這個消息的。她可憐的母親不知道該怎麼辦才好。她隱隱覺得自己的兒子**想**去敘利亞是一件值得驕傲的事情，但她比較希望孩子的父親可以勸退兒子這個高尚的念頭，只可惜孩子的父親早已不在身邊。因為她實在太過苦惱，需要找個人傾吐一下，因此某天晚上當她和女兒沙比拉一起在浴室刷牙時，她便把這件事告訴了沙比拉。

作為一名單親母親，她早已將權力下放給自己十分年輕的兒子，而她這麼做，單純只是因為兒子即將成年；若想把這種權力收回，幾乎是不可能的。自從丈夫離開之後，她便開始讓蘇海爾

負責打理家裡的許多事情。這給了他一種主宰感，也讓他覺得自己知道的事情已經夠多了，但那也意味，他的母親再也無法改變他的心意了。然而蘇海爾當時其實才十八歲而已，他哪懂得生命是怎麼一回事？

蘇海爾在面對自己的妹妹沙比拉時，總是試著扮演缺席的父親的角色；就算以最好的情況來看，這都是個注定會感到困惑的角色：扮演一個保守的巴基斯坦裔英國父親，既要鼓勵女兒走入社會，同時又要監管她的道德和舉止是否合宜。（去上大學！用功讀書！不要和男生講話！）就算是成年男子，一般來說都不見得能游刃有餘，更何況是像蘇海爾這樣的青少年。蘇海爾努力成為一家之主。他會讀瓦斯表上的數字、組裝（ＤＩＹ）家具，也會帶母親去看醫生。他會要求沙比拉戴上面紗。他在學業上非常認真，也完全信服真主阿拉。

沙比拉當時十五歲；為了換取哥哥的友愛和忠實的保護，她會對哥哥的話照單全收。他決定動身前往敘利亞，還說那是穆斯林的宗教義務，而且為了保護無辜的人而獻身，是一件非常光榮的事情；對此，沙比拉只提出過一次反對。

「你確定嗎？」她問道。「我們以後要怎樣才能再看到你？」

他給了她一個充滿感情的微笑，彷彿在說**我愛你**。然而他真正說出口的，卻是「我不會回來了。」

他的態度十分堅決，就像故事已經在他腦子裡寫好了一般。

沙比拉並沒有出言阻止，也沒有嘗試改變他的心意。她開始把大量乳液塗在手上，以這種溫和的方式，來取代咬指甲的行為。他們並沒有明確的理由認為，那個週六和其他家庭聚餐的日子有何不同。蘇海爾並沒有額外多洗幾件衣服；沙比拉也沒有看見他在整理行李。但由於他們非常親近，她看得出來他心裡正在想些什麼。那個週六，他不管看什麼，都比平常多花了一些時間凝視。她在他們聚餐時、聚餐之後和堂弟妹們玩捉迷藏時，都多拍了幾張他的照片。當他終於對她說「我現在要走了」時，那句話就像是在開玩笑一般；那種感覺非常不真實，他們後來想起都會不禁發笑。他抱了抱她，然後也抱了抱媽媽，接著環顧了客廳——那是他們童年記憶的背景，最後走出家門。

當時的英國剛剛入冬，天色總在四點半左右變暗。在街邊路燈的映照之下，磚房上的塑膠窗框閃著突兀的白光，而風則將人行道上一堆堆棕色落葉吹得到處都是。沙比拉穿上了一件毛衣，坐在階梯上目送哥哥離開。她把眼睛瞪得大大的，不敢眨眼，直到他走到那條街的盡頭，變成遠方一個小小的深色身影，最後在某個路口轉彎。

一切都是從那張傳單開始的。蘇海爾的姓氏為拉西德，當時十七歲，是一個來自北倫敦、再尋常不過的巴基斯坦裔男孩；他喜歡跳蹦床、騎腳踏車、拳擊、少林功夫、上健身房、看動作片，也喜歡和自己的妹妹沙比拉一起抽水煙。根據許多人的描述，他是那附近最和善的年輕男子之一：既直爽、又充滿朝氣，對老人家也很有禮貌，一向很受女孩子歡迎。有天他走在家附近的一條商業街上，注意到一些弟兄正在擺攤傳教，於是停下來拿了一份傳單。當時和他一起的堂哥納迪姆，也拿了一份。

對蘇海爾來說，那時他正好剛讀完十一年級，處在中學學業結束時的轉捩點。他希望可以進入機械工程的職業訓練課程。近年來，倫敦在市區學校挹注了許多經費，大幅提升了教學的水準和成果。然而此舉也導致英國其他地方的學校經費減少，而倫敦許多位於工人階級地區的中學，則因此成為表現優異、非常有競爭力的學校。雖然他們居住的社區充斥著毒品，也時常傳出持刀攻擊事件，而且對於大多數年輕人而言，脫離貧窮最明顯可見的方式似乎都和販毒、小偷、小騙脫不了關係，但蘇海爾和沙比拉依然接受了教育，讓他們能夠獲得技術，對未來也能懷抱期望。作為英國公民，同時也作為歐洲和這個世界的公民，他們強烈覺得自己被賦予了許多機會和權利；這種感受，絕對比他們的父母經歷過的還要強烈。蘇海爾以優異的成績取得了職業學校的學位；如果他願意的話，那個學位能讓他繼續升學，進入前途一片光明的實習階段或大學校園。他父母兩邊的家族都擁有頗為成功的事業，而他原本也很有可能會參與那些家族事業。「我們家不是那種希望渺茫的家庭。我們有很多東西可以回報家裡。」沙比拉如此說道。

發傳單給蘇海爾的弟兄，來自一個被稱為「僑民會」的當地團體，他們是一個小型的極端組織，一直都在高調宣傳一些顛覆性的言論。他們邀請他前去參加當晚的一場討論會、還跟他要了電話號碼；從那天起，他們便一直圍繞在他的身邊。他們每週都會在好幾個晚上裡舉辦活動，比如討論會、弟兄們的足球賽、傳教攤位、示威遊行和會議。突然間，蘇海爾幾乎所有時間都和這些人混在一起。當他在家時，他會在網路上聽談話性節目，看關於敘利亞的影片——這些東西都讓他感到非常的憤怒。他經常要沙比拉坐下來和他一起看；這件事情起初讓她感到有點困擾，但蘇海爾是沙比拉的哥哥，她並不打算告訴他什麼事該做、什麼事不該做。事實上，那些影片也讓她感到頗為憤怒。看完之後，她很難不覺得情緒受到影響、很難不感到生氣，也會覺得應該要付諸行動。當蘇海爾建議她也加入僑民會的姐妹圈時，她並沒有拒絕。

他們居住的沃爾瑟姆斯托，是全英國穆斯林密度最高的地區。那裡住有六萬五千名到七萬五千名穆斯林，還有十五座清真寺。沃爾瑟姆斯托的主要大街上，有成排的清真餐廳、以巴基斯坦大城「拉合爾」或「喀什米爾美髮師」為名的理容店、專營穆斯林朝覲之旅的旅行社，以及年輕穆斯林的主要社交場所——甜點咖啡店。那裡還有一間伊斯蘭書店，販賣嚴守教義的英文書籍，其中有不少都是在沙烏地阿拉伯出版的。當地最大的清真寺位於里橋路上，而市議會的大多數決策，實際上都是在那間清真寺裡進行的。市議員會在家族裡傳播自己的政治影響力，而他們的政治酬庸網絡也會從巴基斯坦的偏鄉，毫無縫隙地轉移到這個人口密集的倫敦社區裡。

這座清真寺和一個社區中心，以及一個由名為「主動變革基金會」的青年組織所營運的健身中心，共用同一個建築物。好幾年來，該基金會都在接受政府資助，對抗激進主義在該地區蔓延；它提供了年輕人去處，裡頭備有電子遊戲機、撞球檯，但就和許多類似的團體一樣，它也和警方、維安人員緊密合作。當地許多人愈來愈相信，該團體的首要目標，是要監視整個社群。該基金會的青年工作人員，和僑民會的成員都彼此認識，也都瞧不起對方。他們會在地方上的討論會或宗教活動之後彼此爭執、挑戰對方對宗教的認識（甚或挑戰對方認同自己是穆斯林的基本權利），有時也會彼此競爭、爭取該地區年輕男性的支持。

蘇海爾也是他們競爭拉攏的對象。僑民會的支持者非常積極地想吸收他進入組織，不過如果你問他們的話，他們不會說那是在「吸收」。他們只是真誠地相信自己的政治目標，也只是想要教導他、讓他認清一個事實：反恐戰爭已經變成一場針對穆斯林的戰爭，而且情勢十分嚴峻。

二〇一三年春天，蘇海爾看了幾部伊斯蘭國的宣傳影片，那些影片告訴他，穆斯林無法在西方國家安穩度日，無法住在那些異教徒之地；他們在那裡根本是不受歡迎的，因此應該盡快加入伊斯蘭國，跟著伊斯蘭國一起創造哈里發政權，好讓穆斯林可以生活在伊斯蘭法之下，過上他們原本就應該過的生活。諸如僑民會和伊斯蘭國這些組織，都曾公開承認他們使用過這種方法。他們曾提及他們會瞄準「灰色地帶」，也就是穆斯林和西方社會和平共處的空間。侵蝕這些灰色空間，就是伊斯蘭國用來吸引其他人從西方前往敘利亞的主要方法。再過一段時間之後，英國的保守派政治人物也會開始使用這種方法煽動公眾對穆斯林的情緒，藉此獲取選票和支持度。

透過這種方式，伊斯蘭國和英國的右翼政治人物共同擁有忠實的隊友——許多英國媒體也都想表達穆斯林不適合住在歐洲，對於現存的社會秩序也是一種威脅，因此只好乾脆排斥他們的宗教，希望能藉此成功同化他們。有些報紙則不斷製造出一些報導，鼓勵大家將他們身邊的穆斯林想像成一支第五縱隊，是一群潛伏在他們之中的極端分子，不只支持恐怖主義，密謀實施「伊斯蘭法」，而且還把清真食品偷偷引入了超市裡。有些研究顯示，這種觀念廣為流傳：英國有百分之三十一的年輕人，認為穆斯林正在占領他們的家；百分之五十六認為，伊斯蘭教作為一種宗教，正在威脅西方的自由主義民主制度。

商業街上距離那裡約十分鐘腳程的地方，還有另外一座健身房，那裡的運動空間將男性和女性區分了開來；負責營運那座健身房的兩位兄弟，曾經在和家人準備去洛杉磯迪士尼樂園度假時，在機場遭到拒絕登機，而這件事情也讓他們聲名大噪。英國其中一個最受歡迎的八卦小報《每日郵報》便刊登了一張照片，裡頭是他們家在沃爾瑟姆斯托的房子，一旁的標題則寫著「你不能只是因為英國的邊境安全，是由米老鼠*在負責管理的，就怪美國不讓這家人去迪士尼樂園玩——如果是我，我也不會讓他們進入。」《每日郵報》曾根據一個臉書帳號的連結，指控這家人是極端分子，然而事後證實那個帳號其實和他們無關。《每日郵報》最後對這家人道歉，並給予他們賠償，但仍無法彌補被他們造成的社會性傷害，也無法減少未來類似魯莽的報導再次出現。不論是八卦小報或是主流報紙，都愈來愈常針對穆斯林捏造假故事，而且又不用受罰；這類新聞總是很有賣點，而英國的自由派和保守派評論人員，自然也都響應了這些新聞。

有些學術研究曾經警告，主流媒體對穆斯林的報導正在為仇恨犯罪火上澆油，創造出一種極度敵對的社會氛圍。為什麼報紙媒體要持續使用這種報導方式呢？有些人認為，媒體妖魔化穆斯林的做法，不只反映了媒體業主的偏頗立場，對於社會組成愈來愈多元的英國的外交和國安政策，也具有決定性的影響力。二〇一四年，一份從國防部流出的報告指出，政府如果想要對英國公民或其家屬的祖國進行軍事介入的話，難度會比較高。這份報告罕見地點出，英國在實行國內穆斯林所反對的戰略政策時（比如支持美國的反恐戰爭、支持以色列占領巴勒斯坦、持續在阿富汗駐軍、對沙烏地阿拉伯利益龐大的軍售案，以及和沙烏地阿拉伯合作、導致數千平民喪生的葉門戰爭），會面臨到的情況有多複雜。這種論點主張，媒體在英國的外交政策中具有結構性的重要地位：大眾必須相信，伊斯蘭信仰對當代英國的社會和國家安全而言都是最大的威脅。一旦穆斯林遭到妖魔化，他們就更容易壓制反對這類政策的政治力量並使其噤聲，而他們以對抗極端主義為名，在全球各地進行的侵略和軍事行動所造成的人員死傷，也就更容易去合理化。

這種信念不能只存在於抽象層面，它需要成為眾人日常生活的一部分，讓他們相信街上的穆斯林會前往迪士尼樂園，一定都是不懷好意、別有目的。八卦小報經常會想辦法將伊斯蘭教描繪成一種充滿性暴力的宗教，把聚光燈打在世界各地其實沒那麼重要、幾乎沒有英國穆斯林聽過的人物身上，然後再打上聳動的標題，像是「伊斯蘭學者說『阿拉允許穆斯林男性強暴非穆斯林女性，藉此羞辱她們』」，或是「某埃及律師說，強暴那些穿破牛仔褲的女性，是男性的『國民職責』」。

二〇一七年，歐洲放送協會進行了一項調查，詢問歐洲各國公民對於本國媒體報導真實度的認知，而英國媒體在調查之中敬陪末座。即使是英國國內的調查，右翼小報也經常在可信度的排名中吊車尾，但大家還是會繼續掏錢購買他們的報紙。

＊此處米老鼠（Mickey Mouse）應為雙關，一方面對應事件中的迪士尼樂園，二方面 Mickey Mouse 也可用來形容膽小、怯弱、簡陋、微不足道等諷刺意涵。

沙比拉還記得以前和她一起上學的那個聰明男孩，他的名字叫做費沙爾。他的成績總是把其他同學甩在後頭，每個科目都是第一名，所有老師都注意到他過人的聰明才智。然而他經營餐廳的父母，卻在他十六歲那年要他中斷學業，在餐廳裡當服務生。他原本應該可以順利通過大學考試，進入牛津或劍橋大學的，然而現在卻可能要一輩子經營餐廳。作為第一代移民的巴基斯坦父母一般都調適良好，以便在不斷變化、貧富不均且非技術勞工又過剩的英國經濟中勉力維生。他們就像費沙爾的父母一樣，通常會要求孩子儘早開始賺錢，而不是接受耗時又昂貴的高等教育。

他們的這種想法，是勤勞工作、改善家境的企圖心所造成的，卻也經常導致亞裔穆斯林兒童走上坎坷的道路，很難獲得真正的機會。英國廣播公司於二〇一八年推出了一部電視紀錄片，探究為何亞裔穆斯林的表現，似乎不如其他宗教背景的亞裔族群（比如旁遮普錫克教徒，或來自古吉拉特的印度教徒）。為何其他亞裔兒童在大學入學考試的表現比較好，而且可以更快購買自己的房子呢？英國廣播公司的旁白甚至指出，有沒有可能是因為，印度教徒和錫克教徒可以在酒吧喝啤酒、進行社交，因此比較能夠融入社會、獲得更多機會呢？讓英國穆斯林屈居弱勢的，有沒有可能就是他們的穆斯林身分呢？這些旁白內容，經常落入英國已經十分常見的種族主義思考方式——這種種族主義，原本只對所有棕膚色的人都抱有偏見、認為他們都是「巴基斯坦佬」（Paki）；到後來，則演變成更有針對性、對非白種人的穆斯林族群所抱持的歧視。

上述這些難題，你在沃爾瑟姆斯托都能找到。那裡位於東北倫敦的城郊鄉村地區，是一個有點髒亂的尋常小鎮，也是英國政府在對抗極端主義威脅時，會面臨到的所有問題的縮影。那些住在一幢幢排屋裡、會去當地清真寺做禮拜的男人，曾經策劃過不止一起暴力事件，比如二〇〇六年，他們就曾經試圖用液態爆裂物炸毀客機。

沃爾瑟姆斯托是僑民會的發源地，該組織最密集的成員網絡就在那裡。僑民會的領導人名叫邱達里。不論在宗教界或是學界，他都不是什麼赫赫有名的大人物，卻能大談許多煽動性的言論，讓他得以順利登上電視和報紙版面。他渴望獲得其他人的注意。他在媒體上的曝光度，似乎恰好和他在英國穆斯林心中的地位成反比：他們愈是將他視為一個具有毀滅性且只想自抬身價、製造分化的人物，他就愈常出現在電視上。即使主流或受尊敬的英國穆斯林人物（比如一些穆斯林記者、議員、學者和運動分子）都曾公開抵制邱達里，即使全國各地的清真寺都禁止他出入，但他的知名度卻依然沒有消滅。

就某個意義而言，邱達里就是報紙媒體最喜歡的那種稻草人。他瀟灑的笑容和粗魯的偏執，很快便打破了「穆斯林的極端主義，背後是理性的政治脈絡」這種說法。他想在東倫敦四處貼上寫有「伊斯蘭教法之地」字樣的貼紙；他甚至還組織了品行巡邏隊，雖然除了他的一小群支持者之外，其實根本沒人想參加。他只差沒有發出邪惡的笑聲。二〇一〇年，有位記者在《觀察者報》寫下了令人印象深刻的一句話：「邱達里……是那種既愚蠢又喋喋不休、唯利是圖的小人，這種人只有英國才養得出來。」這句話顯然非常正確，然而——然而！——他依然是媒體非常想要、非常需要的東西：出身自沃爾瑟姆斯托的他，就像是莫里哀喜劇中的主角塔爾士夫一般的「魯蛇」，一邊譴責英國是個墮落的異教徒之地，一邊卻又靠著社會福利制度支撐自己龐大的家庭。

沃爾瑟姆斯托有許多穆斯林人口，而僑民會這種組織所抱持的核心政治觀點，當地也有不少人都非常贊同。不過，這些人之中的大多數，其實並不贊成對平民使用暴力的行為。然而其中某些隱含的一些事實，他們倒是頗能贊同——比如西方正在透過反恐戰爭，於穆斯林占多數的土地上進行新帝國主義式的戰爭；又比如戰爭的地理分布和殘忍程度、祕密刑求基地、無人機轟炸，以及瞄準平民進行攻擊的行為，每年都在變得愈來愈嚴重；再比如西方正在透過對以色列和阿拉伯獨裁者的支持，讓穆斯林生活無法獲得應有的發展，且承受極大程度的苦難。

在認知上同意這些事實是一回事，使用暴力、採取行動則是另一回事；兩者之間還是存在落差的。對於大多數人而言，這種細微的落差是無可避免的，他們不但能夠，也注定要在這種落差之中持續生活下去。但對於一些人而言，這種落差其實微乎其微，很容易就能橋接在一起，也很容易就能吸引那些易受影響的年輕人跨越到另一端去。伊斯蘭國把這種落差稱為共謀的灰色地帶（the gray zone of complicity），並且試圖消滅這種落差。一些八卦小報把這種現象稱為「悄然蔓延的伊斯蘭法」（creeping Sharia）；一位知名的新保守派思想家，則將其稱為「歐洲死去的奇特方式」（the strange death of Europe）。猶太裔思想家華特・班雅明則將這種現象稱為「緊急狀態」——對於被壓迫者來說，這種緊急狀態已經「不是例外了，而是一種常態」。至於英國的穆斯林社群則會說，這就是生活。

對於身為穆斯林移民的家長來說，這也是要發現小孩的行為出現異常並不容易的原因之一。

不少家長看到小孩行為變得更為虔誠，其實反而會覺得開心，因為那代表他們終於可以放心一些，也代表他們的孩子不再面臨價值觀淪喪、偏離信仰的危機了。他們的文化，讓他們不太會把行為保守化看作一件值得憂心的事情。

針對穆斯林和西方國家暴力之間無所不在的緊張，本來就有各式各樣的政治觀點。由於穆斯林社群裡數以千計的年輕男子，幾乎都懷抱著**同樣**的態度、擁有**同樣**的認同，而且內部又都擁有一些界線可以防止他們採取暴力，因此家長其實很難察覺到那些傳統的觀點，究竟會在什麼時候突然變得具有破壞性。你很難知道一個孩子內心的那個界線，是從什麼時候開始突然不再運作的。

雖然這點仍有爭議，但除了極端主義之外，沃爾瑟姆斯托其實還有其他更大的問題：那裡充斥著毒品和持刀犯罪等問題。和大部分男孩一樣，蘇海爾也知道要避開某些理髮店，因為那裡是毒品交易的重要據點，裡頭的理髮師都一副目光呆滯的樣子。販毒就是在社群裡提升地位的速成方式，而走上這條路的穆斯林年輕人為了減輕自己的罪惡感，會開著保時捷前往清真寺，再將大把大把的鈔票以行善的名義捐給伊瑪目。

若想過上體面的生活，他們其實沒有什麼值得稱道的選擇，即使是在二〇一〇年代，傳統偏見和行之有年的歧視都依然存在。英國廣播公司於二〇一七年做的調查發現，在履歷、技能完全相同的情況下，一位名字為「亞當」的應徵者，可以獲得工作面試的機會，是名為「穆罕默德」的應徵者的三倍之多。倫敦有一半的穆斯林家庭生活在貧困之中。穆斯林學生無法進入好大學，而進得了好大學的穆斯林也不會拿到太好的學位。

的確，就英國的穆斯林而言，你幾乎可以說他們遇到的挑戰更多是社經層面上的，而非宗教層面上的；從巴基斯坦、印度和孟加拉前往英國的穆斯林移民，絕大多數都來自鄉村地區，他們會將原鄉的行為規範和農村生活一併帶到英國來。如果他們留在巴基斯坦或搬到巴基斯坦的城市裡，在那裡接受教育，用他們的語言工作，那麼這些家庭裡的女性，或許還能獲得比在英國更獨立自主的地位，或是更能自己做決定。儘管她們在英國落腳已經超過了兩個世代，但英國穆斯林女性的教育水準通常還是比較低，也不太像印度教、錫克教的英國印度裔女性那樣會在外工作——這些信印度教、錫克教的印度裔女性，一般都來自印度的城鎮中心，受過良好教育，不像穆斯林移民一般來自鄉村地區。

這種社會差異，也明顯地呈現在第二代的巴基斯坦裔、孟加拉裔兒童的學業成就上；他們的表現，通常不如印度教家庭的第二代。在今日的英國，與其說這種問題是「壓迫性的穆斯林文化」導致穆斯林成就較低，倒不如說這種問題，反映的其實是不同的社會經濟移民模式：移民需要更多的教育和機會，而這並不是信仰的問題。

* * *

警察在週一的晚上找上門來，也就是蘇海爾離開的兩天之後。沙比拉聽到有人在用力敲打家門的當時，人正在臥室裡。她母親則坐在廚房裡的桌子旁，旁邊擺著她動都沒動過的一杯茶。一共有兩個警員，其中一個男人戴著眼鏡、上脣肥厚，另外一位則是女警，在他們的客廳裡四處查看，還說他們必須搜索這間房子。

但一切都太遲了。蘇海爾早已傳訊息給母親，說他已經抵達土耳其，正在準備跨越邊境，進入敘利亞。一開始最困難的地方是，當家裡的其他人問起蘇海爾人在哪裡時，應該如何回答他們。沙比拉起初會幫他找藉口。「蘇海爾很忙。」「蘇海爾在健身房。」「蘇海爾在上班。」但到了最後，他們終究還是得說實話。

冬天一如往常地到來了；太陽很快地提早下山，讓白天裡的幾次禮拜，被壓縮成像是一次緊接著一次般，十分短促。在某些早晨裡，沙比拉會早起進行晨禮，一邊躡手躡腳地經過母親的臥室，一邊思考是要叫醒她、還是要讓她繼續睡。她的母親有時表現出自豪堅忍，有時卻又兩眼無神，陷入沮喪之中。她會整天把自己裹在棉被裡，然後準備一些清淡無味的食物，嚐起來就像她已經放棄追求一切事物了一般。當然，自己的兒子選擇將生命奉獻給真主，保護他人這件事，的確是讓她感到驕傲的；但如果他選擇留在母親身邊，努力工作賺錢、建立自己的家庭，讓她感覺到自己受到庇護，她也一樣會感到非常驕傲。像她這樣的母親在冒出後面這些念頭時，會覺得自己非常自私。或許那並不是真主為他準備好的道路。她何德何能，可以質疑祂的智慧呢？

他的突然離家，讓她既震驚又痛苦，因為他再也不會回來了。但當時還是敘利亞內戰的初期，那時候的戰爭，還更像是好人和壞人之間的鬥爭。沙比拉對於哥哥的決定並不感到難為情。她最深的感受，是覺得自己被拋棄了，而且是第二次被拋棄。他們的父親在她八歲的時候便離家了。當時她爸爸在家裡和媽媽的爭吵愈來愈激烈；他甚至還幾乎說了，他在別的地方有「重要」的事情必須去做。他是個溫柔的男人，平時在郵局工作，卻又野心勃勃，一直想做些不一樣的事情。父親離開之後，她的母親便開始咒罵他，而沙比拉也發現，家裡唯一一個真正的大人已經不在了。於是蘇海爾在不知不覺中漸漸填補了父親的位置，肩負起照顧家人、關心家人的責任。

她繼續參加僑民會的女性聚會，因為她覺得她們像是一條線，能將她和蘇海爾連結在一起，但她也愈來愈難以參與她們講話的內容。那些女人會圍成一圈坐著，用一種非黑即白的粗糙方式，講述西方國家以及它們的戰爭。沙比拉會過濾掉關於政治的部分。她當時才十五歲，而且偷走了她的哥哥就是政治這玩意。她只想當一個好穆斯林，像蘇海爾一樣相信阿拉和他的計畫。最重要的是，她希望可以和他一樣保持心靈澄澈。但僑民會那些女士在聚會中所傳遞的伊斯蘭，感覺卻像是一種死刑。

有天晚上，當沙比拉和她的堂姊走路經過貝斯諾格林時，她們講起了這件事。她們去那裡吃甜點，在當地的精品店裡瀏覽罩袍；當時精品店裡正好有新品上架，新進了一些華貴的粉玫瑰色、粉藍色高腰罩袍。她心想，這世界上有好多美麗的東西和目標；在服侍阿拉的同時，其實也有很大的空間可以獲得一點俗世的快樂。然而僑民會那些女人的極端觀點，卻容不下這些可能性。「她們想幹麼？是想從石頭裡榨出血嗎？如果你每件事都要照她們說的去做，那你會被剝奪掉一切，連學習和工作的機會都沒有。和男人講話就是在『亂搞』？這樣的話，那你除了待在家裡之外，到底還有什麼是可以做的？」

她和蘇海爾經常聯絡。他們會用 Telegram 聊天，而他到後來，也終於上得了臉書。他傳了一些他在雪地裡玩耍、在幼發拉底河裡游泳的照片給她。她盯著那些照片看了好久，發現他似乎瘦了許多，臉頰也凹陷了。有時他會事先詢問家裡的人可不可以聚在一起，在祖母家的客廳一起用 Skype 打電話給他。雖然總是短短的幾分鐘，但沙比拉卻感到很開心，因為可以看到他的臉、聽到他的聲音。她不知道該說些什麼，所以大部分時間裡在說話的都是蘇海爾。「沙比拉，你一定要過來這裡。」他如此說道。「你可以和我們在一起，我們可以把媽媽和全家人都帶來這裡。你先想辦法存點錢，然後飛去土耳其。」

「那是不可能的。」她解釋道，她剛剛應徵了一份工作，正在等待上工。於是他歪了歪頭，然後對著她笑。「你在這裡會很快樂的，你來了就知道。」

新年過後沒多久，沙比拉的堂哥納迪姆也前往敘利亞了。很快地，似乎每個人都有認識的人離開了。某個當地富商的女兒。書店老闆的兒子。加入哈里發的國度就像一個會傳染的熱夢一般，在當地的年輕人之間散播了開來。

逼近巴格達

伊斯蘭國開始包圍辛賈爾這座伊拉克北部的城鎮。這座城鎮的位置很有戰略價值，距離敘利亞、伊拉克和土耳其的交會處不遠，城裡還住著許多屬於少數教派的雅茲迪人。自從二〇〇三年海珊遭推翻以來，雅茲迪人的核心地帶就一直被夾在地區性和全國性的幾個敵對陣營之間，而他們作為少數教派，在後來幾位統治者的統治之下也飽受歧視。

一如往常，伊斯蘭國就是其中最極端的陣營。他們的軍隊透過屠殺和綁架等方式，發起了一場種族滅絕行動，並強迫雅茲迪女性和女孩成為性奴隸。數千個雅茲迪家庭被困在辛賈爾山上；當時美國依賴庫德族作為美軍的地面部隊，而他們也一起組織了幾條走廊，試圖搶救那些雅茲迪人。

後來他們打了一場關鍵的勝仗，因而改變了戰場上的局勢，並且攻下了摩蘇爾水壩；這座水壩控制著通往摩蘇爾的水流，可以影響底格里斯河下游沿岸的數百萬名伊拉克人。

他們最後挺進到距離艾比爾（伊拉克庫德斯坦兩座首都的其中之一）不到二十五公里的地方，然後再次向巴格達挺進。要不是因為美軍旋風般的空襲，以及庫德族軍隊和伊朗領軍的武裝團體的協助，艾比爾很有可能早已淪陷了。大家愈來愈清楚，唯一能制止伊斯蘭國的東西，便是美軍的空中作戰能力。

第二部

離開的女孩們

那些女孩想自己做主，其實還不如把決定權留給真主。她們變得太強大、太自私、太有遠見、又太盲目，已經不適合和我們生活在一起了。

——尤金尼德斯，《死亡日記》

他們說我是恐怖分子
彷彿他們根本不知道恐怖是什麼
當他們把這個稱號加諸於我時，我會跟他們說
我不過就是和平與愛罷了

——洛奇（英國饒舌歌手卡里姆・丹尼斯），〈恐怖分子〉

莎米娜、卡迪薩、亞米拉，以及沙米瑪

東倫敦，二〇一四年十二月

有一件事情，是大部分人都承認的：所有從英國前往伊斯蘭國的年輕女性，都會需要先去購物；女孩們開始失蹤的那個奇幻冬季裡，西田斯特拉福德這個位於東倫敦的大型商場，便成了她們離開英國前最喜歡的去處。

莎米娜、卡迪薩、亞米拉和沙米瑪走出銀禧線地鐵站時，天色已近乎全黑。她們從貝斯諾格林學校放學後，就直接搭了地鐵過來；她們在學校的成績很好，老師和同學們也都很喜歡她們，將她們視為年輕女性的模範：頭腦聰明、談吐優雅、令人愉悅，個性也十分活潑。她們的年齡都介於十五、十六歲之間，是彼此最要好的朋友。她們親密的友誼，只有成年女性足堪比擬；她們非常珍惜彼此間的情誼，常常會在推特上提醒對方不要把祕密藏在心裡。當時正值十二月初，商場裡到處都掛著閃閃發亮的星星和穿著蕾絲裝的天使，為了耶誕購物而來的女性擠滿了商場內部，每個人的手上都提著購物袋。這四個女孩路過備有清真菜單的時髦牛排館（清真食品？現在她們絕對不會嘗試），路過了一個香檳酒吧，裡頭坐著手提大包小包的女人正在休息片刻，然後又路過了《美國狙擊手》這部電影的廣告看板（上頭寫著「美國軍事史上最致命的狙擊手！」）

莎米娜想要一支新手機和一些冬裝，因為當時敘利亞已經在下雪了；她從 Forever 21 網站訂購的衣服還沒寄來，但她隔天就要出發了。莎米娜有一個扁扁的小鼻子、一張線條柔和的圓臉，以及一對鋼鐵般堅毅的雙眼；她講話的語速很快，在四個人之中總是會堅持己見的那個人。她的朋友們會小心翼翼地看著她的臉、等待她的回應，當她眼底閃著光芒，代表她正在沉思；等過了一段時間之後，她才會張開小嘴，宣判她們的想法究竟是不值一提、還是具有洞見的。接下來發生的所有事，責任似乎都落到了她的身上，因為莎米娜在她們之中，是第一個真正穿過黑暗的人。

就在前一年，莎米娜敬愛的母親才被診斷出罹患了肺癌，並在六個月之後去世。莎米娜非常驚訝，病情居然能惡化得如此迅速：一個才三十幾歲，看似容光煥發、非常健康的年輕女性，居然可以在這麼短的時間之內，就被身體裡的病魔打倒了。她在短短幾個月之內，就變得瘦骨嶙峋、氣喘吁吁，最後幾乎連話都說不出來，必須透過女兒幫忙拿著架在自己嘴邊的管子，才能把身體裡的東西咳出來。莎米娜成長於東倫敦貝斯諾格林的一幢社會住宅，和母親、祖母及舅舅住在一起。他們原本計畫，一旦存夠了錢，就要將莎米娜住在孟加拉的父親也接來團聚，然而英國政府卻在二〇一二年對依親配偶實施了新的收入門檻，而莎米娜母親的收入並未達到新的門檻，因此她的父親只能繼續留在孟加拉。莎米娜對他的印象，只是電話裡一個朦朧的聲音，他似乎總在問問題：**課業還好嗎？你最近還好嗎？**當他好不容易來到倫敦之後，莎米娜早就長成為一名青少女了。他毫無疑問是她的父親：她的臉龐，就像是根據父親描摹出來似的。但她卻幾乎不認識他。

母親過世之後，她的父親在肖迪奇找到了另一間社會住宅，但在餐廳裡擔任晚班服務生、工時很長，每次回到家時都已過半夜，因此莎米娜通常會待在祖母的家裡，而不是爸爸那邊。當他母親還在世的時候，和祖父母一起住、而不是只和爸媽一起住這件事情，並沒有造成太大的問題——許多移民家庭也都是這樣的。但她的母親現在已經離世，莎米娜覺得自己就像孤兒，彷彿不論哪裡都不是安身之地。她開始幾乎每天都會上清真寺，在裡頭待上一段時間；她經常去的清真寺離家走路並不遠，就在東倫敦白教堂區的某個後巷裡。那裡有專為女性設置的一棟建築物，裡頭的二樓則有個寬敞、燈光柔和的溫暖禮拜區。一走進那裡，她就能立刻感覺到自己的心被撫慰了。直到她在裡頭跪下，讓額頭碰到那張不斷吸引著她的藍綠色地毯之前，她通常都不會意識到自己的身體有多緊繃、呼吸有多不順暢。因為那種感覺太放鬆了，所以她會維持那個姿勢很長一段時間。

莎米娜有時也會在晚上的禮拜時間過後留在清真寺讀書，逗留一段時間，這樣就能晚點回到那個母親過世之後被空虛占滿的空間。同樣住在附近的其他女性，也有類似的行為。東倫敦沒有什麼地方，既可以讓保守家庭的年輕穆斯林女孩待上一段時間、又可以讓父母覺得是可被社會接受的。固定和女性朋友們在甜點咖啡店見面也是件太過頭的事情，肯定會招來「你昨天不是才去過那裡嗎？」這樣的質問，而且他們還會質疑你真正的動機其實是去見男生，而不是吃鬆餅。相較之下，清真寺則是一個完美無瑕、無可質疑的去處。

莎米娜走在前往清真寺後門的鵝卵石街道上時，會經過一幢公寓大樓；這幢大樓和附近其他建築一樣，原本都是擁有挑高天花板的工廠，經過改裝之後，讓這個原本都是成衣工廠的區域搖身一變，成為一些年輕內行人趨之若鶩的地區。她抬頭往上看了一眼，想知道那三個孟加拉姊妹當天是否在家。對於生在倫敦東區保守亞裔家庭的年輕穆斯林女孩而言，她們在家中的生活並不容易：母親和家人一般更寵男孩子，他們不只不用做家事，也可以自由在外遊蕩。但女孩子放學之後卻必須直接回家，還得維持純潔、保持端莊。莎米娜不知道她們的名字，但那三個孟加拉女孩總會探出窗戶看樓下的路人，如果看見認識的人還會對他們揮揮手——她們的頭在戶外，身體則留在家裡，整個人被分成了兩半。而且還不能和男生一起吃鬆餅。

當年夏天稍早的時候，父親建議一起去麥加朝覲，莎米娜聽了之後非常期待。麥加位於今日的沙烏地阿拉伯，是先知穆罕默德出生、第一次獲得啟示的地方；前往這個伊斯蘭最神聖的地方朝聖，是穆斯林的「五功」*之一，所有穆斯林只要在財務上可以負擔，一輩子都必須至少朝覲一次。在她居住的東倫敦裡，麥加之旅十分常見；各地區的商業街上，幾乎每個旅行社都在打著

＊譯按：穆斯林使用的詞彙，阿拉伯文字面原意為「宗教的支柱」，意指證信、禮拜、齋戒、天課、朝覲等五項基本原則。

朝覲之旅的廣告。在他們出發前往朝覲之前，她便開始戴上了頭巾。等到他們在麥加圍著卡巴天房*繞行、走在先知穆罕默德——願他安息——曾經走過的平原上時，莎米娜突然在大家面前哭了出來。她的父親認為這是再自然不過的反應：她最近才失去了母親，又正在進行一場本來就會攪動情緒的朝聖之旅。那的確就是朝覲的目的：撼動一個人的心靈，提醒人俗世生活有多短暫，也提醒人接近阿拉、追尋祂的道路，可以讓我們在死後進入來世時，和我們摯愛的親人重聚，而來世也和現世不同，是可以持續到永遠的。

在二〇一四年秋天的東倫敦裡，除了維安人員之外，大概沒有別人會注意到莎米娜覺得自己既漂泊、又寂寞。據說當時清真寺裡有兩位女性，正在悄悄地接近她，和她談話。她們的態度殷勤而友善，最後成功地以誠摯、專注的關懷，打斷了她悲傷的思緒。她們開始固定地傳訊息，打電話給她，邀請她參加一些專供女性出席、表面上和宗教有關的討論會，但她很快就發現，那些討論會只是點綴了一些伊斯蘭教的詞彙，實際上是在熱烈討論她們在政治上的各種不滿情緒。

莎米娜喜歡坐在那裡聽大家說話。聽陌生人講話，其實比跟自己認識的人說話還要容易，因為認識的人總會問她情況還好嗎，然後她就必須裝出某種像在說自己沒問題的表情，但她其實一點都不這麼覺得。那些和她結交的陌生人，會用一些僵化、貧乏的詞彙來講述這個世界，比如：穆斯林和異教徒的對抗；在巴勒斯坦、敘利亞等地受苦難的穆斯林，正在進行一場壯烈的全球鬥爭；建立一個真正的伊斯蘭國的急迫性。

她們問莎米娜的信仰是否真誠；如果是的話，她願不願意對此付諸行動。她們告訴她，敘利亞有個伊斯蘭國正在逐漸壯大，她可以在那裡自由地實踐伊斯蘭信仰，而不用擔心受到騷擾，活出饒富深刻靈性意義的生命，也會充滿心靈上的意義。她們還鼓勵她，可以試著和其他從西方國家前往敘利亞的女性聯絡。

莎米娜於是在網路上進行了搜尋，許多已經前往敘利亞的女性都表明，如果你嚴肅看待自己的信仰，以及對其他穆斯林的義務，那麼前往正在崛起的伊斯蘭國便不止是一個選擇而已。一如推特上一位非常有名的穆哈吉拉†亞白妲所說的：「所有還在西方國家、待在家裡的安穩舒適的人啊，你們要知道，希吉拉‡就像做禮拜一樣，也都是你們在宗教上的義務呀！」

看到莎米娜上清真寺，她的父親也大大鬆了一口氣；他心想，倍感苦惱的年輕女兒當時正在努力處理傷痛，並在伊斯蘭裡找到了慰藉。為了應對傷痛而虔信宗教是可以預期的——她為了尋求慰藉，會在第一道曙光出現之前就起床做晨禮，而不是像身邊的白人那樣做瑜伽，參加毒品氾濫的音樂節。莎米娜不再沉迷於瀏覽手機上的穿搭指南，也不再說想成為一名時裝設計師；另一

---

* 譯按：位於麥加大清真寺內的立方體建築物。

† 第一批改信伊斯蘭，並跟隨穆罕默德從麥加遷往麥地納的信徒，這批人又稱遷士（muhajirun）。此處原文 *muhajirat* 指女遷士。

‡ 譯按：希吉拉（hijra）亦作「聖遷」、「徙志」，原指先知穆罕默德帶領信徒離開麥加、遷往麥地那的事件。此處指移居伊斯蘭國。

個讓她父親鬆一口氣的，則是他再也不用說：「不，親愛的，我們想要你成為一名醫生！」對他來說，她似乎改變了，變得更常陷入沉思，更抽離現實。然而他自己也改變了不少，因為莎米娜的母親曾是他們兩的精神支柱，然而她現在已不在人世。他想，他們心裡正在經歷的感受是一樣的。

唯一讓他覺得不妥的，是她講電話的時間變得更多了，而且還會用一些新的訓誡方式來威嚇別人。他很喜歡的某些電視節目，現在卻成了女兒口中的違禁品。她會一邊對他搖著頭，一邊說：「爸爸，抽菸在伊斯蘭裡是被禁止的。」於是他開始在每次見到女兒時，都下定決心要戒菸，這樣他才能和她說，「莎米娜，我剛戒菸了！」然後試著讓這句話成真。雖然她使用的是**哈拉姆**這個詞（*haram*，禁止的意思），但她更關切的似乎是一些世俗的事物，而不是意識形態上的概念：他的健康狀況不太好，不只有糖尿病，膽固醇也過高，餐廳的工作又必須長時間站立、端著盤子在熱氣騰騰的廚房忙進忙出，這些只會讓他的健康狀況更加惡化。

有段時間裡，莎米娜在東倫敦的世界變得非常狹隘，但她在網路上找到了（或者說，被迫進入了）一個全新的世界。到了二〇一四年十二月，敘利亞的內戰仍在持續，當時距離敘利亞人第一次起義反抗巴沙爾·阿薩德，也已經過了將近三年的時間。她新認識的女性朋友會固定向她描述穆斯林在敘利亞慘遭殺害的恐怖故事，以及建立哈里發政權是件急迫的事情，因為這樣才能讓世界各地的穆斯林不再承受那些暴力和蹂躪。這些看法在網路上獲得了熱烈的回響。於是她開始追蹤阿格莎這位巴基斯坦裔英國女孩的 Tumblr 部落格。來自格拉斯哥的阿格莎，於二〇一四年前往敘利亞加入了伊拉克與敘利亞伊斯蘭國。阿格莎使用烏姆萊絲這個綽號*在部落格上發表文章。她會固定發文，講述自己為何選擇離開蘇格蘭的家，加入伊斯蘭國的鬥爭之中，同時也呼籲其他年輕女性效法她的行為。

首先，我向真主發誓，我知道我自己是誰，我不是學者、不是傳教的人，甚至不是學生——連接近都算不上。所以請不要以為我是上述那類人。我寫下的這些貼文，就像日記一樣，只是為了鼓勵、建議那些依然被困在異教徒世界的高牆後方的姊妹弟兄們而已。因此在這則貼文裡，我所講的不只是我自己的故事而已，也還是所有穆哈吉拉的故事（但我所說的一切，都是我自己想說的）。有些媒體一開始會聲稱，想逃離家庭、加入聖戰的，都是那些在家鄉不成功、沒有未來，或是家庭破碎的人。但這和事實有很大的出入。我遇到的大部分姊妹，都曾在大學裡讀書、擁有光明的前途，也都有幸福的大家庭和朋友；塵世中能讓人留在家鄉、享受奢華的一切事物，她們通常也都不缺。如果我們留在家鄉的話，我們可以擁有輕鬆、舒適的生活，還會有很多很多的錢。

*譯按：此處所指的「綽號」，原文為kunya，亦即以子女之名來代稱自己的方式；常見的方式，有在子女之名前面加上「阿布」，意指某某之父，或是加上「烏姆」，意指某某之母。

烏姆萊絲所說的大部分內容，對莎米娜來說也都是正確的——或許除了幸福的大家庭這個部分之外。聰慧、學業表現很好、富有社交魅力、進得了大學、唾手可得的體面職涯——所有這些詞彙都適用於她。也因為如此，對於莎米娜來說，能聽到別人渴望更有意義、更高層次的事物，以及為阿拉奉獻比任何俗世成就都還要重要的說法，也就格外有意義。

烏姆萊絲在 Tumblr 和推特上，大多時候都是樂觀向上、又充滿堅定意志的。她表明自己相信，為了對抗美國在軍事上的暴行，各種恐怖行動都是合理的行為——比如二〇〇九年發生在胡德堡的攻擊事件，當時美軍的精神科醫師哈桑，射殺了幾名準備要被派遣至伊拉克和阿富汗的同袍士兵。烏姆萊絲的語調，有時就像一個路見不平、義憤填膺的青少女，有時又像一個遠離家鄉，既脆弱又悲傷的孩子。她曾在二〇一四年的春天如此寫道：

> 我之所以寫下這些，並不是因為今天是母親節（或者不論他們把今天叫什麼），而是因為我很想念我的母親，而且我想要提醒所有人體認母親有多重要，因為一旦你失去了她，一切就會變得非常不一樣。你們大部分人都還看得到母親的笑容，但我已經看不到了；你們大部分人都還可以把頭放在媽媽的肩膀上，但我已經沒辦法了；你們大部分人都還能在病痛的時候打電話給母親，但我已經做不到了；你們大部分人都還可以和母親傾吐心事，但我已經沒有機會了。

莎米娜一遍又一遍地讀著這段話，覺得自己的心像被箭射中了一般。

她很喜歡烏姆萊絲謙遜的態度，也非常關注她的貼文。莎米娜在她的部落格裡，讀到美國士兵普萊斯納如何公開談論他和他的部隊在伊拉克所犯下的刑求事件。烏姆萊絲張貼了一段影片，內容是普萊斯納在描述他們如何拉著婦女和小孩的手臂、將他們拖走，然後在沒有賠償的情況之下就徵收他們的房子供美軍使用；他還描述他們如何以暴力的方式進行審問，如何把袋子套在那些被美軍拘留的人的頭上。他羞愧地提及，當他們在焚毀平民的車隊時，自己的營長偶爾會使用哪些帶有種族主義的字眼。這位已經退役的美國士兵還說：「他們告訴我們，我們是在對抗恐怖分子，但真正的恐怖分子其實是我，而真正的恐怖主義行為，其實就是美軍的占領行動。」這其實也就是那位葉門裔的美籍伊瑪目奧拉基所主張的：國家施加在平民身上的軍事暴力也是一種恐怖主義。

莎米娜也開始追蹤其他和烏姆萊絲在各個社群媒體平台上有關聯的女性，她們的貼文於是匯聚成一首音量漸強的樂章，滿載著對穆斯林受害的憤怒，比如在以色列遭殺害的巴勒斯坦人、美軍在索馬利亞用無人機轟炸平民，阿薩德用桶裝炸彈殺害的兒童，以及緬甸的羅興亞人等。不論你在世界上的什麼地方，作為一名穆斯林都是一件危險的事情。莎米娜在社群媒體上關注的女性，都支持那些在網路上宣傳意識形態的人；那些宣傳家會主張，武裝起義（或聖戰）就是保護穆斯林、讓他們免於這些屠殺行動的唯一途徑。她們會張貼奧拉基說過的話。她們也都是非常虔誠的穆斯林，關切如何成為一名好穆斯林、如何避免不純淨的行為，儘管她們的信仰更多是出於在政治上反對西方的憤怒情緒，而非出於靈性覺醒的訴求。

這個網路空間成了一個充滿年輕人、熱情和學識辯論的世界；在這個世界裡，已經前往敘利亞的西方年輕穆斯林並不在乎媒體如何描繪他們的動機，只希望可以接觸到像莎米娜這樣，雖然同情他們卻仍猶疑不決的人。他們主張，人的動機本來就是既多重又複雜的。一名自稱「天堂之鳥」的女性（在伊斯蘭國所有會說英語的女性裡，她很有可能就是最受歡迎的一個），就張貼了一張用濾鏡修飾過的漂亮照片，照片裡有一對站在沙漠之中的夫妻，年輕的男性留著一臉帥氣的鬍子，而妻子則用面紗完全遮住了自己的臉龐；照片上還畫著一個粉紅色的愛心，一旁寫著「天堂之愛：只有成為烈士才能使我們分離」。與此同時，推特上還有個叫做烏姆伊爾哈布的人物，她提醒女性，不要弄得好像自己獻身的理由，只是因為和性別有關的挫折，或只是因為低賤的欲望罷了：「我〔在〕沙姆地區從來沒有親身遇過哪位姊妹，是因為『對戰爭的浪漫想像或因為某個男人』而來的。我們全都是因為阿拉才來到這裡的。」

對於很多人而言，「ask.fm」這個供使用者匿名發問的網站，也成了一個非常受歡迎的平台，可以讓他們間接和別人分享自己的看法。比方說，烏姆烏拜達就曾收過下面這個問題：

> 無名氏：我只是想讓你知道，絕大多數的美國人其實並不憎恨穆斯林，對於我們做過的壞事，以及我們所殺害的每個家庭和丈夫，我也想要向你和你的人民道歉。那真的非常可恥。我是美國人，但我最好的朋友是巴勒斯坦人。我很愛她，就像愛自己的姊妹那

> 樣。我們很多人都能理解為什麼你們別無選擇，只能使用暴力，那是你們唯一可以用來對抗我們的方式。如果真主願意的話，如果你們願意追求和平，我們會接納你們的。我們全都是同一種人類。

然而，烏姆烏拜達卻在自己的Tumblr部落格上作出了下面的回覆：

> 我們並不是因為美國所犯的錯誤才使用暴力的。我們想要的，是建立一個遵守阿拉的律法、根據這個律法生活的伊斯蘭國。

不論是那些社群媒體帳號的粉絲，或是親戚、觀察家、媒體和政府，似乎都想要找到一個單一的角度，來理解這些前往伊斯蘭國的女性。但在網路上，我們卻可以看到無數年輕的穆哈吉拉在抵抗這種想法——她們會公開地告訴大家：「我們的動機非常多樣。」穆哈吉拉字面上的意思是女性的遷徙者，但也可以被理解為女性聖戰士。在那些提倡為了伊斯蘭而前往伊斯蘭國，屬於意識形態的世界觀裡，對於那些已經年長到足以為自己負責的人來說，遷徙不只是一個單純的、中性的，從一個地方搬到另一個地方的行為而已。那同時意味著以一個女性公民成員和信徒的身分，加入伊斯蘭國用極端暴力懲罰每一個人的破壞性計畫。

來自格拉斯哥的年輕女性烏姆萊絲，一直就是莎米娜最喜歡的一位人物。她似乎總是非常坦率而可靠，一看到謠言或假訊息時就會發文指出，就算那些謠言的來源是伊斯蘭國的支持者也不例外。她說，那些主張女性穆哈吉拉可以到前線和男性一起作戰的人，是在進行自己的宣傳活動。

很顯然地，沙姆地區的軍事指揮官曾經說過，女性是不可以〔作戰〕的。但她們可以從事很多其他的工作。今天我和沙姆地區一位伊斯蘭國的重要人士談過話，他說就算你是想要來這裡做生意，也都歡迎你來。如果你想要來這裡當醫生、還是什麼的，都儘管來吧。如果真主願意的話，你什麼都可以做。哈哈哈哈。

但就像許多歐洲女性一樣，烏姆萊絲沒辦法閱讀阿拉伯文，因此無法讀懂伊斯蘭國其他探討女性自殺行動、女性在戰爭中的角色等議題的知名女性思想家的宣傳和宣言。我們無法確定，如果她和其他歐洲女性能夠接觸、理解阿拉伯文的話，是否會有不一樣的感受。我想應該不會。然而那些歐洲穆哈吉拉的自述，主要都是一些年輕穆斯林的日記，內容則是他們對政治的不滿以及身分認同上的苦惱，其內容往往非常淺薄，和那些伊斯蘭國女性領導人用阿拉伯文書寫、高度理論化，而且紮實討論社會問題的政治、意識形態文章相比，也形成了強烈的對比。對於能夠閱讀阿拉伯文的西方女性來說，由於伊斯蘭國影片的混合美學和崇高的抵抗敘事，以及她們自己對歸屬某個社群的天真渴望，加入伊斯蘭國，和加入一場反抗行動其實並沒有什麼差別。至於來自阿拉伯世界的穆哈吉拉，她們許多人本來就長期支持極端的薩拉菲思想，在政治上也支持用聖戰來解決社會上的問題、擺脫自己的政府對西方秩序的卑躬屈膝；對這些女性而言，加入伊斯蘭國則是一個沒那麼隨機的選擇。此外，在這樣一個沒什麼人知道伊斯蘭國到底是何方神聖的狀況之下，加入伊斯蘭國其實也是在強化她們的既有立場，尤其她們所身處的環境本身也都在變得愈來愈激進。

在烏姆萊絲的文字之中，莎米娜也看到了自己在倫敦身為一名天真少女，那深感困惑、苦痛纏身的身影：的確，穆斯林都在世界各地面臨死亡的威脅，他們有些正在被以色列的狙擊手槍殺，有些則因為敘利亞的轟炸而喪生；的確，她作為一個在英國過著舒適生活的女孩，在看到那些殺戮時會感到痛苦、絕望，也會覺得自己非常沒用；的確，當她在網路上讀到奧拉基說變革「要靠年輕人」時，那可能也就意味著，作為一個尋常的少女，喜歡瀏覽ASOS網站*，喜歡吃威恩軟糖的她，此時正安穩地坐在東倫敦的家中。

當她閱讀臉書貼文下面的留言，以及推特上的各種對話時，偶爾會看到有人問其中一位已經搬去伊斯蘭國的女性：伊斯蘭國所施予的那些暴力行為（比如斬首美國戰地記者佛利，或者呼籲對西方採取攻擊行動等），就神學而言是否符合道德、又是否合理呢？對此，她的回覆通常是這樣的：這種殘忍的行為，當然是沒人樂見的，但是西方讓那些武裝分子別無選擇，他們已經沒有

*譯按：英國的線上電商，主要販售時裝和化妝品。

其他的抵抗途徑；非暴力抗議行動已經無法動搖阿薩德這位獨裁者，而他的軍隊也仍在拘留中心裡虐待、殺害人民，至於入侵占領伊拉克，曾殺害無數平民百姓，並為阿拉伯獨裁者提供支持和保護的美國，更是不為所動。西方社會對他們不聞不問，對穆斯林所面臨的困境也不再同情，因此他們需要清醒一下：如果不讓西方國家的人民也嘗嘗苦頭，西方社會不可能意識得到穆斯林每天正在承受哪些暴力。

莎米娜不過十五歲而已，能知道什麼呢，但這個邏輯她還是理解的：極端的暴力行動，只會引發另一場極端的暴力行動。她在學校裡試著提出這個主張、為伊斯蘭國進行辯護，並和一位強烈反對這種觀點的老師起了爭執。雖然他們進行了爭論，但那位老師並沒有通報這起事件，也沒有讓學校或莎米娜的父親知道，這個脆弱、暴躁、母親剛剛過世的女孩，正在為一個會在鏡頭前割下人頭的組織進行公開宣傳。這位老師沒有提議，找人來就那些激進、暴力的政治觀點和她談談。如果她生活在一個受過更多教育的家庭或環境裡，或許就會有人告訴她還有其他的方式可以提出異議、可以幫助世界各地脆弱的穆斯林：她可以投入人權法案和政治運動之中，也可以投入後殖民的研究，成為報導衝突事件的新聞記者，或是從事人道援助工作。對一位滿腔怒火的年輕女性來說，可以做的事情太多了。然而要讓這一切能夠發生，她還需要一個關懷她的完整家庭、一個放滿書的客廳、一個能察覺異狀的學校，以及東倫敦的工人階級女孩身邊本來就不會有的種種保護層，才能讓她接觸到這些觀念。儘管政府終於也開始僱用一些有過類似經歷的英國穆斯林女性，讓她們在各地開導其他「容易極端化」的女孩，但她們在一場面談之中也承認，英國社會幾乎沒有空間容得下這些討論，也沒有途徑能疏導這些憤怒的年輕女性在政治上對英國政府的不滿情緒。

莎米娜和她三個最好的朋友，當時就讀貝斯諾格林學校這所公立高中，裡頭就有很多穆斯林學生。她們的年輕同學，即使是在學校裡，多半也都會進行一天五次的禮拜，而女孩則會在學校制服外面蓋上罩袍。就算他們的家庭對於男生和女生混在一起上學仍有疑慮，但男孩和女孩在學校裡還是會自由地進行互動；下課後，他們也會一起湧向附近的南非烤雞連鎖店南多或速食店，或是在社區公園裡聚集。真要說的話，他們比較會跟同個族裔（比如亞裔和非裔），而不是同個性別的人混在一起。從大多數的報導來看，貝斯諾格林學校的校園生活既優閒又溫馨。然而那裡缺乏一些機制，因而無法讓那些悶悶不樂、又格外聰明的女孩知道，世界上除了暴力的極端主義之外，其實還有很多途徑能讓她們對不公義的事情提出抗議。

就在二〇一四年秋季裡的某一天，莎米娜在推特上回覆了烏姆萊絲的推文，問她是否可以用私訊和她直接聊聊。

當莎米娜初次邁出這些探索性的腳步，試圖理解為何這個世界對穆斯林來說充滿了流血事件和家破人亡之際，另外三個女孩則是在旁看著。她會把每件事都告訴她的朋友們，而她們則會忠誠、好奇而試著追隨著她的腳步。

除了莎米娜之外，亞米拉是她們之中最有自信的一個。「她很活潑、很甜美，我想應該不會有人討厭她。每個人都很喜歡她。」她的一位朋友如此回憶道。她是她們之中唯一沒有亞裔背景的女孩。她的父母親是衣索比亞的穆斯林，在亞米拉年紀還小的時候就來到英國。她父親的人生路徑尤其坎坷：他十六歲的時候參加了一場運動，抗議政府對鄰近的厄立垂亞發動戰爭，接著便偷渡離開了衣索比亞；後來他在一個德國的難民營待了六年，然後才終於搬去倫敦。

亞米拉很有個性也是個有趣的女孩；以她的年紀來說，她的臉龐十分美麗，有一對彎彎的眉毛，下方有微微隆起的顴骨，笑起來時鼻孔還會跟著隱隱擴張。她待人非常和善，以一個如此受歡迎、如此美麗的女孩來說，她其實用不著如此和善。倫敦是個物價昂貴的城市，但她的父親卻找不到工作。然而金錢並非一切；他曾明確表示，能住在英國這樣一個重視自由、歡迎異見的國家裡，他覺得自己非常幸福。相較之下，他曾經度過年少歲月的衣索比亞，則是充滿了壓迫的氣氛——如果你是穆斯林的話，這種壓迫的感覺就更為明顯。在衣索比亞，政府會向中國購買監控設備、監聽人民的通話，還會將人民監禁數週，只因為他們的手機鈴聲「違反了法律」。在好幾個夜裡，她的父親會彎著腰坐在書桌前，寫信抗議衣索比亞穆斯林所受到的待遇。有些報導暗示亞米拉的家庭生活出了問題，有些則說亞米拉的父母彼此失和，而她的父親胡珊還會體罰小孩。然而其他熟識他的人卻指出，儘管他對國際政治的現實情況有些憤世嫉俗，但他其實是個多愁善感的男人，也會為家庭努力付出。

我們可以確定的是，他對於自己的立場並不避諱，也不覺得自己的女兒太過年輕、不適合學習抗議和示威的行為。衣索比亞穆斯林的處境一直都很艱困，以至於許多穆斯林都以移工的身分逃往沙烏地阿拉伯工作，卻又在那裡遇上了現代奴隸一般的待遇：漫長的工時、沒有休假、被雇主毆打、護照被沒收，以及其他種種不公的待遇。沙烏地阿拉伯政府曾在二〇一三年驅逐超過十六萬名衣索比亞移民，還對他們刀棍相向。那些移民被遣返回國之後，又在衣索比亞的拘留所裡遭到刑求，或被關在地下的洞穴長達好幾個月的時間。亞米拉的父親曾經帶著她在駐倫敦的沙烏地阿拉伯大使館門外參加過一場行動，抗議沙烏地政府遣返衣索比亞人的行為；當時在場的群眾不斷喊道：「停止暴力對待沙烏地阿拉伯的衣索比亞人！」「我們要正義！」

二〇一二年，一部嘲笑先知穆罕默德的美國電影引起了不小的抗議浪潮，而亞米拉的父親當時也加入了倫敦的遊行隊伍，從東倫敦一路走去美國大使館。當天是星期五，世界各地的穆斯林都響應了抗議活動；他們認為，這部電影其實是一個精心策劃、帶有種族歧視意味的計畫，目的是羞辱伊斯蘭，而電影的發源地美國，則在反極端主義戰爭的掩飾之下，處心積慮地殺害平民百姓——由於傷亡人數太多，美國到最後甚至乾脆不再統計。和許多第二代的穆斯林孩童一樣，在亞米拉所生長的家庭裡，他們的日常生活也和國際政治息息相關。她遺傳了父親的正義感。在英國長大的她，知道自己有發聲的權利。在學校裡，她則是一個好辯的學生，會和別人爭論為何穆斯林女性有權利戴面罩，以及應該如何處置那些強暴犯。

然而在她們四個人之中，並不是每個人都是在這樣的政治氛圍中長大的。笑起來總是很靦腆、戴著一副暗色眼鏡的卡迪薩，平時和姊姊及體弱的母親一起生活，她的家庭就沒這麼熱中於政治。姊姊在十七歲的媒妁婚姻之後，便住回家裡，是一家之主。她們姊妹倆偶有爭執，但卡迪薩在學校裡表現優異，所有人都很喜歡她、很欣賞她。她對學妹們很友善，有時還會提供課業上的協助。校方曾和她的母親說，卡迪薩是全年級前途最看好的學生之一；有位老師還送給她一本小說作為禮物，以此獎勵她在英文科的表現。她看過《麻雀變公主》這部電影，平時也會去跳尊巴（zumba）。

她們之中的第四個女孩名叫沙米瑪；從所有的報導來看，她是裡頭最文靜的一位，也是在美國演藝圈頗為知名的卡戴珊家族的粉絲。她的姊姊後來告訴一位記者，沙米瑪其實並不是個愛好冒險的人，個性也很膽小，是那種「不喜歡一個人去買牛奶」的人。她是那種典型的年輕宅女，喜歡看書、看電視。「她是個聰明的學生。」她的姊姊如此說道。一如大多數家庭，她也是用沙米瑪在學校裡的表現來衡量她的：「你不太會質疑一個會乖乖做完作業、每個科目表現都十分優異的孩子。」沙米瑪的母親在她十年級，也就是她大約十四歲的時候，便要她開始戴上頭巾；沙米瑪對此並不介意，因為她的朋友們也都在戴頭巾，她也不希望自己顯得特立獨行。

到了秋天，她們四個女孩全都改變了裝扮方式，開始偏好長裙，而不穿長褲和寬鬆的上衣。很愛玩弄髮型的卡迪薩，也開始戴起了自己從沒戴過的頭巾。就像莎米娜之前那樣，其他女孩也開始會在家人收看不符伊斯蘭教義的電視節目時提出異議，但在傳統的穆斯林家庭裡，這種行為很容易被解讀為青春期的叛逆現象。卡迪薩和莎米娜一樣，從小就對敘利亞的戰爭耳熟能詳，還會問哥哥對於這場戰爭的看法。

莎米娜的父親在二〇一四年的秋天再娶。「他似乎完全沉浸在自己的世界裡。」某個認識他們一家人的朋友如此說道。所有人都在耳語，這麼快就再娶實在很不尋常；他難道不能等前妻過世至少一年之後再說嗎？但莎米娜還是掛起了笑容，邀請卡迪薩和她一起去參加父親的婚禮。她覺得自己很渺小、很難過，也很孤單，被迫要對付一個滿口破英語、年紀也沒有比她大到哪裡去的繼母，尤其這個繼母對新婚丈夫也抱持非常強烈的占有慾。

莎米娜住在肖迪奇一棟社區住宅的高樓層，她在公寓裡有自己的房間。住在那樣的公寓裡，會讓你知道自己在城市裡位處什麼階層，也會讓你看清其他人如何高你一等——公寓裡有髒兮兮的樓梯間、照明不足的門廳（牆上還有用孟加拉語寫上的「不要吐痰」標語），但也有遼闊的景觀，而倫敦就在腳下向四面八方蔓延開去，還能看見金絲雀碼頭和市中心西提區的摩天大樓在閃閃發亮。在她家的公寓裡，其中一面牆上還掛著一條寫有古蘭經文的布面。她父親的新婚妻子也在家裡增添了一些女人味，比如幾根蠟燭，以及一個裝飾用的蜂蜜罐。她們四個少女經常會去她家聚會，但她們總會直接進到她的房間裡。她偶爾會離開房間，去廚房裡拿些零食，但她的父親很少和那些女孩說話。

她父親是個傳統的孟加拉父親，對子女相對冷漠。他其實並不算老，甚至還不到四十歲，整天都在拚命賺錢，以滿足年輕新婚妻子的需求。他不看新聞，也不怎麼關注敘利亞的內戰。他連一個叫做伊斯蘭國的跨國武裝團體都沒聽過，更不知道怎麼流暢無礙地使用 Instagram、Tumblr、推特和臉書這些東西，因此也不知道那些網路上半真半假的訊息、誘人的許諾，當時已經進到了他家的客廳裡，正在他悲傷的女兒身邊織出一道迷網。他根本不知道敘利亞有個花言巧語的千禧世代*部落客名叫烏姆萊絲，當時正在吸收年輕女性前往伊斯蘭國；在她的文字裡，伊斯蘭國彷彿只是個寄宿學校似的：「不論你的父母有多討厭、多讓你失望傷神，你都必須和他們維持親情，和他們保持聯絡……標籤：享受拉卡團隊，曼比吉，記得幫我帶香水過來，呵呵呵。」

十二月的某個夜裡，莎米娜在啟程之前到西田商場購買了她需要的東西，而他們幾個女孩很快便結束了購物的行程。莎米娜的目標是在傍晚六點之前結束，然後在一個小時之後回到祖母那裡，這樣她就有時間能在晚餐之前收拾好行李。那天晚上她不會回她的父親那邊——他的新婚妻子既年輕、戒心又重，萬一被她發現事情不對勁，那可就糟了。

一切都已經準備就緒，她們可以上路了。莎米娜此前已經和祖母要了一點錢，而那筆錢的來源，則是親友們在她母親過世時送給他們家的，夠她買機票了。至於其他女孩，如果他們覺得自己夠勇敢到可以跟隨朋友的腳步，一起前去敘利亞的話，就得自己想辦法了。

*譯按：於一九八〇年至一九九五年間出生的世代。

第三部

整裝出發

阿斯瑪

敘利亞，拉卡，二〇一二～二〇一三年

阿斯瑪和男朋友就讀的哈薩卡大學停課之後，戰爭也開始正式進到她的生活裡。她男朋友富裕的父母，決定將兒子送去約旦完成學業。二〇一三年阿斯瑪和他道別的那天，也是她最後一次看到他。阿斯瑪的家人決定留下。他們之所以留下，並不是為了對抗或支持阿薩德政府，甚至根本也沒有想幹麼。他們和許多敘利亞人一樣，只是覺得累了。逃往土耳其或歐洲的路上充滿各種風險和未知——有人在途中溺斃，還要忍受貧困和骯髒的難民營。他們只是在試圖作出抉擇，看到底哪個結果對他們的傷害最小。

在每一場戰爭裡，都會有人選擇留下，也會有人選擇逃離；有時逃離的人實在太多了，以至於我們以為每個人都會選擇這條路——的確，逃離敘利亞的難民群體，成為了當代史上規模最大的一次遷徙潮。那些離開敘利亞的人的故事，似乎就是唯一正確的敘利亞故事，或是關於敘利亞正在承受的苦難的主流敘事。然而敘利亞其實還有好幾十萬個家庭，原本就已經快要生存不下去，或是在生存線上掙扎著，他們都覺得自己別無選擇，只能留下。如果我們把敘利亞境內的難

民數字也納進來看，那麼光是該國內部，就有六百二十萬人在自己的國家裡流離失所——這是世界上最大的一群難民。

到了二〇一二年底，原本只是反抗阿薩德政府的和平示威，已經演變成一場暴力的武裝衝突。這種轉變發生得順理成章：在起義初期，敘利亞政府軍在一些城鎮裡進行了肅清行動，他們會在半夜突擊民宅，讓男人在自己家人的眼前遭到攻擊，然後在行動結束之後，又把大量的武器直接留在當地。敘利亞政府先是用不符比例原則的武力羞辱，煽動抗議者的怒火，接著又拘禁、刑求無辜的路人或和平的示威者，最後再為他們提供武器，讓他們可以用暴力反擊——這場衝突會演變成「武力升級」，一點都不令人意外。確切的時間點至今仍未有定論，但從二〇一二年到二〇一三年間，敘利亞人的起義行動就已經進入了不同的階段——這場起義先是演變成為一場內戰，接著又成為了一場代理人的戰爭。

諸如沙烏地阿拉伯、卡達、土耳其等國家，都在這個混亂的區域看見了破口，可以讓他們競逐、投射影響力，於是開始資助、支持更多的伊斯蘭主義武裝團體。這種現象，於是在反政府的陣營中創造出了一種奇怪的誘因：鬍子愈長、看起來愈虔誠，就能拿到更多的資金。伊朗這個敘利亞政府唯一的區域盟友，也開始派遣軍事顧問前往支持阿薩德。（在長達八年的兩伊戰爭期間，敘利亞是唯一一個支持伊朗的國家。這場戰爭後來於一九八八年結束；海珊在戰爭中使用了大量的化學武器，而伊朗則喪失了一百萬名年輕男子的性命。）這種外來的干擾，也將敘利亞的革命運動轉化成一場代理人戰爭，各個區域強權都在其中爭奪影響力。

彷彿這種被代理人包圍的狀況還不夠複雜似的，這場戰爭又逐漸發展出了另一個面向。美國對伊拉克的入侵和占領，都瓦解了伊拉克這個國家。海珊的政權被推翻之後，接連出現了幾個取代他的新秩序——先是美國的占領軍政府，然後是由什葉派主導的伊拉克政府，而遜尼派在這些新秩序中，基本上已被逐出了公眾生活，而遜尼派的邊緣化，也為他們的武裝分子提供了一個社會破口。在這些遜尼派的武裝分子之中，有不少都是海珊時期復興主義*的死忠支持者，他們顯然利用了遜尼派伊拉克平民的不滿情緒，來對抗美國的占領軍和什葉派領導的新政府。到了二〇一三年，這些在伊拉克被美國入侵之後崛起的激進暴力團體，逐漸成為伊拉克和敘利亞伊斯蘭國的前身，也就是我們今日所稱的「ISIS」。他們具有領土上的野心，希望從伊拉克分離出來，盡可能地占領土地，並衝破已經瓦解的敘利亞邊界，藉此成立他們心心念念的伊斯蘭國。

敘利亞的起義運動，於是變得愈來愈像一九八〇年代的阿富汗，只不過更為複雜一些：西方世界和俄羅斯在此交鋒；伊朗和波灣地區的阿拉伯國家在這裡進行區域代理人的戰爭；該地區的遜尼派國家在此爭奪領導權；幾個聖戰士團體之間，則因為戰術和終極敵人等問題上意見不合而彼此征戰，而什葉派武裝分子和遜尼派聖戰士之間也是衝突不斷。自從各方都將資訊和社群媒體也視為武器之後，情況就變得更加複雜，即使是一些基本的問題，也能成為各方質疑的對象（儘管毫無必要），比方說：像白頭盔這樣的團體，真的是由第一線的醫護人員組成的嗎？或者說，他們其實根本就是坐在救護車裡的蓋達組織呢？阿薩達是否對自己的人民動用了化學武器呢？還是說，那只是其他陣營佯裝成阿薩達的行動？

二〇一三年初的大部分時間裡，拉卡這座城市分別落入了自由敘利亞軍和努斯拉陣線的掌控之中——前者由美國中情局支持；後者則由敘利亞的伊斯蘭主義者組成，遵循蓋達組織的信念。到了當年夏季，拉卡因為轟炸和衝突而陷入了火海，而眼看著伊斯蘭國不斷壯大的努斯拉陣線，則改變了自己效忠的陣營。他們升起了伊斯蘭國的黑旗。一些年輕的民兵（有些甚至連鬍鬚都還沒長出來）對基督教堂發動了攻擊，並奪下了幾棟市政當局的建築物。

和全國其他較小的城鎮相比，敘利亞內戰初期的拉卡一直都是個相對安全的地方。然而許多從其他城市逃到拉卡的敘利亞人，此時也都開始紛紛決定再次逃難。比較富裕的拉卡市民變賣了自己的財產，盡可能地將儲蓄提領出來，接著加入了其他同胞的隊伍，逃往鄰近的黎巴嫩——如果負擔得起的話，有些人會選擇逃往歐洲。至於那些沒有親友、沒有現金，或認為不能將國家拋在腦後、一走了之的人，則是逃去了近郊或附近的城鎮，借住在親戚家裡，希望熬過最糟糕的時間。

等到二〇一三年冬季，氣溫已經降到零度左右時，伊斯蘭國已經從其他叛軍團體的手中完全取得了拉卡的控制權，於是拉卡就這樣成了伊斯蘭國的行政指揮中心。一如海珊和哈菲茲·阿薩德的復興主義政權，伊斯蘭國也開始計畫性地破壞地方上的社會秩序——事實上，許多伊斯蘭國的戰士原本就是在海珊和哈菲茲·阿薩德的政權下長大成人的。當伊斯蘭國的領導階層進入拉卡

＊譯按：Baathism，一種大阿拉伯民族主義的意識形態，目標是建立一個統一的阿拉伯國家。

之後，這個組織殘暴地鞏固了自己的掌控權。凡是反抗他們的社群領袖，或是親友站錯邊的人，後來都遭到伊斯蘭國肆意的監禁、刑求或處決。

在阿薩德統治之下的拉卡，你可以對政治漠不關心，因為政治本來就是被禁止的領域，和流沙一樣危險。然而在伊斯蘭國的統治之下，阿斯瑪的父親和他的親戚從一開始就知道，他們在這個新的階級秩序之中位處哪個位置、能不能存活下來，完全得看這個組織的心情。阿斯瑪也逐漸意識到一件事：他們原本在拉卡的地位已不復存在——他們再也不是這個繁榮城鎮裡的中產階級市民了。她現在上市場時，會聽到周遭的人用阿拉伯語，甚至法語、德語在聊天。被稱作「穆哈吉林」的外國士兵*開始湧入這座城鎮，他們響應伊斯蘭國對抗阿薩德的召喚而來，希望以真主之名建立一個國家，並在敘利亞的平原上找尋尊嚴和目標——他們在歐洲、突尼西亞、摩洛哥或約旦的生活中，從來就不知道尊嚴和目標為何物。這些外國人成為了這個變革中的城市的重要人物。

這些士兵起初帶來了安定的秩序——在當時的敘利亞，眾人已經很久沒過上安定的生活了。有些居民說，在那段不長的時間裡，拉卡很少出現搶劫或偷盜的案件，街上也不再有槍聲。阿斯瑪在走路去市場或探望朋友的時候，絲毫不用擔心會不會遇到危險。一直要到隔年，伊斯蘭國才會開始用戲劇般的暴力作為一種工具，藉此從國外吸引更多人加入他們，並在自己控制的地區裡將恐怖氣氛一點一滴地滲入公共領域，同時也讓他們可以在新取得的地區裡，加速眾人對他們的服從。這種策略既巧妙又有效，也很容易就能吸引媒體報導，儘管那些新聞只會從表面來理解這些戰士的宗教訴求。於是在西方人的想像裡，伊斯蘭國慢慢地變成了一股邪惡的力量，其邪惡程度是從人類記錄特洛伊戰爭有史以來前所未見的。即使是一般認為不會在分析上失當的《紐約書評》，也都刊載了一本關於伊斯蘭國的書籍；該書宣稱：「我們無法確定我們的文化，是否能建立起足夠的知識、精確度、想像力和謙遜的態度，來理解伊斯蘭國的現象。」

這種帶有驅魔和妖術色彩的談法，讓伊斯蘭國在美國的新聞界裡成為一種頗受歡迎的知識崇拜（intellectual fetish），但這種觀點也忽略了其實美國政策，以及這些人的祖國所發生的戰爭，也都是推就伊斯蘭國崛起的成因，反而只去追溯這些士兵的目標和邪惡行為，究竟帶有多少古蘭經的色彩。也很少有人注意到西方在其中的冷酷算計：一旦阿薩德的政權遭到推翻，取而代之的必定是更具宗教性、武裝性的新秩序；相較之下，阿薩德政府至少還是一個比較好的選擇。記錄伊斯蘭國歷史的人，依然沉溺於宗教的敘事，生動地將伊斯蘭國每個殘暴行為，都描寫成是為了伊斯蘭的某個面向而做的；長期以來被用來羞辱敵軍的強暴戰術，此時也成了「強暴的神學」，被視為一種伊斯蘭的病態現象，而不是戰爭中的罪行。像阿斯瑪這樣的女性，經常會聽到政權屠殺人民、性侵人民的故事；從她們這些拉卡穆斯林女性的角度來看，伊斯蘭國究竟是不是最邪惡的，或者是不是**真的非常伊斯蘭**，其實並不那麼令人感到不安。對她們而言，每個人在那個時候

＊穆哈吉林（*muhajireen*），和前文的「穆哈吉拉」為同一字彙，此處為陽性複數型，即為「遷士們」，原意出自隨當年穆罕默德從麥加遷往麥地那的信徒。此處借用成為了擁護伊斯蘭而遷往他地的人。

都是一樣的掠奪者，也都是撕裂敘利亞的共犯。他們每個人手上都沾滿了鮮血；每個人都在用某個意識形態合理化自己的暴力行為。把這種意識形態放在 YouTube 上面，會讓這件事變得更糟嗎？

努兒

突尼斯，克蘭姆，二〇一二年秋

那個秋季的某個晚上，努兒從卡里姆那裡得知，瓦利德已經前往敘利亞了。她感到非常意外。他為什麼沒有先告訴她呢？她很快便壓抑了這個想法；就算他們是朋友，他也沒有理由要將這個計畫告訴她。

當年稍早，自從那場布道大會導致群眾在美國大使館前進行暴力示威之後，警方便開始鎮壓薩拉菲的運動分子。努兒在清真寺參與的那個女性團體，也開始愈來愈感到不安，擔心自己會引起警方的注意。但努兒一直到瓦利德已經離開之後，才終於意識到，原來周邊區域的情勢發展，正在將一些年輕運動分子的注意力帶到突尼斯以外的地方去。

在二〇一二年的秋季時，敘利亞的內戰依然是一場於理有據的戰爭；對很多人來說，那也是一場於理有據的聖戰。那很明顯就是一個獨裁者、一個異端統治者正在殘殺自己的人民。像瓦利德這樣的年輕男人，很難覺得自己可以一邊坐視阿薩德進行屠殺、一邊毫不在意地繼續生活下去。

伊斯蘭有「溫瑪」這種概念，亦即一個由穆斯林組成的社群；在「溫瑪」裡的所有人有一個共同的精神連結，也都將每個穆斯林的福祉視為自己的事。不論身處哪種地理或社會脈絡之中，對很多穆斯林來說，這種感受都是不可動搖的；在世俗領域之中，可以和這種感受足堪類比的或許是政治團結，但政治團結和溫瑪終究還是不太一樣的。時至今日，在突尼西亞的足球賽中，球迷還會在球場四處掛起支持巴勒斯坦的旗幟。巴勒斯坦算得上是一種伊斯蘭主義的目標或價值嗎？未必如此，但某個人在政治上的世界觀，有可能會被各種價值觀所形塑，其中包括宗教教義應該引領政治的這種信念，也包括自決和民主這些信念。比方說，埃及革命中的世俗派年輕人，也會關心巴勒斯坦人的權益，並要求埃及的外交政策必須反映這些關懷。

這些阿拉伯之春中的新勢力，包括具有民眾基礎的伊斯蘭主義者、認為宗教政黨應該在政治領域中占有一席之地的激進派年輕人（而且是發自內心覺得以色列對巴勒斯坦長達六十年的占領就像上禮拜才剛剛發生一樣的年輕人）；他們都讓那些已經掌控宗教數十年的遜尼派獨裁者，以及因為利益而支持這種秩序的西方國家深感不安。在像是埃及、巴林這樣的國家裡，阿拉伯之春革命運動的瓦解，也帶來了更為極端的壓迫體制；對於那些靠著壓制政治活動和公民團體、靠著嚴格控制媒體來進行統治的專制政權來說，如何確保其他國家不會煽動自己的人民也跟著革命，便成了不得不面對的當務之急。

即使突尼西亞只是一個小國家，對周遭地區的影響力也不大，但它的國內政治卻突然對整個地區產生一些緊要且牽涉廣泛的影響。和以色列結盟、正在逐漸浮現的阿拉伯專制政權軸線（尤其是沙烏地阿拉伯和阿拉伯聯合大公國），無法容忍這場受民眾支持的宗教政治運動在突尼西亞崛起，因為那將為他們境內的反對勢力提供過於危險的示範。伊斯蘭主義者是會帶來混亂的元兇，你沒辦法用遊艇收買他們。伊斯蘭主義者認為西方國家透過戰爭、扶植統治者以及軍售，來對中東地區進行政治和經濟支配的這整場遊戲，對中東人民而言都是相當不利的，因此他們完全拒絕加入這種遊戲。

「伊斯蘭主義者」本身，就是一個廣為流傳卻又非常模糊的詞彙，無法描繪出這些行為者的行動廣度和意圖：他們通常只是在社會上比較保守的政治反對派，想挑戰現代阿拉伯民族國家的無能，比如這些國家無法監管社會和經濟的發展，也無法為公民身分的概念賦予任何意義。那些伊斯蘭主義者認為，這類無能就是導致中東地區變得愈來愈極端的真正原因。他們擁有民眾的支持，而許多人對宗教的立場則不那麼開放（在他們的眼裡，這才是正統的宗教立場）。他們看待以色列、看待美國在該地區的軍事足跡的立場，都令人頗為憂心。事實上，任何和他們有關的事物都能讓人深感不安。然而以民眾為基礎向上發展的他們，勢力非常強大。

二〇一三年二月，突尼西亞一位向來對安納赫達抱持批判立場的國會議員，在自家門口遭到槍殺身亡。不到幾週，另一位政治人物也遭到了暗殺。

在媒體的煽風點火之下，外界立刻就將目光放到了安納赫達這個依然主要由賓·阿里時期的人物所組成的組織上，認為該組織涉嫌重大。然而突尼西亞警方的裝備不足，無法提出證據指出誰該負起責任並將其逮捕。數百名示威者在卡斯巴清真寺外聚集，要求由安納赫達領導的政府下台。表面上看來，當時的情況是一場國內的政治危機，但來自境外的強大聲音其實並未缺席。西方國家的情報單位對突尼斯的政府發出了緊急訊息，要求其加強對恐怖主義的打擊力道。安納赫達清楚知道，它必須拯救自己。

到了二〇一三年夏天，也就是瓦利德回到突尼斯的時候，連結布爾吉巴大道的許多小路都立起了一排排水泥路障，以及一圈又一圈的蛇籠網。瓦利德回到突尼斯的第一天晚上，便和一個朋友約在市區一起吃沙威瑪。一路上，他在兩個檢查哨前被攔了下來，每個都讓他等了二十分鐘。大部分的車輛裡都載滿了年輕人，他們正準備前往市區，在大道上的咖啡店前逛街閒晃。但警察卻將此視為一個大好機會，能讓他們重拾過去的勾當：沒來由地騷擾年輕人，或是為了索賄而假裝要對他們開罰單。

當天晚上，瓦利德步行經過「劇院咖啡廳」，經過一條條巷子，那些巷子裡有幾間深色天花板的餐廳，工會和左派政黨的領袖總在那裡飲酒用餐。油桶和蛇籠網在建築物和街道之間組成了一道封鎖線。瓦利德在心情不太好的日子裡，會覺得好像什麼都沒變：警察一樣會恐嚇你，一樣會扣留你的車子，就算只是辦些簡單的手續也會跟你索賄，或者讓你女朋友的家人對你好感盡失。他們不會用瓶子強暴你，而是會用更官僚的方式把你的生活搞得一團亂，但感覺上其實差不多。心情不錯的時候，他還是會感謝真主讓賓．阿里不再掌權，轉型正義也在進行中，而國有電視台也會轉播對政府官員的審訊過程，讓他們為自己的行為負起責任。

到了八月，突尼西亞政府將伊斯蘭教法虔信者認定為恐怖組織。外界並不清楚，這個組織的成員是否大多都支持暴力行動，但他們大部分的確都沒有參與過。然而安納赫達需要表現出已對恐怖主義採取了強硬立場，但突尼西亞的維安部門又沒有能力緊密監控薩拉菲主義運動。警察部門已經習慣追緝伊斯蘭主義者了，如果要他們改變做法，那感覺大概有點像要麥卡錫將史達林主義者和托洛茨基主義者區分出來一樣困難。不論就政治面或就實務面而言，唯一的方法就是乾脆把這個組織給整個禁掉。

這個政治現象讓瓦利德感到非常憤怒。他在提及埃亞德的名字時，感覺總像在吐葵花籽的殼一般；他認為國家之所以會發動鎮壓，都是他的攻擊行動所引起的。「在所有人之中，埃亞德對突尼西亞伊斯蘭主義運動所造成的傷害是最深的。」他如此說道。瓦利德認為埃亞德已經妥協了，也認為他心裡正在打其他的算盤。警方固定會滲透伊斯蘭主義者的網絡，慫恿其成員（不論他們只是支持者或是真正的武裝分子）計畫或發動攻擊行動。從倫敦到突尼斯，各地的伊斯蘭主義者都在竊竊私語討論埃亞德；他就像薩拉菲運動的凱瑟・索澤*，是一個動機和效忠對象永遠成謎的神祕人物。瓦利德大聲地說道：「你幹麼要這麼做？你幹麼要和政府對抗？幹麼要這麼快就發起攻勢？難道他都不用考慮政府和警方會怎麼回應嗎？」

也許，埃亞德長期以來都在進行全球性的聖戰，以至於那早已是他人生的一部分了。加入薩拉菲聖戰、前往伊斯蘭國的突尼西亞人阿布・阿布杜拉，就抱持著這樣的觀點。和埃亞德一樣，他個人的生命史，必須上溯到一九八〇年代阿富汗反抗蘇聯的聖戰。美國於二〇〇三年入侵伊拉

---

*譯按：電影《普通嫌疑犯》中的角色之一，在片中是警方努力追緝的兇手。

克的行動，不只導致了遜尼派的暴亂，也讓阿布·阿布杜拉這種打過仗的人決定重新回到戰場上。從二〇〇四年到二〇〇五年，他一共在安巴爾省待了兩年，和美軍的海軍陸戰隊在城鎮地區進行激烈的對抗。

二〇〇五年十一月底，一顆藏在軍用悍馬車下方的土製炸彈導致一位美國士兵喪生；事發之後，美軍的海軍陸戰隊便對安巴爾省的小鎮哈迪莎發動了猛攻。那些海軍陸戰隊的士兵命令五個男子從計程車上下車（其中一個是司機，另外四名則是學生），然後就直接在街上殺害了他們。他們接著又衝向了附近一個社區，破門闖進了兩處民宅。民宅裡都是尋常家庭，其中包括一個坐輪椅的盲眼老先生，以及最小才三歲大的幾名孩童，他們有些當時還在床上沉睡。海軍陸戰隊的士兵最後將他們全數殺害，一共造成十九人喪生。

這就是阿布·阿布杜拉在安巴爾看見的戰爭。在他看來，在這場他們身處的不對稱戰爭之中，除了瞄準西方平民之外，武裝團體其實別無選擇。這和那些海軍陸戰隊士兵在哈迪莎做的事情還不是一樣？他們在反抗一個強大的國家，而這個國家也曾在伊拉克發動一場意識形態的戰爭，也經常會在故意殺害平民之後虛情假意地道歉。那難道就不是國家施行的恐怖主義嗎？

在安巴爾，他結識了約旦武裝分子扎卡維（他後來被稱作「屠殺者的謝赫」），並和他愈來愈親近，也更加確信，西方國家就是要阻止阿拉伯人和穆斯林的發展。他愈來愈相信，美國和歐洲之所以可以擁有已開發世界的生活水準，靠的就是這樣一個經濟模式：對阿拉伯世界的附庸國進行管理，對獨裁者提供大量軍售，甚至進行軍事入侵，戰爭過後再由西方承包商主導利益龐大的重建計畫。「他們偷走了我們的財富、反對我們的運動，想要讓我們永遠都停留在第三世界。」阿布．阿布杜拉如此說道。他認為，殖民主義從未消逝，只是換個樣貌罷了。在這種新的秩序之中，聖戰主義就是一種帶有革命性質的自衛行動。

對於應該如何看待薩拉菲聖戰主義，外界至今仍未有共識：它到底是一種思想，還是一種跨國的軍事現象？這種現象究竟有多少是薩拉菲主義本身造成的，又有多少是那些團體的武裝反抗傾向所造成的？薩拉菲主義到底是一種意識形態，還是只是事件發生的背景而已？在每場衝突中出現的各個薩拉菲聖戰團體，它們彼此之間的聯盟究竟有多真誠、有多重要？如果一個團體為了塑造自己的強大形象、擦亮自己的招牌，而宣稱自己和某個強而有力、中央集權的聖戰團體有所連結，那就代表我們在每個陣線上遇到的都是同一個敵人嗎？還是說，不同國家、不同地區的衝突，仍必須盡量被當作個別的案例來理解？薩拉菲主義到底是種意識形態，還是事件發生的背景？

有些人認為薩拉菲主義在本質上就是有害的，所到之處都容易引發混亂，激起緊張關係，因為薩拉菲主義的核心精神非常嚴格，也內蘊了無法容忍差異的特質，這種教派無可避免地終究會宣揚分裂。因此，薩拉菲聖戰主義就是這種反動、不穩的意識形態的天然產物。有些人則主張，薩拉菲聖戰主義就是在國家動盪的裂縫之中壯大的，因此儘管世界各地的動亂或許會用薩拉菲主義的語言和美學來包裝他們的行動或計畫，但這些動亂在本質上還是地方上的衝突，必須被放在各自的脈絡中解讀和評估。那些負責回應、評估這些暴力衝突的人（比如情報單位、警方、學者、記者），通常會堅持上述某一種立場。那些立場之間的差異十分重要，因為我們在講述極端主義時所使用的敘事、如何判定誰傷害了誰、該如何進行處置，以及如何評估威脅的程度和本質，都決定了各個國家會採取的政策。

把薩拉菲主義當作核心意識形態來解讀的視角，通常會帶來採取軍事行動的政策，亦即更多的轟炸行動、更多的戰場殺戮，以及更多的懲罰性防禦政策。至於把薩拉菲主義當作事件背景來解讀的視角，則會主張去處理這些起義行動的政治面向，有時或許還會和那些武裝分子直接接觸，企圖改變最初讓他們崛起的條件。事實上，關於薩拉菲聖戰主義這個問題，我們並沒有單一的解答，也幾乎沒人有能力去好好地將這個問題理論化。

就阿布．阿布杜拉而言，他的觀點就和大多數強硬的反抗者一樣，既死忠又頑固。這位經驗老道的聖戰士認為，美國人和歐洲人絕不會讓懷抱伊斯蘭主義的政府在突尼西亞掌權。他指出，像安納赫達就退縮了，沒有在新憲法裡提及伊斯蘭法，甚至連伊斯蘭法的一些原則都隻字不提。「他們的計畫，並不是要創造一個可以讓穆斯林獲得宗教自由的國家。就算他們現在已經掌權了，但你看看他們都做了什麼？如果你去他們的黨部，請他們提供一些協助，說你戴面紗的時候被警察騷擾了，他們只會說『我們幫不上什麼忙』。」

除了覺得安納赫達特別沒用之外，阿布．阿布杜拉也壓根不相信他們可以在國家的政治框架中運作。他認為民主制度不過是種盲目的信仰罷了；真主已經提供了所有我們需要的律法，而蔑視真主的律法是一種罪惡。這種想法在第一次世界大戰結束、鄂圖曼哈里發政權瓦解之後的許多伊斯蘭主義運動之中，都是非常核心的理念。一個伊斯蘭國的概念（這裡指的不是敘利亞那個同名的組織，而是將所有穆斯林都聚集在同一面政治旗幟之下的一個現代實體）依然是光譜上各種伊斯蘭主義者的終極目標，從曾經打過聖戰的老兵，到新一代的薩拉菲反抗者，心裡都懷抱著這個理想。

阿布·阿布杜拉說，聖戰主義的吸引力，反映出某種絕望的心情，也顯示了漸進主義是沒有希望的。「這個體制既腐敗又高壓，感覺不管我們做什麼都沒有用。這就是為什麼你會看到饒舌歌手、祈禱的人、喝酒的人和穿得像雷鬼明星一樣的人，全都投向了伊斯蘭國的懷抱。」然而如果突尼西亞的體制能獲得修補，年輕人還會被吸引去打聖戰、追求一個伊斯蘭國嗎？他謹慎地思考了一下。「年輕穆斯林心中都有這樣一個直覺。他們內心裡的某個東西，會一直喚起他們對抗敵人、改變世界，讓伊斯蘭充滿驕傲和榮光。」

到了二〇一三年秋天，卡里姆回到了他的沙發上，放棄找工作這件事了。傍晚大多時候，他會和努兒的父親一起坐著看新聞。他們會在卡達的半島電視台和沙烏地阿拉伯的阿拉比亞電視台之間轉來轉去——前者在報導中東伊斯蘭主義者的時候，會講得彷彿那些伊斯蘭主義者就是偉大的政治家一般；後者則會嚴厲地提出警告，說伊斯蘭主義是一種無孔不入的恐怖主義黴菌。某天晚上，他打開了阿拉比亞電視台的頻道，主持人那閃閃發亮、桃紅色的嘴唇在稱呼來賓為「博士」時，都會變成一個大大的「O」字型。她高高的顴骨、粉亮的臉龐十分美麗，令人放鬆。

卡里姆當天晚上有計程車的夜班工作。只要做兩個晚上，就能讓他賺到每個月房租的六分之一。他原本的計畫，是在交通部找到一份職位，然後等賺夠錢之後，就可以在週末租一輛計程車，而不是偶爾才能接到別人出於同情而丟給他的輪班機會；然而進入交通部的計畫也已經破滅。想進入政府部門工作，並沒有任何客觀的僱用標準，即使通過許多階段的面試之後，你也不一定能真的獲得一份有薪水的工作。

卡里姆並不是唯一感到夢想幻滅的人。政府部門前面，幾乎每週都會有年輕男子聚集抗議；由於那些抗議實在太過頻繁，甚至已經算不上是新聞。有時卡里姆也會去，意興闌珊地丟幾顆石頭。他當時才三十七歲，但已經覺得自己像活了三輩子：第一輩子是賓・阿里統治、貪汙腐敗的時期；第二輩子是他逃往法國過著像遊牧民族一般的生活，努力避免受到誘惑去幹起小偷小騙的勾當；現在這個嶄新的突尼西亞，則是他的第三輩子，但他也變得更加焦慮，因為如果他在這裡找不到機會，可能也沒有別的地方可去了。每晚入睡時，他會在努兒的耳畔低語要她再有耐心一點，但她當時已經懷有兩個月的身孕了。

當時正值地中海沙塵暴從北邊吹來的季節，天空總會染上一層橘紅色的霧霾。就在這個時候，男人也開始慢慢地從克蘭姆消失。他們前往敘利亞——據說在那裡加入聖戰還可以賺錢維生。被這種承諾吸引的不只是販毒的凡夫俗子，連有大學學歷和技術的人也不例外：職業足球選手、資訊產業的員工、律師、醫生、藝術專業的畢業生；關於高薪、住房補貼的故事，不斷在他們之間流傳著。

其中最廣為人知的是漢薩的故事。身體殘障的漢薩原本是個大學生，一生都待在突尼斯一幢公寓三樓的某個輪椅上，然而他卻成功前往敘利亞，加入了對抗暴君獨裁者巴沙爾・阿薩德的戰爭之中。抵達敘利亞之後，他便開始學以致用，發揮了自己在資訊科技領域的長才，據說那是年紀輕輕的他，此生第一次、也是唯一一次覺得自己受到尊重、覺得自己是有生產力的。然而在他的老家突尼斯，他的哥哥穆罕默德卻上了電視，尖銳地抱怨那些聖戰士太過無恥，連一個殘廢的人都不放過。穆罕默德於是也去了一趟敘利亞，希望漢薩能和他一起回家。最後那些武裝分子紛紛舉起雙手，說他們沒興趣強迫一個殘廢的人留下來，於是穆罕默德便用輪椅將漢薩送回到突尼斯，讓他再次回到了那個公寓的三樓，繼續面對自己毫無未來可言的人生。

直到二〇一三年之前，沒什麼人會討論突尼西亞的「激進化」。他們一開始討論的是如何離開突尼西亞這個鬼地方、前往敘利亞找工作，如何為伊斯蘭建立一個國家，如何對抗巴沙爾・阿薩德，如何加入一個武裝團體，如何解救一個瀕死的兒童，如何確保自己能進天堂，或是以上這些問題的總和。這些選擇和動機，總被外界以表面的意義來解讀，沒有人會覺得那些前往敘利亞的年輕人不是那樣想的，也沒有人覺得有個被稱為「激進化」的模糊意識形態，正在他們的身上作用著。然而坐在輪椅上的漢薩的哥哥穆罕默德，卻使用了最近才被引入突尼西亞的激進化這個概念。不論在哪個年代裡，我們都能聽到某些觀念在吸引西方資助者將資金投向本地的公民組織。在二〇一〇年以降的十年裡，這個能吸引西方資金的說法，便是「對抗暴力極端主義」。穆罕默德創立了一個組織，並幫它取了個委婉的名字：「滯外突尼西亞人」。他在地方上的咖啡店發表演說，解析網路上的薩拉菲布道人士，以及他們瞄準特定對象的精心計謀，是如何說服了漢薩、讓他覺得自己是個天才。（「漢薩不是天才」，他肯定地對提問的記者如此說道。）在整個過程中，從來沒有人得到允許而能和漢薩本人談談。漢薩變得愈來愈沮喪，愈來愈想回敘利亞。

卡里姆並不認識漢薩，但他認識薩伯——當地一位女裁縫師的兒子。薩伯的右手臂上有一道疤痕，那是革命期間，子彈掠過留下的擦傷。薩伯應徵了交通部的工作；直到他終於進入僱用程序之前，他每天都會在交通部外面抗議。他一路進到了最後一關，也就是體檢程序。他原本要在體檢兩天之後開始工作，然而他的名字最後卻沒有出現在政府公布的錄取名單裡。沒有一個克蘭姆人被錄取；和革命之前一樣，能進入錄取名單的人，都和一個影響力很大的工會關係匪淺。薩伯於是決定前往敘利亞；三個月之後，他的死訊傳回了家鄉。

相同的事情也發生在當地一個少年饒舌歌手身上，他的嘻哈藝名叫做酷巴。酷巴也在交通部前面抗議了一個月。最後他終於參加了國考，也像薩伯一樣，通過了體檢。然而等到錄取名單公布時，他的名字也不在上面。工作機會再次被工會成員，以及和工會有關係的人搶走了。來自克蘭姆的運動分子艾瑪德也認識酷巴。他說，酷巴最後對突尼西亞已經不再抱任何期望。「他頭腦裡沒有極端主義的思想。但他還是想辦法去了敘利亞，然後在那裡終結了生命。」

艾瑪德說道，前往敘利亞參加聖戰，成了一種崇高的出口，可以讓他們離開毫無前途可言的生活；這種絕望的感覺，讓脆弱的年輕人很容易成為武裝團體招募的對象。「你可以想像自己是個年輕的孩子，你會覺得自己是個英雄，因為你發動了革命。再想像一下，革命之後你應該會被國家尊重、找到一份工作，一切都好。你會怎麼想？你會想要結婚。買車。好好過生活。結果，實際的情況恰好相反。你發現自己的生命正在流逝。革命過去已經六個年頭了；如果革命時你二十四歲，那麼你現在已經三十歲了。你想自立維生，卻看見一扇扇門在自己面前關上。當一個人遇到這種情況時，他就不會再獨立思考了。幫他思考的，是他們。」

阿拉伯之春革命後的幾年裡，許多克蘭姆年輕人都說警察對他們的騷擾變得愈來愈嚴重。革命前警察會使用的招數——捏造指控、毫無證據、未經恰當程序、肢體暴力，這些從來就沒有消失過；這些招數很快就再度出現，而且不會受到任何懲罰。穆罕默德·阿里就是其中一個被稱為「因革命而受傷」（the wounded of the revolution）的人，亦即曾在二〇一一年革命期間受過傷，因而每個月會獲得政府一小筆賠償的人。這些額外的金錢，讓穆罕默德·阿里能去土耳其度個短短的假期。然而他一回到突尼斯，卻馬上被警方軟禁在家中。「穆罕默德·阿里很虔誠，會做禮拜。他還去過土耳其。對警方來說，這些只意味著一件事：恐怖主義。」艾瑪德如此說道。

他們根本就沒有證據，什麼都沒有。但他們還是把穆罕默德·阿里軟禁在家裡很長一段時間，以至於他最後錯過了在衛生部夢寐以求的工作。「警察認為虔誠的人民都是敵人，覺得他們會為突尼西亞帶來危害。」艾瑪德如此說道。「你很難在短短的三、四年內就讓警察改掉這種態度。可能要十年、十五年，警察才會真正成為共和國的一分子，也才不會再質問人民的宗教信仰。」

革命過後的幾年裡，艾瑪德每天下午通常都會坐在克蘭姆熙來攘往街道上的戶外咖啡座。他身邊會有男人在喝咖啡、抽水煙。馬路對面的牆上有一幅巨大的塗鴉，上頭寫著「我們無所畏懼，永遠向前邁進」。一聽到別人問起前往參加聖戰的突尼西亞人，艾瑪德就會顯得有些生氣。事實上，在突尼西亞，這種問題的確會讓各種人士感到惱怒——社會學家、年輕的研究生、人權運動分子；他們會急著澄清，革命結束之後，這個國家還有一大堆問題要面對，不是只有聖戰而已。四分之一的突尼西亞人仍生活在貧困之中，而一小撮人卻變得愈來愈有錢；對於那些原生家庭既不有錢、也沒有政商關係的人來說，機會依然輪不到他們；政府無法著手擬定更好的經濟政策，因為讓這個國家不致分裂的政治共識實在太過脆弱，而舊時代的菁英在新體制中也依然占有一席之地，因此很難同意施行必要的改革措施。許多年輕人認為，突尼西亞人變得激進好戰的現象，只是這個國家諸多問題中的一個症狀而已，而不是最主要的病症，也不應該是用來診斷病情的理解框架。

許多專門研究聖戰主義和極端主義的世俗派學者則稱得上是例外。這些學者和分析家的討論一般都不切實際，還會使用「洗腦」、「小老婆」這類字眼，他們認為男男女女前往參加聖戰的原因就是宗教本身，而不是國家施行的暴力行為、貪汙腐敗，也不是這些原因綜合的結果。他們的學說帶有高度的黨派色彩，也高度政治化，但依然很快便在政黨色彩接近的國內媒體上吸引到不少目光，並迅速獲得西方組織的認可、支持和資金；在西方組織眼裡，他們代表的是地方公民社會的聲音。他們通常會挪用一些英語詞彙，比如「激進化」、「暴力極端主義」，這些詞彙都是反恐論述中的政策用語，然而這些反恐論述最初其實是西方發明出來、放在外交和國安政策議程中的用語，如今卻已經擴散到全球各地，導致這種一體適用、不顧脈絡的詞彙和解方，被強加在問題不盡相同的各個社會之中。

他們當中一位學者還為歸來的聖戰士設計了一套「改過自新計畫」，內容包含隔離、再教育，希望藉此改變他們對宗教的看法。他承認，要重新塑造一個人的信仰體系並不容易。「我們需要從頭省視伊斯蘭思想，但這件事在阿拉伯世界一直沒有真的實現過。」他如此說道。「問題就在於，伊斯蘭信仰在政治上依然相信，建立一個哈里發政權是有必要的。」

世俗主義者有時候會承認，他們知道這些怪異的計畫不會有用。有時候，他們則會坦率地承認，作為少數分子的他們，只要能透過武力進行統治就心滿意足了。有位在突尼斯大學任教、溫文儒雅的教授，曾在某個晚宴上宣稱，民主並不適合突尼西亞，因為突尼西亞人必須先理解盧梭的價值之後，才有資格被賦予投票權。那位教授擁有一輛閃閃發亮的運動型休旅車，會在閒暇時吟詩作對，還會去英國的湖區度假健行。有些西方的自由派會主張，只有讓人民參與政治，才能為突尼西亞帶來真正的長期穩定，但這位教授卻認為，那些自由派不過是一群伊斯蘭左派分子、一群受騙上當的左派人士在痴心妄想，他們只迷戀於伊斯蘭主義者，卻忽略了他們所帶來的宗教威脅和暴力威脅。這位教授的生活文明開化、又受到完善的保護，似乎並不怎麼想讓他的國家實驗看看真正的自由。

對於運動分子艾瑪德來說，西方人只會在突尼西亞出現動亂、影響到西方世界的時候，才會注意到這個國家，然後再使用這種暴力的濾鏡來理解突尼西亞，而他對此感到非常的憤慨。他不斷地將貝雷帽往後推，憤怒地搖著頭。「革命之後，我們出現過很多種極端主義，但為什麼媒體只會看和宗教有關的那種？革命的訴求明明就是就業、發展，要求得到警察有尊嚴的對待，為什麼沒人去問，為何那些和舊政府有關係的媒體和知名人物，要特別針對面紗，以及引用短短幾句伊斯蘭法這些事情大做文章？無中生有的國家目標，在無關緊要的議題上面製造虛假的對立，難道不也是一種極端主義嗎？」

在新的突尼西亞裡，來自舊時代的不滿情緒依然非常強烈。貧富不均的問題絲毫沒有受到動搖，依然存在於突尼斯的貧窮郊區和高級的海濱社區之間，也存在於相對富裕的北部地區和貧窮的內陸、南部地區之間。突尼西亞的經濟依然非常蕭條；真正的經濟改革，需要一個積極的計畫來打擊貪腐問題，但來自舊政府的菁英卻阻擋了這些努力，因為那會破壞他們的政治酬庸關係。於是煽動眾人對恐怖主義的恐懼，就成了一個快速且有效的方式，可以讓那些菁英逃避革命運動的反貪腐訴求。離開突尼西亞、前往敘利亞參加聖戰，在新的突尼西亞裡已經成為一個非常常見的現象，而對於艾瑪德和一些人而言，這個現象也代表這個國家的其他各種問題已經非常嚴重了。雖然突尼西亞看似只有一種極端主義，但那其實是許多其他極端現象造成的結果——如何去理解那些各式各樣的問題，才應該是真正的關鍵所在。

卡里姆早晨聽新聞廣播、路過書報攤時，大都覺得彷彿什麼都沒有變。他發現他很難控制自己對尋常事物的情緒，也常常對許多事物反應過激。努兒父母在家裡發出的聲響；她母親將椅子拉近桌子一些的摩擦聲；她弟弟常看的卡通裡那隻像老鼠一般的粉紅生物所發出的叫聲，以及他興奮模仿時的聲音——所有這些，都讓他很想亂砸東西。

他決定，是該離開的時候了。某個溫暖的秋日夜晚，在克蘭姆一個咖啡館裡，他先是告訴瓦利德這個想法。他們抽著菸，沉默了一段時間，然後瓦利德才說：「你真是他媽的白痴。」

他問卡里姆為什麼會想這麼做。是想成為一名烈士嗎？是想解救那些被阿薩德殺害的穆斯林嗎？還是想加入聖戰呢？對於這些說法，瓦利德都已經想好要如何駁斥。沒有人能否認，成為烈士的確是個非常吸引人的命運。然而如果所有年輕人都拋下這個國家，為了其他目標而奮鬥，那突尼西亞會變成什麼樣呢？誰來為他們的國家奮戰呢？到了二〇一三年秋天，敘利亞的戰爭也出現了變化，已經不再是一場正義的聖戰，而瓦利德則試著讓卡里姆體認到這點。他們吸引到的是為錢而戰、有犯罪前科的人，這些人沒有任何政治意圖，內心也並不純淨。敘利亞的反政府運動，之所以會演變成一場極端的宗教暴力衝突，伊斯蘭國的首領巴格達迪必須負起很大的責任；多數敘利亞人都厭惡這場暴力衝突，只有巴沙爾・阿薩德真正受益。敘利亞現在成了一個死亡陷阱和一場混戰，而其戰士和背後的唆使者則猶如捲入哈哈鏡之中被弄得暈頭轉向。

卡里姆不帶情緒地看著他。瓦利德說的這些都很對。他曾在這場戰爭還是正義之戰的時候就投入了戰爭，最後帶著戰士的印記回到故鄉。努兒看著瓦利德時，卡里姆便在她的眼神之中看見了那種印記，那種帶著敬佩的發亮眼神。一個是穿著運動衣、窩在沙發上的失業男子，一個則是從戰場歸來，曾和弟兄並肩作戰，將受傷的嬰兒送往醫院的聖戰士——在女人的眼裡，哪一個更崇高一些呢？

卡里姆當天晚上也把這個想法講給了努兒聽。大家都上床睡覺之後，他們坐在廚房裡，兩人隔著餐桌而坐，桌上還擺著一盤剩菜。努兒不知道該說什麼才好。她依然戴著面紗，不論多困難，都依然想要過著完全遵守伊斯蘭的生活；她依然認為突尼西亞人應該要生活在伊斯蘭法的統治之下。當時伊斯蘭虔信者這個組織已經被禁，和她一起做禮拜的女性們，有些則在討論是否要加入利比亞的伊斯蘭國。那些女人說，突尼西亞已經沒有實踐宗教活動和政治活動的空間了，也沒有人覺得可以回到過去，假裝革命從未發生——就連努兒也都這樣覺得。

卡里姆花了兩個星期才終於說服了努兒。隔天晚上，他們在外面散步，經過了那個公園——幾年前的她就是在那裡，和其他女孩說她會成為學校裡第一個戴面紗的學生。自從政府查禁伊斯蘭教法虔信者之後，社區負責收垃圾的委員會便解散了。公園裡再次充滿了垃圾、骯髒的尿布，以及壓扁的寶特瓶。

努兒想到，如果卡里姆離開突尼西亞，他的父母也能鬆一口氣，因為他們一直都在支援這對年輕夫妻，負擔很大。他們的小孩再過三個月就會出生，家裡又多了一張嘴要養。卡里姆當時應該得找到工作，他們也早就該搬出去住。「我難道沒有努力嘗試嗎？我有好高騖遠、眼高手低嗎？」卡里姆如此問道。他們坐在生鏽的鞦韆上，鞦韆不斷發出嘎吱聲響。努兒皺了皺眉，然後說：「不，你一直都很努力。」

她無法鼓勵他留下來。他是她的丈夫、是她即將出世的孩子的父親，也是她在娘家之外的生命支柱。她對丈夫的期許並不過分；只要能搬去敘利亞，她的期許就很有可能成真。如果卡里姆真的可以在那裡拿到薪水的話。她只想要有他們自己的一個小空間，這樣就不用和她的姊妹們一起睡在同個房間裡。她想要能夠在某個商店裡工作、賺些錢，又不用把自己的面紗脫掉、露出自己的身體。她想要住在一個受伊斯蘭律法保護的哈里發政權裡，無憂無慮地實踐自己的宗教信仰，而無須擔心社會眼光或感到羞愧。她想要掛上自己挑選的窗簾，然後一邊在自己的廚房裡煮晚餐，一邊看著那些窗簾在微風中飄揚。她想要可以不用在父母對她頤指氣使的時候，還必須克制自己頂嘴的欲望，因為要不是父母慷慨相助，他們大概早就活不下去了。

拉赫瑪與古芙蘭

突尼西亞，蘇薩，二〇一四年夏

歐爾法二〇一四年第一次聽到巴格達迪的時候，這個名字對她來說一點意義都沒有，她也沒有多加留意。但隨著時間流逝，她的女兒拉赫瑪與古芙蘭卻愈來愈常提到他的名字；身為青少女，她們當時都覺得自己是薩拉菲運動分子，狂熱地投入其中。她們會大聲地對彼此唸出他的布道片段，並用「埃米爾」*這個尊稱來稱呼他。她們也愈來愈常討論敘利亞正在發生的事情，甚至還會主張，當整個地中海地區的穆斯林都在遭受屠殺時，袖手旁觀是一件非常羞恥的事。「但蘇薩這裡的穆斯林也在受苦，附近的好幾個城鎮也是如此啊。」歐爾法尖銳地如此說道，但兩位女孩卻搖了搖頭，彷彿只有她們才知道那些真相，而她們可憐、無知的母親卻被矇在鼓裡似的。

拉赫瑪與古芙蘭起初參與薩拉菲運動的方式，都是在生活中以社交的方式進行，比如活躍地參加禮拜社群、造訪清真寺等。相較之下，她們現在似乎都活在自己的手機裡——她們會用手機收聽聖戰士的聖歌、也會收到一連串 Telegram 的訊息通知。那年夏末的某個晚上，歐爾法就像世界上任何一個青少年的母親那樣，要求拉赫瑪掛掉電話。然而不到十五分鐘，拉赫瑪就又再次講起了電話。於是歐爾法終於忍不住了。她搶走了手機，並把手機砸向咖啡桌尖銳的桌角。

拉赫瑪的臉皺成了一團。有那麼幾分鐘，歐爾法非常厭惡自己；她的女兒會有如此奇怪的行為，很有可能都是她的錯。她們沒有父親，只有一個忙得半死不活的母親，而且她的情緒起伏總是非常大。歐爾法當晚帶著悔意入睡：她後悔自己似乎永遠無法控制的那嚴厲的態度。然而隔天下午，拉赫瑪卻帶著一支更高級的全新手機回到家，臉上還掛著笑容。

古芙蘭就沒這麼讓歐爾法操心。她原本活潑開朗的個性，並沒有因為她新的宗教認同而消失；和拉赫瑪不同的是，她並沒有失去理解、寬容其他觀點的能力，這讓歐爾法感到安心許多。兩個女兒裡面，至少還有一個沒有走偏。

歐爾法必須在六月之前，決定是否要前往鄰國利比亞工作；這是她在旺季期間賺外快的好機會，她一般每半年都會去一次。她以往會找人來照顧孩子，或至少會經常回家看看，確認孩子平安無事。歐爾法不在的那一個月或六星期裡，古芙蘭和拉赫瑪總是能夠自己處理家事。歐爾法不喜歡為了替家裡掙些外快，而被迫離開四個孩子，但她會在家裡存放餅乾和鮪魚罐頭，相信他們會平安無事。在利比亞的海濱旅館或某個人家中當清潔員，一個月可以賺的錢是她在蘇薩賺的三倍。他們需要這筆錢，她不能不去。

她的兩個女孩也想去利比亞。一群聖戰士正在那裡聚集，很快就會在巴格達迪的領導之下，

＊譯按：阿拉伯世界用來稱呼國王、貴族或重要人士的名稱。

於當年秋天宣布效忠於伊斯蘭國。拉赫瑪和古芙蘭在蘇薩和突尼斯認識的幾個女性，當時也在和一個完全由女性組成的線上招募單位合作。很多人都已經前往利比亞了。

她們會在早上弟妹們看卡通、一起玩洋娃娃的時候低聲討論這些。當歐爾法提到她又要去利比亞的時候，古芙蘭提出了一個建議：「為什麼我們不一起去？」她描述的理由非常合理，對大家明顯都有好處——她們可以不用分開，拉赫瑪和古芙蘭也可以工作，增加家裡的收入，還可以照顧年紀最小的孩子。

歐爾法輕易就被說服了。一起去利比亞——她自己怎麼就沒想到呢？

艾瑪／敦雅

土耳其，伊斯坦堡，二〇一四年二月

似乎很少人提及，伊斯坦堡作為年輕人前往伊斯蘭國的啟程地，其宏偉遼闊與非凡美麗的城市景觀，其實也默默起了很大作用——尤其那些年輕人很容易受外界影響，很多人也都從來沒有出國過。這座城市就是能夠攪動人心深處；土耳其小說家帕穆克曾經形容，伊斯坦堡的這種特質，就是一種難以名狀的憂鬱狀態，土耳其語叫做「huzun」。這個詞彙的字根，在古蘭經裡出現過五次，意思是一種和真主分離的痛苦感受。雖然「huzun」讓人痛苦，但在精神上卻又是必須的。人就是只有在身處黑暗的時候，才會想要去尋找某個獨一無二的東西、某種合一的感覺，或是某種距離真主夠近的感覺。如果沒有「huzun」，人怎麼會知道要去尋求這些東西呢？

伊斯坦堡這座伊斯蘭城市瀰漫的就是這種特質。從十三世紀一直到第一次世界大戰終結的鄂圖曼帝國（也就是最後一個哈里發政權），首都就位在這裡。伊斯坦堡處在博斯普魯斯海峽兩側、橫跨歐亞兩洲，到處都是閃著金光的清真寺，是世界上外型最引人注目、歷史最為飽滿、文化最為多元的大都會之一，比任何一個嘗試與之較量的城市，都還要更宏偉、更崇高。如果伊斯法罕、威尼斯、大馬士革、開羅是一個個典雅的小珠寶盒，那麼伊斯坦堡就是一個大千世界。

某天日落時，敦雅和賽林姆沿著博斯普魯斯海峽散步，看著船隻在卡拉柯伊靠岸。日光正慢慢轉為灰紫和玫瑰色；黑鴉鴉的一群群飛鳥，正在向晚的暮色中振翅飛翔，遠方依稀可見托普卡匹皇宮的塔樓。儘管身處在如此美麗的景色之中，敦雅依然非常焦慮：不只是因為即將前往敘利亞，也是因為害怕遇見丈夫的母親——她每年夏天都會到伊斯坦堡探望親戚。敦雅想要下榻在塔克西姆廣場附近，但賽林姆說那附近太容易被人發現了，所以最後他們在機場附近的一個汽車旅館住了三個晚上。那個旅館是個低矮、潮溼的地方，窗戶用的都是毛玻璃，地點位在一個名為「老大酒廊」的夜店，以及幾間破舊的餐廳附近；那些餐廳取名的方式，似乎都令人聯想起杜拜這座城市，彷彿那是某種罪惡的代碼。他們每次出門時，敦雅都會先仔細看看眼前的街道，擔心賽林姆的母親會突然從某個商店走出來，把賽林姆從她的身邊奪走。當賽林姆跟她說該前往敘利亞的時候，她幾乎大大鬆了一口氣。

她整個晚上都在看著天花板上的影子、無法安眠，直到賽林姆手機的鬧鐘響起。他們離開旅館時，外頭的天空還沒有亮；海面在黑暗之中閃閃發亮，遠方的橋梁則被包覆在燈光之中。

南下的路程大約是十個鐘頭。當他們的車子逐漸接近他們準備跨越的那段邊境時，時間已經過午夜了。司機將頭燈熄滅，然後放慢車速、繼續前進，還要他們不要出聲。前方的黑暗之中，有幾束光線在來回掃射——那些是戍守邊境的人員。不過很顯然地，只要他們花點錢賄賂他們，有些人還是會願意讓他們穿越邊界。

司機開始倒車。賽林姆說，他們要先在附近一個土耳其夫婦的家中待上一、兩個小時，他們會幫助伊斯蘭國的人員跨越邊境。那對夫妻的房子聞起來，就像是剛剛煮過東西似的，除了幾張椅子、和靠近門口的一個大型金屬鞋架之外，幾乎空無一物。敦雅心想，不知道有多少人曾在這個客廳短暫停留，他們現在又身在何方？

他們第二次設法穿越邊境時就比較順利了。她當時已經覺得非常疲憊，直到他們走進戶外的黑暗之中，賽林姆開始呼喚她的名字並低聲叫「快跑！」時，她體內的腎上腺素才開始激增。她的心臟劇烈跳動，跟在賽林姆身後跑著，最後抵達另一輛正在等待他們的汽車。

麗娜

土耳其，加濟安泰普，二〇一四年七月

麗娜在法蘭克福女子收容中心裡過著刻苦儉樸的生活，打包行李對她來說簡直是易如反掌；她很少買新的東西，不會收到禮物，也不看旅遊或生活風格雜誌。她從法蘭克福前往拉卡的行程，也簡單得不合情理：她先是飛到伊斯坦堡，吃了一份起士三明治，然後再搭一段短途客機，最後抵達加濟安泰普。

安檢門外，有個穿著拖鞋、身型修長的男人正在等著她，手上還拿著一個牌子，上頭寫著他們預先講好的名字。他是個土耳其人、不會講阿拉伯語，所以他們只能用手勢溝通。他比了一個頭放在枕頭上的動作，表示他會帶她去某個房子裡過夜。

隔天，他開車載著麗娜和其他幾名女性出發，但車子只行駛了幾公里遠，就停在某個地方——一輛廂型車已經在那裡等著她們。司機請麗娜和其他女性下車，並要她們快步行走。當時的陽光非常強烈，但麗娜的粗呢包包很輕；兩百公尺外，有輛車子正在等著她們。在二〇一四年的當時，已經有數千名外國戰士和傭兵毫不費力地跨越邊界，進入到敘利亞；土耳其和敘利亞的邊

界不只漫長，還滿是漏洞，而且駐紮在邊境的土耳其軍人也很容易賄賂。從一輛車換到另一輛車，快速穿過一片陰暗的農地，這些都是很常見的程序。土耳其政府一直要到當年稍晚，才會開始收緊跨境管制，然後在接下來的兩年之內，沿著邊界築起一道壯觀的水泥牆。

麗娜最後抵達拉卡時，太陽都還沒下山。她在一個女性收容中心裡睡了一晚，那是個有點迷人且擁有一股奇怪能量的地方。當賈法隔天來找她時，他們終於第一次見到面了。賈法似乎是個不錯的男人，他的性格和聲音，與她在電話裡喜歡上的那個人沒有太大差異。如果當時她不是身處在如此奇怪、令人害怕的處境的話，她會希望先和他再多相處一些時間。但她實在太害怕一個人待在這個陌生的地方，因此立刻就點頭同意，說自己已經準備好要嫁給他了。當天晚上，他們就成了夫妻。

莎米娜、卡迪薩、亞米拉與沙米瑪

東倫敦，二〇一四年，十二月

莎米娜的父親發現她還沒回家時，覺得非常驚訝。窗外正在下著大雨，他想，莎米娜可能沒有帶傘，或可能在回家的路上跑進某個清真寺了。等他準備出發前往餐廳工作時，他終於撥了通電話到她的手機，卻發現電話被直接轉接到一個講著外語的語音信箱。他立刻打電話報了警。幾個小時過後，警察告訴他那個語音信箱講的是土耳其語，莎米娜很有可能已經前往敘利亞，加入伊斯蘭國了。

後來他看了她的手機帳單，發現她在進入敘利亞之前曾在土耳其待了幾天，而警方當時就已經察覺到她的意圖了。他心想，英國警察為什麼沒有和土耳其政府合作，阻止他的女兒越過邊境呢？

又過了兩天之後，幾個女孩們前來拜訪莎米娜的父親。卡迪薩、亞米拉和沙米瑪在沙發上坐成一排，無辜地瞪著棕色地毯上的百合花圖案，彷彿她們最要好的朋友突然消失這件事讓她們感到非常難過。莎米娜的父親盤問她們：「別裝了，你們跟她這麼熟。」然而她們發誓她們什麼都不知道。「真的，叔叔，我們真的不知道。她常常跟別人講電話。我們一直問她發生了什麼事，但她說她過陣子就會告訴我們。」

兩週之後，莎米娜撥了通電話給她的父親。「我在這裡很快樂。是我自己決定要來的。不要擔心我，一切都會沒事的。」她如此說道。

他問她人在哪裡，還堅持說他無論如何都會過去找她。「不，你不能來這裡，爸爸。」她一邊哭著，一邊說道。聽到女兒斷斷續續的聲音，他也哭了起來。

在貝斯諾格林學校，校方把幾個女孩叫到了辦公室來，和反恐警察見面；除了卡迪薩、亞米拉和沙米瑪之外，還包括其他四個人。警察要女孩們在家長不在場的情況下，回答她們最要好的朋友是如何消失的，並要她們提供證據。她們犯了什麼罪嗎？她們會坐牢嗎？感受到威脅而覺得緊張的女孩們，當下只想趕快離開，確保沒有人會因為害怕而退出計畫。警察給了她們幾封信，要她們轉交給家長。她們最後當然都把信給藏起來了。

莎米娜離開不到兩週後，亞米拉這個受歡迎的衣索比亞女孩便在推特上寫道：「如果你們〔人數〕是三個人，那麼千萬不要在第三個人不知情的情況下兩個人偷偷談話。」女孩們繳交作業的情況愈來愈糟（在此之前，她們總是會如期完成），然而她們的老師卻沒有發現異狀。由於校方打給女孩們的家長時只說莎米娜「失蹤了」，而沒有講到「加入伊斯蘭國」這個最關鍵的部分，因此他們的家人沒有理由對孩子突然多加注意，也沒有檢查她們的女兒是否有做作業，更沒有開始監控她們的社群媒體。卡迪薩的姊姊常會問她有沒有關於莎米娜的消息，但她每次都會有些奇怪地回覆：「嗯，我不知道、我不知道。」

亞米拉在社群媒體上的名字，叫作烏姆烏特曼布里塔尼亞；她原本在上面最關心的話題是時尚、足球和學校生活，此時卻開始變成政治和宗教。她和她成績優異、熱愛學業的朋友卡迪薩，都轉發了敘利亞、緬甸穆斯林兒童受傷的照片；外界直到二〇一七年，才終於注意到緬甸羅興亞人所遭遇到的苦難，而當時羅興亞人已經成為穆斯林網路串聯運動中的一個關注核心。亞米拉被敘利亞內戰帶來的極端暴力給嚇呆了；在這場戰爭裡，外界並沒有伸出援手，保護那些平民。她張貼了一個敘利亞年輕男孩死前講的最後一段話，然後加上了「這段話總是讓我十分動容。❤」這句話和一張照片，照片裡是一個頂著西瓜皮髮型的敘利亞小男孩，眼裡滿是淚水，正在啃一塊乾掉的麵包。在整個敘利亞戰爭裡，敘利亞政府和武裝團體都在使用針對女性的暴力行為，以及各種榮譽準則，來激發人民的支持。只聽了一邊說詞的亞米拉相信，那些聖戰士正在為了防衛、保護女性的榮譽而英勇奮戰：「我對真主發誓，聽完這些姊妹被強暴的故事之後，我幾乎對男人感到厭惡至極了。」她在二〇一四年冬季如此寫道。

亞米拉也愈來愈能理解住在西方的穆斯林有多脆弱，以及他們正在承受多少反伊斯蘭仇恨的犯罪。她在推特上發文或轉貼了發生在二〇一四年十一月到二〇一五年二月的一連串事件：三位穆斯林學生在北卡羅來納州的教堂山遭殺害；蒙特婁一所穆斯林學校遭槍擊；休士頓一處清真寺遭縱火；一位戴頭巾的女性被丟在地下鐵路的路線上；網路上充斥著對穆斯林的言語攻擊；電影《美國狙擊手》，則頌揚了士兵在伊拉克戰爭中殺害平民的行為，對這種現象又造成了推波助瀾的效果。亞米拉的推文，反映出了她是如何發自內心地對流行文化感到苦惱和困惑——那些流行文化似乎建構出了一個世界，而穆斯林在其中永遠都是侵略者，而非暴力的受害者。

已經前往伊斯蘭國的女性們在網路上的討論，也呼應了這點。「無辜穆斯林的喪生，不只是西方領袖姑息下的附加傷害而已，也是他們主導出來的結果。」一位名為烏姆亞琴的女性在推特上如此寫道。這些訊息，有時候會演變成有點滑稽的激勵文字：「希吉拉✔just do it（做就對了）」，或是一些當代照片，照片裡的人物既要維持極端保守的準則、又十分渴望在社群媒體上公開表現，比如在某張照片裡，就有一對背景是敘利亞農田的穆哈吉拉，戴著連眼睛都看不到的面紗，照片旁還寫著：「我的姊姊和我❤。」

雖然只是剛剛萌生，但亞米拉愈來愈將地方上的反伊斯蘭情緒，視為一種和國際政治有關的反穆斯林種族主義；她的這種理解方式，也和一種新的、堅定的穆斯林認同糾纏在一起。如果我們想理解到底是政治影響了她的宗教認同，還是宗教影響了她的政治認同，便會立刻發現這個問題有多難回答，因為那基本上是一體的；亞米拉在表達政治上的不滿情緒時，使用的詞語總是帶著宗教式的憤慨。比方說，她曾經在推特發過一則推文，內容是關於哈德爾的案件：哈德爾是一位加拿大籍孩童，他被加入蓋達組織的父親帶往阿富汗，和塔利班生活在一起。美軍於二〇〇二年開始拘禁他，但並沒有把他當作一名童兵來對待，而是將他關押在關達那摩長達十年的時間，據說期間還不斷凌虐他。

亞米拉也轉發了一些古蘭經的段落，洩露出了她有多感到良心不安；每每有人讓她意識到這些不公不義，她都會覺得那就是在告訴她伊斯蘭信仰要求她挺身而出、做些什麼。「知而不行，是種傲慢。」她引用了伊瑪目沙菲伊的話；「事實需要改變。」她寫道，然後又引用了古蘭經：「你怎麼了？為什麼不幫助別人呢？」她開始頻繁提到那些不信伊斯蘭的人，並將過錯歸咎於他們。有時暴力衝突和戰爭似乎都會讓她感到非常緊張，而她則會以宗教的方式（或是被教導要用宗教的方式）來處理這個問題：「真誠的人，總會處於憂慮的狀態之中。」

在所有這些緊張、強烈的宗教－政治玩笑之間，交織著某種《一千零一夜》式的幻想，隱含著東方對於一個善良虔誠的穆斯林女性的期待——她們在聽到不公不義的事情時心跳總會加速。網路上出現了幾張哏圖，上頭畫著一支AK－47和一朵深紅色玫瑰花，背景則是一棟彈痕累累的建築物，一旁還用喜帖上常見的裝飾性字體寫道：在聖戰的國度，我與你相遇，喔！我親愛的聖戰士。

然而，從那些當年稍早前往伊斯蘭國的英國青少女的推文來看，這些婚姻最後的命運卻顯而易見：這些年輕女性最後都成了寡婦。一位來自曼徹斯特的女孩，自豪地在推特上發布身為戰士的丈夫的死訊：「他是來自真主的恩賜，甜❤，我祈禱阿拉會接納他，我很～快便會加入他的行列。」然而她們在伊斯蘭國的生活，並不會因為某人的丈夫變成了一隻青鳥就戛然而止（在伊斯蘭的轉世論裡，青鳥是烈士的象徵）。伊斯蘭國會照顧他留下的遺孀；就算沒有親人，她們也總是有好姊妹可以依靠。「如果真主願意的話，我親愛的姊妹們，來加入我們的隊伍吧……來看看我在沙姆之地*看見的恩賜吧！！！😍❤」

亞米拉張貼了幾張照片，其中一張是駱駝正在橘紅色的沙塵暴中艱苦跋涉，還有一張是月光下帶有摩爾文化色彩的宮殿建築。她成為了晚霞的記錄者（「看看這天空，根本讓人快門停不下來😭」），用維多利亞時代女性那種屏息驚歎的語調，試著樸實地表達自己的想望；她在推特上還貼了一張照片，照片裡是一件嬰兒衣，一位拿著一束玫瑰、穿著長袍的女性（這些好棒，我也想要😥💐），還有一隻健美的獅子跟著另一隻健美的獅子，然而一旁卻是她失望的文字：「什麼，伊斯蘭居然不允許蜜月旅行😶」。

她的英文裡開始出現各種阿拉伯文字眼，也開始張貼她在倫敦的朋友穿黑袍的照片。她寫道，「我們的長袍遊戲很強大😌🧕。」亞米拉不知道「穿鼻環有沒有違反伊斯蘭教義」，還說她「超超超超級疑惑的」，最終還是跨越了這條審美的界線；對於任何一個棕皮膚、深髮色的女孩來說，這意味著她們再也無法回頭了：「先知（願他安息）譴責那些拔掉眉毛的人。」亞米拉、卡迪薩和沙米瑪常常會在東倫敦的清真寺逗留，女性祈禱室的藍綠色地毯，開始頻繁地出現在她們照片的背景裡。

任何一個反恐調查員，如果在二〇一四年十二月讀到亞米拉的推特帳號，都能立即理解發生了什麼事：如果把她一系列關注的興趣、推論和觀點全都結合在一起檢視，在在反映出了一位青

＊沙姆（bilaad ash sham）早期指阿拉伯半島北部地區，現代阿拉伯人說的沙姆地區包括敘利亞、約旦、黎巴嫩和巴勒斯坦，有時也會包含以色列。

少女正在接受招募者的灌輸，她的一隻腳幾乎已經踏出家門、正在前往敘利亞的路上了。每一則貼文、轉推和照片，都是她心理狀態的一個小小切片：夾在兩個世界之間的我，變得愈來愈政治化、愈來愈虔誠，也愈來愈疑惑；我突然開始關注死亡和來世的課題；我對於自己的宗教信仰的詮釋愈來愈狹隘，這件事讓我感到很不安；我想要學阿拉伯語；我很喜歡那些支持聖戰的學者，但我並不奢望讀懂他們的學說；我想要有個帥氣的聖戰士丈夫；我喜歡的是愛人與被愛的感覺。但她在推特上張貼的內容，也都在提醒每個看她推特的人，她依然是個英國孩子：「Vans 帆布鞋：買還是不買呢？」「來切爾西永遠都要吃巧克力鬆餅，複習功課快累死我了，這是現在的西田〔購物中心〕。」「獲得高級程度教育證書真的是世界上最困難的事情🙁」「我的新襪子超棒的，我要哭了。」還有張照片是她和卡迪薩一起念書時用螢光筆堆起的一座塔。任何一個有在看她推特帳號的人，也都會在二〇一五年一月看到她宣布她即將啟程：她穿著一雙黑色的 Converse 運動鞋和一身黑色長袍自拍，照片旁還寫著「正在等待……」

女孩們從月曆上撕下了一頁，在上頭潦草地寫下一個離開前要買齊的購物清單：胸罩、手機、電動除毛刀、化妝品，以及保暖的衣服。她們列出了這些物件的價格。出發前一週，她們在社群媒體上的聊天內容，明顯反映出了她們愈來愈不安的訊號。「我覺得自己不屬於這個時代。」亞米拉在推特上如此寫道。三天之後她張貼了一張照片，她們三個女孩在照片裡都用黑色長袍把自己包得緊緊的，並背向鏡頭，照片旁寫著「姊妹們」，然後是大寫字母的一串字，「祈求阿拉給予我們在天堂中最高的位置，讓我在禮拜時無比虔誠，讓我堅定不移。」出發前兩天，沙米瑪在推特上發了一則訊息給烏姆萊絲。出發前最後一個晚上，卡迪薩堅持要比她小幾歲的姪女過去她家過夜。她們穿著睡衣跳舞，在沙發上擁抱。直到出發前夕，卡迪薩、亞米拉以及沙米瑪都依然是不折不扣的青少女。

隔天，也就是二〇一五年二月十七日，她們分別告訴家人自己要去圖書館。然而事實上，她們卻前往蓋威克機場，並搭上了一班土耳其航空的班機前往伊斯坦堡。

在大眾的想像裡，當這些女孩出現在蓋威克機場模糊的監視器畫面裡時，她們就已經死過一次了。後來在媒體上延燒的照片，其實是將三張照片拼貼而成的結果，讓人覺得女孩們彷彿是一起穿過機場的安檢門，在同個時間點進入了一個正在等待著她們的暮光世界。她們的外表讓人難以忘懷：卡迪薩穿著一條緊身牛仔褲，搭配一件高中生的白領襯衫和灰色背心；中間的沙米瑪披著一條活潑的豹紋圍巾；而右邊的亞米拉，則穿著淡黃色的上衣、黑色長褲，以及一雙白色的運動鞋。她們看起來就像幾個年輕學生，正要出發探索這個世界；對於不少年輕人而言，這種探險或許是第一次搭乘歐洲之星前往巴黎。在接下來的四年裡，她們的身影將會完全消失在公眾的視野裡。即使她們安然無恙，也跟死了沒什麼兩樣。

* * *

那天晚上，女孩們花了不少力氣和計程車司機溝通，才知道伊斯坦堡的拜然帕沙巴士站，在土耳其語裡原來叫作「歐托加爾」＊。那裡像個大型廣場，擠滿即將發車的巴士，每個上下車處都有自己的小型候車室，但又沒有編號或任何形式的排列順序，只由大喊著城市名字的男人在組織安排（「安卡拉，十五分鐘！」），到處都是準備搭車的家庭，他們手上帶著用香蕉紙箱裝著的農產品，和一袋袋皺巴巴的磚紅色辣椒。

那是二月十七日傍晚，也就是她們抵達伊斯坦堡那天，但前往敘利亞邊界的巴士要等到隔天下午才會發車，所以女孩們只好試著適應她們在異教徒之地（她們當時愈來愈常這樣稱呼）的最後一段時光。她們當時都累壞了，腦袋裡還因為腎上腺素而嗡嗡作響，於是在中央拱廊裡坐了一會兒，那裡有成排的土耳其烤肉攤和服飾店。她們輪流負責看管行李（每個人都帶了一個背包和一個粗呢行李包），另外兩人則可以去四處逛逛，看看那些在咖啡店裡用鬱金香杯喝著濃茶的旅客們。

外頭氣溫很低，還有從博斯普魯斯海峽不斷吹來的刺骨冷風；人行道上到處都是骯髒的積雪。一隻黃狗睡在車站的角落裡。臉頰紅通通的孩子，疲憊地靠在幾個大米袋上面。不論是車站建築外一片片藍色的單向玻璃，向下通往捷運站的樓梯井上剝落的油漆，還是搖搖晃晃的白色塑膠椅，都顯得老舊而凋敝。在土耳其搭巴士旅行很便宜。一群群纖瘦的年輕男子經過她們，他們的頭髮都向後梳得服服貼貼，彼此挽著手臂，偶爾還會看到幾個學生背著吉他箱。南下的巴士會從巴士站偏遠的東南角發車，那裡很靠近一座清真寺。加濟安泰普、烏爾法以及達霍克這些地名，對於卡迪薩、亞米拉和沙米瑪來說開始有了意義。那是一個用人力搬運各種貨物的地方，你可以在那裡看見各種將地毯捲起來攜帶的方式：放在肩上、像原木一般由兩個人一起扛著，或是用手推車來運送。三個女孩靠在一面貼有安納托利亞海岸線風景的牆面上等待巴士發車，她們迫不急待能趕快上車，睡幾個小時。

八個小時過後，她們步下巴士，走進了另一個雪地之中，找尋一位要來接她們的男人。「約翰」的英語還不錯，他要她們趕緊坐上一輛正在等待她們的汽車。她們沒有注意到，他其實正在用手機對她們進行錄影。土耳其政府後來逮捕了「約翰」，說他是一名為加拿大情報單位工作的敘利亞人，負責記錄那些他護送過境的數百名西方人的姓名和護照相片。

坐上駕駛座之後，「約翰」便加速駛入黑暗之中，往邊界的方向前進。女孩們用興奮的眼神看著彼此。目的地終於就在不遠處了。

＊譯按：Otogar，源自法語的「autogare」，即「巴士站」之意。

沙比拉

東北倫敦，沃爾瑟姆斯托，二〇一五年四月

蘇海爾抵達敘利亞一年半之後，才終於和某個女人結婚。他不是那種因為在網路上愛上某個女性前來的男人，也沒有在一抵達之後便馬上要求娶妻。蘇海爾之所以前來，是為了守護正在被屠殺的穆斯林。

萊拉是一位美籍巴基斯坦裔女孩，她獨自來到敘利亞，在此之前就聽過蘇海爾。她知道他會說英語，和她的背景類似，而且是個勇敢的戰士，個性也很迷人。之前有些女性也曾試著接近蘇海爾，但他都對她們視而不見。但就在不久之前，也就是二〇一五年的春天，他在和敵人駁火時被射中了大腿，需要一些時間休養身體。他覺得，和萊拉見見面應該無傷大雅。他們來到的這個地方，一般會因外在的壓力很早就結婚了，但他們兩人卻一直維持單身。也許，他們身上有些地方是類似的。

經過數週的溝通之後，他決定娶她為妻。對他的妹妹沙比拉而言，蘇海爾要結婚這件事，彷彿就像發生在隔壁街一樣。她開始和蘇海爾的妻子通電話、傳訊息。「這裡非常好。不要相信你

在媒體上聽到的東西。」萊拉會和她丈夫的妹妹這樣說道。

警察每兩個月就會上門一次。他們會用力拍門，匆匆忙忙地在屋裡走動，然後拿走所有的數位裝置，比如沙比拉的手機、筆電和平板電腦。他們會在幾個月之後才把這些東西歸還回來，而她也沒辦法繼續使用它們，因為它們當然都被竊聽了。

十六歲的沙比拉在這年夏天脫下了自己的頭巾——這是她自六年級以來第一次這麼做。蘇海爾總會要她戴上頭巾；就這件事而言，她別無選擇。既然他現在已經不在了，她也不想再繼續戴下去了。

不戴頭巾的感覺真的很不一樣：走在斯皮塔佛德市集時，她將頭髮暴露在外，讓淡棕色的波浪長髮就那樣垂在背後。她感覺自己的人生完全不一樣了，男人和她互動的方式也改變了——他們會對她品頭論足，有時甚至還會騷擾她。男人對她的這些關注，雖然讓她感到有些困擾，卻也很吸引人。沙比拉想要繼續這樣下去，於是染了一頭紅髮，留起了辮子。自己的裝扮能激起了男人的反應，帶給她力量。理解到自己能像學校裡漂亮的白人女孩或印度裔女孩一樣引起別人的關注，這點讓她非常滿足。

然而她的拋頭露面，卻讓家人不怎麼高興。某個星期六午餐時，她的嬸嬸一邊搖著頭，一邊鄭重地告訴她：「我們都會為你祈禱的。」沙比拉一點都不在乎。當時，她對他們每一個人都非常生氣：她氣母親沒有阻止蘇海爾離開，也氣父親最後雖然有出現，試著說服蘇海爾回來，卻為時已晚。並不是說沙比拉已經不再懷抱希望了。只要他還在那裡、還活著，願意和他們說話，希望就會一直存在。但她很懷疑蘇海爾會回來。她只要看到他的照片、聽到他的聲音，就會變得十分激動。他當時才二十三歲，對於戰爭卻已十分習慣：各種千鈞一髮的激烈場面，那是充滿腎上腺素和突發狀況的生活。就算他不見得同意戰爭帶來的後果，但他似乎還是繼續投身其中，因為他知道回去的大門已經全都永遠關上了。沙比拉和他比誰都親，而她也知道，當他答應父親的要求，說會考慮回英國的時候，只是在當個乖孩子，想安撫父親罷了。一意識到這點，她便感到極為痛苦，彷彿那種苦痛嵌入了她的每個細胞之中；那種感覺讓她覺得噁心，多數時間裡她只吃得下吐司或半個蘋果。她的父母當時都在想辦法把蘇海爾勸回來，似乎無暇察覺他們的女兒變得愈來愈消瘦。

伊姆蘭大約就是在這段時間出現的；他會講一些輕鬆的笑話，擁有低沉的嗓音和寬廣的肩膀，還和沙比拉說他是蘇海爾的朋友，準備好要「為她守候」。他的雙眼是漂亮的深棕色，還參雜一點點的綠色。原本還是陌生人的伊姆蘭和沙比拉，在短短幾週裡就變得異常親近。他從早到晚都會傳訊息給她。他會在午後接她出去玩。他們在一起的時候，他總會逗她開心。有天他帶著她去醫院做抽血檢查，不論是針頭刺進皮膚，或是醫生在試圖找出問題、了解她為何不斷消瘦的時候，他都會緊緊握著她的手。他對她百般呵護，無微不至。在咖啡店裡，他一次會買三種蛋糕，然後再將蛋糕排在桌上。「你喜歡哪一個？喜歡哪個都沒關係，都咬一口試試看吧。一口就好。」

由於不太進食，她大都處於頭昏目眩的狀態中，而沙比拉也隱隱覺得，他如此殷勤似乎有些奇怪——甚至不太對勁（他已經結婚了！），然而如果你已經習慣了和苦痛糾纏在一起的愛，那麼這時感受到的會是熟悉和溫暖。

於是就在某個下午，伊姆蘭突然宣布他們應該出發了。他們兩個人都知道他指的地方是哪裡，儘管他總是說他們要去的地方是馬爾他。伊姆蘭說，他會選擇跟她一起走，而且她應該要感到自己非常幸運，因為他老婆也很想去。這只是沙比拉注意到但並未仔細深究的幾十個漏洞中的一個——因為她已經不在乎了，因為她想要盡可能地傷害每一個人。

再說，她覺得伊姆蘭是個有信仰的人，那讓他看起來值得信任。一個像他這樣虔誠的弟兄，一個如果沒時間去清真寺就會在公園或人行道上做禮拜的人，應該是不會害人的，對吧？離開英國，似乎也不是一個太壞的主意。英國的每個人都傷害了她；這是她應該離開的地方。

他們出發的前一天，雨在夜裡下個不停。她無法入睡、直直地躺在床上，把手放在自己凹陷的肚子上，聽著雨滴敲打著窗戶，以及父母從樓下傳來的聲音。他們正在為一個親戚而大吵，為一個早就在他們之間種下爭端的假故事而爭執不休。沙比拉沒辦法集中精神。

遠方傳來了警笛聲——那是那天晚上響起的第二次警笛聲；在她住的社區裡，警笛聲就像電視裡的雪花雜訊聲一樣，是再稀鬆平常不過的聲音，但那些警笛聲在當天晚上卻突然變得有些嚇人。隔天早上，一陣迷霧漂浮在街道上。伊姆蘭在她父母親都離開家裡之後過來接她。「讓我們一起吃頓最後的午餐吧。」他提議道，於是他們在街角的一個咖哩店停了下來。他們兩人在一起時，她一直都讓他決定各種大小事。

伊姆蘭大快朵頤地吃著，而她則是用吸管一小口一小口地喝著無糖汽水。她想像自己的父母親發現她離開之後會有的對話及家裡的景象，以及她抓狂的母親會用哪些憤怒的字眼責備她父親。「他們兩個人都走了！你這臭狗！」思考這些讓她稍稍覺得舒緩了一點。或許，當一個年長的男人對他們青春期的女兒表現出啟人疑竇的關懷之情時，他們早就該注意到異狀了；或許，他們應該問問到底發生了什麼事。如果他們這麼關切她公開示眾的頭髮，那麼當她和一個不是親戚的男人密切往來的時候，他們為什麼不注意一下？

到了機場，她和伊姆蘭通過了護照查驗和安檢區。他們經過了幾間壽司店和一間三明治店，伊姆蘭在三明治店裡買了一些爆米花。沙比拉則跑去逛藥妝店，多買了一支護唇膏。到了登機門前，他們找到了兩個相鄰的座位；她看著雲朵在陰鬱的天空中散開，看著機場卡車像玩具模型一般在停機坪上來回穿梭。就在沙比拉和伊姆蘭準備登機時，他們被攔了下來。兩個警察將他們從排隊登機的隊伍中拉了出來，要他們接受訊問。

她覺得自己口乾舌燥。飛機再過不到二十分鐘就要起飛了；他們不可能搭得上那班飛機。警察不知道到底要問什麼；除了他們是英國籍的年輕穆斯林、正準備要搭上一架飛機之外，他們似乎沒什麼好問的。二〇一五年和二〇一六年間，大部分不到四十歲的英國穆斯林在機場搭機時，都會受到警方的密切監控。英國警方根據《反恐法》的第七附表截查了數千名旅客，該法律賦予警察廣泛的權力，即使旅客沒有從事恐怖主義行動的嫌疑，警察依然可以截停任何出現在港口、機場或國際火車站的旅客，對他們進行最多六小時的訊問、最多九小時的拘留，並沒收及下載他們手機或電腦裡的資料。

幾年下來，政府依據第七附表一共截停了多達八千名旅客，其中多數都是亞裔或是少數族裔背景的人士，卻只起訴了極少部分的人。這似乎是張粗糙又精密的法網，令人困惑。有些批評者說這種做法是種騷擾、監控的工具，能讓政府威嚇記者或運動分子。這條法律攔截過運動分子、正在閱讀關於敘利亞藝術書籍的蜜月夫妻，以及真的要去度假的劍橋大學年輕學生；他們會被拘留訊問好幾個小時，父母親也會接獲通知。然而與此同時，這張法網卻無法抓住那些最有情報價值、被警察稱作伊斯蘭國招募目標的年輕人們，也沒辦法攔截那些和已經在敘利亞的伊斯蘭國成員固定聯繫的年輕人，比如貝斯諾格林學校那幾位女孩。

但當天晚上，這張法網抓到了沙比拉和伊姆蘭。房間裡什麼都沒有，隱約還聞得到一股消毒水的味道。「這個人是誰？」其中一名警察不斷問沙比拉，想要知道她和伊姆蘭之間的關係，以及他們要一起前往什麼地方。於是她編撰了一個故事，說他們要去拜訪一個表親。等到警察終於不再訊問時，她才鬆了一口氣。伊姆蘭當時被分開訊問，她並不知道她編的故事和他的說法能否對得起來。但警方最後還是讓他們離開了。

「我只想回家。」當他們走在機場連接火車站的通道時，她如此說道。

伊姆蘭的眼神閃爍不安，彷彿他體內的腎上腺素需要他們不斷前進。「明天下午，準備好等我過去。」他說道。

她還能說什麼？當他拿出筆記型電腦、重訂機票時，她閉上了雙眼。

回到家後，她告訴母親她最後決定不要在表姊家過夜，然後便溜上樓洗澡去了。她在水變熱之前便踏進浴室，強迫自己在冷水灌頂的時候咬緊牙根，直到水溫變暖之後才開始慢慢放鬆。沙比拉失眠了。日出前，她花了幾個小時想著父母親，想著他們如何把孩子帶到這個世界上來，接著又如何以服從和責任為理由，強迫孩子忍受各種困苦。

過了一個星期之後，他們再次通過了護照查驗和安檢門——這次是在斯坦斯特德機場。他們坐在登機門前，一旁的乘客大部分都是黎巴嫩人和土耳其人，他們正在等待飛往伊斯坦堡的班機；就在此時，兩位警察向他們走了過來。這次警察更像是來真的。其中一個員警人很好，另一個則讓沙比拉覺得自己一直在被羞辱。她覺得他們可能會用一些罪名來指控她，雖然她不知道會是什麼罪名。他們將她和伊姆蘭分開，分別問兩人一樣的問題，一而再、再而三地問，期待她會講出一些細微的破綻。幾個小時過去之後，她終於開始覺得麻木、覺得疲倦了。她的故事聽起來並不合理，於是他們不斷進行訊問。

到最後，她只想趕快結束這一切。「我不會再瞎掰了。我知道我陷入一個大麻煩了。」她告訴他們所有事情：她的健康問題，在英國的生活非常困難，某個親戚不斷騷擾她但她卻沒辦法和別人說起這件事，她其實不知道她這趟旅行到底要去哪裡，以及她只是很想離開那裡而已。

「你這個傻女孩，你到底在想什麼？」其中一名員警如此對她咆哮。

從來沒有哪個大人曾經這樣和她說話。她的眼裡噙滿了淚水。但她也在問自己類似的問題：沙比拉，你在幹麼？

等員警開車載她回家時，天已經快要亮了。環繞倫敦北部的M25高速公路當時空蕩蕩的，看起來有些詭異。在車上時，她覺得好幾週以來一直縈繞心頭的困惑與麻木感終於消失了。取而代之的是一股憤怒情緒。這股怒氣指向伊姆蘭——她居然會讓他像催眠般地控制自己。她氣警察，氣他們一年之內拿走了她的四支手機。她也氣這個世界，因為這個世界的殘酷和情勢帶走了她的哥哥。

回到沃爾瑟姆斯托的家之後，她用鑰匙打開前門，偷偷摸摸地上了樓，然後爬進了被窩裡。

第四部

伊斯蘭之地的子民

阿斯瑪、奧絲與杜雅

敘利亞，拉卡，二〇一四年一月

伊斯蘭國完全控制拉卡之後，阿斯瑪的客廳便一直處於既黑暗又悶熱的狀態：她必須把窗簾拉上、關緊窗戶，外面的人才不會看到電視或聽到電視聲。電視、音樂、廣播——一切仍然可以發出聲音的東西，音量都要調至最低。

當時拉卡每天只剩兩小時的電力供應，有時則是四小時。直到那個冬天之前，阿斯瑪都不知道原來生活中幾乎所有東西都需要用到電力：染頭髮、看電影、聽黎巴嫩和伊拉克的流行音樂、在晚上讀讀書等。現在她的生活突然多了很多不知道要幹麼的時間。她再也不能去美髮沙龍剪頭髮、修眉毛了。就算只是去城市另一端拜訪某個女性朋友，現在也開始需要監護人的陪伴了。伊斯蘭國政府還下令，網路現在只供工作使用（比如在網路上進行招募），而不供娛樂用。阿斯瑪覺得自己和外界隔絕開來了。

在戰爭降臨拉卡之前，她平常思考的事情是：畢業之後，我應該讀碩士，還是去大馬士革找個工作，和外國人一起做事，好增進我的英文能力？……角蛋白護髮會傷害我的髮質嗎？……我的男朋友會不會因為約旦首都安曼太好玩，而不想回來了？……我應該要學 Excel，還是要再修一門經濟學的課程呢？我以後有機會像電影演的那樣搭乘商務艙嗎？現在拉卡陷入了戰火，她心裡想的事情也不一樣了：走在街上時，要怎樣避開伊斯蘭國士兵的注意呢？……這些黑色的粗布衣，我可以少拿一些嗎？……很多事情都要用到手機，而且發電機又不太可靠，我要怎樣才能用手機看書呢？……原來我的人生，居然可以這麼快就變成這種以前根本意想不到的極端處境！

作為一個住在拉卡的平民女性，阿斯瑪覺得自己的生活好像脫離了世界的運轉——簡單來說，就是被關機了。她沒辦法上學，因為大學已經關閉了；她沒辦法賺錢，因為除了一些專門的工作之外，為了工作在外拋頭露面已經被禁止了；她甚至沒辦法在附近散步，看麻雀在樹叢間穿梭。她的母親會於事無補地說：「試著讓自己忙一點吧。」但要忙什麼呢？時間日復一日地從她身邊溜走。最糟的就是中午之前、還不到午飯的時候，感覺非常難熬。所有事物都讓人覺得沉悶：黏在廚房裡淡淡的醋味和她母親用布滿斑點的手不斷擦拭流理台；那種孤單的感覺和她內心的奔騰形成了奇怪的對比。

阿斯瑪的一些親戚已經開始在各個領域為伊斯蘭國工作，而她則是考慮了很久，最後才在二〇一四年一月加入。由於她的家人和武裝團體關係匪淺，因此她加入他們時，步驟似乎也比較簡便，比較沒那麼令人緊張，幾乎就像是理所當然一般。她屬於一九八〇年代與一九九〇年代間出生的敘利亞女性，比她們的母親輩，以及過往的敘利亞女性都還要更加獨立。她們這代女性會在結婚之前上大學、結婚的時間比較晚，也更能掌握自己的人生。阿斯瑪從小到大都覺得，作為一位女性，她應該能夠獲得教育、能賺錢，還要能掌握權力。然而敘利亞革命的失敗卻意味著，若想把這種信念付諸實現，她就必須為伊斯蘭國工作。

作為單身女性的阿斯瑪，在新的工作場合裡也顯得十分突出。其他正式為伊斯蘭國工作的女性，大部分都已經結婚了。

也有些女生和杜雅一樣——身上紋有玫瑰刺青，跟姊姊、父母親一起住，簡陋的家裡只有兩個房間。她的父親是按日計酬的臨時工，也在自家周圍的農地裡耕作，但這些收入並不足以支撐整個家庭。杜雅和她的兩個哥哥都知道，他們未來必須要努力工作，而且愈年輕開始愈好。當她還只有十出頭歲時，她的哥哥就已經到黎巴嫩去做建築工了；杜雅高中畢業之後，也開始待在家裡幫忙農務。要在一個還算繁榮的城市裡過著像鄉下人一樣的生活，其實並不容易。在敘利亞，貧窮會限縮一個人的世界，對女性來說尤其如此。杜雅從來不敢奢望能上大學，甚至可能也無法解釋，行銷學這門課做什麼用，能讓她用來幹麼。

但她依然想要大多數二十歲女性都會想要的東西：打扮得漂漂亮亮、星期五可以好好玩樂、取悅真主，也希望祂能為她找到一個好丈夫。她也想擁有一大堆時尚有型的頭巾和鞋子。她花了一年的時間存錢，換來了一個不會隨時光流逝且所有人都看得到的東西：一朵刺在她淡黃色手腕上的玫瑰紋身。她的眉毛修成了兩條粗直的線條，圓潤傾斜的骨架，聲音既柔和又沉穩。雖然她的家庭並不富裕，但在拉卡的生活還是有其樂趣在，而一如她母親總愛說的，就道德和信念而言，他們可不貧窮。城裡不需花錢就能做的事情其實並不少。能成為一個好女兒，能有些傾慕伊拉克歌手薩赫爾，能夠在夜裡窩在家中看寶萊塢電影（最好是沙魯克汗主演的），杜雅已經感到很滿足了。

杜雅有個表姊名叫奧絲，她倆很親近。不知道是幸還是不幸（端看你怎麼想），奧絲的母親嫁給了一位作風自由的工程師，他讓她過上了豐足而沒那麼宗教化的生活。奧絲沒有像杜雅那樣戴頭巾。她穿著緊身的衣服，在哈薩卡大學攻讀英國文學。她是個很酷、很纖瘦的女孩，有一張純真無邪的臉和一頭深棕色的捲髮；她對於杜雅喜歡的寶萊塢電影，以及裡頭那種令人心醉神迷、畫著深色眼影，總會用自己的美德來換取愛情的女主角一點興趣都沒有。奧絲比較喜歡好萊塢電影；在那些電影裡，女性會對自己的丈夫大吼，愛情總是伴隨著冒險：李奧納多、班艾佛列克，甚至是湯姆克魯斯，他們的電影她全都看過。她覺得自己很像茱莉亞羅勃茲，她們臉上都掛著大大的笑容，有一頭蓬鬆的捲髮。

奧絲很享受英國文學學位的課程，但她最想做的事情，其實是結婚生子，和朋友出去玩，最好還可以花很多時間在沙灘上，從事她最喜歡的休閒活動——抽水煙。她對於拉卡每一間水煙館都瞭若指掌，可以告訴你哪家店找得到罕見的水果口味，比如奇異果或荔枝口味。

奧絲覺得杜雅有點嚴肅，但她依然很喜歡她。作為表姊妹，她們的社交生活經常交織在一起。有不少可以一起做的事情，而且不用讓拮据的杜雅太過破費：想散步的話，她們可以去位於阿薩德湖邊、建於十一世紀的賈伯爾城堡；想喝咖啡的話，則有拉希德公園可以去。如果去拉卡橋的話，則可以在夜裡觀賞城市閃爍動人的萬家燈火，市中心還有花園和遊樂園。在奧絲和杜雅的童年記憶裡一直都有對方，她們總在夏天裡等待傍晚降溫，然後再一起出門，在城市裡閒逛。她們的生活描繪出了一個同時擁有自由派和保守派家族成員的大家庭樣貌，他們接納彼此，也包容對方的生活。

阿布．穆罕默德走進奧絲家門向奧絲求婚那天，她的父親和祖父都以熱情和敬意接待了他——阿布．穆罕默德是一位來自土耳其的伊斯蘭國戰士。武裝分子當時已經控制這座城市將近一年的時間，並橫掃了敘利亞和伊拉克許多地區。到了二〇一四年六月，他們攻下了僅次於巴格達的伊拉克第二大城摩蘇爾。在那之前，他們大多只能攻下一些小鎮或是鄉村地區，然而摩蘇爾可是一座擁有兩百萬人口的大城市，因此算得上是一場大捷。摩蘇爾主流的遜尼派人口，對於自己多年來被什葉派的中央政府忽略早已感到憤恨不平；當伊斯蘭國入侵摩蘇爾時，伊拉克政府更是乾脆棄守。伊拉克政府軍於是逐漸撤出了該地區。到了十月份，武裝分子已經橫掃整個安巴爾省，並攻下了可觀的領地，距離巴格達只剩二十多公里遠。如果不是因為有外界的介入，那些武裝分子恐怕早已攻下了伊拉克的大部分地區。拉卡是伊斯蘭國的統治中心，也是他們以驚人速度擴張的運籌中心；透過這個根據地，他們占領各地的態勢看起來似乎難以動搖。

一如所有被占領的地方，現實總是一團混亂：在道德上你不該與敵人合作，但這種想法卻又敵不過適應求生的本能。在戰亂之中，理想就是種奢侈品。二戰期間占領巴黎的納粹軍官想要女人，而女人們——不論是妓院裡的性工作者，或是香奈兒本人——最後也屈從了。伊斯蘭國的戰士在被遺棄的拉卡落腳時，也不例外——他們也想要老婆。因此他們在留下來的家家戶戶之間穿梭，試著在戰爭期間求婚。

奧絲的家人告訴他，如果他能提供合適的聘禮，她下一次就可以和他見面。然而奧絲實在太浪漫、看過太多李奧納多的電影了，她沒辦法想像和一個沒看過長什麼樣子的男子見面。她在客廳門後跪著留下咖啡杯時，朝他偷偷看了一眼。他有一雙像翅膀一般的眉毛和淡色的眼眸，聲音也很低沉。就在她等待他們討論的同時，她翻閱了手機裡的圖片庫——戀人們在沙灘上看日落、嬰兒被包在甘藍菜葉裡的照片，想像自己和這個男人一起生活的情景。當她的父親要她進客廳時，她覺得既興奮又緊張，但她已經準備好答應這場求婚，準備好開啟新生活，成為一名妻子或母親——如果真主願意的話。

由於當時仍屬戰爭期間，他們結婚時並沒有舉辦盛大的婚禮。阿布·穆罕默德晚上經常不回家，有時甚至會連續三、四天不在家。奧絲很在意他不在家這件事，但她會試著和其他戰士的妻子來往，好讓自己忙碌一些。和她們相比，她覺得自己很幸運。有些女人嫁給了會家暴的戰士；大家都聽過割腕自殺的那個納赫拉，而隔壁的突尼西亞女生，則是每次一聽到有人提到她丈夫的名字就會淚流滿面。然而，奧絲的婚姻感覺卻很踏實。阿布·穆罕默德喜歡用手撫摸她左臉頰上的兩顆痣；當她試著講出一些土耳其單字時，他則會取笑她的發音。她不喜歡他離家；每次他回到家時，她都會嘟著嘴假裝生氣，而他則必須開些愚蠢的玩笑要她原諒他。

她在家裡的日子一片空虛。奧絲是一位喜歡交際、活潑年輕的女性，從小就是學英國文學、讀神祕的冒險小說長大的，當然會因為無事可做而感到氣惱。她很快便完成了要做的家事，卻無處可去，也沒有書可以讀。伊斯蘭國已經對書店和當地「不道德而虛妄」的文化中心進行了肅清。武裝團體綿長的陰影，甚至還籠罩住了最親密的領域：婚姻。伊斯蘭國會替他們決定很多事情，但在奧絲看來，那些都應該是她和阿布．穆罕默德自己的事。

奧絲非常想要生小孩。她一開始之所以答應求婚，就是因為手機裡的那些嬰兒圖片：全身赤裸、臉上掛著酒窩，手臂肥嘟嘟、開懷大笑，被放在盆栽之間、或是蜷縮在豌豆莢之中的小孩。但他卻開始要她吃避孕藥——這種藥在拉卡的藥局裡依然買得到。他說他的指揮官命令部屬不得讓妻子懷孕：新手爸爸不太可能自願從事自殺式攻擊行動。奧絲起初不敢相信他會願意讓指揮官做出這種決定。她使用了一切想得到的方式來提起這個話題：有時輕描淡寫，有意無意提及，有時則是嚴肅中不失溫柔。但她的這些舉動卻讓他生氣了。她看得出來他很努力阻止自己動怒，但也開始對這種討論失去耐心。

奧絲看出了那裡將不會有常理可言，而不能生孩子這件事，只是其中最先浮現出的問題罷了；伊斯蘭國就像她婚姻中的第三者，躺在夫妻倆的臥室裡。她問自己，萬一丈夫陣亡成為烈士，她還會不會想要小孩呢？她的本能告訴自己，她還是想要。她不知道要如何獨自扶養一個孩子，但她內心裡的想望實在太過強烈，以至於蓋過了這些想法，就像油脂會浮在水面上那樣自然。

由於奧絲沒有工作可做，又無須準備迎接新生兒，也沒有可以學習或閱讀的東西，因此她開始期待每天上市場的行程。有天，她在某個廣場上看見伊斯蘭國的戰士在鞭打一個老人。當時已經接近傍晚，不少路人停下了腳步圍觀。那位老人大約七十來歲，白髮蒼蒼、身體看起來頗為虛弱，而他被處罰的原因，則是因為有人聽到他口出惡言對真主不敬。伊斯蘭國的戰士要他跪在廣場正中央。他們鞭打老人時，他全程都以淚洗面。奧絲心想，還好老人咒罵的對象是真主，畢竟真主慈悲為懷；如果他咒罵的是先知穆罕默德，他們應該就會直接殺了他。

和拉卡大多數的窮人一樣，杜雅的家人靠著各種零工來維持收入。他們擁有一小塊地，可以在上頭耕作，而她的父親也在建築工地當日結的臨時工。然而當時大多數的建築工程都暫停了。他們只能依靠下田耕作的收入，但許多人在伊斯蘭國奪取政權之後都已失業，因而只能靠販賣蔬果湊合度日。有些行業（比如依據世俗法律執業的法律工作者）已經完全消失，而在一個連醫院都缺乏電力的地方，像放射科醫師這樣的職業也毫無用武之地。武裝團體當時已經開始收稅，進一步剝奪了許多家庭原本就已不多的收入，而且平民百姓的電費或瓦斯費率也比較貴。杜雅一家只能勉強度日，幾乎無以為繼。

到了二〇一四年二月，一位來自沙烏地阿拉伯的戰士來到杜雅家裡求婚，而她的父親則要她趕緊答應。那名沙烏地阿拉伯人的名字叫做吉茲拉威，來自沙國首都利雅德一個富裕的建商家族。伊斯蘭國早期在招募戰士時，沙烏地阿拉伯就是其中一個主要來源國，就像二〇〇五年前後，當時許多前往伊拉克加入起義行動的戰士也都是沙烏地阿拉伯人。沙烏地的國民也為伊拉克的蓋達組織提供了大量資金，而蓋達組織也逐漸轉型成伊斯蘭國其中一個武裝團體。伊斯蘭國最知名、最有影響力的女性思想家，是一名來自敘利亞的女性伊瑪目布哈；她在前往加入伊斯蘭國之前，曾在沙烏地阿拉伯教授宗教學問長達十五年的時間。她在加入伊斯蘭國那年，為伊斯蘭國寫了一本小冊子，主張該組織將她一向認同的神學意識形態世界觀付諸實行了；她寫道：「我在伊斯蘭國存在於這個世界之前，就已經是伊斯蘭國的一分子了。」伊瑪目布哈年輕的女兒阿赫蘭姆和她一起去了敘利亞，最後嫁給了來自澳洲的聖戰士哈里布；這位澳洲聖戰士和來自德國的敦雅一樣，都循著類似的軌跡來到此地。阿赫蘭姆會寫詩，社群媒體的帳號有數千名追蹤者，對於千禧世代的伊斯蘭國戰士很有影響力。伊瑪目布哈與阿赫蘭姆的世界觀，都是在沙烏地阿拉伯特有的環境中形塑出來的：在那裡，古典的薩拉菲主義和聖戰教義之間的界線非常模糊；就在薩拉菲主義和聖戰教義之間，她們形塑、啟發了數以千計的伊斯蘭國女性和女孩們。

沙烏地阿拉伯偏執的瓦哈比薩拉菲氛圍，將所有什葉派穆斯林都視為敵人或不信者；對於沙烏地阿拉伯人而言，在敘利亞和伊拉克抵禦伊拉克什葉派和伊朗的影響力這件事，是一場攸關生存的意識形態鬥爭。他們的論點和伊拉克遜尼派更世俗的不滿情緒並不一樣：後者反對的主要是巴格達的什葉派中央政府，因為不論在政治上或經濟上，他們都受到了中央政府的差別待遇。美國對伊拉克的占領行動，也為意識形態追隨者提供了理由；這些人總在試圖將這些沙文主義，套接在那些確實事出有因且廣泛存在的不滿情緒之上。當遜尼派逐漸因此而出現暴動時，美軍便將那些武裝分子丟進了拘留中心，比如曾經發生過知名虐囚事件的阿布格萊布監獄。這些來自沙烏地阿拉伯的戰士之所以願意挺身而戰，到底是因為對伊朗的敵意、因為對什葉派的偏執恨意，還是為了保護他們正在遭到邊緣化的遜尼派弟兄呢？或者以上皆是？不論是哪種原因，這些沙烏地阿拉伯人的富裕身家，都為伊拉克的起義行動帶來了不少幫助。而對住在拉卡的杜雅來說，沙烏地阿拉伯人的財富，則意味著這場婚事是一樁幸運的喜事。

「如果她同意嫁給我的話，我會改變她的人生。」他如此承諾杜雅的父親。杜雅稱不上漂亮，也不像奧絲或其他拉卡的中產階級女孩受過大學教育。她認為自己就是莊稼人的女兒，此前在想像未來時，也總認為自己會嫁給一個農村子弟或本地工人。「飽經風霜」，是她腦海中不斷閃過的字眼。她的人生的確飽經風霜。她的雙手因為種菜而經常發癢；她的皮膚非常粗糙；由於洗滌次數過多，又經常被放在烈日之下晾乾，她的衣服早已褪色。她的皮包、鞋子，她的精神狀態，全都是一副飽經風霜的模樣。她期待有個人可以讓她依靠，也希望獲得無微不至的呵護。她經過一番考慮之後，決定答應這場婚事。

結婚當天，吉茲拉威帶著黃金前來見她的家人；那是她第一次見到他。她很喜歡眼前的這個男人：他的膚色偏淡、留著鬆軟的黑鬍子，身材高高瘦瘦的，而且很有魅力，很容易就逗得她開心大笑。他從未拒絕她提出的任何要求，和她講話時也從未提高過聲量；每當她說起自己一整天都做了哪些事時，他也不會把目光從她身上移開。

他買了一間寬敞的公寓給她，裡頭配有歐式的廚房設備，每個房間裡都裝有空調。沒有哪個拉卡人會在每個房間裡都裝上空調設備，因此她會對親朋好友炫耀她的新公寓。那棟樓裡還住著一位嫁給土耳其戰士的敘利亞女孩，她後來經常會到她的廚房裡坐坐，喝杯咖啡。吉茲拉威的男僕每天早上都會去市場購物，然後再將幾袋肉和蔬果放在門外。到了晚上，杜雅和吉茲拉威會慢慢地享受晚餐時光；他總會稱讚她的廚藝，尤其是敘利亞香料燉飯，裡頭放了肉類和茄子，他喜歡極了。有一張滿月般圓臉，以及一對濃重劍眉的杜雅，最後找到了很好的歸宿。吉茲拉威甚至不在乎她手上的玫瑰刺青，儘管紋身在伊斯蘭教義中是被禁止的。他完全改變了她的人生；就這點而言，她很愛他。

吉茲拉威不想要有小孩，但身為務實的農夫之女，杜雅並不介意。她知道生活並不容易，能夠喘息一下並非壞事。

二〇一四年春天，也就是奧絲結婚兩個月後，在她說服阿布・穆罕默德讓她懷孕的計畫失敗之後，她加入了坎沙隊。由於伊斯蘭國在境內實行嚴格的性別隔離制度（該組織主張，女性不能接觸直系親屬以外的男人），因此他們會使用一支完全由女性組成的特種警隊來維持治安、對女性服儀進行執法，並控制女性的人身移動。許多居民都將這支警隊稱為「希斯巴」，亦即道德警察之意。坎沙隊各式各樣的組織形式，也反映出了一件事實：伊斯蘭國女性參與行政、教育、醫療、就業和宣傳領域的人數愈來愈多，範圍也愈來愈廣。於二〇一五年和另一個媒體單位合併的坎沙媒體部門，就製作、傳播了自己定製的宣傳活動和訊息，瞄準的目標就是女性觀眾。該單位的主要宣傳文章〈伊斯蘭國的女性：我們的訊息與報告〉，就回顧了在世俗女性主義和西方文化之下女性地位的倒退（「女性從『男女平等』這個神話中獲得的，除了荊棘之外別無他物」），同時也描繪了伊斯蘭國女性擁有哪些權利、潛能和責任。這份文件將女性放在聖戰運動的核心位置——「要知道，如果沒有你的援手，穆罕默德（願他安息）的溫瑪是無法崛起的。」——並提高了女性參與戰鬥的可能性，不論是出於極端的軍事需求，或只是出於女性也想成為烈士的渴望。

杜雅也在大約同個時間點加入了坎沙隊，她倆一起接受了義務性的軍事和宗教訓練。對於已經嫁給戰士的杜雅和奧絲而言，和軍隊一起工作不但可以填補空閒時間，還可以讓自己在伊斯蘭國裡的人生和丈夫足堪比擬，假裝一切都很正常。現在她們在吃完早餐之後可以不用只煩惱晚上要煮什麼，而可以在白天的大多數時間裡都待在外面，而且回到家之後還來得及準備晚餐。

外界可能會認為她們是恐怖分子、或恐怖分子的妻子，但奧絲和杜雅認為自己是會打仗的妻子。她們每天晚上都聽著伊斯蘭國將血腥戰爭合理化的理由：戰士在攻城的時候必須更殘忍一點，如此一來才能將之後的傷亡降到最低。阿薩德的政府軍將武器對準平民，在半夜裡闖進百姓家中，然後在女性面前攻擊她們的丈夫，在拘留所裡強暴婦女——伊斯蘭國別無選擇，只能以其人之道還治其人之身，敘利亞政府只是在自食後果。這些，都是她們從自己的丈夫口中聽來的——她們為這些男人煮飯，等待他們回家，也和他們一起上床睡覺。至於她們究竟有多相信丈夫所說的話？這點連她們自己都很難說得清。

杜雅、奧絲和阿斯瑪三個人，都參加了新兵必要的軍事和宗教訓練。在為期十五天的課程裡，大約有五十位女性接受了裝彈、清槍和使用手槍的訓練，同時她們也做了打靶的練習。這場訓練更像是一種簡單的手槍入門課程，而不是真的要讓她們做好上前線的準備，不過也有傳言指出，一些加入伊斯蘭國的外國女性，也接受了卡拉希尼柯夫自動步槍的訓練。

杜雅最喜歡的是宗教課程。教導她們的老師大多是來自摩洛哥、阿爾及利亞和沙烏地阿拉伯的女性，她們關注的是宗教法和伊斯蘭的教義。在此之前，她從來都沒有機會可以好好學習她所信仰的宗教。而且老師們都學識淵博，許多都擁有博士學位，並曾在法律和宗教科學的尖端領域研究多年，尤其是來自沙烏地阿拉伯的老師。由於這些曾經待在學界的理論家會在伊斯蘭國的宗教部門和媒體部門之間遊走，因此她們可以同時運用自己的宗教學識、數位技能和說服力。她很感謝有人願意教導她，也很感謝有人認為她是值得接受教育的。她覺得一個真正的伊斯蘭國的概念很吸引她。

杜雅的朋友們被帶到車站接受鞭刑的那天，杜雅才剛在坎沙隊中服務兩個月而已。有天她突然在車站門口附近聽到一個她從小就認識的聲音，於是便從自己的座位站了起來。

她的同事陪著兩位女性進到了車站；她們是一對母女，女兒大約十多歲，兩人極度焦慮，嘴裡念念有詞。她們之所以被盯上，是因為她們穿的長袍太過貼身。那位母親一看見杜雅便立刻衝向前去，要求她為她們說情。當杜雅正在思考該怎麼辦時，車站裡的空氣像是停滯了一般。她們的長袍的確十分緊身。明明是她們自己不夠謹慎，現在卻要她伸出援手，讓她覺得有點生氣。

「是你們自己要穿不對的東西出門的。」她如此輕聲地說。

那位女性聽了之後目瞪口呆。當她的同事把那對母女帶到後方的小房間鞭打時，杜雅只是在旁靜靜看著；這種鞭刑通常會由隊裡較年長的成員，用像一種類似皮鞭的道具來懲處。鞭打的強度以及鞭打時受刑人能不能穿著衣服，都取決於負責人的一念之間。有些施刑者會惡毒地口出惡言，不斷叫囂責備受刑人不知羞恥，並且觀賞著整個鞭刑的過程；有些則相對溫和，因為她們知道被鞭打會留下很多外傷——即使不用力鞭打也是如此。當那對母女脫下面紗之後，她們發現她們臉上還畫了妝。長袍太過緊身是二十下鞭刑，化妝則讓她們又追加了五下，另外還有五下，則是為了懲罰她們被拘禁時不夠配合。杜雅試著讓自己不去聽她們的哭嚎聲。她告訴自己，她們不會打得太用力的。鞭刑帶來的更多是羞辱，而非身體上的疼痛。

她加入坎沙隊不到幾個星期，部隊在執法上就變得愈來愈嚴苛。強制穿戴長袍和面紗的規定，對於拉卡的女性來說依然是個頗為陌生的新觀念，而坎沙隊起初也想要給市民慢慢適應的機會。巡邏隊會盯上那些長袍太短、太透明，或太緊身的女性，將她們帶回總部；不過罰金並不貴，還不到五敘利亞里拉。她們會焚毀違規的長袍，然後另外送一件合宜的長袍給當事人。有些拉卡的女性覺得違規的後果並不嚴重，因此會公開嘲笑這些規定。許多女性變成了慣犯，經常打電話給自己的父親，要他們到車站來繳納罰金、保釋她們。這種情況讓那些規定變得十分可笑，因此坎沙隊決定提高罰金，並開始以鞭刑處罰女性——有時是二十下，有時則是四十下，視違法情節的嚴重程度、以及當事人是否抵抗而定。

當天晚上，那對母女去了杜雅父母家裡。他們兩家相識多年，還曾經一起慶祝開齋節，一起舉辦過孩子的生日派對。那位媽媽非常憤怒。她不斷抱怨伊斯蘭國。「每個人都恨死他們了，我希望他們從來都沒來過拉卡。」她語帶責難地說道。

杜雅則解釋說，她既然為她們工作，就必須服從命令。「我不能偏心呀，難道你不能理解嗎？」

那位母親確實無法理解。她離去時，看都不看杜雅一眼，兩家從此也不再往來了。

到了二〇一四年三月，奧絲和杜雅每天都在外面巡邏；她們會開著一輛側邊貼有「坎沙隊」字樣的灰色起亞小型廂型車，在城市裡到處巡邏。她們的單位裡有來自世界各地的女性——英國人、突尼西亞人、沙烏地阿拉伯人、法國人，但伊斯蘭國卻對敘利亞的工作人員下達了一條嚴格的規定：不准與外國人談話。奧絲其實很想和那些外國女人說話，但阿拉伯戰士和來自歐洲的戰士之間的關係，已經夠緊張了；每個人都懷疑另一方會依據國籍來分配車輛、薪水和住房，以及偏袒自己的同胞。伊斯蘭國認為，讓她們少點溝通，也能讓這座被占領的城市變得更加和諧——至少占領者群體的內部該如此。

拉卡內部的身分地位差異（包括這個地位是如何產生的，又是如何被制定的），慢慢地也成了女性之間不滿情緒的來源。在這個女性階級之中，杜雅的地位比大多數人都高，而她為此也感到頗為滿足。她來自沙烏地阿拉伯的丈夫，在伊斯蘭國的軍隊裡不只位階崇高，也非常富裕。但包括她和奧絲在內的敘利亞女性也開始注意到，來自外國的女性（尤其是歐洲人）擁有更多特權。她們在行動上似乎享有更多自由，可支配的收入也更高，還有不少額外的好處：排隊買麵包的時候可以插隊，上醫院看病時也不用付錢。她們在市場、在商店裡經常表現得無禮傲慢。

「為什麼她們不管想要什麼都可以拿得到？」奧絲抱怨道。她們真的被完全寵壞了。她明明受過教育，原本在拉卡也是來自中產家庭，然而來自歐洲的青少女進到她的故鄉之後，擁有的權力卻比她還多，這點讓她感到非常憤怒。然而杜雅身為一位軍人的好妻子，總是不願批評武裝分子，還幫他們想了個理由：「可能是因為她們都是離鄉背井來到這裡，所以大家才會覺得她們應該享有更特殊的待遇。」

隨著午夜逼近，阿斯瑪開始為晚上的工作著裝，她穿上黑色的長袍，然後再戴上能遮住眼睛的面紗。她在坎沙隊中的任務，是在邊境和從國外來的女性碰頭，陪伴她們進入拉卡。她的英語還湊合得上，個性又能和不同文化背景的人相處，這個工作很適合她。她會收到一張上頭寫著名字的紙條，然後跟著司機（有時還會有翻譯）一起開上高速公路，前往邊境。前往邊界的交通非常順暢，路上沒什麼車；她將額頭靠在車窗上，想像一棵棵橄欖樹和松樹藏在黑暗之中。在邊境等人時，她把披肩披上，手裡緊握著那張小紙條。

當天晚上她要接的幾個女生來自倫敦；在阿斯瑪的心裡，倫敦這座城市總會讓她想起偵探小說家阿嘉莎．克莉絲蒂，以及帥氣的英國足球選手。看著那幾位女生走下白色轎車時，阿斯瑪很意外她們居然如此年輕；一個敘利亞男人一邊幫她們搬行李，一邊催促她們前進。她以往接洽、護送至拉卡的女性，大多數都很年輕，但這三位看起來根本就還是孩子，可能連十六歲都不到。「太小了，」她後來對自己的母親如此說道，「她們真的太小了。」她們穿著西方人的衣服，眼神還不時閃過一絲疲憊、恐懼和興奮。等她們上了車，車子在黑暗之中以高速駛往拉卡途中，她們開始輕聲地聊天，不時發出笑聲。

此時的她們，態度依然必恭必敬、彬彬有禮，但阿斯瑪猜想，再過不到一個月，她們的舉止就會像其他來到伊斯蘭國的西方女性一樣張揚放肆，認為自己比像阿斯瑪這樣的本地女性還要高等。其中一個女孩的頭巾向後滑落了一些，於是司機便用粗俗的阿拉伯語命令她將頭巾戴好。那位女孩也許根本聽不懂司機在說什麼，但司機的意思非常明顯，於是她順從地將頭巾拉好，臉上還維持著笑容。

*她這麼樂於聽話是吧？阿斯瑪心想，真是天真啊。這種信念到底是哪裡來的啊？這些倫敦少女，以為自己來到的是什麼地方啊？*女孩們講話的語速很快，她不太懂她們在說些什麼，但她能聽懂一些片段。她們很期待和自己的丈夫見面，也期待拿到自己的黑色長袍。她們以為自己來到了伊斯蘭之地的大門，以為這裡是由先知的律法所統治的地方，覺得自己最後的歸屬就在這裡。

車子駛過了幾個糧倉；在黑暗中，那些糧倉高聳的輪廓依稀可辨。她看著坐在後座陰影之中的女孩們。她們根本不知道在等待著她們的是什麼。她們很快就會發現，巴格達迪統治的這個哈里發政體，和先知的律法幾乎毫無關係。他的手下使用各種古老的處罰方式——砍手、砍頭，只是為了帶給世人恐懼，就像某種血腥、恐怖的幫派儀式一般。這些女孩似乎以為自己正在前往沙漠版的《羅密歐與茱麗葉》的路上。她們為什麼會這樣覺得呢？阿斯瑪心想，不知道她們到底是被什麼或是被誰給迷住了，讓她們願意飛過整個歐洲，在這樣的深夜裡跨過這段荒蕪的邊界，只是為了成為這個地方的子民，來到這個讓阿斯瑪每天都在懷疑真主是否真的存在的地方。

她陪著她們前往一處民宅，幫助她們安頓行李，還提供了指揮官為新人所準備的寬鬆黑袍和面紗。經過一陣子的觀察之後，她們會再被送往拉卡的女性宿舍。和大多數阿斯瑪護送過的外國人一樣，她們將不會再見到她。再過一陣子，她才會看到她們的臉孔出現在網路上——她們的名字是亞米拉、卡迪薩，以及沙米瑪，也就是來自東倫敦貝斯諾格林學校的那三個女孩。

當天晚上，她躺在家裡的床上打開手機，看見男朋友從約旦首都安曼傳來一則訊息。他帶點嘲弄意味地問她，是否改變了對戴頭巾這件事情的看法。這則訊息她連回都沒回。她還沒跟他說她現在在為坎沙隊工作，也沒說自己已經在跟他們合作了。她的謊言——或者說，她還未告訴他實情這件事，讓她覺得他們的關係似乎變得有點虛假和脆弱。她對他有滿腔的怒火，但她連發聲表達憤怒都做不到。她氣他此時安全地待在安曼，也氣他沒辦法在這裡保護她。她用手機聽著伊凡塞斯入睡，傷感地覺得男人實在太令人失望了——他們居然會依據一個女人遮蓋了多少肌膚，來評斷一個女人信仰的虔誠。

時序進入春季之後，杜雅和隊裡的女同事在某個和煦的日子裡，前往拉卡的一個主廣場看兩個本地女性接受石刑，據說她們都犯下了通姦罪。杜雅在現場站得遠遠的，心裡覺得十分不安。

杜雅在受訓期間所上的宗教課，主要在傳授伊斯蘭律法，而她知道，要有不少證據才能動用這種刑罰：通姦過程必須有四個目擊證人——**四個**親眼看到罪行發生的證人。然而在絕大多數的案件裡，這種證據根本無從取得，也不可能取得。

她的老師曾經解釋，這些古老的刑罰反映了伊斯蘭法律體系的態度：對於這些行為的恐怖刑罰，目的是為了強調這些行為是必須譴責的，同時也是為了防止這些行為被正常化、被視為「只是人性」而已；然而與此同時，伊斯蘭律法也要求若要實施這種刑罰，必須取得一些相當不尋常的證據，其目的就是為了要讓這種刑罰幾乎無法實施。於是她知道，透過這種方式，伊斯蘭律法管控的是公共領域：如果一對男女犯下了通姦罪，他們會知道要盡量低調、不讓其他人知道自己的背叛行為，如此便能避免逐漸危害到別人的婚姻神聖性。她無法想像審判官居然找得到符合法律要求的證據，來對通姦罪進行適切的處罰。她痛恨這個組織居然如此投機取巧、製造奇觀，卻不顧應有的正義。杜雅就是透過這種奇怪的方式逐漸體認到，她必須和這個組織斷絕關係。

幾個小時後，坊間便有傳言指出，其中一個遭受石刑的女性，根本就沒有和哪個男人發生過關係。事實上，她只不過是在警察總部外面，舉過一面寫著「伊斯蘭國下台」的標語罷了。這是真的嗎？然而這個說法是否屬實，也幾乎無關緊要了；大家都認為，那個女人無論如何都是無罪的。到了二〇一四年春天，樹上的花開始盛開之時，經常可以看到頭顱掛在鐘塔附近的廣場上。屍體有時會在街上曝晒一整個星期。杜雅心想，這個武裝組織已經愈來愈不擔心公開褻瀆神了：在伊斯蘭，破壞屍體是被嚴格禁止的。

坎沙隊本身也在逐漸敗壞。起初，她們負責處理的對象僅限於違反服儀的人，處理的是關於長袍、面紗和化妝的規定。坎沙隊的角色，是在人民之間散布對彼此的不信任和憎恨，盡可能讓人民的不滿情緒不至於演變成反政府的行動。然而坎沙隊裡的年輕女性，此時卻開始使用自己的權力來處理一些不太重要的紛爭，或是進行社會報復。甚至連不屬於坎沙隊的女孩，現在也都會跳出來指控自己的對手違反法律。有些時候，一些根本沒做錯事的女人也會被帶去警察總部。

拉卡的社會結構已然崩解。唯一可信的，就是每個人都可能是雙面人。「有好幾次，我會看見一些我認識的女人，在看到我加入部隊的時候對我擺出笑容。但我知道，她們心裡根本不是這樣想的。」奧絲如此說道。「我之所以會知道，是因為我在加入坎沙隊之前，我看過一個我認識的女生開始為伊斯蘭國工作，但我那時根本就不喜歡伊斯蘭國。」

到了二〇一四年七月，有幾個星期特別炎熱，松香樹正好也到了可以採集樹汁的時節。連續三個晚上，吉茲拉威都沒有回家。杜雅愈來愈感到不安。到了第四天，有人突然敲了她家的門。

敲門的人是一位戰士，他來告訴她吉茲拉威已經成為一名烈士了；他在與敘利亞軍隊作戰、試圖奪取塔爾阿比亞德這座小鎮的戰役中炸死了自己。那名戰士告訴她這則消息時，甚至連她家的門都沒有踏入；載他過來的車子還在外面等著，裡頭還有另外一個聖戰士在等他。杜雅簡直傷心欲絕，淚流不止。「他是自願要進行那項任務的。」那名士兵如此說道，然後不太自然地轉身離去。吉茲拉威從來沒有和她說過這個計畫，這件事情讓她幾近崩潰。她關上了大門。

由於她對丈夫十分忠誠，因此她不覺得丈夫背叛了她；她認為丈夫就是一名烈士。然而就在幾天之後，她又得知了一項消息，讓她光榮的寡婦身分變得更難以承受。吉茲拉威並不像那位戰士告訴她的，是在對抗政府軍的自殺攻擊中喪生的，而是在對抗自由敘利亞軍這個反政府組織時陣亡的。許多武裝團體都認為自由敘利亞軍是叛徒和異端，因為他們接受了來自美國的援助，於是認為自由敘利亞軍也是可以攻擊的對象。然而對杜雅而言，這則消息卻是讓她感到悲痛的最主要原因。她打了通電話給吉茲拉威在利雅德的姊姊，她倆一起在電話中哭了出來。吉茲拉威之所以喪生，並不是為了對抗阿薩德政權，而是為了攻擊其他穆斯林。接下來的好幾個晚上裡，她都無法好好入眠，整個人沉浸在震驚和哀傷之中。

又過了十天，她丈夫的另一個同袍也到家中拜訪了她。他告訴杜雅，她不能一個人待在家裡，必須要立刻改嫁。然而不論根據哪一種詮釋，伊斯蘭律法都規定，女性必須在成為寡婦或離婚四個月之後才能再嫁。之所以有這樣的規定，是因為該名妻子萬一懷孕的話，還能確定孩子的父親到底是誰。這段不能改嫁的期間，在阿拉伯文裡被稱為「伊達」，不只是每個穆斯林女性都要遵守的規定，也是女性應有的權利，讓她能夠好好療傷。然而即使是在這裡，在這個神聖法律所管轄的土地上，伊斯蘭國依然漠視了伊斯蘭的信條。杜雅當時戴著面紗，而她的淚水則讓面紗緊緊貼著她的臉頰。「你難道看不出來我連眼淚都停不下來嗎？我現在非常難過。我想要等四個月之後再說。」

那位指揮官似乎非常不耐煩，彷彿覺得她像個小孩，連這麼基本的事情都無法理解，於是簡單明瞭地繼續說道：「你和一般的寡婦不一樣。你不應該感到難過。他是自願成為烈士的，所以你是烈士的妻子！你應該要感到開心啊。」

她聽了之後一句話都沒有說。她點了點頭，彷彿是在贊成他的說法一般，然後起身送他離開。杜雅覺得自己如果對伊斯蘭國還懷抱一絲絲的忠誠，那也是出於她對吉茲拉威的忠誠罷了；他是她正直的丈夫，儘管他們的婚姻只維持了短短的幾個月而已。她覺得自己被他們的婚姻、以及他將她帶入的世界所改變了；她發現自己也是值得受教育的，而那讓她感覺很棒。然而她卻看到伊斯蘭國正在把伊斯蘭當作一種掩護，用宗教來合理化自己的目標——就像他們會在沒有證據的情況下就對一個女性懲以石刑，要她在守喪期結束之前就改嫁他人。

在那個當下，她知道她受夠了。她的本能和信仰都在告訴她一件事：她不能繼續留在拉卡，繼續當別人的臨時妻子，在不同的士兵之間不斷改嫁。她開始在這個裝潢華美的公寓裡來回走動，從一個房間走到另一個房間——她本來應該可以繼承這間公寓的。她將木製家具上的曲線和渦紋牢牢記了下來。她覺得為這間公寓，這個配有空調、曾經讓她短暫棲居的舒適房子感傷，要相對容易多了。反倒她因這場滿是傭兵和瘋子、永無止盡的戰爭，而失去丈夫，失去街坊鄰居，失去這座城市，還失去了整個國家——這些事情太沉重了，她帶不走。

就在杜雅喪夫不久後，奧絲也收到了類似的消息。阿布·穆罕默德也在一場自殺攻擊中喪生了，而奧絲和杜雅一樣，也以為那是一種烈士自我犧牲的行為。

在伊斯蘭國成為一名寡婦，就意味著你必須以匿名的方式體驗喪夫之痛；有時奧絲會用指甲刺自己的手掌，提醒自己她依然活著、感覺得到疼痛，而阿布．穆罕默德也真的曾經存在於這個世上。既沒有喪禮需要參加，也沒有夫家的家屬可以和她一起哀悼好幾個鐘頭的時間。沒有滿是衣物的衣櫃或遺物需要整理，也不需要思考該帶前來致意的家人去哪裡吃晚餐，更沒有機會透過煮飯或聊些不需要動腦的話題，來填充初喪夫時那段極度震驚的時期。只有一陣突然而刺眼的空虛感。奧絲每天都穿著同一件衛生褲，獨自一人蜷臥在床上。她在心裡想著：到了最後要引爆炸彈、讓自己粉身碎骨的時候，他還是一樣勇敢嗎？還是也會感到害怕呢？他在生前的最後幾秒裡，有沒有想到她呢？

很快地，指揮官們也前來敲她的家門了。和她說話的軍人是個結實的人，但走起路來有些跛腳。他做了手勢，要她先讓他進到客廳裡；好奇怪的一個人啊，居然如此殷勤主動，奧絲心想。「感謝真主，阿布．穆罕默德現在是一名烈士了，所以很顯然地，他也不再需要一名妻子了。」他如此做了開頭。

他的說法實在太奇怪，奧絲必須努力控制自己才不致爆笑出來。已經成為烈士的阿布．穆罕默德，也不會需要睡衣、不會需要喝茶。當然也不會需要妻子。那位指揮官繼續說道：「但還有另一位戰士需要妻子。他和阿布．穆罕默德很熟，是他的朋友；阿布．穆罕默德過世的時候，他就在他的身邊。他想要以阿布．穆罕默德的朋友的身分保護你、照顧你。」

當時奧絲距離守喪結束的時間還有一個月。她不確定自己要如何和新的丈夫相處，如何在晚上和他坐在一起、和他親熱，也不知道要如何假裝關心他過得好不好。但她依然不甚情願地答應了。她認為有個男人在身邊會比較安全，而且這個新的丈夫或許也會是個好人；或許，他會想要生個小孩。

她新的丈夫是埃及人，從一開始就讓人非常討厭。她沒有想到自己會如此不喜歡他身上的土味，以及他對她漠不關心的態度。和阿布·穆罕默德不同，他不會注意或觀察和她有關的一切事物，比如她的敘利亞口音、她的廚藝，或是她早上蜷在被窩裡的睡姿。他們之間完全不合。好在他比阿布·穆罕默德還要更少回家。

當杜雅向她問起新任丈夫時，她對他的一切都嗤之以鼻——他的長相、他的舉止、他的個性，同時搭配著厭惡的表情，以及一個字彙：「普通」。他甚至不刷牙。她是在知道他連牙刷都沒有的時候發現這點的。這難道是因為他知道反正自己就要死了，所以刷不刷牙也無所謂了嗎？還是他本來就這麼邋遢呢？由於他在兩個月之後便帶著薪水，連句再見都沒說就逃回了埃及，因此她至少可以確定答案是後者。

奧絲回到了父母的家裡，撫摸著她的舊相片和書籍，想著她曾經擁有過的生活——晚上在水煙店流連，白天在沙灘上度日，也想著那些時光，距離現在的她有如好幾光年般的遙遠。

二〇一四年夏末，伊斯蘭國的壯大

伊斯蘭國釋出了一段影片，名為〈給美國的訊息〉；他們在影片中斬首了美國記者佛利。他們還在影片結尾提出警告，宣稱如果歐巴馬不停止美軍的轟炸行動，伊斯蘭國還會殺死另一個俘虜，亦即美國記者索特洛夫。

伊斯蘭國的勢力於二〇一四年達到巔峰時，在敘利亞和伊拉克境內控制了將近九萬平方公里的領土，大約相當於英國的面積*；從大馬士革以東到巴格達的西郊，全都落入了伊斯蘭國的掌控之中。

九月份，伊斯蘭國又斬首了索特洛夫，以及一位來自英國的援助工作者海恩斯。

十月份，他們斬首了援助工作者亨寧，並在敘利亞科巴尼市的部分地區升起了黑旗；該城市就位在敘利亞和土耳其接壤的邊界上。

艾瑪／敦雅

敘利亞，拉卡，二〇一四年春

敦雅在清晨的燠熱中緊閉著雙眼，雖然隔壁臥房傳來了小孩的尖叫聲，但她依然不願起床。她前一晚和賽林姆分開了；他將她安置在宿舍裡，許多剛來敘利亞的女性也都會在那裡暫住，等待丈夫完成軍事訓練，而賽林姆也是參加訓練的其中一員。在伊斯蘭國官方的工作／身分證明表格裡，賽林姆的宗教知識程度被列為「初級」，因此他在結束武器訓練之後，必須接著再上一堂宗教課程。他在這段期間不能使用手機，因此敦雅有將近兩個月的時間無法和丈夫說話或見面。

這個宿舍，是一個介於旅社和電視真人實境秀之間的地方，住在裡頭的人枯燥而單調地過著日復一日的生活：煮飯、吃飯，重複著無關緊要，有時卻又非常緊張的對話。那裡沒有電視機。沒有書可以讀。走到哪裡都會遇到小孩，他們無聊的時候尖叫，玩耍的時候也尖叫，基本上就是一直尖叫著。然而那裡也非常國際化，而敦雅很喜歡這點。那裡有來自世界各地的女性：阿富汗

＊英國面積為二十四萬平方公里，此處恐為作者筆誤。

人、沙烏地阿拉伯人、突尼西亞人、法國人、美國人。大部分都非常年輕。

她將來自德國的人分成幾個類型。其中一種是想要改變社會的天真女孩，她們想打倒阿薩德，最後卻在伊斯蘭國的灌輸之下習慣了暴力行為。另一種是剛剛改信伊斯蘭的人，他們對於這個宗教一無所知，只是因為看了一些不該看的影片、遇到了不對的人，就以為敘利亞是他們通往天堂的道路。還有一種是精神病患，她們是被暴力活動吸引過來的。最後則是那些跟隨丈夫、十分順從的女性，不論出於什麼原因——可能是她們依賴別人的個性、不分青紅皂白的忠誠，或只是害怕離婚——她們都配合著丈夫的計畫。

在敦雅的眼裡，很多這些女孩都涉世未深，是那種會為男子天團痴迷傾倒的迷妹，把伊斯蘭國理解為某種很酷炫的反叛行動。她們在手機、電腦上收看伊斯蘭國的影片，不斷說著最後若能生活在某個哈里發的統治之下該是多麼美好的事情。她們會在 Whats App 群組或臉書群組裡聚集。敦雅認為自己比那些純真的年輕女孩還要優越，她們似乎只會背誦那些將她們帶來伊斯蘭國的詞彙和概念，卻不理解那些詞彙背後的含義究竟是什麼。她在皈依伊斯蘭之後的幾年裡，曾對伊斯蘭進行過真正的研究。她擁有的是關於伊斯蘭的知識，而她們多數人擁有的似乎不過是賀爾蒙和態度罷了。

她睡得很晚。炎熱的夏日把每個拉卡人都變成了夜貓族，他們會盡可能地晚睡、利用晚上才有的涼爽氣溫，然後再盡量把睡眠時間放在燠熱的白天裡。她最後在拉卡認識了幾個德國女性，和她們成為好朋友。儘管伊斯蘭國希望抹除民族國家或部族之間的界線，但大多數的女性依然偏好和自己的同類在一起。之所以會有這種現象，有部分只是因為溝通起來比較方便而已，畢竟她們總不能只靠熱情的手勢和谷歌翻譯來對話。然而她們來到伊斯蘭國之後，確實也沒有拋棄自己原有的成見。沙烏地阿拉伯人認為自己在種族上比巴基斯坦裔或孟加拉裔的英國人還要高級（「他們才不是真正的英國人」）；亞裔的英國人瞧不起索馬利亞裔的英國人；土耳其裔的德國人覺得自己比敘利亞本地人還要優越；黎巴嫩人和敘利亞人覺得自己比沙烏地阿拉伯人還高級；敘利亞的阿拉伯裔族群則覺得庫德人不如自己——以上這些想法並沒有消失。尤有甚者，他們還被灌輸了各種以偏概全的刻板印象，比如歐洲人在戰爭中最為不幸，因此最適合從事自殺式攻擊；突尼西亞人最殘忍，而沙烏地阿拉伯人則最為狂熱。

抵達伊斯蘭國一個月之後，敦雅有次在前往拉卡的市場購物時，看見十來個男人的屍體倒臥在街上。那些屍體還不是被放在路邊或路中央的圓環上，而是直接被放在人行道上。購物的人和行人經過時必須繞過他們。他們的四肢已經外翻變形，臉部則定格在生前最後一刻的表情。

她們從拉卡搬到了靠近曼比季的地方；到了二〇一四年秋末，曼比季已經成了歐洲戰士想進行輕鬆一點的聖戰時最喜歡的去處。那裡十分平靜，周圍則被淡紅色的沙漠包圍，間或點綴著幾株松樹。那裡二十四小時都有電力供應，方圓幾公里內也都沒有戰事。該地區尤其受英國來的戰士歡迎；那些英國人不是嬌生慣養、無法作戰，就是想要先看看伊斯蘭國的水準，再決定要不要為它犧牲——至於到底是前者還是後者，則端視由誰來評斷他們的動機。

敘利亞人將這些來自英國的戰士視為殖民者，對於這些講著倫敦腔、有著棕色皮膚的英國人，居然會來此介入他們心目中的內戰或區域性代理人戰爭，感到相當的不解。那些英國來的戰士表現得彷彿他們是古代的君主一般。他們認為自己的任務是正當且合乎正義的。他們認為，占用那些逃走的敘利亞人所留下的房子，並對留下來的人進行統治，沒有什麼不對。

許多來自英國的聖戰士都是南亞裔穆斯林的後裔。他們的祖先曾經生活在英國殖民統治之下的印度，並在一九四九年印度和巴基斯坦分治之後，又因為各種暴力事件和不穩情勢而被迫離開家園。這些英國來的戰士在二〇一四年所享有的地位，就像曾在十九世紀中葉和二十世紀初被派遣至英屬印度的英國低階公務員一樣，讓他們初次體驗到了在結構上比別人優越的愉悅感受；這種比敘利亞人還要尊貴的現象，雖然有點出人意料，但其實是某種長期殖民的殘留物。他們的家人過去曾經忍受過的殖民歷史，不見得是他們討厭英國的原因，但他們曾經面對過的種族主義（在學校裡被嘲笑，在街上被辱罵為「巴基佬」），卻符合法農的說法——他認為，殖民主義與其為那些住在歐洲的被殖民者的後代所引起的種族主義，會留下許多「難以消除的傷口」，這些傷口必須花上好幾年的時間才能復原，而且經常會造成報復性的暴力行為。那些在曼比季監管一切的年輕人，會想像自己正在充滿善意地和當地人站在同一陣線，然而對於已經在此居住好幾世代的敘利亞人來說，儘管他們擁有棕色的皮膚和阿拉伯人的名字，卻依然和從外面闖入的殖民者沒什麼兩樣。

當伊斯蘭國於當年春季攻下曼比季時，他們將法院漆成了黑色，並對當地的基督徒徵收吉茲亞稅。吉茲亞稅是伊斯蘭國家過去會向境內少數宗教群體徵收的一種稅，能讓少數群體換取一些特權和保護。伊斯蘭國的戰士和家屬一般會住在城郊的公寓或房屋裡。由於那裡離土耳其邊界很近，只有不到五十公里的距離，因此當地的商店裡可以看到不少的外國商品。可以買到金莎巧克力、能多益巧克力醬、高級的土耳其洋芋片，以及美國產的香菸，敦雅覺得很開心。經常比其他人還要有錢的沙烏地阿拉伯人，則會開著閃亮的運動型休旅車前來，把商店裡的東西一掃而空。賽林姆離家的時間通常很長，有時長達三個星期。起初他還能隨身攜帶手機，但在聯軍展開空襲行動，夜空中經常出現飛彈呼嘯而過的聲音和爆炸聲之後，手機也成了違禁品。

每個人都同意，第一年的開頭非常特別；即使是後來因為伊斯蘭國太殘忍，或是因為伊斯蘭國只顧追求世俗權力卻不顧伊斯蘭常規和價值觀而決定退出的人，也都會認同這點。一開始，男人們剛剛結束軍事訓練，而女人們也剛剛抵達，他們的心裡都覺得，前來伊斯蘭之地是他們這輩子最好的決定。這些外國來的戰士對當地內戰動態毫無所悉，只是陶醉於伊斯蘭國媒體部門不斷精心拍攝、充滿說服力的影片，相信每個人的行為多半都是出於善意的；在當時，那面飄揚著的黑旗，仍然能在他們心裡激起某種覺得自己正在做正確之事的興奮感受。

搬到賽林姆在曼比季郊區找到的小村屋之後，敦雅變得開心多了。這不是因為那棟村屋的設備比較好（有些被寵壞的德國女孩在城裡找到了更舒服的公寓，住進去時還會說出「終於有隔音窗了」之類的話），而是因為那裡更加寧靜。每天的日子都大同小異：想睡多久就睡多久，煮飯、打掃，然後再次上床睡覺。網路連線維持著敦雅的生活；對她而言，懶散的生活型態不一定就是不好的。他們還有一名採購人員，他幾乎像是某種個人助理，負責帶來枕頭和棉被這類他們占據的房子裡沒有的東西。你可以用簡訊把任何需求都傳給他，他會在當天下午就把東西帶來、放在門後。你甚至不用和他說話，也無須看到他。有時，她每天最累人的工作，似乎就是查看WhatsApp，或是關注此地的德國女孩間發生的紛爭。

那是個庫德族村莊，周圍散布著瀑布和紅磚色的山脈。那裡的居民不願接受伊斯蘭國的統治，因為伊斯蘭國連他們在鄉村生活中僅有的簡單娛樂都會禁止，比如在戶外抽水煙，在咖啡館裡玩牌，或是聽聽音樂。敦雅每次出門買牛奶或馬鈴薯的時候，都會感受到當地人對她的敵意。她在很多情況下看出了這些敵意：有些女人會在她經過時把頭撇開，有些蔬果小販明明會幫其他女人把一個個小袋子裝進大袋子裡，輪到她時卻要她自己來。

在那些伊斯蘭國已經設立政府機構的大城市裡，當地居民還會懂得害怕或服從。但在像這樣的小村子裡，伊斯蘭國的行政力量依然薄弱，公開展示的暴力處罰也比較少見（或完全沒有），因此當地居民在表現敵意時會更加明顯。有天敦雅去了醫院，想和醫生拿些頭痛藥回來。結果那位女醫師在為她看診時態度十分草率，緊繃的面孔還含著怒意。「你又是從哪裡來的？」那位醫師最後問她。「你為什麼不回去自己的國家呢？你這個從歐洲來的年輕女孩，在敘利亞這裡幹麼呢？我們跟你有何干係？」

敦雅的臉突然灼熱了起來。她收拾自己的東西之後趕緊離去，心想著是否應該和賽林姆提及此事。她說的那些話非常危險——難道她不知道這會為她惹來麻煩嗎？一想到自己可以摧毀那個女人的一生，敦雅便感到一股權力帶來的滿足感；決定放過她，則又能讓她覺得自己非常仁慈——那又是另一種滿足感了。由於她必須一個人長時間獨處，被一群敵視伊斯蘭國的村民包圍著，因此賽林姆感到非常憂心。然而，敦雅不想搬走。她很喜歡鄉下的孤絕感和新鮮空氣，也喜歡那裡的牲畜、橄欖樹叢，以及花園裡的茉莉花在夜裡綻放的香味。的確，那裡的夜晚實在太過平靜，只有蟋蟀的鳴聲和果樹的沙沙聲才會偶爾打破這種寧靜，然而這也讓戰機呼嘯而過的聲響相形之下變得更加可怕。在城市裡，戰機的聲音會被車聲和市井的噪音給掩蓋住。不過，她連這種寧靜都習慣了。她答應賽林姆不再獨自外出，同時將自己的活動範圍限縮在離家二十公尺以內的地方。

某天早上，那隻貓比平常晚一點出現，從容地走在那條通往他們家門前的泥土小徑上。牠的毛幾處打了結，卻依然充滿活力地搖晃著頭，好奇地舔著眼前的所有東西。敦雅蹲了下來，搔著那隻貓的耳朵，很開心能和一隻不會避開自己的動物進行互動。那隻貓跟著敦雅走進房裡，在後院裡四處走動；敦雅到廚房裡找了些剩菜餵牠。

敦雅和賽林姆想要生個孩子。他們談過很多次，最後決定敘利亞不是個適合生孩子的地方，時間也不太對。他們才剛剛來到這裡，戰爭也還有太多不確定性。許多妻子都懷了孕，或已經生下了小孩，需要花很多時間照顧。但敦雅並不介意自己無所事事的狀態。她喜歡那隻貓的陪伴，還幫牠取了「辛姆辛姆」這個名字，在阿拉伯文裡的意思是「芝麻」。

有幾個夜晚實在太浪漫了，讓她很想把眼前的景象銘刻在自己的腦海裡——寬闊的天空，以及雨後的樹木和泥土味。由於最安全的地方通常就是車裡，也由於她和賽林姆都看過許多公路電影，喜歡漫無目的開著車的感覺，因此他們開始會在夜裡開車去些遙遠的地方。雖然敦雅只看過一小部分敘利亞，但她依然非常喜歡這裡，因此很想看看敘利亞的其他地方。

「我們難道不能做些什麼嗎？」某天晚上，她哀怨地說道。「我們可以開車去城裡買個漢堡嗎？」於是他們便出發了，然後在城裡的速食餐廳停下來買了炸雞。許多個夜裡，他們都會做類似的事情，有時是買漢堡、有時是買炸雞，但不管是哪個都好吃極了；在那些當下，敦雅看著身旁帥氣的老公，以及他們眼前廣袤的沙漠，就會覺得自己像在進行一場偉大的探險。宛如就是真正的生活。

麗娜

伊拉克，泰勒阿費爾，二〇一四年秋

麗娜和賈法在泰勒阿費爾的新婚生活，在剛開始的頭六個月裡都還算安全。這個伊拉克小鎮，座落在敘利亞邊界附近的一個乾燥漠原上；在伊斯蘭國取得對這裡的控制之前，居住在泰勒阿費爾的人口大部分都是伊拉克土庫曼人，他們講的語言和土耳其語十分相似——這點對於這對夫婦而言也很棒，因為賈法會說土耳其語。早在二〇一三年，也就是伊斯蘭國尚未崛起時，賈法就離開德國前往了敘利亞，而理由也和大部分人都差不多：他對於發生在這裡的暴行感到非常憤怒，也希望可以和其他弟兄住在一個更宗教性的地方，並投入一個可以幫助其他穆斯林的事業。

麗娜和賈法對他們的新婚生活已經很滿意了，但發生在他們周遭的戰爭，卻一天比一天還要激烈，而以美國為首的聯軍，也愈來愈常對泰勒阿費爾進行轟炸。噴氣式戰機每天晚上都會劃破夜空，讓她非常害怕。她當時已經懷有身孕，想要跨越邊界回去土耳其，但賈法說離開那裡實在太危險了。如果伊斯蘭國的人發現他們要逃跑的話，他絕對會被他們處決。「你難道不希望我們的孩子能夠看到他的爸媽都活著嗎？」他如此問她。她當然希望。沒有什麼事情比這個更重要了。

賈法並沒有上前線作戰，而是在城郊的伊斯蘭國通訊中心裡工作。這些地點通常會蒐集情報、發送廣播，同時也負責指揮、控制各個地方陣線，因此也經常是聯軍轟炸的目標。就在他們抵達泰勒阿費爾大約八個月之後，他所駐守的那個通訊站，也在一場轟炸之中遭到炸毀。賈法當時被壓在倒塌的牆壁和天花板下無法動彈，其中一隻腿還因為嚴重壓傷而必須截肢，讓他失去了大腿中段以下的部分。

他的傷勢讓他在家裡躺了好幾個月。麗娜發現自己再次成為了看護，彷彿這是真主授予她的天職；她不斷更換便盆、幫賈法塗藥換藥。就在賈法受傷兩個月之後，他們的兒子尤素夫出生了。於是麗娜的生活，每天就在煮飯和清掃、照顧小孩和丈夫之間週而復始——不論什麼事情，他們父子倆都只能依靠她。有時賈法來自德國的朋友會帶著妻子前來，此時麗娜便有女性友人可以談天。她擁有一支手機，偶爾會有網路連線，然而她在成為一名孤單的敘利亞婦女之前，在德國本來就沒什麼朋友；除了賈法的父母親之外，她根本沒有外界的人可以聯絡。多數時間裡，家裡只有他們三個人——一對夫妻和一個寶寶，他們彼此為伴，假裝在他們的屋子裡過著正常的生活。

當尤素夫長到兩個月大時，麗娜又再次懷孕了。每晚入睡時，她都會一邊撫摸賈法的額頭，一邊心想，這裡的時間過得比較快。他的腿傷復原情況並不理想，讓他總是處於疼痛之中，而那些痛楚在他臉上留下了一條條深刻的皺紋。曲馬多是唯一能幫助他減緩疼痛的東西——那是一種強效的鴉片類止痛劑，非常容易成癮，一般只在手術剛剛結束之後才會使用。但賈法隨時都需要它。

如果沒有吃曲馬多，賈法便無法入睡。雖然不常發生，但這種藥在當地的藥房裡有時會缺貨，此時他便會不斷痛苦地扭動身軀，直到天亮。麗娜有時會覺得，那些鴉片類藥物會把他帶往一個遙遠的地方，一個布滿迷霧、能讓人忘卻痛苦的地方。雖然他依然睜著雙眼，但他已經不在那裡了。有時他會變得很有攻擊性，對她口出惡言，但她如果隔天向他問起，他卻完全不記得自己說過那些話。

她希望他們可以離開那裡，回到德國。然而他總會說：「我怕他們會把我關進牢裡。」以他身體疼痛的狀態，加上他對藥物的癮頭，被關在牢裡對他來說，簡直是無法想像的事情。

艾瑪／敦雅

敘利亞，曼比季，二〇一五年秋

有段時間裡，那位突尼西亞婦產科醫師的辦公室，就是曼比季最好的去處。在伊斯蘭國的法律下，除了看醫生之外，女性出門並沒有太多可以去的地方。對於經常要花好幾天的時間等賽林姆從戰場上回來的敦雅來說，就算沒有生病，看醫生也已經成了一種社交活動，而診所則儼然成為一種社交空間，女性會在那裡聚會、流連、聊天、講八卦，對城裡的其他女性品頭論足，將她們一個星期原本該有的所有人際互動，都濃縮到了她們假裝要做胎記檢查而在診所裡待的兩個小時裡，而且意猶未盡。

敦雅之所以會知道這位突尼西亞醫生，是從當地的外國籍妻子社群中聽來的：她的一位德國朋友，從另一位法國朋友那邊得知了這位醫生。身處這個網絡之中有不少好處，比如可以在來自世界各地的女性之中認識有趣的人，也可以結交朋友。對於大半生活都掛在網路上的年輕人來說，社群媒體培養了他們想和世界各地的人做朋友的志向。而伊斯蘭國也聰明地利用了年輕人的這種想望，因為他們發現伊斯蘭國的確充滿來自世界各地的人。如果你想前往西方國際化的社會，你得先負擔得起旅行的費用和其他生活用品；相較之下，前往伊斯蘭國就不需要真正的資本，而也正因為如此，對於想要認識這個世界的人來說，「伊斯蘭國夢」於是也成了一種比較容易達成的途徑。

在西方，穆斯林想建立伊斯蘭國的動機，大多都圍繞著社會正義這個概念（比如社會應該要井然有序，好讓每個公民都能獲得應有的生活品質），因而和其他政治浪潮匯合在一起。在美國和英國，年輕選民會支持那些將自己標舉為社會主義者的政治人物，這些政治人物會呼籲政府停止撙節措施，並承諾讓每個人都負擔得起教育花費和擁有房產。除了出現在西方社會的金融危機之外，當各種金融犯罪，以及國家無力監管或處罰這些犯罪的現象攤在世人面前時，眾人也發現民主制度已經遭到了侵蝕；上述這些，都讓年輕人開始尋找其他替代方案，來取代這個令他們大失所望的體制。一些千禧世代開始體認到，社會主義未必是一種邪惡的意識形態；類似地，一些年輕穆斯林也因為類似的動機，開始被一個伊斯蘭哈里發政權的概念吸引了過去。社群網路也讓這兩種年輕群體得以成形，進行串聯。每個人都說自由就是自己最想要的東西，然而如果阿拉伯之春和伊斯蘭國令人不解的吸引力能給予我們一些啟示，那便是：如果沒有尊嚴和內涵，那麼自由就不會有意義。在世人終於發現伊斯蘭國的所作所為不過是無謂暴行之前，他們一開始的某些行為，的確曾在一段短暫的時間之內呼應了世界各地年輕穆斯林的訴求。

他們會告訴那些前往敘利亞的女性，她們能在那裡獲得先進的醫療服務。直到二〇一六年伊斯蘭國的主要據點開始受到猛烈攻擊之前，在很長的一段時間裡，伊斯蘭國許多地區的女性都能取得醫療服務。那位突尼西亞婦產科醫生的診所，就位在曼比季一座大型別墅的客廳裡。那位醫生是個非常能幹的女性，能說多國語言，而且真心相信哈里發政治的理念；她把為女性提供醫療服務視為己任，也認為自己有義務讓她們覺得賓至如歸。她除了會說流利的法語、阿拉伯語和英語之外，也會一點德語，而且會和每位患者聊天，詢問她們的睡眠狀況、有沒有什麼需求。每當她大笑時，潔白的牙齒都會在她橄欖色的方型臉上閃耀著。

曼比季的英國女孩們都很喜歡去她的診所；敦雅每次前去的時候，在候診室裡聊天的人基本上都用英語對話。那位醫生每天會在看診結束之後，會為她在下午開授的阿拉伯文課備課。她起初和伊斯蘭國緊密合作，不對病患收費。來看診的女性只要出示她們在伊斯蘭國的身分證即可（上頭沒有照片），拿著身分證也可以在藥房拿到免費的藥物和嬰兒奶粉。然而大約就在一年之後，這位婦產科醫生和伊斯蘭國政府起了一些爭執。她依然經營著診所，卻也開始向患者收費，並且表明自己已經轉為獨立運作了。她沒有和別人說過這中間發生了什麼事。

雖然敦雅隨身攜帶著一把ＡＫ－47（如果沒帶槍的話她不敢出門），但當她進到新醫生的辦公室、看見桌上堆滿槍枝時，她還是嚇了一跳。那些槍裡，有和她一樣的長槍，也有小型的手槍，讓那個房間看起來就像個小型的軍械室一般。裡頭的醫生是一位擁有長鼻子的敘利亞本地女性；一聽到開門聲，她便將頭伸出看診室。「請將你的槍放在那張桌子上。」她如此命令敦雅。「我是為紅十字會、而不是為伊斯蘭國工作的；下次你來的時候，記得把槍放在家裡就好。」

敦雅拒絕把槍放下。有時候，你得耍點流氓才能解決事情，她心想。於是醫生走了過來，告訴她如果她不願意把槍放下就必須離開。敦雅挺了挺胸，在那個小房間裡來回踱步。候診室裡一片肅靜，彷彿一場衝突就要爆發。然而敦雅最後還是把槍從肩上卸了下來，放到了桌上。

敦雅從小就在幫派文化中成長，在她所處的環境裡，槍的確是個被浪漫化的東西。她居住在法蘭克福一個比較混雜的社區裡，那裡的每個人都非常熟悉《教父》這部電影裡的各種符號；他們會在臉書頁面上幫自己取柯里昂這種名字*，還會轉貼義大利幫派電視劇裡各種激烈場景的迷因圖。對於像敦雅這樣在德國社會邊緣的破碎家庭中成長的年輕人來說，會在街頭文化之中建立起某種逞兇鬥狠的個性，幾乎是再自然不過的事情。來自德國的聖戰士群體裡面，有許多都是像她這樣，在成長的過程中必須自力更生的人。他們之所以皈依伊斯蘭，一部分的原因就是為了在生活中找到意義，另一部分則是為了獲得社群歸屬感和支持。

這也是她在德國的朋友庫斯伯的故事。庫斯伯是一位德國饒舌歌手，他的藝名叫做德索．多格。庫斯伯的母親是德國人，她與曾在美軍服役的非裔美國籍繼父共同將庫斯伯養大。然而他們的家庭生活滿是問題。庫斯伯和他的軍人繼父關係並不好，從美國在世界上的角色，到家裡的規矩，任何話題都能讓他們大吵一番。庫斯伯年輕時，他的母親和繼父曾將他送往一個青少年之家。從那之後，反抗權威、反抗美國霸權的憤恨之情，便成了他生活和音樂的主題。他在二〇一

＊譯按：《教父》裡的黑手黨家族姓氏。

〇年皈依伊斯蘭之前，曾經寫下〈黑幫煉獄〉這種歌曲。後來他改名為阿布．馬力克，並加入了柏林一個街頭幫派；該幫派裡的成員大部分都是土耳其裔和阿拉伯裔的年輕人，經常和新納粹分子鬥毆。

在德國，會創作饒舌音樂的人多半是阿拉伯裔、土耳其裔和庫德裔的移民後代，他們被夾在兩種文化之間找尋認同，同時還要面對種族主義和外界的歧視。庫斯伯的德國唱片製作人曾說，對於這些孩子而言，嘻哈音樂是一個藝術的大家庭，也是一個可以讓他們用和平方式宣泄不滿的場域。嘻哈社群張開雙臂接納了庫斯伯，希望他能遠離犯罪。

在政策圈裡，有種東西叫做當代歷史的「蓋達敘事」，它的意思是：西方國家會入侵穆斯林國家，扶植支持那些貪腐的獨裁者，然後讓他們破壞人民的意志，並推翻那些受民眾歡迎但被認為不符西方利益的領導人。有鑑於此，出現在巴勒斯坦、伊拉克這類地方的政治暴力行為，就是一種可被接受的自衛形式，可以用來對抗西方的占領行動。

對於世界各地的穆斯林而言，這聽起來不只像是「蓋達敘事」，而更像是在承認他們生活的現實處境。這種想法主要是政治性而非宗教性的，就連已經住在西方世界數十年的世俗派或自由派穆斯林（或其他宗教背景的中東人），也都抱持這樣的觀點。這種現象不免令人感到坐立難安，因為這和西方世界普遍接受的觀點背道而馳——在西方，各種形式的政治暴力行為，長久以來都被稱為「恐怖主義」。恐怖主義這個現在會使用的詞彙，是一種和意識形態有關的邪惡狀態，它拋棄了任何理性或正當的脈絡或動機，在文化上會和伊斯蘭聯繫在一起，而在種族上則和穆斯林連結在一起。

在一九七四年的美國國務院恐怖主義研討會中，美國學者史坦普尼茲基曾經提到，恐怖主義被視為「一種挫敗狀態的產物，而這種挫敗狀態的起源，則是未被消除的不滿情緒」，而且也是「既有政權」可以運用的策略。然而到了一九七〇年代末，恐怖主義卻變成一種只有非國家行為者才會使用的工具，而他們使用這種工具的動機，不論就政治或社會經濟的基礎而言都是「可疑的」。史坦普尼茲基主張，我們在政治暴力開始擴散之後，已經不再試圖了解及診斷它們的成因了。

在一九七〇年代裡，國際的劫機事件、炸彈攻擊和綁架事件都變得愈來愈常見。犯下這些罪行的人，和一九六〇年代進行武裝行動的團體是同一群人，但他們在一九六〇年代時被稱作「起事者」（insurgent），而學者不只仔細分析了他們的目標，也研究了可以用來平息他們的政治策略。然而當這些暴力行動擴散到了世界上的其他地方，開始變成跨國行動、影響到歐洲國家的首都之後，情勢便開始有了轉變；依據史坦普尼茲基的說法，恐怖主義這種問題，也就是在這個時間點被發明了出來。這種新的恐怖主義是種沒有固定形體的東西，是種需要研究魔鬼的人才能解讀的邪惡事物，而恐怖主義專家也成了一種快速成長的產業。

這些專家企圖鼓吹以下論點：西方在對抗這些深不可測的邪惡力量時，花時間探索邪惡分子的目標和動機是沒有意義的，而國安體制為了打擊這些邪惡分子而做的幾乎所有事情（包括大量攀升的平民死亡人數），幾乎都是正當合理的；而這種論點，也在九一一事件之後的反恐戰爭中達到了高潮。對於被他們影響的千百萬人，比如阿拉伯人、伊朗人、阿富汗人、巴基斯坦人，以及世俗派或宗教背景各異的非洲人而言，這個恐怖主義的範型則創造出了一種痛苦的雙重存在（double existence）：有些移民到西方國家的人，一方面會相信發生在他們祖國的暴力事件，都是某種不滿情緒所造成的結果，而非空穴來風——雖然那些暴力事件未必正當，但背後隱含的症狀和不滿情緒都是事出有因的；然而另一方面，這些移民卻又會覺得自己沒辦法公開承認這點。

這種歷史遺留下來的現象，可不是每個人都樂見的——因為在討論合理的暴力行為必須符合哪些要素時，採取模稜兩可的態度可不是一件好事。一個小孩在成長的過程中，在判斷什麼時候使用暴力才是合理的時候，很難去周詳地考量道德、法律，甚至是神學等複雜的面向。然而這種必須深思熟慮的現象，卻也是當代歷史造成的結果。

英國心理分析學家溫尼考特，曾經提出「夠好的母親」這個概念——這種母親起初會在情緒上讓小孩予取予求，但也會逐漸讓小孩體驗足夠的挫折，以便讓他在成長時，不致與現實的外界（也就是小孩的一切需求未必會獲得滿足的世界）脫鉤。在西方國家一個「夠好」的穆斯林家庭中成長也是類似的：你需要為孩子引入這種挫折。這種挫折，讓第二代的穆斯林小孩能夠從上一代那裡學到這種不滿的敘事，同時又能讓他們內化「不滿情緒不能成為殺害西方平民的藉口」的這種想法。在運作正常的「夠好」的穆斯林家庭裡，小孩會被灌輸要認真關切穆斯林在世界各地被屠殺的處境，並以此為任，但同時也要體認到，在承受這種現實狀況的時候，他們不能訴諸無差別的暴力行為。挫折是無可避免的；情緒上的需求是無法被滿足的。對於所有這樣的家庭而言，要對孩子解釋某些事情，其實是很不容易的，比如說：為何他們可能在厭惡九一一攻擊事件的同時，也會感到一絲絲的幸災樂禍？為何賓拉登的意圖是可貴的，但他使用的手段卻是古怪、越軌且不可容許的？為何伊斯蘭並不允許，也永遠不會允許殺害平民的行為？在一個「夠好」的穆斯林家庭裡，小孩會學會如何與這些矛盾共處。

如此一來，像饒舌歌手庫斯伯和敦雅這樣的人會被「洗腦」，會接受極端主義的「意識形態」，也就不是什麼太稀奇的事情了；他們只不過是在智識上和心理上缺乏應對的技能，來將他們剛建立起的信仰，引導到更有建設性的合法途徑之中罷了——比如什麼途徑呢？比如倡議運動、慈善工作、人權立法，也比如擔任公民記者。他們只是沒有那種客廳文化，缺乏那種「夠好」的家庭會傳承下來的道德調適過程。他們在成長的過程中，並未被教導去理解這樣一件事情：在面對一件不公義的可怕事件時，毫無節制的暴力並不是正確的回應方式。甚至，他們可能根本就沒有「夠好」的父母會教導他們不要傷害自己，更遑論教導他們不要傷害別人。

皈依伊斯蘭的歐洲人更容易受到極端組織的傷害，因為他們許多人都缺乏這種要靠一輩子才能完成的社會化過程。他們許多人來自弱勢的社會群體，很容易被吸引進具侵略性、暴力性的一切勢力之中，不論是地方幫派，或是地方上的極端主義思想家。他們很快便會將個人對家庭和社會的不滿情緒，歸於對抗西方世界的跨國政治怨恨之中。庫斯伯於是理所當然地落入了難以捉摸、抱持極端立場的德國聖戰分子的懷抱裡。

事實上，庫斯伯之所以會皈依伊斯蘭，並不是為了要讓自己就此獻身於某個自稱真正的宗教的伊斯蘭團體。那比較像是他在自己人生的部落格裡按下了某個按鈕，將網站的視覺風格選項從「流氓」改成了「聖戰士」——那些混亂的結構和暴力的衝動並沒有改變，只是現在覆蓋上了伊斯蘭的圖像和主題而已。諸如伊拉克、車臣和阿富汗這類議題，對他而言突然變得非常重要，而德國人、西方人，以及世界上的許多人則都成了「不信者」，也都是讓穆斯林受苦受難的共犯。

他在柏林饒舌界的老朋友都感到非常難過，也非常憤怒。他們都來自「夠好」的穆斯林家庭，善於生活在這些痛苦的矛盾之中，甚至會把這些矛盾當作饒舌歌的主題。他們並沒有訴諸暴力，也都知道底線在哪裡。他的唱片製作人後來談起庫斯伯的背叛行為時，曾經激動地抱怨：「他讓所有人、所有穆斯林饒舌歌手都跟著蒙羞了。他讓這個群體身敗名裂。希望真主原諒他，但我們是不會原諒他的。」

庫斯伯在德國時曾出現在 YouTube 上、舞台上、電視上，於是很快便在德國的聖戰士社群中成為一位知名人物，因為他曾經身為嘻哈界的一分子。他於二〇一二年前往埃及、利比亞接受軍事訓練，並於二〇一四年搬去敘利亞，加入了某個反政府的聖戰組織，最後又跳槽到了伊斯蘭國，使用起阿布・塔爾哈這個假名。阿布・塔爾哈將他吊兒郎當的幽默感和饒舌樂的才華帶到了敘利亞；他曾在拉卡一邊吃著懸在空中的一小串葡萄，一邊在鏡頭前擺姿勢，也曾穿著一身白色的長袍、一雙亮藍色的球鞋，站在一部運動休旅車前面。

他身上散發著某種類似於圖帕克*的氣質：帥氣精神的臉龐、關於苦痛的歌曲，以及別無選擇只能採取暴力手段的樣子，彷彿那是上天賦予他的任務一般。他甚至還將某張專輯命名為《眾目睽睽》，和圖帕克的其中一張專輯同名，只是把原本的英文翻譯成了德文。他在拉卡時，開始會張貼一些伊斯蘭聖歌和影片；其中一支影片的標題是「反抗偽善的不信者和沙烏地皇室」，內容則是他握著一枝步槍，背景則是沙漠和一些來自沙烏地阿拉伯的人物，猶如電影場景一般，彷彿《阿拉伯的勞倫斯》、史派克．李導演的《黑潮麥爾坎》，以及《疤面煞星》這幾部電影的混合體。在一部宣傳影片中，他手裡還拿著一個因為對抗伊斯蘭國而被處以「死刑」的男人的頭顱。

敦雅還在德國的時候就認識庫斯伯了。她沒有透露他們之間是什麼關係，但她說她有段時間在德國過得很辛苦，就是他幫助她度過的：他幫她安排了一個地方讓她暫居，還會幫她送食物過去。她覺得他在本質上是個好人。或者說，他至少曾經是個好人。「這個世界不是非黑即白的。他在來敘利亞之前，心地是很善良的。但他遇到了壞人，他們改變了他。」敦雅如此說道。

那位高䠷纖瘦的金髮女孩抵達這裡、嫁給庫斯伯的那天，天氣非常炎熱；有些女人當時還在街上做實驗，把生雞蛋打在路面上，看看能在幾分鐘之內煮熟（結果是八分鐘）。二〇一四年六月的盛夏十分酷熱，氣溫有時會逼近攝氏五十四度；那種酷暑程度已經不只是種天氣狀態，而是真的會讓人覺得要被烤焦了。

負責將女性從邊界帶進敘利亞的部隊（也就是阿斯瑪所效力的坎沙隊）將那位金髮女孩送了

＊譯按：美國一位饒舌歌手，被視為史上最具影響力的饒舌歌手之一。

過來。她抵達時身上穿著一身黑色洋裝，看起來精疲力盡。敦雅和其他來自德國的女人起身將她接進屋裡，然後給了她一些葡萄和冷水。她說她三年前就皈依了伊斯蘭，然而當她準備進行晚間的禮拜時，動作卻又顯得非常笨拙，還說自己還不「百分之百確定自己是不是想要」做禮拜。她們要原諒她嗎？她畢竟也累了。等到她們和她分開之後，敦雅和其他女人都翻了個白眼，然後低聲地討論：又是一個幾乎沒有在做禮拜，卻又漂亮纖瘦到可以當模特兒的穆斯林女性，為了阿布・塔爾哈大老遠地跑來戰區。「阿布・塔爾哈很風趣。女人都喜歡風趣的男人。」敦雅冷冷地說道。

當她們走回客廳時，原本被她們留在沙發上小睡的那個金髮女孩，此時卻在機警地檢視一個書架，看到她們的時候似乎還有點吃驚。她在接下來的幾個小時裡都沒說什麼話。但她的個性其實頗為友善，而且奇怪的是，她說自己不介意和另一個女人分享阿布・塔爾哈。

「可能是另外**兩個**，而不是一個喔。」敦雅提醒她。「你確定你不介意嗎？」

金髮女孩搖了搖頭，但臉色變得更加蒼白。

「我幾年前就皈依伊斯蘭了，但如果我的老公帶另一個老婆回家，我一定會**殺了**他。」敦雅說。

「但如果他們允許的話……」金髮女孩說。

「允許！很多事情都是被允許的，但那不代表你應該要喜歡那些事情，也不代表那些事情對每個人都是好事。」

敦雅試著要傳授一些關於嫉妒的基本伊斯蘭思想給這位新來的女孩，然而她只是心不在焉地聽著，臉上表情又顯得非常疲憊，還問可不可以去找個地方躺下來。她在一間臥室裡一直待到晚餐過後，阿布．塔爾哈才開著一部破舊的寶獅汽車過來接她，帶著她駛入了黑夜之中。

敦雅從那之後再也沒看過那位金髮女孩，不過她從另一個戰士的前妻那邊聽說，那個金髮女孩曾在齋戒月期間被抓到，在開齋時間還沒到的時候就偷吃東西。哈里布的妻子曾說那個女孩有些不太對勁，但敦雅為她進行了辯護。「你難道忘記你剛開始齋戒的樣子了嗎？你不會因為太餓、實在受不了了，所以很想殺掉所有讓你覺得不爽的人嗎？」但這種說法並沒有說服哈里布的妻子。敦雅心想，她應該是在嫉妒那個金髮女孩苗條的身材吧。生活在伊斯蘭國裡的女人幾乎都無法移動，活動範圍也十分有限，導致所有女人幾乎都發福了不少，但那位金髮女孩似乎完全沒有變胖。

就在那年夏天，某個德國報紙刊出了一篇報導，指出有位美國間諜成功地引誘了庫斯伯，並帶著關於他和同夥的情報逃了出來。「我們在恐怖分子的臥房裡待了很長一段時間。」一位德國國防官員如此誇耀。不過，這則故事並沒有提及那位女性的名字。

兩年過後，一些美國的新聞報導則揭露了她的身分，但使用了很不一樣的方式來描述這起行動；該篇報紙指出，那並不是一場預先策劃好的滲透活動，而是一個真實的愛情故事：一個間諜在工作期間愛上了她的偵查目標。那位金髮女孩是聯邦調查局的間諜葛琳恩，她原本只是被指派調查阿布·塔爾哈，最後卻離開了自己在底特律的丈夫，飛往敘利亞嫁給了自己的調查對象。出生於德國的葛琳恩，父母親都是捷克人；她年輕的時候先是嫁給了一位美國軍人，然後移民美國，之後又成了聯邦調查局的情報人員。

故事的實情，到底是庫斯伯成功吸引了一位美國聯邦調查局的情報人員，讓她願意拋棄國家和身為軍人的丈夫，跑到伊斯蘭國去加入他的行列呢？還是聯邦調查局成功地讓一名間諜潛入伊斯蘭國的核心腹地，然後又將她毫髮無傷地救了出來呢？她是不是一個雙面間諜？甚至三面間諜？有些媒體在此之前也揭露過一些美國和歐洲鄉巴佬的故事，描述他們是如何被引誘到伊斯蘭國的（或可能只是被外界**以為**他們是被引誘的）；但奇怪的是，葛琳恩的故事分明就比之前那些枯燥無味的故事還要更加生動，對美國的國家安全而言也更加危險，為什麼在媒體上受到的關注會如此之少呢？

有些報導則指出，葛琳恩一回到美國之後便立刻遭到了起訴，最後又因為和政府合作而獲得了減刑，最後只坐了兩年的牢。在一份關於這起案件的部分公開文件裡，有位檢察官曾經寫道，她將美國的國家安全置於風險之中，因為她「將自己，以及她所熟悉的敏感資訊暴露在恐怖組織之中」，但她「因為絕佳的運氣，或因為和她互動的恐怖分子沒有察覺她的身分」，因此最後「毫髮無傷地從該地區逃了出來，看起來也沒有洩露太多敏感資訊」。

如果上述的說法屬實，那麼葛琳恩便是第一個，也是唯一一個能夠在和伊斯蘭國交手過程中體驗到「絕佳的運氣」的美國人，同時也絕對是極少數的案例，讓伊斯蘭國這個極為敏捷的二十一世紀民兵團體兼國家組織「無法察覺她的身分」——尤其葛琳恩明明就曾和阿布·塔爾哈透露過自己其實正在為聯邦調查局工作。

這一切大概就如敦雅所說的：「我實在無法理解這個女人。」

莎米娜、卡迪薩、亞米拉與沙米瑪

東倫敦，二〇一五年二月

女孩們在倫敦的家人，開始陸續發現自己還在念書的女兒失蹤了。卡迪薩說自己要去圖書館；亞米拉與沙米瑪則說她們要去卡迪薩某個表親的婚禮。當時正值冬天，天色暗得很早，但她們直到大約晚間八點時都仍未回家，手機也處於關機或無人接聽的狀態。沙米瑪的姊姊最後決定報警。

隔天早上，警察一一拜訪了三個女孩的家人，並告知女孩們已經飛往土耳其了。在接下來的幾天裡，女孩們的家人終於知道她們為什麼會失蹤了：原來她們最好的朋友莎米娜並不只是「失蹤」而已，而是前往敘利亞加入了伊斯蘭國，然而校方和警方卻沒有告訴他們這件事，而且還讓**女孩們自己**將通知信帶回家。

女孩的家人們感到既驚訝又憤怒。警察帶著鉅細靡遺、永無止盡的訊問上門，卻無法告知他們女孩們的行蹤，反而新聞媒體掌握的資訊似乎都還比警察多。於是他們開始覺得，警察更想做的似乎是盡可能地從他們那邊挖掘情報，而不是將女孩們找回來——儘管這幾個女孩明明就只是學生，而且還是英國公民。

沙米瑪的姊姊邊哭著邊撥了通電話去清真寺。沙米瑪總說自己要去清真寺——那裡的人有看到她嗎？他們能不能提供一些協助呢？卡迪薩的姊姊後來在檢查她的房間時，發現警方之前發的通知信還夾在課本裡。他們和警方派來的聯絡官交談後發現，莎米娜於十二月失蹤時，雖然起初被列為失蹤案件，但其實很快就被當成一起反恐案件來偵辦了。她們的女兒為此曾在學校被反恐警察偵訊過兩次，但家長卻毫不知情。卡迪薩的姊姊在面對其中一名員警時，被告知那些女孩們「都在逃避他的調查」。她聽了之後非常火大。從什麼時候開始，連十幾歲的少女都可以「逃避」全歐洲最訓練有素、最能幹的警察了？

女孩們的家人最後決定乾脆不再和警方溝通了，並轉向東倫敦清真寺尋求協助。其中一個家庭還聯絡了一個名為凱基的人權團體（CAGE*），他們專門協助受到反恐法影響的穆斯林。東倫敦清真寺則為他們引介了一位名為阿昆基，專門處理反恐案件的律師。隨著案件細節愈來愈多，各種指控也開始滿天飛。英國政府說他們用電郵將女孩們的姓名寄給了土耳其政府，然而土耳其政府卻說電郵裡一片空白。於是女孩們的家人只能靠自己。亞米拉的母親覺得自己已經活不下去了。她在心裡不斷回想過去幾個星期發生的事情，深怕自己遺漏了什麼線索。到了二月二十二日，亞米拉的父親——曾為了讓女兒在西方過上更安全的生活，而選擇逃離衣索比亞的那個男

＊譯按：該團體的名字在英文中亦有「牢籠」之意。

人——帶著女兒的泰迪熊，在一個電視節目裡哀求十五歲的亞米拉回心轉意。「我們很想你。我們每天都在哭。拜託你再多想想吧，千萬不要去敘利亞。」他的英語並不流利，但聲音非常柔和。

對很多英國人而言，那些女孩們有多年輕，是不是學生或少數族裔，以及是否被伊斯蘭國的招募人員欺騙，這些問題根本就不重要。《太陽報》上的一位右翼時事評論員指責，「敘利亞三姝」的家長沒有防止女孩們「奔赴敘利亞成為聖戰士的妻子；她們除了黑袍和工業用潤滑液之外，什麼都不愛。」他要求英國政府停止將女孩們搭救回國：「就算我們真的知道敘利亞三姝在哪裡，或許也應該就讓她們留在那裡除除腿毛、服侍那些撒旦的爪牙；我們真正該做的，應該是專心尋找**我們自己**的孩子吧？」的確，那些媒體上的聲音讓卡迪薩、亞米拉與沙米瑪不再是**我們自己**的孩子；她們不再擁有英國人這個身分了，彷彿她們從來就不曾擁有過。

將問題歸咎於女孩和家長們的，並不是只有右翼媒體而已；一位為自由派報社《獨立報》撰寫文章的專欄作者，也對亞米拉的父親上電視這件事做了一番嘲諷：

> 我想問問胡珊，當他手裡拿著女兒亞米拉的填充玩具時，心裡覺得自己嬌弱天真的小女兒之所以會離開英國，把泰迪熊拋在腦後的關鍵原因到底是什麼？是亨寧——那個心中只有善意、別無他意的男人——被斬首的影片嗎？還是某些人在拉卡市中心被掛在十字架上處死的照片？還是科巴尼那個慘遭強暴、支解，最後橫屍街頭的六歲女童的新聞報導？她在想像自己未來的人生時，最想成為什麼樣子？是百依百順、擁有強大劊子手男

朋友的聖戰士新娘？還是背著機關槍、訓練有素的殺手？這些人的手裡，應該都沒有泰迪熊吧？

那位作者在文章最末，則將矛頭直接對準了那些女孩：

> 我就直說了吧，你們根本就永遠都不應該被允許回到英國來；世界上還有好幾十個更血腥、更糟糕的地方，更符合你們想要的生活型態。我曾經問我的自由派朋友我們到底該怎麼辦，結果他們全都不知道該如何回答，咕噥好了一陣子才說：「不怎麼辦。」哪天如果你們看膩了石刑、十字架處死和斬首的話，記得給我打通電話；我會帶著你們的泰迪熊，去希斯羅機場的入境大廳幫你們接機的。

自從報紙媒體發現亞米拉的父親曾經參與在倫敦舉行的政治集會（比如抗議沙烏地阿拉伯政府驅逐衣索比亞人，或是抗議美國電影嘲笑先知穆罕默德）之後，媒體也開始不再認為他有權利指責警察怠忽職守了。他們說，他的女兒亞米拉之所以願意「擔任這個令人興奮、充滿挑戰性的職位——一個受僱於伊斯蘭國的妓女」，全都是他自己一手造成的。

不論是在客廳裡或是在餐桌上，整個倫敦的穆斯林群體都在熱烈討論著這些事件；他們愈來愈相信，無法阻止女孩前往伊斯蘭國這類的失誤占比如此之高，簡直是不可思議。那些家屬開始埋怨警察，甚至導致東倫敦清真寺的發言人法爾西都必須出面緩頰，不過他本人對這種現象其實也感到不可置信。「大家不斷討論，認為那些孩子其實是被刻意放出國的。」他說。「大家認為警察之所以放他們走，就是因為他們想要把事情鬧大。」或者，警察可能是想要監視他們、蒐集情報，藉此釐清伊斯蘭國到底是透過哪些操作和指揮的方式，將女孩從東倫敦拐走，送往拉卡。那些家屬的律師甚至認為，警方之所以讓那些孩子前往伊斯蘭國，就是為了擴大英國維安單位在伊斯蘭國內部布下的間諜數量。

英國政府推出了「預防政策」來辨認那些可能被極端主義影響的年輕人，然而真要說起來，這種政策本就非常容易導致警方過度反應。但話說回來，這個政策為何沒有辦法辨識出哪些女孩可能會受到影響呢？當沙米瑪聯繫上烏姆萊絲這位知名的伊斯蘭國招募者時，警方為什麼沒有任何行動？「這些都發生在『預防政策』的監控之下，也證明了這個政策是完全失敗的。」法爾西如此說道。「如果警方或校方有察覺到這個狀況，這些女孩最後怎麼還能溜出英國，前往土耳其？這到底是怎麼發生的？」那些家屬於是開始計畫前往土耳其。他們就和歐洲各地擁有相同處境的家庭一樣，覺得警察並沒有想要幫他們把女兒們找回來。

警方沒收了學校裡其他女孩的手機——他們知道那些女孩在卡迪薩、亞米拉與沙米瑪離開之後，都仍在持續和她們進行聯絡。後來他們將手機還給了她們，想必也都在裡頭安裝了竊聽裝置，希望能更密切地監聽她們的聯繫內容。

雖然許多嚴謹的學者都不同意「激進化」這種說法——其實根本就沒有實證基礎，可以用來預測一個人什麼時候會做出暴力行為——但執法單位一般採取的方法，不論具有哪些瑕疵，遵循的都是「一群小伙子」理論（"bunch of guys" theory）：這種理論的概念是，年輕人會因為同儕壓力而成群結隊地加入激進團體。貝斯諾格林學校的女孩們離開英國之後，警方也開始採用了這種思考方式。然而很顯然地，這種思維並沒有能在為時已晚之前，就先找出這些女孩們。

英國國會委員會後來舉辦公聽會，對該政策的失敗（一而再、再而三的失誤，每起失誤都比前次還要更加不堪）進行檢討時，一位來自倫敦警察廳的委員說，他對於通知信未能送達家長手上感到「很抱歉」，而委員會的主席則說，「這對於警方應有的信譽而言，是一記沉重的打擊……倫敦警察廳理應是世界上最優秀的一支警隊。」那些女孩們的旅程需要一筆不小的現金，還需要不少後勤協助。「這可不是套裝行程。」那些家屬的律師如此說道。到底是誰為她們提供了協助？為什麼沒有人告知他們這些事情？警方最後說，她們的旅費來自珠寶首飾——眾所皆知，亞洲人本來就會在家裡收藏金飾；那些女孩一定是把那些金飾拿去變賣了。家屬們對於這種說法感到非常憤怒。只有一個女孩帶走了兩隻金手鐲，而其他女孩都將珠寶飾品留在了家裡。

貝斯諾格林學校耗費鉅資聘請了律師。八卦小報則派出記者在學校外面遊蕩，買通女學生，藉此獲取那三個前往敘利亞的學生的八卦消息。某個報社則以一大筆資金作為誘因，和其中一位女生的家長在飯店房間裡進行祕密訪談，藉此取得了一些獨家新聞。那些女孩的親戚之中，有不少都手頭拮据，住在社會住宅裡，此時卻突然發現，報社居然願意用金額不小的支票來換取他們的說法。他們於是推波助瀾地指控：都是警察的錯！都是學校的錯！都是老師的錯！都是清真寺的錯！都是亞米拉爸爸的錯！八卦小報的記者會假冒各種身分，用不同的假名撰寫故事，讓家屬和各個機構彼此針鋒相對，也讓無法看清到底是哪個機構應該負起最多責任。然而女孩們依然不見蹤影。

最後終於想出方法聯繫女孩們的，是跟女孩一樣同屬千禧世代的清真寺發言人法爾西。他想到可以在社群媒體發起「＃打電話回家吧女孩們」（#callhomegirls）運動，並在三月底將這句話發布在推特上，當時女孩失蹤剛滿一個月。隔天早上，用功向學、戴著眼鏡，臉上總是掛著可愛笑容的卡迪薩，接受了姊姊在她的 Instagram 上提出的追蹤請求，於是她們開始私訊聊天。卡迪薩問起了母親。「她正在禮拜墊上請求阿拉幫她找到你。」她姊姊如此寫道。卡迪薩則說，她很快就會打電話回家。她對於姊姊想要找到她這件事似乎存有疑心。她的姊姊決定做些小測試，來確認和她私訊聊天的人真的是卡迪薩本人。「大腳趾是誰？」卡迪薩看到之後回覆她：「哈哈哈，是我們的表弟啊。」

隔天她們再次聯繫上時，她說她現在住在一個非常舒適的房子裡，「這裡的天花板上還有漂亮的吊燈。」她姊姊問她是不是要結婚了，但卡迪薩對於這個問題有些惱怒。「你明明很了解我。我來這裡不只是為了嫁人而已。」但經過追問之後，她也說她的確正在「考慮中」。她姊姊告訴她，警方已經承諾家屬，如果她們願意回來的話，將不會遭到起訴。她央求她，要她好好考慮回家。卡迪薩看了之後平淡地說：「他們在騙人。」

英國其他擁有大量穆斯林學生的學校，也都陷入了混亂之中。光是在東倫敦，警方就沒收了將近三十名女學生的護照，因為他們認為那些學生很有可能也會前往敘利亞。緊張兮兮的老師和校方管理人員，則在等著警方指引他們如何回應。「我們所有人都很擔心，下一個出現在報紙上的會是我們的學校。」某個校長對一位記者低調地如此說道。在倫敦任教的老師們都收到了一封來自女權運動者的公開信，必須唸給他們的學生聽。

> 親愛的姐妹，你不會知道我是誰，但我和你一樣，既是英國人也是穆斯林。你的有些朋友可能已經加入了伊斯蘭國，而你可能也在考慮要不要加入他們……我寫這封信別無他意，單純只是想告訴你們，你們正在被最邪惡的方式欺騙……親愛的姐妹，千萬不要相信那些謊言，那會摧毀你自己和家人的人生……你會發現，許多穆斯林姐妹也都拒絕了伊斯蘭國的召喚，因為她們已經看穿，伊斯蘭國正在散播的意識形態是極其有害的。

這封信詳細描述了伊斯蘭國暴力而貪婪的行徑，也描述伊斯蘭國如何扭曲了伊斯蘭的核心教義。它動人且極富說服力地，對伊斯蘭國和他們傳達的訊息進行了批判。該信的作者名叫莎拉汗，是一名年近四十的英國籍穆斯林女性，也是一位運動分子，她所營運的「啟發組織」，目標就是以女權觀點來對抗極端主義。

到了二〇一五年左右，在所有致力於極端主義和女權議題的人之中，莎拉汗已經成為發聲最力、曝光率最高的其中一位穆斯林女性。她可以輕易登上知名的電視節目或廣播節目，出現在《Vogue》時尚雜誌裡，並在各大校園巡迴演講，教導女孩如何拒絕極端主義的誘惑。她堅定地批判穆斯林社群的父權慣習，並主張宗教意識形態就是伊斯蘭國和暴力極端主義的吸引力的根源。她曾在討論自己為何要「從那些法西斯主義者手中奪回信仰」的時候公開說道，「我覺得瓦哈比主義和薩拉菲主義好像偷走了我的信仰。」她堅持主張，年輕穆斯林需要接收正確的訊息，也就是她所稱的「線上反敘事產物」（online counter-narrative products）。她在《太陽報》上發起了一場名為「#表達你的立場」（#makingastand）的反伊斯蘭國運動，雖然這份八卦小報，也總是喜歡刊登一些關於穆斯林的假資訊。

對英國政府來說，莎拉汗的這種立場，也讓她成為一個很理想的政府代言人和倡議者；在當時，英國政府已經將極端主義歸類為一種和意識形態有關的狀態，因而從政治領域脫離了出來。莎拉汗逐漸成為鎂光燈焦點的同時，英國也剛好正在持續強化「預防反恐策略」。到了二〇一五年前後，英國的穆斯林群體開始發現，他們比別人更容易被警方拘留，也更容易在機場和邊檢站成為被鎖定的對象；他們發現一些表現突出，以信仰為基礎的學校也開始受到了監視，甚至因為一些無關痛癢或是被誇大的失誤而被迫關閉。最恐怖的是，他們發現政府愈來愈常將他們的孩子帶走，而理由則是保護孩子免於激進化的影響。這些真實的焦慮，也讓外界對「預防反恐策略」的疑慮變得更加真實，然而莎拉汗指控，由「伊斯蘭主義者」所推動的遊說活動（也就是她所稱的「反預防遊說活動」），正在製造出一種「有害」的氣氛和敘事，不利於政府的策略，但她堅持這些策略不只整體而言是有效的，而且也是眾人需要的。

雖然莎拉汗將她的「啟發組織」包裝成一個草根的女性團體，但眾人卻在二〇一六年發現，她的「#表達你的立場」運動不只收受了政府的資金，而且還是英國內政部下轄的「研究資訊與通訊局」所打造出的結果。研究資訊與通訊局將自己的業務稱為「戰略性溝通」——如果用冷戰時期的語言來說，其實就是政治宣傳；根據研究資訊與通訊局自己的文件，該組織的目標是「改變人們的行為和態度」。莎拉汗於二〇一六年出版《為英國伊斯蘭而戰》這本書時，和她一起掛名的作者，就是一位為研究資訊與通訊局工作的顧問。

莎拉汗經常指出，「穆斯林社群」這種說法其實大有問題，因為那掩蓋了人數將近三百五十萬的英國穆斯林內部的多樣性、歧異和衝突。然而這一大群被稱作「社群」的穆斯林如果真要說有什麼共通點的話，那便是他們都討厭被操弄的感覺，討厭日漸被政府視為國安威脅、二等公民的感覺。監視英國穆斯林，透過各種藉口和他們進行互動，對政府來說已經成為一種稀鬆平常的事情了。大家後來發現，有些社工的真實身分其實是反恐警察。在那些擁有大量穆斯林學生的學校裡，老師則會對孩子發放問卷，要他們質疑關於真主和認同的問題，後來大家才知道原來那是國家在「辨識孩子身上是否帶有激進化的種子」。

然而穆斯林也正是因為這種氣氛，才會對莎拉汗的崛起感到十分厭惡。英國政府一方面不斷以社會觀點或政治觀點為由，和各種穆斯林群體切斷關係，另一方面又似乎只願意和某個由它資助栽培的公民社會流派進行互動。雖然英國政府不斷標榜自己在和穆斯林群體進行互動，但大致來說，那其實不過就是政府在與自己對話罷了。

外界批評莎拉汗沒有透明揭露自己和政府的關係，她則為自己辯護，認為那是伊斯蘭激進派在攻擊她關於性別平等的言論。早在二〇一四年就有位女性穆斯林部落客曾經寫道，莎拉汗已經「完全陷入了一團混亂，她原本還算是個受過伊斯蘭基本訓練的穆斯林，現在卻已經成為一個，嗯，坦白來說，就是困惑的走狗，完全搞不清楚狀況了。」二〇一五年末，一位頗受歡迎的工黨國會議員將莎拉汗的團體稱為「穆斯林社群中最討厭的組織」；到了二〇一八年，保守黨的前主席則稱莎拉汗是「內政部的喉舌」。然而英國政府依然任命她進入反極端主義委員會，而且諷刺的是，她在委員會中負責的就是社群工作。

關於伊斯蘭國和失蹤女孩的公共討論，突然不再像之前那樣多元，也不再有真正的意見交流；當他們在釐清責任歸屬時，也變得更想要辨識出某個單一的成因、單一的敘事。英國政府將一切問題都歸咎於意識形態。智庫則對這種說法加以檢視調整，認為真正應該怪罪的是沙烏地阿拉伯人輸出的薩拉菲主義。八卦小報和右翼人物則會認為那就是一般穆斯林的錯。於是這一切都變得像是一場羅夏克墨跡測驗：人認為重要的事物，大部分都反映出了他們自己的立場傾向，以及他們想要辯護或怪罪的對象。一位報導恐怖主義議題的英國穆斯林記者，則提到了沃爾瑟姆斯托的迪奧班迪*的「有害活動」；一位曾經加入極端團體、後來為政府效力的人士，則採取性心理學（psychosexual）的觀點，認為那些女孩想要「脫離家庭為她們設下的傳統性別角色所衍生的苦難——她們的家庭經常將她們視為物件」；親以色列的運動人士警告，這些事件都有反猶情緒牽涉其中；穆斯林運動分子指責反恐戰爭，以及軍警人員所犯下的騷擾案件；白人女性主義者怪罪有害的陽剛性和「親密恐怖主義」（intimate terrorism）；某位前往敘利亞的年輕女性的母親則說，出現在小鎮裡的種族主義和她的前夫才是問題的根源：「他就是個大壞蛋。這個鎮上的每個人都聽過他，沒有人在講到他時能說出什麼好話。」

大家很快便明白，貝斯諾格林校方對於女孩失蹤的回應方式，將會嚴格遵循英式的沉默路線。政府沒收了校內其他幾個女孩的護照，並將她們置於法院的監護之下，由家庭法院體系來擔任她們最終的法律監護人，如果沒有法院的許可，她們將無法離開英國；但針對這些措施，校方並不允許師生進行討論。幾名女孩於二月份失蹤後沒多久，學校主任便召集全校師生發表談話。學生和老師們都明顯十分躁動，但他在提及女孩前往伊斯蘭國時，使用的都是一些裁減過的詞彙，不留任何討論空間。老師也被要求不得討論這件事，就算只是私下討論也不行，這個禁令維持了很長一段時間。

如果你的學校裡有四個女孩——四個聰明、受歡迎的女孩——突然消失，前往伊斯蘭國，這件事是否會讓人覺得沮喪、困惑，甚至還有點受傷呢？上英文課的時候，她們不再會坐在你的旁邊，一起思考《動物農莊》這本書，討論為什麼書裡出現的豬是暴政和政治宣傳的化身（那些女

＊譯按：一種出現於十九世紀末北印度的遜尼派伊斯蘭復興運動，為英國殖民地的反動，主張恢復正統伊斯蘭並反對帝國主義。

孩如果要大聲講出「豬」這個字的話，有時會直接拼出「P、I、G」這三個字母、而不願唸出「pig」這個字，好將觸犯穆斯林教義的程度降至最低）。每逢週五，她們也不會再和你一起跪在禮拜室裡把額頭貼在地上。也許本來應該要有人協助貝斯諾格林學校的學生去理解所有這些事情，然而有些學生後來發現，在警察和其他政府機關的眼裡，試圖理解這些事，其實就和同情失蹤女孩沒什麼兩樣，都是非常危險的事情。

莎米娜、卡迪薩、亞米拉與沙米瑪

倫敦與拉卡，二〇一五年七月

二〇一五年六月，伊斯蘭國在突尼西亞的海灘上對英國遊客發動了一起攻擊事件，引起了全球的關注；就在那不久之後，一名《每日郵報》的記者則在沒有暴露身分的情況之下，在推特上和亞米拉進行了聯繫。這名記者假裝自己是個想去敘利亞的年輕女孩，問她新聞媒體上關於伊斯蘭國的報導是否屬實。亞米拉回覆道：「不要相信他們關於伊斯蘭的說法，因為他們是伊斯蘭的敵人，絕不會說出任何關於伊斯蘭的好話。他們說的每一件事都是謊言，相信我。」那位記者最後還問了她對於突尼西亞那場攻擊事件的看法，但亞米拉只回了一句「哈哈哈」。被問及是否覺得那些遊客很無辜的時候，她卻建議記者「做些研究，比方說，你可以讀讀關於這件事的文章」。

《每日郵報》將亞米拉的臉放在了報紙頭版上，那張表情誇張的照片，是她還在學校的時候拍的，照片裡的她翻著白眼，帶點恐怖漫畫式的戲謔。這篇專題故事刊載於二〇一五年七月，文章指控亞米拉試圖引誘記者加入伊斯蘭國，並記錄下「這位愛開玩笑的倫敦女孩」如何對「發生在海灘上的暴行做出噁心的評論」。就在兩個月之前，也就是她抵達敘利亞後的第一個春天，亞米拉嫁給了澳洲戰士艾爾米爾；艾爾米爾在前往敘利亞之前，曾經在雪梨擔任屠夫。後來艾爾米爾聯繫了《每日郵報》，警告他們若不停止騷擾他的妻子，他就會對報社發動攻擊；這起事件，或許是英國媒體史上最詭異的爭議事件之一。

二〇一五年的一整個夏天裡，那些女兒已經前往敘利亞的家長們，都在緊張地盯著自己的手機和日報，不曉得自己的女兒會對他們周遭的暴力和殘忍行為發表什麼看法。以烏姆萊絲為名的蘇格蘭部落客阿格莎，其父母也是在看了她的網誌之後，才知道她對伊斯蘭國於當年夏天發動的攻擊行動大為讚賞。他們於是發布了一道嚴厲的駁斥聲明，表明阿格莎不能代表伊斯蘭，也不能代表她的家人。

> 阿格莎的家人昨天留意到，阿格莎在部落格上以烏姆萊絲之名讚揚發生在突尼西亞、法國和科威特的攻擊事件。對於她在齋戒月期間假冒伊斯蘭而講出的最新誹謗言論，他們都感到非常的憤怒。雖然她們的女兒可能已經讓她自己的家人再也無法感到幸福快樂了，但看到她現在居然還會因為其他家庭的心碎而額手稱慶，他們依然感到非常的厭惡。馬赫穆家族在此有些話，想對所有被伊斯蘭國吸引的年輕人說：不論是屠殺度假觀光客和在什葉派清真寺裡做禮拜的人，還是屠殺正在工作的無辜男子，這些卑劣行為都毫無榮耀和光彩可言，也與真主無關。至於阿格莎的言論，我們只能用扭曲和邪惡這些

詞彙來形容而已；她不是馬赫穆家族拉拔養大的孩子。

阿格莎的父母知道，雖然大多數英國穆斯林都痛恨伊斯蘭國的恐怖主義暴行，但對於那些想要將穆斯林都描繪成恐怖攻擊同情者的報紙來說，她的部落格就是現成的素材。

又過了一陣子，也就是當年十一月的時候，就在恐怖分子對巴黎發動攻擊的一個多禮拜之後，《太陽報》在頭版頁面放上了一張照片，照片裡的男子正在揮舞著一把刀子——他就是來自倫敦、後來成為伊斯蘭國劊子手的聖戰士約翰。他的頭像上方有一行標題正在疾呼：「每五個英國穆斯林之中，就有一個同情聖戰士。」這行標題，扭曲了一份關於英國穆斯林的政治意見的調查報告；該報告詢問受訪者有多同情那些「離開英國、前往敘利亞加入戰士行列的年輕穆斯林」。英國政府的新聞監管機關指出，該報紙將許多完全不同的概念混為一談：前往敘利亞並不等同前去參戰；就算受訪者同情走上這條道路的人，也不代表受訪者支持他們在那裡的行為；**戰士**和**伊斯蘭國**也不是同一個概念。

負責執行該調查的一名年輕工作人員，後來曾以匿名的方式為《Vice 新聞》撰文，指出他對於該調查用字怪異、過度簡化的語言感到非常的不舒服，還提到這種措辭方式，如何可能導致受訪者的回答，和他們心中的真正想法有所出入。「每個和我交談超過五分鐘的人，都會譴責那些以伊斯蘭之名發動的恐怖攻擊事件。」這位民意調查人員如此寫道。「然而這些想法和感受，卻無法靠一系列簡短的選擇題呈現出來。如果我們認為一個用字不佳的民意調查，就能呈現出認同和宗教這些十分複雜且容易激起情緒反應的議題，那實在是太可笑，甚至還是有害的。」

就在這份調查結果於十一月出爐的那週裡，英國的反穆斯林種族主義攻擊次數便突然暴增為以往的三倍。有人對戴著頭巾的女性吐口水，甚至將她們的頭巾扯了下來。戴頭巾的女性在社群媒體上紛紛轉發了幾則提醒，和彼此分享如何在車站月台上保持安全距離，盡可能地降低被人推到軌道上的機會。英國政府的新聞監管機關，則裁定《太陽報》的調查扭曲事實。然而政府的監管機關對媒體終究是缺乏制裁力量的。他們的調查太過挑剔，以至於他們經常會忽略外界的抱怨；他們不會對報社進行罰款，而當他們要求報社更正報導時，他們也不會要求報社進行道歉或是刊登更正啟事。媒體不需付出長期的代價，因此也沒有誘因去改變他們一直以來的做法。

販賣對穆斯林的恐懼是一門好生意。正如一位因另一起事件而面對政府檢控的《太陽報》編輯所說的，他還是會繼續做一樣的報導。

拉赫瑪與古芙蘭

利比亞，扎維亞，二〇一四年九月

多年以來，歐爾法都會在特定季節前往利比亞擔任清潔工；若要說有什麼事情是她擅長做的，那便是選一個適合的家庭在裡頭擔任女傭。首先，女雇主必須夠漂亮，否則可能就會對於讓某個迷人的女性出現在老公身邊感到不安，然後再用各種苦差事和刻薄的字眼來懲罰她。其次，女雇主的脾氣也不能太差，不能看到茄子比她認為的價格貴幾塊錢就大吼大叫。只要和正在雇主家裡工作的女傭簡短談過，要猜出這些事情並不困難。歐爾法很開心，因為那年夏天，她在扎維亞這座位於利比亞濱海地區的小城市裡，為拉赫瑪與古芙蘭都找到了好雇主。

擁有棕櫚樹和杏黃色政府大樓的扎維亞，是利比亞最大的煉油廠的所在地。這個國家靠石油創造的財富儘管分配並不均，但依然能讓不少利比亞人負擔得起有傭人服務的寬敞別墅。歐爾法很喜歡扎維亞。那裡的街道比較乾淨，還有供應鬆餅和法式千層酥的咖啡廳。那些試圖搭船前往西西里島，卻在途中溺斃的難民屍體，有時候會被沖上岸，大家則會將那些屍體裝在黑色屍袋裡排列在沙灘上；如果你從遠方看過去，那些屍袋幾乎就像一條條沙丁魚一般。

二〇一一年二月份，利比亞人民起義反抗了當時的獨裁者格達費，而北約則在三月份發動了空襲，表面上是為了保護平民、避免他們遭政府屠殺。然而北約行動的目標，很快就變成推翻格達費，而格達費本人也在當年稍後喪生。利比亞整個國家於是陷入了混亂，很快就成了各種極端團體的溫床，吸引了許多武裝分子從國外前來。這些在彼此競爭的武裝分子，背後其實都由不同的阿拉伯國家資助，因為各國都想爭奪利比亞主要城市和產油區的控制權。扎維亞在和其他武裝團體對抗的過程中遭到了包圍，而拉赫瑪與古芙蘭的雇主家庭，都和統治該城市的地方民兵團體有所關聯。

僱用拉赫瑪的女人很好客，不過當第一天歐爾法陪著拉赫瑪前去上工時，那位女雇主看起來卻有點困惑。「她想要戴這個嗎？」女雇主一邊看著拉赫瑪的全罩式面紗，一邊問道。

「是的。」歐爾法嘆道。「不過，如果真主願意的話，你可以說服她在白天裡，至少在家裡的時候脫下面紗。」

那位女雇主發出了嘖嘖聲，然後對著拉赫瑪笑了笑。「我們在這裡就像你的家人一樣。別讓自己覺得像和外人在一起似的。」

拉赫瑪用眼色回給了她一個微笑。歐爾法要求和女雇主到廚房裡私下談談。她壓低嗓子解釋道，她的女兒在蘇薩遇上了一些不太對勁的組織，如果她行為有任何奇怪的地方，請女雇主一定要告訴她。

拉赫瑪的雇主家裡有很多武器。那裡可能是當地民兵團體的軍火庫，也可能每個武裝分子的家裡本就都有大量的軍械，拉赫瑪並不清楚。當她用吸塵器打掃家裡時，她的目光會不斷掃向角落裡的幾把步槍，以及一個頂層放置茶杯，其他層擺滿手槍的木櫃。她滿懷期待地等到了一個能和那些槍械獨處的時機，然後將步槍背在了自己的肩上，接著在一面邊緣鑲金的鏡子前凝視自己的身影。

歐爾法覺得古芙蘭比拉赫瑪正常一些，所以允許她帶手機。古芙蘭工作的地方同樣是個舒適的房子，而屋主則是一名石油工程師，他已經成年的孩子在外地生活，因此古芙蘭的工作量並不大。古芙蘭和拉赫瑪開始在古芙蘭工作的公寓樓下參加古蘭經課程；拉赫瑪當時已經嘗試背誦古蘭經一年多了。

每天傍晚，歐爾法在完成自己的幫傭工作之後，都會輪流前往女兒工作的地方，幫她們完成她們沒做完的工作。某個炎熱的週間早晨裡，當歐爾法正在準備拖地時，古芙蘭卻突然出現在母親工作的雇主家門前。她突然張開雙臂、將歐爾法抱得緊緊的。「請原諒我。」她小聲地在母親耳邊說道。

「原諒什麼？你又沒做錯什麼？你為什麼沒在工作？」歐爾法一邊滿腹狐疑地問道，一邊從古芙蘭突然擁上的懷抱裡掙脫開來。

「拉赫瑪今天需要你的幫忙。」古芙蘭說道。「他們今天有客人，雖然你今天本來是要去我那邊幫忙的，但你可以去她那邊嗎？」

歐爾法同意了她的請求，然後把她趕了回去；她希望能在午餐之前把地拖完。等她完成自己的工作之後，她便前往拉赫瑪雇主的家裡，一直陪她工作到傍晚，但她沒看到有人在準備什麼派對。「派對取消了。」拉赫瑪聳了聳肩，如此說道。

隔天早上，歐爾法的電話響了。僱用古芙蘭的女雇主說，古芙蘭前一晚並沒有回家，也沒有任何留言。歐爾法聽了之後嚇壞了，連鞋子都沒穿就直接衝出家門，飛奔穿過三個路口到古芙蘭雇主的家裡。她把在路上遇到的每個人都攔了下來，然後氣喘吁吁地問他們：「你認識我的女兒古芙蘭嗎？你有看到她嗎？」她原本以為拉赫瑪才是更衝動、更可能走偏的人。沒想到和她感情很好、年紀最大又很聰明的古芙蘭，最後卻成了真正逃走的人！她可是她最喜歡的孩子啊！歐爾法猜想可能發生了什麼事。她可能是遇到了某個男人，某個很好的男人，然後和他跑走了。也許她很快就會和她聯絡，打電話和她說，那個男人雙親是保守的中產階級，不同意他們在一起，所以他們便私奔了，現在住在利比亞首都的黎波里，希望歐爾法能盡快過去看他們。

當她抵達拉赫瑪的雇主家時，拉赫瑪看了一眼她凌亂的衣服，以及滿是塵土的雙腳。「不要給自己太多壓力，媽咪，你沒辦法改變什麼的。古芙蘭已經去敘利亞了。」拉赫瑪柔和地說道。

「敘利亞！」歐爾法齜牙咧嘴地叫道。

僱用拉赫瑪的女人，也就是那位民兵長官的妻子，此時聽到了她們的對話。「她真的去了敘利亞嗎？」她好奇地問道。

歐爾法跪了下來，開始親吻拉赫瑪的腳，哭著哀求她的女兒，「告訴我她去哪裡了，不要把你的姊姊帶走。」

「你先冷靜一下。」拉赫瑪的女雇主對歐爾法說。「讓我們先搞清楚到底發生了什麼事。」她打了通電話要丈夫先回家一趟。她丈夫所屬的武裝團體在城市周遭布置了嚴密的封鎖線，如果拉赫瑪願意提供一些資訊的話（比如古芙蘭和誰離開，離開時開的是哪種車），她丈夫說不定能找到她的下落。

她的丈夫是一位高䠷的男人，留著俐落的鬍子；他在接到女雇主的電話之後很快便趕來了，後面還跟著兩個穿著米色迷彩衣的男子。其中一名穿迷彩衣的男子在拉赫瑪的對面坐了下來，試著和她講道理。「聽我說，女孩，我們可以派人去每一條出城道路上的檢查哨找，但我們需要你提供一些資訊。那個人的名字、他們前往的城鎮或方向，或是他們曾經通過的電話。什麼都行。」拉赫瑪默不吭聲地坐著。他和另一個男子試過之後，拉赫瑪依然什麼都不說。歐爾法的胸口不斷顫抖，不時發出尖叫聲。她像在演戲一般的誇張反應，讓那幾名軍人對拉赫瑪逐漸失去了耐心。其中一人將她推倒在地，讓她跪在地上。「你居然敢這樣對待你的母親！馬上告訴我你姊姊去了哪裡。」

拉赫瑪快速地從口袋裡拿出了一小張寫有電話號碼的紙條，然後將紙條塞進了嘴巴裡。「我什麼都不會說的。」她如此說道。歐爾法抓住了她的喉嚨，而拉赫瑪則眼眶泛淚地抓著她母親的手，將紙條吞了下去。

那名軍人轉向歐爾法說道：「女士，你的女兒讓我非常不高興。如果她不提供資訊讓我們追查下去的話，我就要殺了她。」

歐爾法也受夠了。「我不在乎了，你殺吧！」她尖聲叫道。她被拉赫瑪氣瘋了，這個女孩從一開始就是個大麻煩。

拉赫瑪整理了一下自己的頭巾、挺起胸膛，然後開始笑著覆誦道：「萬物非主，唯有真主……」

一聽到這句話，歐爾法立刻給了她一巴掌。「給我閉嘴，不要再講你那些伊斯蘭國的狗屁。」

到了隔天早上，歐爾法已經哭腫了雙眼，終於接受了古芙蘭已經消失的事實。她在前一天晚上打了電話給在突尼西亞的朋友和熟人尋求幫助，每個人都建議她盡快回家；利比亞沒有政府，然而如果沒有政府的幫忙，你是很難找回失蹤女孩的。

回到突尼斯之後的幾個禮拜裡，她在警局和律師辦公室裡經歷了數不清的面談，還上了幾次電視。歐爾法當時和警察說，他們想對拉赫瑪幹麼都可以。「我不需要她了。你們想辦法讓她告訴你們她姊姊在哪裡吧。我只想要她姊姊回來就好。」

警方花了好幾天的時間訊問拉赫瑪，有時甚至會將她留在拘留所過夜。事實上，無所畏懼又十分固執的拉赫瑪，在這些考驗之下似乎變得更為堅強了。她告訴母親，就算她在成功抵達伊斯蘭國之前受傷或喪生，她依然可以被稱為烈士。由於拉赫瑪還未成年，因此警方在訊問她時通常也會讓歐爾法在場。她女兒說出的話讓她非常驚訝。拉赫瑪坦然地承認她和伊斯蘭國的關係；她宣稱她效忠的是巴格達迪。她還提到了一些網站，她曾在上面學習如何使用武器。

負責訊問她的警察似乎對於記錄這些事情感到十分厭倦。「如果你真的如此相信他們，幹麼不跟你的姊姊一起去呢？」他問道。

「因為我想要留在突尼西亞效力。」她回覆道。

「女士，你真的應該要建議你的女兒少說點話。她可能要在牢裡度過餘生了。」那位警員如此告訴歐爾法。

但在歐爾法看來，警方想要的似乎恰好相反：他們希望拉赫瑪多說些話，好讓他們可以蒐集情報。他們希望她每天早上都到警局裡打開她用來和古芙蘭聯絡的臉書即時通訊軟體，這樣警方就能監視她們的對話。也許他們在利用她的女兒蒐集情資（的確很有可能）；讓這個事件惡化、爆發，或許對於掌權的人也更加有利（可能性同樣很高）。官方處理這起事件的方式背後的那些政治和國安陰謀，都讓歐爾法覺得非常困惑；她感覺自己就像是個籌碼，置身在一個更大、更複雜的賭局之中。

截至二〇一五年末的當時，突尼西亞已經有數百名女性前往加入了伊斯蘭國。歐爾法是少數願意上電視講述自己經驗的母親。社會輿論在討論前往敘利亞、加入聖戰的突尼西亞年輕人時，經常忽略掉了女性，而當他們提到女性時，媒體也通常會認為她們的動機純然和性有關。有些媒體的報導宣稱，突尼西亞女性之所以前往敘利亞和利比亞，就是為了成為伊斯蘭國的妻妾，並將這種令人咋舌的現象稱為「性聖戰」（sex jihad）。但那其實是個虛假的概念，而且是由好多層誤解所混合成的概念：其中的一個誤解，便是女性是以戰士的慰安婦身分前往敘利亞的；另一個誤解則是，她們會以神學的角度來合理化自己的行為。

這種「性聖戰」報導的來源，是和突尼西亞警方，或和敘利亞政府有關係的媒體；這兩類媒體都希望將湧入敘利亞的戰士和女性描繪成異類或恐怖分子，而在性聖戰的例子裡，這些女性則被描繪成身為異類和蕩婦的恐怖分子。突尼西亞報章媒體上經常看得到一些標題，宣稱從敘利亞回來的女性如果不是懷了孕，就是染上了愛滋病毒。在突尼西亞的媒體或政治環境裡，根本就沒人想討論為何會有數百名女性決定用腳投票——她們用前往敘利亞的方式，來表達自己對於突尼西亞新政府未能實現承諾，以及對於當時的區域秩序有多失望。將問題歸咎於那些因為扭曲的宗教和欲望而前往敘利亞的暴力極端主義者，的確是個容易許多的做法。

歐爾法知道，驅動她女兒的動機並不是性。她們甚至不是為了尋找丈夫而做出這些事情的。就某個程度而言，她們的確充滿了浪漫情懷，但哪個青少女不是這樣？她們並不是因為被某個年輕男子引誘，才加入那些行動的。事實上，有不少在傳教攤位工作的當地男性，都曾向她的兩個女兒求婚，但她們並沒有興趣。當某個電視節目主持人第一次對歐爾法提出「性聖戰」這個理論，以此來解釋她女兒為何會前往敘利亞時，歐爾法顯得非常憤怒。「這種說法簡直荒謬至極。我之所以這麼說，不是要為那些組織辯護，而是因為說我女兒前往敘利亞是為了當某種性奴隸的這種說法，根本就不是事實。她是可以選擇的，而她也的確做出了選擇。」

努兒

突尼斯，克蘭姆，二〇一四年八月

努兒每晚入睡時，都會將手機握在手中。那是她試圖和卡里姆保持聯繫的方式。卡里姆當時已經飛往巴黎，開車前往布魯塞爾，然後再從那裡前往土耳其了。她在當年春天生下他們的女兒之後，用 Telegram 傳了一張她的照片給卡里姆，不過光有照片似乎還不夠。她希望他能親身聞聞她帶點奶味的氣息，感受她們女兒小小拳頭抓東西的力道。

她原本以為，她會在幾個星期之後、等寶寶度過四十天的襁褓期就去和他團聚，然而一切卻沒有按照計畫走。辦理護照的政府人員告訴她，她需要丈夫的許可才能帶著小孩離開這個國家。為了阻擋年輕女性湧向敘利亞，突尼西亞政府開始針對三十五歲以下的公民，實施了一些往往相當武斷的旅行禁令。就旅行的花費而言，光是機票費用本身，就已經超過了她的積蓄。

自從卡里姆離開突尼斯之後的十個月裡，她好多時候都覺得他們的計畫不可能實現了。她試著想像在敘利亞的生活，但她腦海裡的畫面卻是一片空白。那裡會有冰淇淋店、可以在週日午後出去閒逛嗎？那裡會被轟炸嗎？卡里姆告訴他，她應該試著說服其他女人和她一起過去敘利亞。

他說伊斯蘭國無法在敘利亞招募到當地女性加入他們；他們在敘利亞試著控制新城鎮的過程中遇到了許多困難，而當地的女性都不怎麼喜歡他們。為了要讓伊斯蘭國可以像個國家一樣正常運作，它需要更多的女人，而且這些女人必須從國外找來。

她很氣卡里姆，因為他本來應該要匯錢回來的，但至今一毛錢都沒看到。努兒不太確定該怎麼辦，當時她做了很多自己知道不該做的事情，但也只能用因為實在太生氣了來合理化她的作為。比方說，她會和卡里姆的一個朋友傳訊約會，晚上睡前還會和他曖昧地聊聊天。她會對他的笑話報以笑聲，還允許他們的膝蓋在桌子底下碰在一起。努兒偶爾會在下午時間要母親幫忙看顧小孩，自己則跑去「和朋友們」喝咖啡。她會精心打扮，上妝時不只畫眉毛、上粉底，在公車上的鏡子裡看見自己的樣貌時還會覺得自己滿漂亮的。

她一向相信，真主知道她該怎麼做才是最好的，而她也一直遵照祂的旨意，希望能夠讓真主開心。然而那幾個月裡對她來說卻是場試煉。她知道和別的男人如此毫無節制地互動是不對的。但當時正值夏天，她需要一些事情來分散自己的注意力，不然她觸目所及全是一對對戀人在牽手，享用同一片蛋糕，在海邊自拍，或是在悄聲交談時相視而笑。

到了二〇一四年一月份，安納赫達和其同盟夥伴在外界不斷以國安為由的施壓之下，自願交出了權力。國際社會（尤其是歐洲國家）眼見突尼西亞對於伊斯蘭在政治上的實驗，能夠以如此文明的方式演進，而不像埃及那樣以屠殺和軍事政變，或像鄰國利比亞那樣以國家分崩離析作結，都感到如釋重負。世界各地的領導人都在稱讚安納赫達務實而成熟的做法，並讚揚突尼西亞是一個能夠進行和平轉型的民主國家。當年稍晚一些，法國知名的知識分子李維則旋風似地拜訪了突尼斯，他抵達時一如既往地不扣鈕扣、敞開著襯衫，還稱讚突尼西亞人用選舉「對抗宗教蒙昧主義者的戰役」大獲全勝，後來又稱其中一位安納赫達的主要成員是「政治圈裡最令人討厭的夥伴」。一群憤慨的示威者最後前往機場，要求他離開突尼西亞，並且永遠不要再來。

二〇一四年五月份，突尼西亞的新政府禁止伊斯蘭教法虔信者召開年會，因為這個新政府將其視為恐怖組織。賓．阿里時代對宗教領域的監控，當時仍在持續進行中，而一些伊瑪目也仍會因為各種虛假的指控而遭到騷擾或起訴。有些伊瑪目的確是在煽動暴力，藉此來對抗少數族群或政敵，但有些伊瑪目其實只是在挑戰那些聽從政府的伊瑪目長期以來在宗教領域製造的一團和氣的假象。維安部門的掃蕩行動對於這些伊瑪目之間的差異似乎並不在意。沒有人會質疑，那些以薩拉菲主義為旗幟聚集在一起、立場平和的突尼西亞年輕人，之後將會變成什麼樣子。一如某個年輕的突尼西亞人所說的，「那就像關閉一間工廠，你要那些工人何去何從？」

許多運動人士都紛紛引退，自此隱匿在公眾領域之外；有些則覺得，要他們再次轉入地下活動，假裝彷彿革命從未發生，簡直不可思議。他們的眼裡只有兩個可能的方向：利比亞和敘利亞。根據維安組織和突尼西亞政府的紀錄，二〇一六年突尼西亞一共有大約六到七千名男性、以及至少一千名女性離開了自己的國家前往敘利亞。住在克蘭姆的共產黨員賈瑪爾則說，克蘭姆已經有大約五百名男子選擇離開，而負責招募的人則可以獲得豐富的酬勞——每將一個年輕男子送往戰場，他們就能獲得三千美元左右的佣金。招募女性的佣金則稍微低一些。

賈瑪爾認識不少前往敘利亞的人，他會從心理分析的角度來看待他們的動機。許多女人單純只是非常煩惱；她們擁有一些跟身體意象（body image）*有關的問題，同時也努力想要逃脫自己的家庭。賈瑪爾還記得附近一個男孩，在幼年的時候經常遭到其他人的霸凌。賈瑪爾後來在伊斯蘭國一部運送囚犯前往刑場的影片背景中看到他。他親眼目睹過薩拉菲主義者招募自己的朋友。「他們瞄準的是最脆弱的人，在那個當下，他們所受的教育也不足以讓他們對外界進行更全面的理解，但卻又足夠虔誠、能夠感受到那些衝動。」他如此說道。「他們不斷用 YouTube 上的謝赫、伊斯蘭教令和聖歌來灌輸他們，六個月之後，某個人就會發現自己來到了敘利亞，一邊抽著大麻，一邊相信自己做了正確的決定。」

然而不論是霸凌、身體意象問題、有害或破碎的家庭，這些都是生命中常見的挑戰。光是這些，就能讓某個年輕人加入聖戰嗎？賈瑪爾坐在某個咖啡館的頂篷下抽著菸——咖啡館的水泥牆暴露在外，當時外頭正下著雨，而咖啡館裡頭則坐滿了正在使用蘋果筆記型電腦的年輕人。他捻熄了一支香菸，然後又點燃了一根。「伊斯蘭是突尼西亞社會中的一大支柱。我有時甚至會同情他們的感受。他們透過暴力來拯救世界，對過去念念不忘。」

在某些日子裡，努兒會覺得革命彷彿只是她自己做的一場夢而已。雖然戴頭巾的女性現在可以坐在國會裡，雖然搭乘大眾交通工具、走在布爾吉巴大道上的大部分女性現在都會戴頭巾了，但大眾文化對戴頭巾女性的霸凌現象，在革命後的突尼西亞依然存在著。努兒從來不會斜眼看那些在有軌電車上穿短裙的女孩，也不會憤怒地盯著那些穿無袖上衣的女性。她們在審判日那天自然會面對真主。自由的意義就在於，每個人都能穿他們想穿的衣服，不是嗎？對於那些穿得比較開放的女性來說，她選擇不那樣穿又會冒犯到她們嗎？他們對於警察的騷擾已經習以為常了，因為警方本來就會騷擾任何人。真正讓她覺得不甘心的，是一般女性對她的蔑視。

努兒曾在某個春天的星期五前往迦太基附近的一個診所捐血；她小心翼翼地選了套要穿的衣服，那是一件帶袖的寬鬆上衣，而袖管可以輕易捲起。瓦利德當時會來接她，因為卡里姆不在身邊時，都是瓦利德在照顧她。那間診所位在一個住宅區的馬路上，附近都是門禁森嚴、外牆覆蓋著九重葛的別墅。坐在櫃檯後方的女性穿著護士的制服，還畫著精緻的眼妝。她看了一眼努兒，然後搖了搖頭。「你不能穿這樣進來這裡。」

努兒努力保持鎮定。「你不能穿這樣進來這裡」這句話，原本應該已經跟著舊政府一起消失了才對。「我們只是要來這裡捐血給一個朋友而已；這跟她穿得怎樣有什麼關係？」瓦利德問道。那名護士開始回答時，努兒已經奪門而出了。

那天離開診所之後，他們去了瑪爾莎區的一個濱海咖啡座喝咖啡，那裡位於突尼斯北郊一個上流街區。咖啡座對面是一個擁有無邊際游泳池的精品旅館，那裡的空氣聞起來有茉莉花香，還有調酒師在調著雞尾酒。六個月之前，巴格達迪才剛在拉卡宣布建立一個哈里發政權。卡里姆和

---

*人對自己身體的認識與看法。可能會受個人經歷、社會審美價值影響。

很多突尼西亞戰士一樣，都離開了努斯拉陣線，前往伊斯蘭國——他自己最初也加入過努斯拉陣線。努兒很支持他，也依然希望可以去和他團聚。她的女兒現在已經快兩歲了，卻還沒見過她的父親。「她以為我父親是她的爸爸。」她如此說道。

瓦利德在咖啡座裡環顧了四周，然後把聲音壓低。他覺得努兒很可笑。他說，現在去伊斯蘭國的突尼西亞人，和二〇一二年前去加入聖戰的第一波理想主義者完全不同；他自己當時就是其中一員。「他們不是要去解放敘利亞的。那是他們實在別無他計的最後一個選擇。他們要麼是為了錢，要麼是為了成為烈士而去的，而且選擇的是最短的一條捷徑。」他在還是個青少年的時候，都是靠著聽卡式錄音帶和錄影帶來接觸聖戰的；現在的年輕人則很不一樣，都是從網路上獲得關於聖戰的資訊。這種現象改變了一切。「現在重要的是媒介的力量，而不是內容的力量。」他如此說道。「現在都談美學，談誰能做出最美的影片。」

他們光顧的那個濱海咖啡座已經是瑪爾莎區最不起眼的一間，但就算是在那裡，努兒的穿著（一套深色的兩件式披風和長褲，以及一雙黑色的 Converse 球鞋）依然引起了不少注意。瑪爾莎是出身富裕，在國外受過教育的突尼西亞人以及跨國工作人士會居住的區域。那裡擁有他們必需的美甲店和無麩質麵包店。自由派在這裡占多數，而也正因為如此，你每天都能看見被解放的世俗派女性，在這裡欺負其他同樣被解放但信伊斯蘭的女性。身為安納赫達黨內的明日之星、曾在巴黎大學留學過的歐尼西，曾經在前一年來瑪爾莎區出席過一場演講活動；當時有個女人在洗手間裡搭訕她並問道：「妳這麼漂亮、又這麼聰明，為什麼頭上要戴著這麼愚蠢的東西呢？」

努兒坐在咖啡店裡的座位上向外瞪著大海。一隻駱駝正在海灘上漫步，脖子上還掛著螢光色的流蘇；牠就像其他多數駱駝那樣，不知道為什麼似乎非常滿足。附近一個英國國際學校的廣告看板上寫著：**生命掌握在我們手裡**。在濱海大道上，一群女性穿著佛朗明哥舞蹈裙，頭上還戴著顏色相配的深紅色頭巾，此時正在鏡頭前擺姿勢拍照。濱海大道上排列著一棵棵已經半枯萎、正在和紅棕櫚象鼻蟲奮戰的棕櫚樹；這種昆蟲源自突尼斯，會大量導致棕櫚死亡，近期更已經向北蔓延到義大利的巴勒摩和法國的坎城，導致當地的棕櫚樹大量死亡。突尼西亞人私下傳聞，這些象鼻蟲是被已經推翻的賓．阿里總統的女婿帶到突尼西亞來的，因為他養了一隻老虎當寵物。

努兒說，她認為伊斯蘭國在西方殺害平民是一件可以被接受的事情，卻又無法說明伊斯蘭的哪條律法允許他們這麼做。隨著伊斯蘭國變得愈來愈殘忍，許多薩拉菲派的神職人員也都對伊斯蘭國的暴力行為提出了譴責。努兒對於她在神學上找不到證據來支持自己（不論就政治、就情感或是就道德而言），似乎感到有點困惑。

瓦利德此時插了話，覺得自己有必要解釋為何努兒對於自己虔誠信奉的宗教所知卻是如此匱乏。他說，賓．阿里統治期間的教育體系刻意忽略了宗教課程，或者只是粗淺地介紹了伊斯蘭。他記得自己在學校裡學過一段古蘭經的段落，內容是關於在面對不公義現象時應該要有哪些正直行為。有次他回到家後，他父親將古蘭經打開到和那個段落有關的章節，於是他才發現原來老師對原文進行了刪節，遺漏了一些更有力的段落。這種貧乏的教育方式，其實是在鼓勵那些好奇的年輕人在網路上搜尋資訊，卻也容易讓他們在上面遇到各種布道、各種不同的資訊來源，以及未經核實的文字內容。「他們就像是一塊白板，隨時準備好讓人寫上東西。」他如此說道。

在那些加入薩拉菲組織網絡，或前往利比亞或敘利亞加入聖戰的突尼西亞年輕女性之中，宗教知識薄弱是很常見的現象。在利比亞的伊斯蘭國訓練營遭空襲炸死的其中一名女性，就曾經想攻讀突尼斯大學的伊斯蘭法學位，最後卻未能通過入學考試。這就是瓦利德所說的：當一個國家裡的大多數人民都信仰宗教，而其教育體系卻又忽略了宗教教育時，便會打開大門，讓那些使用宗教語言、實際上另有目的的人，找到了可以操弄的空間。

努兒支持的團體，在當時已經涉入了各種暴力行動，然而她對此卻並不感到矛盾。對她而言，那些十字架刑罰和性奴隸市場的故事，都是反對伊斯蘭國的人所捏造出來的政治宣傳罷了。她似乎不太相信伊斯蘭國真的做過那些事情。許多像努兒這樣的年輕人，都不相信他們聽到的關於伊斯蘭國的傳聞。在大多數阿拉伯社會裡，媒體都是高度政治化的，同時也和獨裁政權關係密切，因而反映的是那些政權不可告人的目的和偏見。許多年輕人已經對那些報導毫無感覺了。針對伊斯蘭國以其他穆斯林已經變成不信者為由，對他們發動攻擊的做法（甚至是當他們正在清真寺做禮拜時），努兒也點頭表示自己能夠認同。瓦利德點燃了一根香菸斥罵道：「所以如果他們要攻擊努斯拉陣線也沒問題嘍？」她聽了之後做出無力的回應，然後和他吵了幾分鐘。

自從卡里姆前往敘利亞之後，警方就開始「邀請」努兒和他們談談。這意味著她每個月大約要去警局兩次，坐在一個放著一張金屬桌的房間裡，而房間裡則會有個臉上長著一字眉的員警，他每次幾乎都會問她一模一樣的問題：「你為什麼要穿那些衣服呢？你為什麼不把它們脫下來呢？你有在和誰聯繫嗎？你在宗教上的導師是誰？」

有段時間裡，努兒成功地不讓自己的親友知道警方正在監視她。她在必須改變計畫時會精心想出一些藉口，然而她的手機還是偶爾會有未顯示號碼的來電，這她就很難自圓其說了。流言很快就在克蘭姆傳開了。她的一些朋友開始避開她。沒有人想要和一個正在被警方監視的女孩有所關聯。

當鄰居對她母親問起卡里姆的下落時，她會告訴他們他在法國忙些事情。但努兒猜想，許多鄰居應該都已經知道實情了。她有個在開計程車的家族好友，有次怪罪起了卡里姆和他的伊斯蘭主義弟兄們，因為郵輪已經不再停靠突尼西亞的港口了。早些年前，那些郵輪每天都會在古烈特港靠岸，讓數千名興高采烈的歐洲人湧入突尼斯、進行幾個小時的消費。那名計程車司機不斷深情地唸出那些郵輪的名字，彷彿像在拿著念珠誦念：「雄偉號、驚奇號、阿多尼亞號……」努兒有時會發現他用憤怒的雙眼在瞪著她。

向外彈飛

到了二〇一五年中，伊斯蘭國已經演變成為世界級的威脅，其勢力範圍遍及歐洲、北非和其他地區，打亂了德國、突尼西亞等多個國家的政治秩序。前往敘利亞加入伊斯蘭國的英國人實在太多、數以百計，以至於英國反恐單位的某位前任官員甚至說，英國政府應該乾脆「安排幾架包機飛往敘利亞」。

一架約旦的戰鬥機後來在拉卡附近失事，而戰鬥機上的飛行員卡薩斯貝則被伊斯蘭國俘虜。伊斯蘭國原本還假裝要和約旦交換犯人，後來卻又在推特上使用「＃該怎麼殺死約旦飛行員這隻豬呢」（#SuggestAWayToKillTheJordanianPigPilot）這個主題標籤（hashtag）來徵求建議，要求大家集思廣益將卡薩斯貝處死的方式。外界似乎未能注意到社群媒體正在讓戰爭得以發生、並增加了伊斯蘭國在網路上的流量，因此也讓人能夠和這類訊息互動接觸。

伊斯蘭國後來發布了該名飛行員在牢籠裡被活活燒死的影片。世界各地的重要伊斯蘭學者紛紛譴責了這起處決事件。為了進行報復，約旦和美國對伊斯蘭國發動了空襲行動，而伊斯蘭國則宣稱這些行動導致一位美國籍人質姆勒喪生。

伊斯蘭國的附隨組織整個春天在葉門、阿富汗與突尼西亞進行了好幾起炸彈攻擊行動。他們還在帕邁拉古老的圓形劇場裡，舉行了表演般的集體處決活動。

到了夏季，敘利亞內戰引發的難民潮人數到達高峰，讓歐洲也開始動盪不安。德國總理梅克爾稱，接收歐洲史上人數最多的一次難民潮，是德國這個「國家的責任」，並聲明「我們做得到」。在某些日子裡，慕尼黑一天可以處理多達一萬三千名的難民，有時甚至可以在一個週末裡處理四萬名。數以千計的難民在抵達之前就已喪生——有些在卡車裡窒息而死，有些則在海上溺斃。

在歐洲右翼人士的眼裡，這些逃離戰火的難民是不受歡迎的入侵者，他們同時也利用了這些難民的處境來換取自己的選票。難民庇護中心每月都會發生數百次攻擊事件。其中，一名匈牙利女攝影師就成了這種仇恨的代表面孔：有攝影機錄到，當一個男人正在抱著小孩衝往邊界時，她卻伸出了自己的腳絆倒那個男人。匈牙利也建起了鐵絲網。歐盟很快便開始體認到一件事：許多歐盟成員國其實未必會贊同人權這樣的自由民主價值。

到了九月，一幅照片出現在世界各大報的頭版：庫爾迪，穿著一件紅色T恤和海軍短褲的小男孩，在溺斃之後臉朝下地趴在一個空蕩蕩的海灘上，任憑海浪不斷拍打。

儘管背後有來自伊朗民兵的支持，阿薩德政府似乎真的出現了垮台的危機。到了九月三十日，俄羅斯在阿薩德的要求下首次發動了空襲，並為這場戰爭帶來了決定性的轉折點。

拉赫瑪與古芙蘭

突尼斯，二〇一五年五月

當歐爾法回到家一看見手機充電器和所有頭巾都不見了，就知道發生什麼事了。那是春末某個萬里無雲的早晨，拉赫瑪也消失了。

兩天過後，拉赫瑪打了通電話回來，但不願意和歐爾法說話。她先傳了一則簡訊：「找姊姊或妹妹來聽電話。」當手機響起時，歐爾法接受了拉赫瑪的要求，因為她知道如果她不這麼做的話，拉赫瑪就會馬上掛掉電話。古芙蘭之前也是一樣，她只願意和拉赫瑪，而不願意和媽媽說話。對她們倆而言，歐爾法都是一名不信者。

歐爾法可以理解她們在想什麼。她自己也曾和那幾個謝赫坐下談過，也覺得他們的想法很吸引人。她自己也曾經短暫想過要穿得像她女兒們那樣保守一些。歐爾法知道，在她們貧乏困苦的生活之中，如果能覺得自己正走在某個踏實平穩的道路上，會是一件很棒的事情。不論你有什麼問題，他們都能幫你解決。任何讓你感到受傷、不公，感到被輕視的事物，他們都能找到解方來撫慰你。誰會不想要這種慰藉呢？

歐爾法認為，會發生這一切，她自己也有錯；她怪自己養育女兒的方式，也怪突尼西亞這個國家。她心裡知道，她對拉赫瑪並不好；她知道一直以來，她對拉赫瑪都很嚴厲，只會用怒氣和巴掌回應她的悶悶不樂和問題行為。她也知道，是她自己把那些苦痛和憤恨加諸在女兒身上的。

至於突尼西亞呢？在這個國家長大的孩子，有哪個是可以正常成長的呢？在這個似乎只容得下極端分子的國家裡，如何回應宗教才是正常的呢？

突尼西亞，蘇薩，二〇一五年六月

那是晴空萬里的某個六月天，大約是在中午時分，一位學工程的年輕學生走向蘇薩海濱某個豪華旅館的沙灘。到處都是遊客，大部分都是英國人，他們或躺在沙灘的椅子上，或站在水深及膝的海水裡。賽費丁的姿勢有點奇怪，側邊拿著一支海灘遮陽傘，裡頭藏著一支卡拉希尼柯夫步槍。這位年輕男子接著突然將步槍拿了出來，對著四處掃射。

他在沙灘上來回走動，眾人不斷尖叫。有些人跳進水裡躲子彈，有些則是拔腿就跑，卻被沙子絆得蹣跚難行。還有些人為了尋找掩護，躲到了沙灘躺椅下方。他接著回到了旅館，補充了一輪又一輪的彈藥，然後又丟出了幾顆手榴彈。賽費丁一共殺害了三十八個人，大多數都是英國人；整場殺戮持續了四十分鐘，直到警方終於前來將他擊斃為止。

賽費丁並不是來自虔誠的穆斯林家庭。他其實是名霹靂舞舞者，欣賞左翼政治人物，會喝酒，也有一個女朋友。他當時即將拿到碩士學位，和家人住在蘇薩一個只有一間臥房的屋子裡，距離歐爾法和她孩子們居住的地方並不遠。他的家人們都非常震驚。他們直到今日都依然不敢置信，認為賽費丁不是被人洗腦，就是被人設局陷害了。

他朋友的說法倒是不太一樣。賽費丁和他的朋友一樣，在二〇一一年革命爆發時都還很年輕，也都希望盡快看到改革發生。賓．阿里下台之後，他相信突尼西亞的社會將會脫離之前那種獨裁的世俗主義，轉而接受更符合宗教教義的價值觀，並為政府治理和公共領域帶來社會正義。然而這些並沒有實現：他們連伊斯蘭主義者參政的小小可能性都扼殺了；此時，他開始和當地一些年輕的男性薩拉菲主義者接觸，他們和他一樣，也都對時局感到非常失望。他的朋友們說，阿薩德在敘利亞發動的戰爭讓他完全變成了另一個人。

他的改變是慢慢發生的，而且是在心裡發生的。他開始成為一個虔誠的年輕人，對政治也非常不滿。他慢慢開始相信，暴力行動就是他們表達不滿情緒的唯一途徑。當地的薩拉菲主義者將他和利比亞的武裝分子牽上線，那些武裝分子當時正在營運一個訓練營。他的父親說，這些年輕人用「邪惡思想」感染了他，讓他成了「激進化」的受害者。但就像歐爾法每天都在自問的那個問題：「一個極端主義者，和一個非常憤怒的穆斯林，這兩種人有什麼差別嗎？」

歐爾法和賽費丁之間，有條看不見的細線將他們連結在一起。事件發生當天，將賽費丁派往沙灘執行任務的，是一位在利比亞伊斯蘭國極具影響力的資深人物，名叫修珊。修珊有時會躲在利比亞塞卜拉泰一個突尼西亞人聚集的中心，而他就是在那裡，注意到了剛從突尼西亞來到利比亞的拉赫瑪。

拉赫瑪一直要到抵達塞卜拉泰兩個月之後，才終於願意和母親通話，儘管她的母親是一名不信者。許多母親在接到投奔伊斯蘭國的女兒從衝突區打回來的電話時，都不會忘記要忠於母職、訓斥女兒；歐爾法也不例外——她一接起電話，就決定要宣泄多日來的怒氣，對著拉赫瑪罵了整整五分鐘。等她終於冷靜下來之後，拉赫瑪對她道了歉。她說，前去那裡是她的職責，她希望有天歐爾法能夠理解。

「古芙蘭呢？」歐爾法問道。很顯然地，古芙蘭一抵達那裡沒多久，就有個男子向她求婚了。「媽咪，她當面看到他的時候還覺得他長得很奇怪，所以拒絕了他的求婚！」拉赫瑪說道。「你也知道古芙蘭是怎樣的人，她一直覺得自己會嫁給一個帥哥。所以她就繼續等她的白馬王子上門。」拉赫瑪說。古芙蘭最後嫁給了第二個來求婚的男子。對歐爾法來說，這是第二層讓她傷心的原因。把女兒嫁出去，幫女兒籌辦婚禮的歡樂場景，她早已在腦海裡想像過好多次，那是她期待已久的大事。

歐爾法掛上電話之後自我安慰地想，古芙蘭現在一定很快樂。沒有哪對母女像她們一樣親近；她倆更像一對姊妹、而不是母女。她心裡有部分是想念古芙蘭的，但她也知道，就某個程度而言，如果她女兒不想念她，那就代表她真的很滿意在那邊的生活。至少歐爾法是這樣告訴自己的。

麗娜

伊拉克，泰勒阿費爾，二〇一六年三月

二〇一六年的春天，他倆各自都有事情要忙。麗娜要準備生產，將他們的第二個孩子帶到這個世界上；賈法則要前往摩蘇爾，為他受傷的小腿進行第二次手術，進一步割除某些部位。泰勒阿費爾的醫生建議他這麼做，還帶點不詳意味地說，第一個幫他動手術的醫師似乎「對於這種手術不太熟悉」。

到了三月妻子開始陣痛時，賈法已經不在身邊了，因此麗娜只好獨自一人去醫院。作為伊斯蘭國戰士的妻子，她在掛號時擁有比一般平民優先的禮遇；不論是在哪個分科，醫院都會優先處理伊斯蘭國人員，基本的醫院設備也依然完好無礙。然而城裡一半以上的居民都已經逃難去了，醫院裡能力較好的醫師也都走光了。至於留下來的醫師，多數也都不願意繼續看診，或者寧願私自執業，而不願留在已被伊斯蘭國強制接收的公立醫院體系之中。

這已經是麗娜第五次生產了，所以她知道接下來會發生什麼事。然而等到她要用力的時候，情況卻出現了些異狀：寶寶並沒有在動，而且疼痛的感覺也不太一樣。麗娜不斷大叫，緊緊抓著

床邊不放。她試著將注意力放在頭頂天花板上的裂縫中。終於，寶寶出來了；他們只說是個男寶寶，然後就將他匆匆帶走了。她倒臥在自己淋漓的汗水之中，不斷要求護士讓她看看自己的寶寶。

一個小時過後，醫生將寶寶帶了回來，臉上卻掛著僵硬的笑容。「感謝真主，他很健康。」她一邊說著，一邊把寶寶抱給了麗娜。但她馬上就發現，她兒子的狀況其實並不好。他頭部的側邊有幾塊紫色的瘀血，一直蔓延到靠近眼睛的位置。寶寶出生時，他們並沒有把他抱起來給她看，因此她猜他們一定對他做了些什麼。她心想，他們一定是在寶寶的臉部注射了什麼東西。「寶寶需要氧氣！」她大叫。然而醫生卻沒有理會她的請求，只是不斷說著寶寶沒事。麗娜將寶寶放在自己的胸前，但他的嘴巴卻沒有動靜。當麗娜指出寶寶沒有在喝奶時，醫生似乎有些被激怒了。她要麗娜先帶寶寶回家，等她冷靜一些之後，寶寶就會知道要喝奶的。

然而一個寶寶如果病了，她的母親是一定會知道的。她很確定寶寶的狀況，彷彿寶寶就是她身上的一塊肉似的，因為直到不久之前，他的確就是她身體裡的一部分。麗娜決定回家；就算留在醫院，他們也不會為她多做些什麼。最初傷害寶寶的人就是他們。

到家之後，她用一塊溼布擦拭寶寶的身體。他的身體在發燒，還咳出血來。麗娜在他睡著時不斷為他搧風。她晚上醒來時，發現寶寶正發著高燒，體溫至少有四十度以上。由於家裡沒有藥——至少絕沒有給小孩吃的藥，因此她只好連忙跑去找鄰居求救。她用力拍打鄰居家的大門，但當時是半夜，他們聽不到她的聲音。麗娜回到家時，寶寶的手臂已經和身體呈九十度、直直地伸了出來。他正在變得愈來愈僵硬。她試著按摩他的手臂；她想，如果她能讓他的身體柔軟下來，他應該就能撐到早上，這樣她就可以去找別家醫院了。千萬不要變硬。千萬不要變硬。她在寶寶的耳裡低聲地說，然後不斷按摩他完美的小腳。最後，寶寶顫抖著深吸了兩口氣，然後就再也不動了。

她瞪著放在床邊桌上的藍色護手霜，以及一罐賈法在睡不著的時候會吃的硬糖果，還有放在兩張床之間的條紋地毯。她的心裡突然出現了兩個想法，讓她不知道該如何是好：第一個想法是，她應該靜靜等著，讓寶寶的靈魂回到真主身邊，因為祂一定非常愛這個寶寶，所以才會在他一出生之後，就想讓他立刻回到自己的身邊；第二個想法則是，她必須確認寶寶真的死了。她需要別人幫忙確認他真的死了。她再次前去拍打鄰居的大門，這次她不斷大叫，直到鄰居的男主人前來應門。「我需要你幫忙過來看看，我的寶寶是不是真的死了。」她說道。「請幫我找你的太太過來看看。」

隔天早上，她將寶寶包裹在一條床單裡，和鄰居一起去了一趟太平間。

當天下午，麗娜待在另外一位德國女孩的家裡，但不知道為什麼突然有個預感告訴她，賈法已經完成手術回到家了。等她回到家時，果然發現賈法正躺在沙發上，看起來面無血色、非常虛弱。那場手術動刀的範圍深及股骨，他原本應該要待在醫院至少兩天等待康復，但他決定提早回家看自己的妻子和剛出生的孩子。

麗娜坐到了他的身邊，告訴他前一晚發生的一切。賈法聽完之後哭了起來，麗娜於是將手放到了他的臉上。對她來說，那就是她人生的轉折點。在花了大半輩子照顧孩子、照顧前夫、照顧夫家、照顧法蘭克福那些被遺棄的退休老人、照顧她殘廢的第二任丈夫之後，現在的她，終於需要有人來好好照顧她了。

第五部

愛與哀傷，週而復始

阿斯瑪、奧絲與杜雅

敘利亞，拉卡，二〇一五年一月

對外界而言，受伊斯蘭國控制的領土似乎遭到了嚴密封鎖。然而進出伊斯蘭國首都拉卡的路線其實充滿漏洞，不論是伊斯蘭國的戰士，或是和伊斯蘭國來往、做生意的一般人，其實都經常跨越邊界。伊斯蘭國的領地對商人來說依舊是個市場，而位在幼發拉底河畔的拉卡就商貿和地理位置而言，從八世紀以來也一直都是一個重要的十字路口。每天都有卡車司機川流不息地進出伊斯蘭國，為武裝分子提供各種物品：從汽油、巧克力威化餅，到能量飲料，應有盡有。

杜雅、奧絲和阿斯瑪之所以能夠逃離那裡，靠著就是這種還能正常貿易、邊境充滿漏洞的狀態——尤其是在二〇一四年底左右的那個時間點。第一個離開那裡的，是杜雅這位身上有玫瑰刺青，嫁給了有錢的沙烏地阿拉伯人的農夫之女。她和父親及哥哥都討論過自己想離開的事情，而他們也都覺得，既然伊斯蘭國想強迫她再嫁，而她又不願意的話，唯一的選擇便是離開。

她哥哥於是開始打電話給自己住在土耳其南部的敘利亞朋友，他們對於跨越邊境很有經驗，可以在邊界的另外一邊等她。杜雅和哥哥搭上一部小巴的那晚，是個十分寒冷的一月天；他們從拉卡出發，花了兩個小時才抵達塔爾阿比亞德，準備從那裡跨越邊境。當時那裡每天都有無數難民在跨越邊界，湧向土耳其。杜雅和她的哥哥輕易地就跨了過去。

奧絲這位活潑好勝、生性浪漫的英文系學生，也非常討厭她的第二任丈夫；就在杜雅離開四個月之後，她也終於決定要逃離伊斯蘭國。然而輪到她動身時，跨境卻開始變得比以往還要困難。土耳其已經加緊了邊境的維安措施。奧絲聯繫了杜雅，想向她詢問可以帶她偷渡出境的那個男人的電話號碼，而杜雅當時人已經在尚勒烏爾法這座土耳其城市，那裡位於邊界以北約一百公里的位置。那位男子是某個工作網絡的一分子，該組織經常與伊斯蘭國或各個叛軍組織的內部人員合作，專門將伊斯蘭國裡的人或是和某個叛軍組織有關的人解救出來。那位男子派人將奧絲護送到邊境。她用電郵將自己的照片寄給了他；負責護送她的人在約好的那晚出現時，為他們兩人都準備了假的身分證件，兩個證件上的姓氏是一樣的——當天晚上，他們成了一對兄妹。他們搭乘一輛計程車前往塔爾阿比亞德，也就是杜雅去過的那個跨境點，不過檢查哨的衛兵並沒有要她拉起面罩、確認她的樣貌。那張沒有用到的身分證件，從頭到尾都放在她黑色手提包前方的口袋裡，沒有拿出來過。

到了二〇一五年初春，主修行銷學、男朋友還在約旦，而且不願意嫁給伊斯蘭國士兵的阿斯瑪開始變得非常焦慮，猶豫接下來該何去何從；當時的拉卡已經變了很多。多數時間裡，她在拉卡遇到的人沒有一個是她認識的。能負擔旅費的人都逃光了；就連那些一開始願意和伊斯蘭國合作的家庭，許多也都逃走了。在市場裡，都說著北非或波斯灣地區的阿拉伯語方言。她也很常聽到帶著法語腔的英語；由於擔心間諜會潛伏在那些蔬果攤販之間，於是大家開始會使用第三種語言來隱藏自己的真實身分。

阿斯瑪和一位表親在計畫逃跑路線時，並沒有將這個計畫告訴給任何人知道，甚至她們的家人也都不知情；除了手提包之外，她們什麼都沒帶。在伊斯蘭國內部工作的某個朋友願意幫她們逃離那裡。他們啟程那天正好是新月，他們在暗夜之中開車前往邊境；為了接送女性進入伊斯蘭國，這條路線阿斯瑪走過非常多次，她甚至可以從車子過彎的速度來推測車子走到哪兒了。她的身體因為恐懼而感到一陣搔癢，她擔心的更多是她在伊斯蘭國內部工作的朋友：萬一他們發現他幫她們逃走，不知道他會有怎樣的下場。當她在檢查哨將自己的身分證遞給伊斯蘭國的邊界衛兵時，她很肯定那個士兵一定知道他們其實正在逃亡。她感覺自己快要無法呼吸了，然後咬著舌頭，試著控制正在體內奔流的腎上激素。看起來愈害怕，就會讓她愈可疑。她試著裝作若無其事，讓恐懼感和各種想法都停留在自己的腦子裡，避免情緒像無法控制的電報紙條一般傾洩而出。另一邊的土耳其守衛則在喝茶休息，揮了揮手就讓他們通過了。一輛韓國製的時髦四門轎車正在等著他們；在檢查哨燈光的映照下，車身閃耀著灰色的亮光。

烏爾法這座土耳其城市原本的舊名叫尚勒烏爾法，位在土耳其和敘利亞邊界以北約一百公里的位置。烏爾法周遭乾燥的草原上，四處生長著杏桃和梅子的果樹，以及松樹和橄欖樹。近年來房地產的爆炸性增長，讓城郊出現了許多低層公寓社區，為許多來自敘利亞的難民提供了廉價的住房，讓他們得以慢慢地重建自己的生活。和伊斯坦堡、貝魯特一樣，敘利亞戰爭也永久地改變了這座城市的面貌；烏爾法市中心的大道和街道上隨處可見頑皮、邋遢的敘利亞孩童在路上乞討和賣衛生紙。但烏爾法有工作機會，而且一個兩房公寓的租金，也不會像其他大城市那樣貴到高不可攀。

以一個城市來說，烏爾法給人一種鄉下小鎮的感覺，十分樸素。在這裡混居的庫德族和阿拉伯裔人口一般都頗為保守，大多數女性都會佩戴頭巾，也不會到處都看得到偉大的政治真理——這裡沒有巨大的阿薩德雕像睥睨一切，也沒有黑旗在空中飄揚。當地廣場上的雕像都是巨型紅椒這類東西。古老清真寺旁的水池裡滿是被視為聖物的肥大鯉魚；相傳那個水池所在的位置，就是寧錄王將先知亞伯拉罕活活燒死的地方。*尚勒烏爾法的城堡雄踞在城市的制高點。新穎閃耀的「廣場」購物中心和周遭似乎有點格格不入，彷彿是土耳其政府空運過來的，目的是為了教導當地民眾如何在有空調的商店裡買鞋，而不是去市集口那些把鞋堆在地毯上的鞋攤。

當奧絲、杜雅和阿斯瑪於二〇一五年初抵達烏爾法時，那裡已經有許多的敘利亞居民在市中心經營餐廳和果仁蜜餅店；有些敘利亞男人本來在阿勒坡或荷姆斯的老家做錦葵蔬菜湯（一種黏糊糊、用來配飯的燉湯），到了烏爾法後又開始重操舊業。在市集做生意的商販當時已經可以很

*在《聖經》中並無寧錄王燒死亞伯拉罕的故事。在《古蘭經》中則有易卜拉欣（亞伯拉罕）被暴君火燒的故事，此處傳聞應當出自於此。

熟練地用阿拉伯語說：「這個價格只給你唷！」

對於女性而言，他們在拉卡做過的事情，是一個無論如何都不能說的祕密。她們被迫離鄉背井、流離失所，隱藏起她們知道可能會對自己不利的過去。她們很想念家人，又覺得自己對烏爾法感到非常疏離而格格不入；那裡和戰前的拉卡比起來，簡直像落後了三個世代一般，讓她們想要搬去土耳其其他更有活力、更現代化的地方。她們知道，如果想要在其他地方開展未來，她們需要提升語言能力，因此會去上英語課和土耳其語課。她們和自己在家鄉原本就認識，而且比她們更早來、已經在土耳其站穩腳跟的敘利亞家庭住在一起；阿斯瑪甚至還住在一個遠房親戚的家裡。那些為她們敞開大門的家庭，會負擔她們大部分的生活支出，而她們也會用從敘利亞帶來的東西，來支付語言課程和日常生活的費用。

奧絲每天起床都會進行同樣的醒腦儀式：咖啡，以及黎巴嫩歌手法伊路茲的音樂。她在拉卡的兩段婚姻並沒有改變她明快的個性：她依然充滿了韌性，也依然年輕；她曾經受過良好的教育、熱愛閱讀小說，也依然想要幾個被包裹在甘藍菜葉裡的寶寶們。她在烏爾法用手機拍下的照片，和伊斯蘭國占領前她在拉卡所拍的照片十分類似：貌美的朋友們在河邊擺姿勢，以及無止盡的水煙咖啡館。她和家人一個月可以通上兩次電話。她寄宿的那個家庭把她當作女兒一般看待；她們甚至還會幫她付電話帳單。她想要完成大學學業，但最重要的是，她想要恢復正常的生活。在烏爾法，沒有人會讓你忘記你是個難民。有一次，當她和一個來自敘利亞的男性朋友走在城裡時，他們被一名憤怒的土耳其男人給攔了下來。「如果你是真男人的話，就不該離開自己的國家。」他如此對她的朋友咆哮。

阿斯瑪則比較膽小，很少外出。烏爾法到處都是來自各國的情報人員。伊斯蘭國的民兵不斷進進出出，有時會抓捕來自敘利亞的異議人士。她和家人完全斷絕了聯繫，擔心伊斯蘭國會因為她的逃離而對他們進行懲罰。阿斯瑪每週都會寄一封電郵、打電話給她在拉卡的一位朋友，抱怨她無情的家人拋棄了她。這當然並非實情，但她希望伊斯蘭國的情報人員能竊聽到這些話（他們會監控許多拉卡居民的電話通訊，尤其是那些與他們合作的人），這樣就能保護她的家人不受到牽連。

阿斯瑪覺得自己變得很憂鬱。她不再是那個學行銷、想要在飯店業工作，會隨身攜帶Galaxy Note II手機、噴麝香味香水，而且非常尊敬塔哈．侯賽因的阿斯瑪了；她也不再是那個因為熱愛生活而拒絕戴頭巾，但最後還是幫伊斯蘭國工作的女人了。在尚勒烏爾法，她只是一個難民罷了。每次她穿上時尚的服裝或精心打理髮型時，她就會感受到別人責備的眼光，彷彿她不該開心、不該笑，彷彿她只能保持樸素莊重，或者最好心煩意亂一般。她會盡可能地尋找樂趣；她最近才做了巴西柔絲護髮，在某個美髮沙龍連續做了幾天的療程。她存了一些錢，去土耳其海岸地區的安塔利亞玩了幾天。旅遊結束之後，她每天都會看自己用手機錄的影片：裡頭一片漆黑、能讓人隱姓埋名的夜店，裡頭充滿了閃爍的燈光和舞動的身體。

阿斯瑪、奧絲和杜雅有時會一起吃午餐。她們偶爾會爭論關於敘利亞和未來的議題，儘管她們沒有人知道戰爭什麼時候會結束，結束之後又會發生些什麼事。奧絲覺得那些偏執的宗教武裝團體是沒辦法掌權的。敘利亞的族群太過複雜，有太多少數宗教族群，比如基督徒、德魯茲教徒、阿拉維派、什葉派，因此一個遜尼派的伊斯蘭主義政府很難成為大家的選項。

然而比較虔誠保守、在伊斯蘭國統治之後才開始學習伊斯蘭的杜雅，卻很希望看到出身教派的政治人物掌權——不過當然是溫和、真誠的那種，而不是這些用宗教來裝飾炫耀的瘋子。她之所以對伊斯蘭國感到不滿，並不是因為他們想要建立一個伊斯蘭國、實施伊斯蘭法，而是因為他們不顧伊斯蘭法的基本信條。伊斯蘭國把伊斯蘭當作工具，以此作為達到政治目的的手段；他們掏空了自己所標舉的一切信念，任其淪為戰術，並將所有反對他們的人都打為異教徒，由此得以誅之。

杜雅比較欣賞努斯拉陣線；在敘利亞戰爭中，他們也是最知名的反政府團體之一。他們公開宣稱自己隸屬於蓋達組織，但其大多數成員都是敘利亞人，而且在反政府的武裝行動中也是前鋒。努斯拉陣線和伊斯蘭國不同，他們沒有將一個聖戰士的「國家」強加在地方居民的身上，還培養了人民對他們的支持，並和敘利亞境內其他反政府勢力共存。

「不、不，努斯拉陣線也不是個好選項。」奧絲認為自己的表妹實在太過天真，有點惱怒地說道。她的觀點和很多西方國家都十分類似；在他們的算計之中，任何一個聖戰士政權若在敘利亞掌權（不論是伊斯蘭國，或是其他反政府勢力中最極端的團體），在戰略上都是比阿薩德更大的威脅。很多敘利亞人也都同意這種看法。然而是否有足夠多的敘利亞人同意阿薩德在沒有俄國的軍事介入之下取得優勢，則是大家接下來將會爭論多年的另一個問題。但就是因為阿薩德激起的反對勢力實在太過激烈，才導致外界只能被迫站在他那邊——不論有多不符合正義原則，這單純就是個事實、一個可以讓他的統治不受真正挑戰的策略罷了。

她們三人都不太喜歡討論未來，因為如果討論起來的話，她們最後的結論都會讓她們覺得自己落魄短暫的生存狀態，是無從改變的——比如在二〇一六年那個燠熱午後裡，她們討論的結果就是如此。她們當時聚在某個曾幫助她們逃離伊斯蘭國的自由敘利亞軍成員的公寓裡聚會，一股酸酸鹹鹹的氣味不斷從樓下的羊腦餐廳飄了上來。

自從她們加入鄰居的行列，在拉卡參與早期的示威遊行、高聲要求政府下台之後，許多事情都人事已非了。現在她們三人都說自己再也不會回去敘利亞，因為已經沒有什麼好回去的了。她們心目中的那個拉卡，現在只存在於手機相簿裡的回憶裡，只能睡前在黑暗之中用手指滑個幾下而已。

「誰知道這場戰爭什麼時候會結束？」阿斯瑪如此問道。「敘利亞會變成像巴勒斯坦那樣；大家每一年都會想，明年應該就會結束了，我們就要自由了。結果幾十年就這樣過去了。敘利亞現在像個叢林一般。」

「就算有天局勢平定下來了，我也絕不會再回去拉卡。」奧絲如此說道。「各個陣營都付出太多鮮血了。我說的不只是伊斯蘭國，而是所有人。」

麗娜

敘利亞，拉卡，二〇一七年春

伊斯蘭國有太多寡婦，而大家也都知道，寡婦尤其容易嫉妒別人。如果那些寡婦是二度，甚至三度成為寡婦的話（的確許多都是如此），那麼嫉妒的問題就會變得非常恐怖。在伊斯蘭國身為一名寡婦，就會被迫待在寡婦的收留中心裡，成為一個艱難而困頓的存在。在兵荒馬亂的戰爭中，這些女性渴求著丈夫的保護，期待能有丈夫為她們提供一個家。她們不知羞恥地成為某個已婚男子的第二個妻子，不管男子的第一個妻子是否同意。這就是拉卡在二〇一七年的情況：像麗娜這樣的女人，會因為自己有個只剩一條腿的老公而受人嫉妒。當瘸著腿的賈法和她走在街上時，她能感受到其他女人對他們的目光——她是真的**感覺**得到；儘管那些女人現在必須戴上黑色面紗，但她們的目光依然能夠穿透面紗。

由於泰勒阿費爾可能將會遭到攻擊，因此他們在二〇一七年初春搬離了那裡。麗娜再次懷上身孕，她和賈法也想重新開始，抹去上一個孩子夭折的記憶。他們剛剛在拉卡郊外某個村子落腳時，日子似乎美好得有些不可思議，彷彿他們來到的是德國某個充滿田園風光的村莊。那裡的夜晚總是十分涼爽，家家戶戶都會外出到公園走走。夜空中滿是星斗；事實上，由於星星太多，他們實在是太常看見流星，以至於最後對流星都失去了興趣。賈法的家人會從德國匯錢過來，他們於是買了一輛新車，又購置了一套嶄新的廚房家電——有冰箱、烤爐和全新的洗碗機。他們還幫兒子買了新衣服。最棒的是，那些錢不是伊斯蘭國給的。這對她來說很有意義。如果這些生活上的舒適是由伊斯蘭國供應的話，他會覺得生活彷彿遭到玷汙一般，因此寧願不要。

然而當那些女性目睹麗娜和賈法舒適的生活時，他們也開始受到了邪惡之眼的攻擊。這可不只是迷信而已。古蘭經裡也曾提到過邪惡之眼，以及如何躲避「嫉妒者的這種邪惡力量」。《聖訓》*裡有不少段落，都曾提及先知將邪惡之眼，描繪成一種從嫉妒者心中直直射出的箭，射向那些被嫉妒的人。麗娜和賈法曾經前去見一位當地的謝赫，請謝赫為他們誦念古蘭經，希望藉由古蘭經的力量抵擋、祛除那些邪惡之眼。當時那位肥胖、留著一縷縷鬍鬚的謝赫跟他們說，他們的情況頗為嚴重，可能有人對他們下蠱了。「我會處理好這件事。」他如此承諾，並要他們隔天再過去一趟。

他們第二次拜訪時，他的等候室裡充滿了汗臭和髒衣服的味道，裡頭都是因邪惡之眼而苦惱的其他家庭。謝赫於是開始進行誦念，而那顯然是以團體方式進行的。麗娜坐在椅子上閉起雙眼。就在謝赫念誦到一半時，她突然坐直了身子。麗娜已經讀過古蘭經非常多次；她當時聽到的

---

*譯按：Hadith，亦即先知穆罕默德的言行錄，為伊斯蘭僅次於《古蘭經》的第二聖典。

東西，絕對不是出自古蘭經的。難道那個謝赫是個招搖撞騙的江湖術士？在場的人有在聽嗎？賈法也不安地在座位上變換姿勢，留意到有些事情不太對勁。等謝赫念誦完之後，賈法便抓著她和兒子的手說道：「我們離開這裡吧。」

不論當天那個謝赫的房子裡到底發生了什麼事，那似乎都是邪惡而反常的。回到家裡之後，賈法將一瓶水放到了寶寶的嘴唇邊，而麗娜則開始在旁誦念古蘭經——真正的古蘭經。

麗娜非常善於適應現狀——或許就是太擅長了，所以她才會總是適應得又好又努力，而等到她終於決定要抽身的時候，也早就來不及了。她在不美滿的婚姻中是如此，在法蘭克福感到孤絕時是如此，在伊斯蘭國的最後幾個月裡也是如此。為了捱過悲痛，自從寶寶夭折之後，她便將自己的世界限縮到只剩家中這個孤島。

然而到了二〇一七年夏天，卻出現了一道清晰、明確的聲音告訴她：是時候離開了。也許剛誕生的寶寶給了她一些勇氣，又或許是那次在謝赫家的經歷，讓她清楚意識到伊斯蘭國正在崩解當中；人在絕望的時候，行為只會變得更蒙昧、更無法預測。反正伊斯蘭國當時已在瓦解，或許她也更有機會能夠成功逃出那裡。

麗娜不斷說服賈法離開那裡，儘管他聽了之後似乎有些不悅。雖然麗娜從來沒見過賈法在德國的母親，但他母親最後卻贊同她的意見。她在電話上求他們回到德國。她還說麗娜就像自己的女兒一般，如果他們回去德國的話，他們就能像一家人那樣一起生活了。這些話聽起來就像某個人在溫柔地安撫著她。自從她不再是個女孩、離開德國之後，就再也沒有哪個女性曾用這樣溫柔的語調和她說過話了，因為她的父親將她帶回到了黎巴嫩，而她從那之後就再也沒看過親生母親了。

賈法的處境變得非常尷尬。如果被他們抓到他逃離伊斯蘭國，他就會遭到處決、或是被抓去監禁。一旦進了監獄，他們還會給他曲馬多止痛藥嗎？不太可能。但麗娜依然非常堅持。如果嘗試看看的話，他們至少還有機會；如果繼續留在這裡，他們可能只會在空襲中喪生，或者被伊拉克軍隊或什葉派民兵抓到——這些武裝勢力當時都在快速逼近，而且聽說會當場處決伊斯蘭國的俘虜。

等賈法一改變心意之後，進展就快速許多了。他們決定先讓麗娜和孩子上路，然後他再跟上。賈法給了她四千美元，要她在抵達土敘邊界之後，把一半的錢拿給幫助她們偷渡的那位朋友。那個朋友會將麗娜和孩子們窩藏在自己的家裡；等到道路安全暢通時，再開車載他們進入土耳其。

沒想到當她見到那個男人時，他卻要求麗娜將錢交給他保管——不只是要給他的那一部分，而是全部。麗娜心想，他是賈法的朋友，應該沒什麼好不信任的。隔天當他們準備上路時，車上的每個人都有角色要扮演。麗娜是那個朋友的妻子，而她的孩子則是他們的小孩；他們帶上同行的一個老人則扮演他的父親，也就是麗娜的公公；至於另一位同樣要偷渡逃亡的十五歲少年，則是他們又聾又啞的表弟。他們裝作自己是一個來自拉卡的普通平民家庭，既和伊斯蘭國沒有關聯、也不支持他們。如果一切順利的話，他們就能獲准進入土耳其，在那裡重獲自由。

然而那個幫助他們偷渡的人卻沒有向北開去，而是開往不對的方向，穿過了空蕩蕩的棕色原野，然後又經過了在空襲之中毀損的建築殘骸和斷垣殘壁。那個人最後在距離某個檢查哨一百公尺的地方把車停了下來，命令所有人下車，然後便帶著麗娜所有的錢離開了。

那裡不是土耳其的邊界，而是伊斯蘭國與北敘利亞的邊界。當時的北敘利亞，由一支名為「人民保護部隊」（又稱「敘利亞民主軍」）的庫德族民兵組織所控制著。兩個肩上揹著ＡＫ－47的庫德族女兵向他們走了過來。那些女兵是庫德族軍隊的成員，當時正在進攻拉卡，每天都會造成傷亡，而新的墓地也不斷從鄰近城市的土地上冒出。他們沒有理由善待那些從伊斯蘭國逃離出來的女性。麗娜全身發抖，她的兩個小孩則緊緊抓著她。

艾瑪／敦雅

敘利亞，曼比季，二〇一五年春

敦雅每次去菜市場，路上的小孩如果看到她肩上掛著步槍都會避開她，然後便會抓緊自己母親的手，或是躲在母親的裙襬裡。起初她會移開視線，假裝不知道自己會嚇到孩子這件事。許多外國女性都覺得，這種讓敘利亞人油然生畏的現象是種合理的反應，彰顯了她們作為伊斯蘭國女性子民的權威。但敦雅沒辦法這樣調整自己的心態；所有這些細微的事情，比如孩童們充滿恐懼的眼神，或是當地商販刻意冷落她的行為，都在她內心不斷低鳴，提醒著她如何被眾人鄙視，也提醒了她伊斯蘭國不會永遠都是掌權的一方。

不帶武器出門是不可能的事情。有天她徒步前往另一個德國女性位在兩條街外的家中喝咖啡時，就在路上遇到了非常恐怖的事情。當時正值禮拜時間，街上空無一人。有輛車在她後方放慢了速度，尾隨著她前進；她努力克制自己想拔腿就跑的衝動，試著保持冷靜、繼續邁步向前，直到抵達朋友家為止。

發生這件事情之後，賽林姆便決定教她如何使用步槍，還要她出門時一定要記得把槍帶上。

但孩童們看她的眼神還是讓她感到非常沮喪。她想要一把小型手槍，但賽林姆說小型手槍太貴了，他們買不起。最後她從一個德國朋友那邊，借來了一把放得進手提包的手槍，因為她剛好多了一把。

賽林姆的態度也不一樣了。他常常生病，但他的長官卻不讓他休假，因為有愈來愈多外籍戰士為了逃避被派駐前線而裝病。很多招募而來的戰士也沒想到，伊斯蘭國居然會要他們對抗和殺害其他遜尼派穆斯林的反政府士兵。然而光是一丁點不想上戰場的嫌疑（或者更糟的——想要離開伊斯蘭國的念頭），都可能會導致非常嚴厲的懲罰。有個德國來的戰士告訴朋友他正在考慮要不要回家，結果不到一週之後，伊斯蘭國便對他進行了調查。他們使用了水刑和電擊等方式來對付他；他被釋放之後滿臉浮腫暗沉的樣子，就像被刑求過一般。他成了殺雞儆猴的範例。

伊斯蘭國的領導者讓賽林姆大失所望——他知道他們的行為充滿了殘忍和不公，卻似乎也將那種極端主義內化到了自己心中。當伊斯蘭國政府命令女性不得在公共場所露出眼睛和雙手，甚至在炎熱天氣中也必須佩戴遮住雙眼的面紗和黑色手套時，敦雅覺得他似乎沒有表現出應該要有的難過。他也開始會使用一些輕蔑的說法來稱呼敘利亞人。

有天晚上，賽林姆走進家裡之後站在敦雅的背後偷看，卻發現她正在下載一個手機應用程式，於是他立刻就暴怒了。「你不知道如果你一同意那些服務條款，你就等於是在贊同美國那些不信者的法律嗎？」

她當時以為他是在開玩笑，還試著輕描淡寫地回應他。「賽林姆，你真的會看那些網路上的服務條款嗎？全部都會看？誰會去看那些東西啊！」

但他是真的生氣了。「我不需要讀那些條款，就可以知道你已經根據契約、在他們的法律框架下同意了他們的條款——那是**人造**的法律，而不是真主的法律。」

「我需要使用這個軟體啊。這軟體很好用。你要到什麼時候，才會開始停止把所有東西都看成不符合伊斯蘭的東西呢？難道那面牆上的蜘蛛，你也要說牠是不信者嗎？」

那是他們早期的一次大吵，也讓她開始理解一件事：除了住在戰區必須承受的艱難，除了他經常放她孤單一人，讓她不知道他是生是死之外，他還正在變成另一個人。他們之所以來此，原本是因為賽林姆想要保護那些被阿薩德屠殺的穆斯林。然而隨著時間流逝，他的性格卻變得愈來愈頑固；伊斯蘭國嚴格的法律，已經滲透進他們的日常生活之中了。

那種感覺就像是在穿越某個地雷區，手上卻沒有地圖，她的身體隨時都處在緊繃的狀態中。敦雅覺得自己好像已經忍受過不少東西了；她可以忍受不確定性，可以忍受空襲的威脅，然而忍受賽林姆時的情緒負擔（她會不斷聽到他的斥責，好像自己不管做什麼都是錯的），才是最難面對的。

寡婦的收容中心被他們刻意打造成一個痛苦、不適人居的地方，很少有女性可以長期待在裡頭而不會發瘋。其實這的確就是他們的目的。每個被伊斯蘭國控制的城鎮，視城鎮大小，都擁有一個或多個這樣的收容中心，但它們的條件和氣氛基本上大同小異。真正可以用來定義這些寡婦收容中心的，其實是一種心理狀態。在伊斯蘭國裡，曾經待過這些收容中心的女性都會了解到一件事，伊斯蘭國的女性成員的地位是從屬於丈夫的（而且必須是**任何一個**丈夫，因為你無從選擇結婚對象），拒絕和某人結婚是一種反抗的行為，而做出這種行為的人，是沒有資格獲得一間舒適的單人房和獨立衛浴的。

就寢室的安排而言，通常是好幾個女性共用一個房間。去市場買東西的行程，也會被壞脾氣的管理人員（通常是摩洛哥人）嚴格管控；那些管理人員會對住在裡頭的女性大吼大叫，還會扣留她們的化妝用品和日常必需品作為懲罰。敦雅認識一位德國女性，名叫米爾德蕾德，她的丈夫是在進行汽車炸彈自殺攻擊時喪命的。當伊斯蘭國的指揮官在事發三、四個星期之後來到她家向她求婚時她拒絕了，於是她便被送到了當地的收容中心。然而在那裡待上一個星期之後，她便改變了心意。米爾德蕾德嫁給了另一名男子，但三天之後她發現自己既不能忍受再婚，也不想再回到那個收容中心。有天當那名男子出門之後，她便和某個幫忙偷渡的人見了面，並在他的幫助之下前往土耳其的邊界，在那裡向邊境衛兵自首。

敦雅剛抵達拉卡時，那些收容中心還沒有特定的名稱；它們有時會被泛稱為「基地」（*maqqar*）或「旅社」（*modafae'eh*）。到了後來，那裡面再也沒有單身的女性，於是有些女人便開始稱呼它們為寡婦的收容所。

敦雅知道自己剩下的時間不多了。許多她在剛到敘利亞時認識的女性都已經死了，有些則已經離開伊斯蘭國了。她早期在曼比季相對安全、偶爾可以開車追逐夕陽的日子，當時已成模糊的回憶了。現在，每個人都非常恐懼；每天都有人被指控為間諜，因而被丟入監獄裡。過去可被接受的行為（比如和家人聯絡、在不應該的時間點上網），突然都成了招致嫌疑的原因。他們已經沒有選擇餘地了，不參軍是不行的——即使是敘利亞其他同樣由遜尼派組成的反政府組織，也是你必須殲滅的對象。待在家裡、當一個不問世事的國民，也是不被允許的。她僅存的選擇，似乎就只剩逃亡了。

拉卡西北方某個小村子，二〇一六年六月

他們的婚姻中有一塊黑暗之處。不論伊斯蘭國發生什麼事，不論敘利亞人自己最後的命運是什麼，賽林姆都想要永遠維持嚴格、正統的伊斯蘭生活方式。最理想的情況下，他們希望能在土耳其落腳，這樣他就可以生活在穆斯林的社會裡、每天聽見五次喚拜，然後期待一個更好的哈里發政權，某天可以從這個他曾經奉獻過的伊斯蘭國的廢墟之中再次崛起。賽林姆似乎仍然抱持著一線希望，覺得事情可能會隨著時間有所改善；如果伊斯蘭國的戰士成功取得了優勢、如果巴格達迪不再這樣被圍攻，或是如果他們能持續招募新血加入的話，領導階層或許就能做出更適當的決策。

敦雅認為他抱持的希望和忠誠態度都太過天真。她對這類對話已經不再抱有任何期望。她決定讓他繼續相信他想相信的事物，並直接跟他說，她已經怕到不敢繼續留在伊斯蘭國了，所以會

試著離開，在土耳其等他過去。

想離開伊斯蘭國你必須先有門路，而通達的人脈正好就是敦雅最擅長的事情。她夜裡花了幾個小時在 WhatsApp 上和不同人聊天，便將一切安排妥當。某個朋友幫她和一位自由敘利亞軍（亦即接受美國中情局資金和軍備援助的所謂溫和派反阿薩德組織）的中階軍官牽線。由於伊斯蘭國將自由敘利亞軍視為和美國串通的叛徒，因此她不能告訴賽林姆幫助她的人是誰。事實上，她沒和他說過關於這個計畫的任何事情，因為她害怕伊斯蘭國的情報人員會監聽他的電話，最後害他因為允許她逃跑而遭受懲罰。

出發的那天晚上，她小心翼翼地打包了行李，還把房子打掃得非常乾淨，確保賽林姆可以回到一個整潔的家。她在冰箱裡放滿了果汁和水果；她一想到他從前線回到家裡，看到家裡空無一人的畫面，就趕緊將這個討厭的想法從心裡趕了出去。她用手指撫摸了沙發，對這個她最後一個短暫停留過的家說了句無聲的再見。

到了十一點過後，突然有人敲了敲大門。她將燈關上，然後抓起了手提包。一個男子站在門外，他身後還有一輛摩托車。敦雅說，「摩托車？沒有人跟我說是摩托車啊？坐這個我的行李怎麼辦？」那個男子看了一下門口那個笨重的粗呢行李包，裡頭不斷傳出貓的叫聲。「這是什麼聲音？」他問。於是她打開了包包，讓他看看裡頭的幾隻貓；那些貓用閃亮的眼睛看著他們。

他感到非常困惑。「什麼鬼啊，這位女士，你在跟我開玩笑嗎？」

「呃，你不是想要我把牠們留在這裡吧？我是牠們的媽媽！」她對著他眨了眨她睫毛捲翹的眼睛——她在出發前可沒忘了要塗睫毛膏。

這種彷彿歐洲公主般的舉止，一直以來對中東世界的男人都頗為管用，起初都能讓他們消消怒氣。他們雖然知道她的要求十分荒謬，但通常還是會一笑置之，遷就於她。但這種做法這次卻踢到了鐵板。

「我要走了，隨便你吧。」他滿不在乎地轉身，走向了自己的摩托車。他建議敦雅和介紹他們認識的那位朋友再講清楚，接著便發動引擎，消失在暗夜之中。

「你沒告訴我你有這麼多東西要帶。」當她打電話過去抱怨時，那個自由敘利亞軍的朋友不悅地如此說道。光是過去的一年裡，他就有十五個親戚已經喪生，剩下的則住在土耳其的難民營裡。這可是戰爭啊。這個女人以為他在提供觀光套裝行程，然後還可以在「貓途鷹」旅遊網站上面給他評分嗎？

她接著對電話哭嚎，說那些貓如果沒有她就會餓死，還抱怨這裡沒人在乎動物。如果可以回家就好了。「你知道嗎？在德國，政府甚至連老鼠的籠子尺寸都有規定！」

「好吧。」他嘆了口氣。他答應隔天晚上會派一輛汽車過去。但她必須自己先跨過邊境，然後他會再想辦法，用商用貨車把其他東西運過去。

她很高興他說到做到了。她在土耳其邊界附近的某個房子裡待了一個星期，和她一起的還有其他等待偷渡出境的女性。不過那個邊界其實不算是真正的邊界，而比較像是一條模糊的線，用來標示出伊斯蘭國和自由敘利亞軍各自控制的領土。幫助她們偷渡的人說，夜裡接近那條邊界會比較安全一點，所以當她們終於啟程上路時，時間已經是半夜過後了。

當晚正好是滿月，他們在明亮的月光之下視線非常清楚。然而這也意味著他們可能會被看到。就在他們走了大約八公里之後，突然有人對他們開了槍。當時他們僅有的掩護是前方的幾棵樹。他們四人——包括敦雅、另外兩個女人，以及那個幫助她們偷渡的人——全都衝到了那幾棵樹後面。「在這裡休息一下吧。」那個幫助她們偷渡的人說道。他於是躺了下來，把頭枕在一條樹根上，然後閉上了雙眼。「我們會在第一道曙光出現的時候繼續前進。」

地面起初十分涼爽，但很快地，一股寒意便滲進了敦雅的骨頭裡。她的胃正因為恐懼而不斷翻攪。她聽著身旁那個女人的呼吸聲，試著讓自己的呼吸節奏和她同步，希望讓自己冷靜一點。她只睡了短短幾分鐘便醒了過來，然後看著夜空慢慢地轉亮，染上玫瑰般的粉紅色。那個幫助她們偷渡的人很快也醒過來了，他叫醒了其他人，然後帶領她們走完最後的幾里路，直到那輛正在等著他們的車子為止。

北敘利亞某個村莊，二〇一六年十一月

敦雅整晚都無法睡著。她將自己在 WhatsApp 上的頭像換成一顆正在流血的心，一旁還寫著一個阿拉伯文的詞彙：「哈拉布」——那是阿勒坡這座城市的阿拉伯文名字。一個她認識的德國

女人正在轉發一則訊息：

你好，這是一封緊急訊息，發自正被圍城的阿勒坡，從昨天早上開始，有幾輛巴士就一直被擋在檢查哨上，因為天氣太冷，又缺乏飲水和食物，他們現在的處境非常危急。強制撤離的行動已經暫停，眾人現在也無法離開巴士，我們想盡可能地與更多記者聯絡、告訴他們現況，讓記者和他們聯絡上，我們也需要和聯合國溝通。有些在巴士上的人有手機，記者可以和他們通話，不過所有手機的電池都幾乎快沒電了，如果可以的話，請盡可能將那些手機號碼傳給記者知道，有必要的話也請叫醒他們，不要讓他們睡著。因為他們可能撐不到早上。

她感覺到心裡生起了一股憤怒的情緒，於是開始打字。「那些笨蛋，戰爭明明就在這裡，他們卻跑去殺觀光客。」

國家開始退卻

由於俄國的介入，讓敘利亞政府逐漸地占了上風；在二〇一六年的上半年裡，伊斯蘭國的領土便萎縮了百分之十。土耳其不再支持那些反政府的組織，轉而入侵敘利亞的北部地區，因而開展出了另一個戰線，可能會和美國支持的庫德族士兵發生衝突。

伊斯蘭國的領導人讓他們的追隨者面臨了更多的損失。當伊斯蘭國正在喪失本土的領地時，卻也增加了在海外的攻擊行動：二〇一五年十一月，一群武裝分子在巴黎同時發動了六場攻擊事件，一共殺害了三百五十人；到了同年十二月，塔什芬和她的丈夫則在美國加州的聖貝納迪諾對一場辦公室的聖誕派對發動槍擊，最後導致十四人喪生。二〇一六年一月，伊斯坦堡一場自殺式攻擊造成十三人喪命；同年三月，布魯塞爾發生了三場協同策劃的攻擊事件，其中兩場發生在機場，另外一場則在某個繁忙的地鐵站，一共造成三十二人喪生。

到了三月，當川普在進行美國總統的競選活動時，他面對全國的觀眾說道：「我認為伊斯蘭痛恨我們。」最後他在十一月贏得了總統大選，還承諾將會實現自己的競選政見：「完全、徹底禁止讓穆斯林進入美國。」

這是當代史上首次有美國總統聲稱伊斯蘭是西方世界的敵人，也是首次美國不歡迎穆斯林群體入境，而這兩件事，剛好也都和伊斯蘭國經常掛在嘴邊的話非常類似。

莎米娜、卡迪薩、亞米拉與沙米瑪

敘利亞，拉卡，二〇一五年十二月

對卡迪薩來說，貝斯諾格林的高中生活已經成了遙遠模糊的回憶；她成日在摩蘇爾某個荒廢的建築物裡百無聊賴地遊蕩，想看看還有沒有寡婦依然支持著伊斯蘭國、誰已經感到幻滅，以及誰在假裝自己對伊斯蘭國非常失望，等待別人附和，目的只是為了向伊斯蘭國政府打小報告。

卡迪薩在抵達敘利亞沒多久，便嫁給了一個索馬利亞裔的美國人。他們有段時間住在摩蘇爾的郊區，因為她丈夫當時希望能找到其他工作，這樣就不需要上戰場了。卡迪薩每天都在家裡為丈夫打理家務、烹飪打掃。身為一個外國人，她擁有一定程度的移動自由，也能出門上市場、去網咖。雖然她和其他貝斯諾格林的朋友在來到敘利亞之後便四散各地，但她們依然經常聯絡彼此。

等到卡迪薩的丈夫終於被派上前線、在戰場中陣亡之後，她卻開始後悔來敘利亞了。伊斯蘭國並不是一個充滿榮耀和正義的地方，不是一個能讓穆斯林昂首挺立，讓喚拜聲迴盪空中的地方，馬路上更沒有玫瑰朵朵。事實上，那裡成了一個暴力和貪腐的漩渦，男人私藏汽車，女人則在對鄰居或仇敵報仇，彷彿是場漫長的幫派戰爭。如果她留在英國，當時應該正在準備參加高級程度會考，考慮該申請哪一所大學。然而人在敘利亞的卡迪薩，儘管不過十六歲，卻已經成了一名寡婦，身邊還被其他寡婦圍繞著。

有些英國來的女性成了虔信伊斯蘭的信徒。有位來自倫敦、帶著年幼兒子一起過來的女孩，甚至讓自己的孩子穿上了軍服和伊斯蘭國的頭巾，在幾部宣傳影片中入鏡。這位母親在社群媒體上十分活躍，會因為西方人質遭斬首而歡呼，還期待自己成為「第一個殺死英美恐怖分子的英國女性！」

卡迪薩覺得這些女人都瘋了。嚇呆的她想要回家了。她的家人試著在遙遠的彼方建議她，協助她擬定逃跑計畫。作為一名寡婦，她居住的女性收容中心裡充滿了陰謀、對抗和猜疑。她感覺到其他女人正在小心翼翼地監視她，懷疑她有逃跑的意圖。當時有傳言指出，某個澳洲來的女孩在嘗試逃跑的過程中被抓到了，最後慘遭活活打死。最恐怖的是另一個來自東倫敦、同樣試圖逃跑的女孩的遭遇：她在嫁給一位對她很壞的前足球選手之後，和自己的小女兒一起逃到了鄰近的村莊，然而她的丈夫最後找到了她，讓她接受伊斯蘭法庭的起訴，她最後為此被關進了監牢，而女兒則被丈夫帶走，由他的第二任妻子來照顧。

卡迪薩會固定和在東倫敦的家人講電話。他們已經有將近一年沒看到她了。他們很想念她，但有時候他們實在太氣她了，會在電話中對她大吼大叫。但她還是很想回去。「我覺得很不好。我好害怕。」她在電話上如此和姊姊說道。「如果出了什麼差錯，就一切都完了。」

她的姊姊安慰她，告訴她會焦慮是正常的。事實上，她懷疑當時依然效忠伊斯蘭國的亞米拉，正在試著說服卡迪薩不要逃跑。她擔心卡迪薩可能已經和亞米拉透露自己的計畫；萬一她最好的朋友決定檢舉她，那她麻煩就大了。卡迪薩說她覺得很擔心。「你也知道邊界現在是關閉的。我要怎樣才能逃離這裡？我才不要經過庫德斯坦工人黨的勢力範圍。我死都不要。」

這場戰爭就這點而言其實很簡單：如果想離開敘利亞，她就必須經過其他武裝團體的領地，然而控制那裡的組織卻痛恨伊斯蘭國；卡迪薩覺得，他們是絕不會對一個和伊斯蘭國有關聯的人手下留情的。最後卡迪薩成功地搬去了拉卡，當時那裡依然是伊斯蘭國控制區的首都，她希望在那裡進行逃亡計畫比較不會受到其他人的監視。來自格拉斯哥的那位青年部落客烏姆萊絲，當時也和她住在同一棟大樓裡，不過她已經沒有在寫部落格了，因為那些網路公司終於開始審查和伊斯蘭國有關的內容了。

在律師的幫助之下，卡迪薩的家人透過手機定位功能確認了她所在的位置，精確度達到了五百公尺的範圍。他們計畫安排一輛計程車在指定的時間和地點等她上車。她的姊姊在倫敦看著拉卡的地圖，試著在電話上對卡迪薩解釋約定上車的位置。就在「百克餐廳」附近，她說。「你有沒有信心可以做到？」她如此問道，希望卡迪薩可以對這個計畫懷抱一點信心。

卡迪薩沉默了好一陣子，最後用顫抖、幾乎無法聽見的聲音說，「完全沒有。媽在哪裡？我想和媽說說話。」

拉赫瑪與古芙蘭

利比亞，塞卜拉泰，二〇一六年二月

某個星期五清晨，不論是城郊的訓練營裡，或是城鎮的西區和南區，大部分人都還沒起床做晨禮。然而就在此時，美軍的戰鬥機飛越了塞卜拉泰的上空。拉赫瑪和古芙蘭當時也在城裡的某一幢房子裡沉睡著。

雖然她們還沒完全醒來，但轟炸行動已經將她們的身體震下床了。天花板塌下了一部分。空氣中瀰漫著煙霧。拉赫瑪睜開雙眼，但除了灰色的煙塵之外，她什麼都看不見。她的耳膜震動著，似乎聽見了來自遠方的尖叫聲。接著她突然意識到，那是古芙蘭的尖叫聲：透過煙塵望過去，她跪在房間另一邊的地上，眼神像發了瘋似的，不斷喊叫著她年幼女兒的名字。

沒等到完全日出，男人們就已經開始四處檢查美軍轟炸造成的傷害。塞卜拉泰的大部分地區彷彿都成了熱帶版的月球表面：到處都是坑洞和棕櫚樹。幾個男人前來把古芙蘭送去了醫院。拉赫瑪不知道自己該去哪裡。她在斷垣殘壁之中呆坐了一陣子，無精打采地抱著古芙蘭不過幾個月大的孩子。一名戰士告訴她，古芙蘭的丈夫修珊已經死了。

又過了一段時間之後，有個女人將自己的手機借給她。打給媽媽的電話接通之後，歐爾法的聲音將她從驚嚇之中拉了回來。拉赫瑪哭了起來，連一個完整的句子都說不出來。歐爾法完全聽不懂拉赫瑪當時在說什麼。她的女兒幾乎要喘不過氣來了，但歐爾法還是聽懂了一些片段，得知她們剛被戰鬥機轟炸，以及古芙蘭丈夫過世的消息。

「如果你很害怕的話就回來吧。沒有很遠。你有聽到嗎，拉赫瑪？你可以回家。」

「不要。」拉赫瑪說道，聲音突然冷靜了下來。「如果我的死期到了，那就是真主的旨意。」

歐爾法臉部抽搐了一下。在短短一分鐘的時間裡，她再次經歷了一輪之前常常湧上的情緒：內疚、自責，以及女兒帶給她的強烈挫敗感——即使到了這個關頭，即使被死亡和斷垣殘壁圍繞著，即使姊姊已經進醫院了，拉赫瑪還是這麼盲目。

利比亞，的黎波里，二〇一六年五月

就在塞卜拉泰那場空襲行動結束之後，一群民兵認定拉赫瑪和古芙蘭是伊斯蘭國的成員，於是將她們關進了監獄裡；那些民兵來自聯合國所支持的政府，的黎波里當時已經在他們的控制之下。她們被帶往機場的監獄裡。拉赫瑪堅持不願離開。她和每個問起的人（比如電話上的歐爾法、典獄長和記者）都說，她寧願留在利比亞的監獄裡，被以有尊嚴的方式對待，也不願意回到突尼西亞，生活在貧困之中，永遠都要乞求警察開恩。

就在她們被關進監獄過後沒多久，某天下午守衛帶了一個小男孩過來給她們兩姊妹照顧。小男孩的頭髮剪得非常短，鼻子小小圓圓的，還擁有一對非常突出的耳朵。那個小男孩名叫塔敏穆，才兩歲大，是一名孤兒。她的母親是一位突尼西亞人，名叫薩瑪赫，剛在塞卜拉泰的空襲中喪生。她在土耳其生下了塔敏穆，然後在孩子才幾個月大的時候便回到了突尼斯，然而警察卻不斷在半夜裡登門突襲，搜查伊斯蘭國支持者的資訊，讓她最後決定前往利比亞和丈夫團聚。男孩的父親則是一名伊斯蘭國的士兵，當時行蹤不明；大家認為他應該已經死了，卻找不到人能證明這點。

薩瑪赫的父親，也就是那個小男孩的外公就住在突尼斯。他當時已經失去了好幾個孩子。他的兒子在幾年前就前往敘利亞打仗，最後戰死沙場。現在他的大女兒也在空襲中喪命了。

住在突尼斯某個破敗街區一幢簡陋房子裡的他，在受訪時，小心翼翼地避免表現出自己支持孩子加入武裝團體的樣子。但他說附近好多人都離開了，聲音裡似乎還帶著點驕傲。「有些醫生也去了，還有人甚至拋下大把財富，說『我們要去為真主而戰。』你看到了嗎？不只是像你我可能會說的那樣，只有失業的人會想去。那些過得很好的人也加入聖戰了。至於我嘛，我是不太能理解啦。」他聳了聳肩，如此說道。

他曾經去過兩次的黎波里，試著把外孫塔敏穆帶回突尼西亞。利比亞的政府十分願意幫忙，反倒是突尼西亞政府製造了些頗為官僚的障礙。某個官員曾經問他：「你隨便帶個小孩過來，我們怎麼知道他到底是不是突尼西亞的小孩？你有他的身分證明文件嗎？」

薩瑪赫的父親為了看塔敏穆不斷來回奔波，而塔敏穆也愈來愈大，監獄裡的環境也愈來愈不適合他。薩瑪赫的父親在前去探望時，拍了一些塔敏穆的照片，照片裡的他看起來面無表情、一臉茫然。監獄裡的許多孤兒，都是在空襲的斷垣殘壁之中找到的。他們不斷尿褲子，變得愈來愈內向，夜裡也無法入眠。

對於薩瑪赫的父親來說，當時的一切似乎都讓他難以理解。如果某個官員只是因為你的家人選擇了某條道路，就把你的外孫關在監獄裡好幾個月，藉此來懲罰你，你對於這樣的世界會有什麼感想呢？當時的突尼西亞政府，以及許多突尼西亞人，依然不願承認有多少突尼西亞的公民投入了聖戰，因為承認這件事情，就等於是在對這個國家提出控訴。創立組織為受困海外的突尼西亞人提供援助的伊格拔爾，自己的哥哥也去了敘利亞；他警告，讓這些孩子留在利比亞受苦，只會讓事情落入惡性循環，讓過去的事情不斷發生罷了。「等他們長大了，他們會變成什麼？醫生嗎？工程師嗎？」他如此問道。不對，他說，他們只會建立下一代的伊斯蘭國。

薩瑪赫的父親也有同感。「就算巴格達迪明天就死了，也會有另一個人取而代之。」他厭倦地說道。「我們只是想要真主給予我們祥和的生活而已。」

到了二〇一七年四月，一位突尼西亞的代表前往的黎波里，希望探望那些被關在牢裡的女人和孩子，最後卻未能見到他們。有些孩子和他們的母親被關在一起；據說突尼西亞政府有意只將孩子們接回國，但所有人都反對這個計畫。

二〇一七年十月，就在歷經超過一年半的協商之後，突尼西亞政府終於同意讓塔敏穆回家了。他的照片刊登在一份報紙上，照片裡的他和外公在一起，兩人都咧嘴笑著，還比出了大拇指；在塔敏穆拍過的所有照片裡，第一次看得到笑容。

然而還有四十四個突尼西亞的孩子，當時依然被關押在利比亞境內，等待突尼西亞政府接回。

貝斯諾格林

東倫敦，二〇一五年八月

二〇一五年，坐落於倫敦的國立青少年劇場受委託製作了一場名為《土生土長》的戲劇，藉此探究英國青少年激進化的現象。這齣戲讓人坐立難安，像是布滿了玻璃碎片，卻又非常自制沉穩；它不斷地與自己對話，喚起了各種偏見和不成熟的年少苦痛，接著又反抗這些東西。這齣戲後來在一間學校裡舉行公演，由學生擔任的演員，被安插在觀眾席和劇場裡的各個地方，試圖傳達出一種在學校操場上齊聲朗誦的對話感。下面是這齣戲第一幕第五場的劇本：

女孩：嗨各位，今天超令人興奮的，因為我為你們帶來了三種超酷的頭巾樣式。這些頭巾不只是全新樣式，而且絕對不需要大頭針做固定。

〔我在電視上看到你爸耶。〕

〔你顯然喜歡《與卡戴珊同行》*。我覺得我就沒那麼喜歡。〕

---

*譯按：美國一部播出長達十三年的真人實境節目。

「別人會把你貼上賣國賊或孩子的標籤。」
「我在推特上看過你。」
「現在其實變得愈來愈嚴重了。」
「我絕對不會在十六歲的時候有勇氣離開。」
「我聽說你被賣掉了。」

女孩：好了各位。這邊的關鍵在於，你要把其中一邊弄得比另外一邊還長。不用太多，只要幾公分就好——這樣就能把一個看起來很可怕的頭巾，變得超級酷炫。

「一個憤世忌俗、充滿意識形態的恐怖組織。」
「你不是個壞人。」
「我不能認同你的決定。」
「你正在找一個能讓自己相信的東西。」
「是什麼讓你覺得自己在做對的事情？」

這齣戲傳達出作為一個年輕的男性穆斯林，以及因為警察的「任意」搜索而被羞辱是什麼感覺。這齣戲裡有年輕人在開著關於斬首的玩笑，也有一幕場景，是關於後來成為劊子手「聖戰士約翰」的恩瓦澤，劇情充滿了譴責、同情，以及讓人感到不安的事實（「我知道孩子們喜歡他」）；這齣戲也傳達出穆斯林女性的憤慨（因為有人說她們信仰的其實是個厭女宗教），並告訴觀眾，英國政府在「和激進的伊斯蘭作戰」的同時，卻也在「對沙烏地阿拉伯的商人阿諛奉承」，但就算是青少年，也都看得出來這件事情是不合情理的。這齣戲還引用了一個外界用來取笑恐伊斯蘭自由派的苦澀笑話：「在地鐵上，誰會比一個穆斯林男性還要更緊張呢？答案是，那位坐在穆斯林身旁，正在一邊閱讀《衛報》*，一邊假裝若無其事的乘客。」它將莎米娜、卡迪薩、亞米拉以及沙米瑪曾經歷的生活，以及她們曾經試圖理解的那些在周遭不斷嗡鳴作響的噪音都濃縮了進去。這些是她們選擇留在英國的同學的故事，因為他們每天都仍生活在那些噪音之中。

這齣戲原本是要在貝斯諾格林的一所學校首演的。然而管轄該地區的自治市（亦即塔村）市議會最後卻要求學校取消該場演出。國立青少年劇場後來找到了另一個場地，然而有跡象顯示，這齣戲依然會為新場地帶來一些爭議。警方要求事先讀過劇本，而警方也必須參加前三場演出，同時希望在觀眾之中安插便衣員警，並檢測是否有炸彈被安裝在演出現場。那些青少年演員對此提出了抗議，而排練活動則持續進行。

就在演出的兩個星期前，國立青少年劇場突然取消了整個製作計畫，而且沒有提出任何解釋。英國自從一九六八年的劇場法案通過之後，就終結了延續長達兩百三十年的官方審查制度。從那年開始，除非有明顯可能激發暴力行為的跡象之外，從來就沒有任何一齣劇曾遭到劇院或警方禁演。後來國立青少年劇場總監所寫的電郵外流出來，他在信中指出這齣戲存在「調性和觀點

*譯按：英國一份以左翼觀點著稱的自由派大報。

面向都太單一」的問題，並指控劇本的作者和導演懷有「極端主義的計畫」。許多團體都對此提出了抗議，比如英國的筆會*和「查禁目錄」組織；後者指出，英國政府「製造出一種氛圍」，讓藝術團體在處理爭議性議題的時候變得愈來愈緊張，「特別是關於伊斯蘭極端主義的問題」。

然而並不只是和伊斯蘭極端主義有關的戲劇，才會在上演時遇到困難而已。大約就在一年之後，英國的國家劇院也推出了《另一個世界：伊斯蘭國搶走了我們的孩子》，而卡迪薩、亞米拉和沙米瑪的故事也被寫進了劇本之中。然而該齣戲卻將她們的故事穿插在美國將軍和律師的觀點之間，並刪去了一些幽微的複雜性，最後呈現給觀眾的只剩下一些老掉牙的東西，比如「我們和你們其實是一樣的」這樣的觀念。然而若要說這些女孩的故事真能呈現出什麼真相的話，那便是她們的生活、世界觀和經驗，和那些在國家劇院中現身的中產白人觀眾，恰好是南轅北轍。

或許，《土生土長》就是太過真實、太過自然，未經過濾：它宣泄了英國青少年的觀點，卻沒有強加注入美國的一般觀點。在恩瓦澤這位年輕男子成為伊斯蘭國的「聖戰士約翰」殺手之前，這齣戲也是同情他的。如果你委託一群年輕人製作一齣戲，最後做出來的東西卻長這樣，你該怎麼辦呢？他們既為恩瓦澤感到難過，**同時**卻又十分鄙視他，而這個令人不安的事實，你又該如何面對呢？最重要的是，你怎麼能夠讓他們指出，雖然他們反對伊斯蘭國，卻又同意伊斯蘭國對於中東狀況的整體看法，同時也同意伊斯蘭國將這種狀態歸咎於西方國家的干預和政策？事實上，同意這種觀點的並不是只有伊斯蘭國而已，因此如果我們把它直接稱為「伊斯蘭國觀點」的話，其實是非常不公平的——那在中東地區和西方國家裡，其實是許多穆斯林和阿拉伯人都有的感受，只不過被伊斯蘭國加入了自己的曲解和政治目的，然後被他們表達出來罷了。

於是最後的結果便是，你不能讓這齣戲公開上演。這當然是言論審查，然而在當時的英國，維持秩序比藝術自由、甚至言論自由都還要重要。《土生土長》之所以被禁，是因為它在面對英國年輕穆斯林心中的怒火時，不斷地將其成因以帶有煽動性的方式歸咎於英國的外交政策。由於戲中的角色都滿腔憤恨，因此你在讀完劇本、看完整齣戲之後，就不難理解為何伊斯蘭國能如此熟練地招募到這些人：不是因為伊斯蘭國特別聰明，而是因為它對它的受眾瞭若指掌。

雖然那些女孩在機場被監視器拍到的畫面讓這個世界震懾不已，卻很少有人想要真正理解她們**為何**會選擇離開。她們的失蹤帶來了更多的問題、卻沒有給我們答案；當媒體、警方、預防官員、穆斯林女性主義者、西方女性主義者、人權團體，以及其他每個人，都在爭相將自己的解釋套用在那些女孩身上時，她們的故事便似乎總會導向同一個憤怒的結論。儘管那個青少年劇團幾乎就是和那些女孩一起出生成長的，但在二〇一五年的倫敦，大家似乎反而覺得捲入各種看法、半真半假的論述之中，會比傾聽這個青少年劇團的說法還要更安全一些。

＊譯按：一個總部位於英國的國際性組織，成員由詩人、作家、編輯、散文家和小說家組成。

卡迪薩

敘利亞，拉卡，二〇一六年五月

一場空襲摧毀了卡迪薩居住的那棟大樓。她當時人就在裡頭，當場喪生。當初第一個前往敘利亞、引起朋友仿效的貝斯諾格林女學生莎米娜，打了通電話給卡迪薩在倫敦的姊姊，轉告她卡迪薩的死訊。

沙比拉

東北倫敦，沃爾瑟姆斯托，二〇一六年春

在機場被抓到之後的幾個禮拜裡，沙比拉不斷地在法院、警察局和反恐官員之間來回周旋。她和各級政府機關頻繁交涉，最後不只失去護照，還必須接受一陣子的監控；她終於瞭解到（雖然有點為時已晚），憂鬱的她受伊姆蘭影響太深，差點就毀了自己的大好青春。

講到對伊姆蘭的看法，她覺得現在的她，就像突然有人在她眼前放了一盞日光燈一般。苦於貧困和疾病的她，之前無法明辨他狡詐的魅力，也看不出自己被他控制住了，但她現在看得一清二楚。伊姆蘭後來傳了一則訊息到她的備用手機裡：「我好想你。」她想出了好幾種反擊方式——你的太太還好嗎？感謝你害我的護照被沒收了喔！——但最後覺得，其實根本沒有必要浪費力氣回覆他的訊息。到了二〇一六年春天的某個晚上，伊姆蘭居然突然出現在她家門口。聽到他的聲音之後，她便在樓上緊緊地靠著走廊牆壁，一動也不敢動。於是她的母親總算做了一次稱職的事——她對著伊姆蘭嘶吼：「你別想再靠近我們家一步！」然後再將門用力甩上。透過牆壁，沙比拉能感受到整個房子都在震動。

她必須在最高法院上出庭，聆聽法官對她的判決結果；她的父親陪著她前往位於倫敦河岸街上的法院。就像其他被政府認為可能會前往敘利亞的英國年輕女性一樣，法官判決沙比拉必須接受法院的監護。沙比拉將自己的長髮放了下來，身穿一襲炭灰色的洋裝和一條灰色的緊身褲。她感謝法院裡的每個人都很尊重她、對她很好，除了護照被沒收、一段時間不得前往穆斯林國家之外，英國又給了她一次機會。換作是一個年輕的美國女性，如果在類似的情況之下被美國政府逮捕的話，很有可能會被以某個界定模糊的法規起訴，罪名則可能是「對恐怖主義提供物質上的協助」，並被迫在牢裡蹲上好幾年的時間。

她和幾個偵查員用電郵通訊了好幾個禮拜。她做了一些精神鑑定，還必須接受反恐預防官員的拜訪；那些官員會有些尷尬地坐在她家的客廳裡，問一些關於伊斯蘭的問題，也會問她對自己信仰的立場。「現在存在於你腦子裡的，是哪種伊斯蘭思想？你現在的伊斯蘭意識形態是什麼，沙比拉？」他們拘謹地坐在客廳裡的沙發上，其中一人這樣問道，聲音有些矯揉造作，彷彿像在唸稿一般。對這種女人，你還能說什麼？

沙比拉想要告訴他們她很好，她不是精神病患，只是遇過一些糟糕的狀況而已——然而他們問的問題實在太過簡化，因此她很確定他們絕對無法理解。如果他們想知道為什麼她會想要離開英國，那何必問她腦子裡的「伊斯蘭思想」呢？他們難道不知道，一個天真單純、心理受創的女孩，本來就很有可能會跟著自己喜愛的大哥一起去天涯海角嗎？他們難道不知道受傷害的女孩，本來就很容易成為富有魅力、居心可疑的男人下手的目標嗎？他們難道不知道，有些父母有時就是運氣不太好，就算發生在自己眼前，也沒辦法注意到別人正在傷害他們的孩子，甚至就算發現了，也通常會因為太過害怕或擔憂別人的眼光，而不願出手做些什麼。他們難道不知道，如果她的哥哥沒有離開，她根本就不會遇到這些問題啊？再說，要是敘利亞沒有發生起義、政府也沒有暴力鎮壓的話，她哥哥根本就不用離開呀。面對這位坐在她家客廳裡，立意良善但極度無知，因而也可能有些危險的白人女性，她又該怎麼跟她解釋呢？這些事件在她心中排列的方式，就像一棵樹的年輪一般，她沒有辦法只把其中一層挑出來，然後告訴大家那就是她的「伊斯蘭思想」。

然而沙比拉卻耐心而謙遜地回覆了那位官員，因為她知道，不論是阿拉，或是這些法庭派來的人和警察，都給了她第二次機會。在那段時日裡，她經常會對自己說話。沙比拉，你是一個這麼聰明伶俐的年輕女孩，怎麼可以看扁自己呢？

沙比拉長遠的人生目標一直都沒變：充滿生產力地投入工作，然後嫁給一個不錯的穆斯林男孩，從此過著舒適的生活。她認識的大部分年輕女孩也都有類似的目標，而且她們大部分的出身，其實都比沙比拉還要更貧窮和邊緣。從二〇〇〇年開始後的十多年裡，在財政撙節措施之下，原本用來幫助低技術移民找工作、融入主流社會的計畫，紛紛遭到了英國政府的削減。到了二〇一五年左右（也就是沙比拉的人生出現問題的時候），英國政府也開始大幅調整看待、處理穆斯林國民的方式，正好就遇上了上述的財政撙節措施。

二〇一五年，英國政府重新定義了對反恐的思維方式，開始宣稱激進主義並不是在經濟上邊緣化，或是在政治上的不滿情緒所激起的結果，而是保守伊斯蘭的意識形態所造成的現象。英國首相卡麥隆則在當年的一場演講中開啟新的路線，他指出不願接受「自由價值」的英國人，正在為暴力的極端分子「提供援助」。於是突然間，不論是戴頭巾、對社會議題持保守態度，或是原生家庭仍未從鄉村父權制轉型為現代獨立性，這些特徵都可以讓一個人被貼上激進的標籤。卡麥隆還警告，「極端分子的世界觀只是入口，而暴力則是他們的終極目標。」

到了二〇一七年，當時在政府裡負責社會融合事務的官員凱希認為，「穆斯林社群中對女性的壓迫」，和極端主義以及伊斯蘭恐怖主義之間存在著關聯。她甚至還將英國極右派的崛起歸咎於穆斯林，描述了它們之間的因果關係，比如：穆斯林在宗教上的保守主義，導致他們難以融入英國社會，而他們在融入上的困難，在結合了保守主義之後導致恐怖主義，然後恐怖主義又激發了極右翼和白人至上主義的運動。

很快地，不論是穆斯林的日常生活或宗教活動，都逃不過政府的監控。雖然近年來英國政府並沒有像許多歐洲國家那樣禁止女性佩戴面紗，但從二〇一六年初開始，一般的頭巾和面紗已經成為了攸關國家安全的東西，必須多加關切。卡麥隆呼籲法院、學校之類的機關實施自己的「合理措施」，而有些政府機關則明確表示，在特定地點禁戴面紗，不只是一個合理的維安措施，也是一種自由主義式的賦權行動。一位教育部門的高層官員，曾在二〇一六年論及面紗的時候說道，我們必須保護「我們自由的西方價值」，而「穆斯林社群也必須聽話」，因為英國社會在歷史上走了很長遠的路，「才能確保女性獲得平等待遇」，而且英國「絕不能走回頭路」。

在所有這些爭議和介入之中，那些官員顯然從未想過，對於像沙比拉這樣的許多女孩而言，戴頭巾其實能讓她們感到自由、自主，也讓她們能夠出入公共空間、接受教育。然而這些和頭巾有關的爭議，根本就不是性別平等的問題，而是因為這個國家現在已經將穆斯林的保守主義和極端主義連結在一起了，所以才會認為有必要讓穆斯林群體接受自由主義。

關於穆斯林群體的性別平等議題，我們的確需要好好討論一番。英國的穆斯林群體主要由南亞裔組成，他們在某方面確實非常保守，因而經常讓一些年輕的穆斯林女性感到痛苦；雖然程度不同、影響也沒這麼直接，但有些年輕的穆斯林男性也可能也有相同的困擾。關於婚姻，穆斯林群體存在著令人非常難受的禁忌，也有強迫嫁娶、家暴、重男輕女的問題，在面對、舉報性虐待案件時也有不少禁忌。（許多這些行為都來自南亞地區，而值得玩味的是，為了反對這些傳統習慣，年輕人也會從住在城市裡、在麥加受訓的伊瑪目那邊尋求宗教知識和認同。）他們其實原本有可能在維繫宗教價值觀的同時，也去除掉祖輩的保守主義，然而這種可能性後來卻因為外界對穆斯林群體的惡言相向、恐懼和相互猜忌而消失了。

我們既想鼓勵人重新思考他們從家庭繼承而來的父權傾向，卻又同時將這些行為模式診斷為一種病態，會導致炸彈攻擊和斬首事件，但這種做法真的可行嗎？二〇一六年一月，英國首相卡麥隆創立了一個新的基金會，希望能教導穆斯林女性使用英語。他警告那些女性，如果兩年之後無法通過語言測驗的話就會遭驅逐出境，因為不會說英語的人「更容易受到來自〔伊斯蘭國〕的極端主義訊息的影響。」這種做法就像是一邊拿著槍指著別人，一邊要求對方融入社會：你會的英語愈多，你的孩子就愈不會從事自殺式炸彈攻擊。

比方說，如果沙比拉的母親能更加融入主流社會的話，是否就更能留意到，或更能處理沙比拉和蘇海爾深受極端主義吸引的問題呢？莎米娜、卡迪薩、沙米瑪和亞米拉的母親、祖母或姊姊，是否也是如此呢？

這些問題的答案，取決於我們如何理解「融入社會」這件事。身為移民的家長，在面對二十一世紀歐洲城鎮地區常見的育兒挑戰時，幾乎都是束手無策的。他們在孟加拉或衣索比亞的家鄉時，原本有整個大家庭可以作為緩衝，其他親友也能幫忙養育、照顧身邊所有的孩子，因為這就是他們一直以來帶孩子的方式：集體養育。但在倫敦，這層保護並不存在；這裡到處都有幫派和持刀犯罪，臉書和 Instagram 上也有人虎視眈眈，存在各式各樣虛擬和實體的威脅。這些家長以為清真寺和古蘭經課程是安全的空間，但事實是，不論是在線上或真實世界裡，都已經沒有哪個地方是安全的了。

除此之外，他們還有許多問題要面對：貧窮、破碎家庭、單親母親、失業父親，或是無法為家庭提供所需、無法保護家庭，因而沉浸在這種恥辱之中的父親——這些現實狀況，都交織在所有女孩的生命之中。移民這個過程，通常會讓夫妻分隔兩地許多年，導致婚姻難以維續，比如莎米娜的父母就是如此；這意味著婚姻很難在初來乍到的各種負擔之中延續下去。在這個過程裡，女性通常更能面對這種處境，而男性則會因為覺得丟臉、低薪而愈來愈頹廢喪志；這也意味著他們必須花很多時間和力氣，來取得一些基本的事物，比如房租、醫療服務、照顧生病的親戚，而且必須面對一個陌生、複雜難解的官僚體系。

在反恐戰爭的年代裡養育這些千禧世代的穆斯林，需要家長投注非常大的心力，然而那些移民家長一般都沒有能力做到。於是，在「你有沒有努力融入社會，藉此避免你的孩子加入伊斯蘭國」這句話之中的「融入社會」一詞，就牽涉了很多層次的問題，比如熟悉程度、能力、意識和信心，而所有這些都必須透過各種不同的方式才能獲得，比如社經地位提升、教育、語言能力、能否使用政府適當提供的社會服務，以及參與公共領域等。

但對於政府來說，「融入社會」已經變成「接受英國價值」的同義詞，僅止如此。英國的國家認同，崇尚性別自由主義，女性可以在公共場合顯露身體，接受同性戀；一般穆斯林也未必待見英國的外交政策，尤其是關於以色列的部分。

由於英國對於「融入」的理解，是由國家安全的需求所主導的結果，因此其導致的政策便愈來愈讓境內的穆斯林感到憤怒；他們覺得自己遭到了歧視、監控和羞辱。歸根究柢，這終究是一個政府做出的政治選擇；直至今日，我們都仍未看見明確的經驗研究，指出人從事極端暴力活動、加入武裝團體的原因。前往敘利亞的年輕男女之中，儘管有些人的確來自破碎家庭，但也有些人的家庭是幸福美滿的；在他們之中，以英語為母語或是能說流利英語的母親人數，是英語不好的五倍。加入伊斯蘭國的除了餐廳服務生和接受失業救濟者的兒女之外，也有外交官和醫生的孩子。

一個棘手的事實是，孕育出極端主義的結構性因素（比如阿拉伯國家的暴政和政變，以及被極端分子利用的西方戰爭和國家解體），都無益於西方國家的反恐政策。這些結構性的力量太過龐大、太過有利可圖，而且很多時候因地而異，以至於很難被視為極端主義的成因。只有那些比較不重要的因素，以及一些人為捏造出來的因素，似乎才是可以解決的對象，於是他們開始要求YouTube下架奧拉基的影片，封鎖通訊軟體的加密傳訊功能，檢查大學講者的「極端觀點」，或阻擋杯葛以色列、援助敘利亞的行動，因為這些類型的運動都被描繪成將會導致極端觀點。

一位地方上的反恐預防官員，便苦惱地描述了自己如何努力地和英國穆斯林討論和極端主義有關的話題。「這些男人只會千篇一律地說，『問題出在你們的外交政策上。』」他如此說道。對他而言，這就像在抱怨英國的天氣——毫無意義。英國的外交政策短期之內不會有太大改變，而反對這些外交政策的人（不論是在情感上反對，或是做出了實際行動，甚至循法律途徑進行反對），都會發現他們愈來愈常受到反恐預防計畫的壓迫。反恐預防計畫現在要求醫生、教師和社工提高警覺，多加留意「極端主義」的徵兆。如果家長要求他們正值青少年的女兒退出男女一起上的游泳課的話，教師最好要向防恐預防官員通報諮詢。有位阿富汗裔的英國籍男孩，上學的時候在書包上別了一個「解放巴勒斯坦」的徽章，結果過沒多久反恐警察便找上門了。「和女人對話，比和男人對話容易一些。」這位反恐預防官員最後如此總結。女人只想阻止她們的兒子去送死，也比較願意合作。再說，她們不管怎樣，到最後都會責怪自己。至於男人，則是只想討論**為什麼**他們的兒子會去送死。

蘇海爾的兒子於二〇一六年夏初出生，也就是蘇海爾結婚將近一年之後。在影片裡，他用陶醉的眼神看著他的兒子，搔著他的臉頰逗他發笑。他每隔兩個禮拜就會傳照片給自己的妹妹。直到有一天，沙比拉收到了一封某個表親發來的訊息：「你的哥哥想要跟你聯絡。」於是她下載了一個新的應用程式，終於能和哥哥通電話。

蘇海爾和他們的堂哥納迪姆在一輛車上。連線的訊號異常地清晰。自從他們兩人在一年半前離開之後，這還是他們三人第一次一起說話。沙比拉真的好想和他們一起坐在那輛車子裡。她和納迪姆一直都非常親近。他過去總是會說她是女性儀態的完美楷模，不斷要求自己的姊妹向她學習。「快問沙比拉她表妹是不是還有在去健身房。快問沙比拉她叔叔嬸嬸是不是還在吵架。快問沙比拉她媽媽是不是還會滿口俗語。」她把所有人最近的心情、體重、癖好以及社交生活都告訴給他們聽。

兩天過後，她媽媽開車，準備帶她前往伯明罕探望父親時，她打開了一則來自蘇海爾的訊息。內容非常長。但看了訊息的第一行之後，她便再也讀不下去了：「納迪姆死了。」他沒有說他是怎麼死的，也沒有說他在死前有沒有經歷折磨，還是在一眨眼的時間之內、來不及感到痛苦就死掉的。沙比拉腦裡的一片空白，很快便轉變成為盛怒。她很想對著他大吼，**不！他明明不久前還跟你在車上的。我才跟他說過話的。他剛剛還活著的！**

那些記憶湧向了她。她想到了納迪姆宏亮的笑聲，他對汽水沒來由的厭惡，他從東倫敦買來給她的甜點，他為了逗小兒子笑而睜大雙眼，或是在他妹妹播放寶萊塢電影時溫柔地要求停止，因為在他眼裡，電影裡暴露的衣著和煽情的舞蹈只是在誘惑觀眾而已，是印度穆斯林與太多拜象神、露肚臍、對白人卑躬屈膝的印度教徒混在一起的悲慘結果。「我說再多也沒有用。」他會這樣一邊嘆氣、一邊和妹妹說道。「端莊自重必須是你發自內心，自願維持的。就像沙比拉那樣。」

當時已經接近正午，而在她們眼前的則是一整片乳白色的天空，以及兩個小時的路程。沙比拉抓住她母親的袖子說，「我們必須調頭回去。」她們在下一個匝道出口處將車子停在路邊，她的母親接著開始抱著方向盤痛哭。沙比拉一滴淚都沒有流下。她是第一個得知消息的人，她必須為所有人而堅強。

回到倫敦之後，她們沒有出聲告知，就直接走進了她舅媽的客廳裡。沙比拉拿起了遙控器將電視關上。她的表妹當時剛從健身房回來，身上的穿著還算得體（一條緊身褲，以及一件長及大腿中部、飄逸的連身裙），一臉疑惑地看著她們。沙比拉在廚房裡找到了舅媽，然後把她帶進了客廳，要她坐下。當她把死訊告訴她們時，他以為嬸嬸會痛哭不止、捶胸頓足。然而嬸嬸的眼神卻只是閃了一下，然後就變得像石頭一樣堅硬。「我不相信。」她說。「叫蘇海爾傳照片來。沒看到照片我是不會相信的。」

沙比拉沒想過那可能只是假消息。然而眼見她的舅媽堅決不願哭泣，而自己的媽媽和表妹卻早已抱在一起痛哭，這種對比讓她知道，嬸嬸只是在拖時間罷了。如果沒有證據，舅媽就可以繼續拒絕相信死訊。就某方面而言，這件事的確就是不可想像的：作為一個巴基斯坦裔移民的女兒，你的家庭在印度和巴基斯坦獨立的動盪之中，拋棄了家裡的農場，最後在英國落腳，努力在艱困的文化差異之中養大幸福的兒子，然後再看著兒子以一種你從未經歷過的方式，漸漸對於自己身為英國人這件事感到焦慮（儘管他明明就比你還能適應英國的社會），最後再看著他飛向東方，反方向地踏上自己家族當年的移民路線，然後在這條路線的半路上加入阿拉伯黎凡特地區的戰場，最後在聖戰的旗幟之下，死在別人的內戰之中。他是一個為了哈里發概念而戰的烈士嗎？那個哈里發政權會成為一個天堂的國度，讓穆斯林可以在阿拉的意志之下有尊嚴地生活著嗎？為了脫離伊拉克或敘利亞，反抗這些政權，他投入的是伊拉克與敘利亞遜尼派的聖戰式起義嗎？他有沒有可能，既是哈里發政權的烈士，同時也是反抗執政者的步兵呢？他有可能兩者皆是嗎？他的死又代表著什麼意義？是代表她養大了一個願意對抗不公的兒子呢，還是代表她讓他失望了，沒有注意到他正在成為伊斯蘭國吸收的目標？對她來說，要承受這些並不是件容易的事。「我需要照片證明他死了。」她平靜地重複道。

「真的嗎？我真的要傳照片給你嗎？」當她稍晚能夠傳訊息給他時，蘇海爾如此問道。沙比拉回覆他，「舅媽需要一個解釋。你就傳吧。」

嗯，那張照片。他將照片傳來時正值夜裡。她可以從臥室的窗戶看見即將滿月的月亮，在街上灑落一地的月光。有那麼一秒，她以為蘇海爾傳錯照片了。那張照片看起來就像一年半之前，當敘利亞戰爭剛剛開始之際，他們用手機在網路上蒐集而來、滿是血肉模糊的敘利亞人的照片一般。然而那張照片裡的人並不是某個他們不認識的受害者。那是納迪姆，雖然他臉龐的一部分和左肩不見了，幾塊骨頭也突了出來，遺體上還有些灰燼結塊，但那的確是他。她無法理解他發生了什麼事。是被子彈擊中了嗎？那張照片像是能發出聲音似的，帶著一種令人難以忍受、彷彿警報一般的刺耳尖叫聲。沙比拉覺得天旋地轉，雙手不由自主地將手機螢幕翻轉向下，放在了床邊的桌上。

二〇一六年十月，就在蘇海爾的小孩出生不到幾個月、納迪姆過世八個月之後，蘇海爾也在曼比季郊外一場耗時許久的戰役之中，遭狙擊手擊中頭部身亡。他的妻子後來說，他顯然是當場死亡的。

「既然他已經死了，你難道不想離開那裡嗎？」沙比拉傳訊息問她。

「不要，我不會再婚的。除了蘇海爾之外，沒有人可以當我的丈夫。但我也不想離開這裡。我在等待死後的世界，在那裡我們可以永遠在一起。」

原本在悼念納迪姆的她們一家人，現在也將蘇海爾加入了悼念的對象；她們一天天地數著日子：第七天、第四十天，用身體實際穿越一個個時間的標記，彷彿像在轉念珠一般。在那些日子裡，沙比拉有時會驚覺居然好幾天過去了，自己卻沒注意到，也經常會對外頭的一切事物照舊運行而感到非常訝異：直直通往維多利亞線地鐵站的捷徑小巷，從鄰居棚架上爬進他們家圍籬的常春藤，以及在板球場周圍生長的藍色風鈴草。

一年多以前，就在納迪姆、蘇海爾前往敘利亞之前，沙比拉就已經報名了遊戲治療的專業訓練課程。她對於孩子很有耐心，也喜歡和孩子在一起。她喜愛他們的古怪個性、他們容易受傷的幼小身心，也喜歡他們的天真無邪。等到課程在二〇一六年底開始時，她剛好正在悲傷之際，但還是機械式地把課程當作某種必須履行的職責，最後還是去上課了。然而她很快就全心全意地投入了課程之中，不論是關於家庭結構的理論，或是像遊戲這樣簡單、卻可以用來幫助孩童面對細微恐懼和巨大傷痛的各種運用方式。沙比拉總是很期待每週一次的臨床觀察，因為那需要她親自在場，從孩童的行為之中觀察訊號，想像一個受過訓練的遊戲治療師應該要做哪些反應。

最重要的是，待在那個房間裡，為那些孩子的生命帶來一些變化的過程，會讓她覺得自己是有生產力的。每當她在那裡走動，看見孩子向她衝過來時，她就會覺得很開心。戴著頭巾、穿著長袍的她，很高興自己能成為一個堅強的穆斯林女性的模範。從那時開始，她便退出了極端主義的女性僑民會組織，也不再像那個組織一樣，認為「自由地和男性共處」會讓工作無法進行。她想要成為一個有生產力、能對社會做出貢獻的人，就像先知穆罕默德的第一任妻子海迪徹那樣——海迪徹一直都是一位活躍的女商人。海迪徹的故事，展現出早期伊斯蘭的樣貌，當然也是她在加入女性僑民會組織之後不可能聽得到的樣貌。作為一種宗教信仰，伊斯蘭如此龐大，本來就不可能對所有女性都設下這麼多的限制，再說，伊斯蘭如此崇高，怎麼可能會去鼓勵鄙視不是穆斯林的人——她如此心想。

她開始重新在 YouTube 上收聽一些和伊斯蘭有關的談話，並在睡前閱讀古蘭經。想到未來，想到她的伊瑪目和人類對阿拉的責任時，她就會覺得有些奇妙。就在經歷過這些之後，她決定戴回頭巾。她開始收聽不同學者的立場，閱讀、重讀古蘭經關於女性應該端莊的段落。她最後覺得，將自己的身體更大範圍地遮住，就是阿拉想要她們做的事情，她在取悅祂的道路上，也因為是自己選擇這麼做的，而有一種平靜而滿足的感受。

她每天早晨戴上頭巾時，絲毫沒有感到一點憤恨。最棒的是，她再也不會覺得自己比那些不戴頭巾的穆斯林女性還要優越了。她現在覺得戴頭巾是她個人的選擇，而不會因為有些女生戴著纏繞式頭巾、花色複雜的大頭巾，又或是雖然戴了頭巾卻上亮妝，甚或是全身性感穿著就鄙夷她們。沒有人是完美的。儘管方式不同，但每個人都是有罪的。對她自己而言，打從她重新戴起頭巾的第一天，她就覺得自己很幸運。雖然每天都會不斷遇到各種評論、質疑、騷擾或上下打量，但那些就是事實罷了。感謝真主，她已經做了選擇，也找到了重新戴上頭巾的道路。

沙比拉在回顧二〇一五年夏天時，會覺得那是一段她狂熱失常的時期，並為自己的魯莽和天真感到羞愧。然而當她看到報紙嘲諷沃爾瑟姆斯托的年輕男子（比如她的哥哥和納迪姆）前往伊斯蘭國時，她還是會有些傷心。她絕對不會那樣詆毀他們，因為她知道他們是為了什麼而離開的。報紙只在乎誰對他們進行了洗腦，卻從來不關心他們到底是為了什麼而戰。二〇一六年九月，切達里這位總在媒體上自我陶醉的暗黑人士（蘇海爾和納迪姆就是被他們組織吸引去敘利亞的）終於被捕入獄。《每日郵報》洋洋得意的標題，流露出了這間報社有多高興看見他被逮捕了：「終於抓到了！二十年來，這個靠政府救濟過活的仇恨傳播者，一邊取笑英國，一邊將恐怖主義散播在世界各地。由於宣誓效忠伊斯蘭國，他現在將面臨十年的有期徒刑。」

她後來從一個朋友那裡得知，有二十多個蘇丹裔的英國醫學院學生曾在二〇一五年夏天加入了伊斯蘭國。得知這些之後，她覺得自己的錯誤好像也沒有那麼難受了。他們受人尊敬、受過良好教育，而且是有錢的醫師和外交官的孩子；如果連像他們那樣的年輕人都會被伊斯蘭國吸引過去，那蘇海爾也就不足為奇了。這樣的想法在她心裡出現應該也是合情合理的吧？

有時候，沙比拉會在夜裡上網閱讀新聞報導。批評這些人「浪費空間」，或說他們的宗教信仰像惡魔般邪惡，這些說法未免也太簡單了。然而如果有人建了一道紀念牆，將那些個性開朗、受過高等教育、前途一片光明、瀟灑動人，最後卻去了敘利亞的年輕人都放上去的話，我們在看著他們的臉龐時，難道不會從中學到一些教訓嗎？可惜那是一面沒有人願意看的鏡子。

沙比拉唯一想看到的，就是她哥哥的臉，而她的姪子，就和她哥哥長得一模一樣——當姪子看著她時，她幾乎就要以為是哥哥在看著她。然而即使如此，她也早已放棄去想念自己的哥哥了。

艾瑪／敦雅

敘利亞北部某村莊，二〇一七年一月

今天是她的生日，她不知不覺也年近三十了，卻身無分文地住在某個敘利亞的村莊裡。她放起了史汀的〈沙漠玫瑰〉，只要聽到這首歌，她心情就會好很多；她吃了一些巧克力布朗尼蛋糕，那是當時讓她借住的家庭買給她的。發電機突然發出了一陣巨大而悲慘的聲響，接著便停止運作，於是無線網路、小電暖爐也跟著無法使用了。她嘆了一口氣，然後又多穿了幾層襪子。寒冷的天氣讓她的手指頭幾乎喪失了知覺，也讓她失去了下床的意志，她甚至連吃東西都不想。沒有了網路，她覺得自己就像電影《浩劫重生》裡的湯姆漢克。雖然平常她並不會這麼做，但她剛剛才在發電機停機之前把熱水壺裝滿了，於是她將腳趾頭緊緊靠著像子宮一般溫暖的熱水壺。

有時她會覺得自己是最後一個留在敘利亞的德國女人。她知道很多人已經成功越過邊境，進入了土耳其；雖然安卡拉的德國領事館不斷告訴她他們正在努力處理她的案件，但截至當時她仍未獲得任何協助。光是想到要徒步或坐車到邊境，然後向土耳其警方自首，她就會感到非常的害怕，儘管這可能是其他人都做過的事情。萬一他們把她送進某個骯髒的收容中心，讓她必須在裡面待上好幾個星期，每天睡在滿是灰塵的地上、只有稀疏的米湯可以吃，甚至還得和一些毒蟲和妓女共處怎麼辦？萬一他們在把她交給德國政府之前，像電影《午夜快車》裡面的警察那樣訊問她好幾個小時，她又該怎麼辦呢？

她的貓也是個問題，而且不比她自己的情況還要容易解決。那些貓必須在土耳其待上三個月的時間，先接受預防接種，由獸醫進行照顧，然後才能進行健康檢查，獲得正式的寵物護照。牠們會被交給誰照顧呢？她一句土耳其語都不會說，而除了那個幫助她逃出來、不斷在邊界兩側來回移動的自由敘利亞軍男子之外，她在土耳其也沒有認識的人。

有些人也希望或需要從她那邊獲得一些資訊，比如有她 WhatsApp 號碼、會打去問問題的記者，又比如會假裝是當地非政府組織員工或警察、直接到她住處登門拜訪的情報人員，以為她無法馬上看出他們是誰似的。這些人有些對她承諾會幫忙把貓救出，找到安置牠們的地方。還有人傳訊息告訴她，有個臉書頁面很受伊斯坦堡某個上流社區養貓族歡迎（那個頁面名叫「吉漢吉爾愛貓人士」），建議她可以把需求張貼在那裡。但她猶疑了，「我不能隨便告訴別人：『請和我在敘利亞的邊界碰面，因為我想請你幫我把貓送離那裡。』」就算有人可以幫忙安排、把貓送到伊斯坦堡，她還是覺得很難放心。「我不想要把牠們交給某個在臉書上面認識的陌生人。但我一想到必須把牠們留在土耳其三個月，就會哭得跟孩子一樣🙈🙈🙈🙈。」

她當時寄宿的家庭，在那個敘利亞北部的小村子裡是最有名望的家族。他們整個家族在一個大宅邸裡三代同堂，出於善心讓敦雅暫時借住，不過如果她能付一些錢給他們的話，他們也會充滿謝意地接受。他們是自由敘利亞軍的堅定支持者，同時也非常虔誠。他們絕不飲酒；只要男人在場，敦雅也都會把頭巾戴上。就她所知，這個村子裡的男人都是在很年輕的時候娶妻的，而他們的婚姻通常也是為了促進村子裡的和諧關係。在結婚多年、生下這麼多小孩之後，似乎所有人都能接受這些男人想找第二個妻子的念頭。

那個家庭的女主人非常和藹，把敦雅當作自己的女兒一般對待。如果敦雅沒有出現在外面，女主人就會把頭探進她的房間一探究竟；敦雅感冒，或因為吃到壞掉的烤肉而生病時，她也會照顧她。如果敦雅覺得太不舒服或心情不好，因而不想踏出房門的話，女主人也會叫孩子把一盤甜甜圈或甜點送進她的房間裡。這是第一次有家人如此悉心地照顧她，而他們的好意，也讓敦雅覺得自己是個負擔而感到羞愧，同時也愈來愈不想離開那裡了。

她每天都會一個人獨處好幾個小時。她經常會在夜裡冒出各種念頭，比如：如果可以在曼哈頓逛街購物，那該有多令人興奮，但因為她實在太蠢了，而且川普又當選了總統，這個願望應該不可能實現了；她必須堅強，不能因為絕望而放棄，因為她做了一個不好的決定，就必須面對這些後果；為什麼有些女人戴頭巾就是比其他人好看呢；敘利亞詩人奎班尼實在太有智慧了，他知道愛可以改變一切，而幸福的關鍵，便是讓你的心進行選擇。她心想，奎班尼比任何人都還要理解欲望是什麼。他寫道，「女人想要的並不是有錢或英俊的男人，甚至不是詩人；她們想要的，是一個在她們難過時能讀懂她們眼神，並指著自己的胸膛說：『這裡就是你的祖國』的男人。」

她就像她母親之前一樣，也很討厭男人；她覺得自己已經受夠他們了。她想要烤一個男人形狀的蛋糕，然後再慢慢地把那個蛋糕吃掉——一隻手、一隻腳慢慢地吃掉。她會頻繁地更換自己在WhatsApp上的頭像照片。那些照片就像一個更好的晴雨計，可以用來觀測她的心情、想望、欲望和悔恨，比起任何她能使用的言語都還要精準。在一個月的時間之內，她的頭像就更換了好幾次；她曾經用過的圖片有：她的母親、還是嬰兒時期的自己、一輛在落日下的BMW汽車、《冰原歷險記》裡的樹懶、桃紅色的耐吉籃球鞋、彼此相擁在一起的幾隻企鵝、沉浸在月光之中的泰姬瑪哈陵、舉著「末日結局正在逼近」（The End Is Near）標語的辛普森爸爸、在田地裡揮舞國旗的敘利亞兒童，用阿拉伯文寫著的「我恨你」幾個大字，她披散著閃亮頭髮的噘嘴自拍、戴頭巾的噘嘴自拍、合成上老鼠耳朵的SnapChat自拍照、月光下的海灘、「隨便啦」、「有時你必須忘記你想記得的東西、你應該獲得的東西」等字句，以及在戰場上抱著一隻貓的某個士兵。

她最常想像的，則是她在回到德國、服刑期滿之後（她肯定是必須坐牢的）的生活樣貌。她想要過著不那麼虔誠信教的日子一段時間——摘下自己的頭巾，然後再次活得像個普通歐洲人一樣。她會一直都是個穆斯林，最後也會再把頭巾戴上的。但你不能戴著頭巾走進酒吧或坐在那邊悠哉地抽水煙，而她還想做這些事。她想要上阿拉伯文課，因為她還是很喜歡阿拉伯文，因為那是古蘭經和埃及音樂天后庫勒蘇姆的語言。

某天晚上，人民保護部隊在附近進行的砲擊實在太吵，連窗戶都在不斷發出聲響。她希望窗戶可以乾脆被震碎，這樣就不會再發出聲音了。

人民保護部隊是一個敘利亞庫德族的民兵組織；他們之前和一個被美國視為「恐怖主義組織」的團體有所關聯，但最近卻洗刷了惡名，重新定名為「敘利亞民主軍」，並和美國以及歐洲的軍隊合作，在東部和東北部地區清剿伊斯蘭國，當時已經逼近拉卡這座城市了。敦雅跳了起來，把臉上的面膜拿下、洗了臉，以防發電機突然停機。那張黑色的面膜是由某種類似瀝青的東西製成的，她需要燈光才能把它給清乾淨。她已經從伊斯蘭國逃了出來，現在要好好保持儀態。她用鹽巴和蜂蜜自製了去角質劑，用杏仁和橄欖油做了面膜，發現這些有機的自製療程很適合用來打發時間。

至於戰爭呢？那一直都是她生活的背景。敦雅現在主要是透過聲音來體驗戰爭，而且光是用聽的就知道發生了什麼事：俄軍戰機會在投下她稱為「怪獸炸彈」的東西，帶來一輪又一輪的七響爆炸聲（總是連續的七響）之後飛走，過了十或十五分鐘之後，再飛回來進行下一輪轟炸；敘利亞政府軍的轟炸則比較沒有規律，也不會瞄準特定目標，經常擊中平民所在的區域、商業區和醫院；至於美國的戰機，則會偶爾前來轟炸——至少在當時是如此。

某個朋友傳了訊息問她感覺如何。她回覆道，「該死的人民保護部隊。整個早上都在嘣嘣嘣，然後現在又開始了😶。」

她們討論轟炸一陣子之後，接著繼續討論化妝品。

「在德國我每天都在煩惱要不要刷睫毛膏。每天早上起床都像貓熊一樣🐼，我想要3D立體的假睫毛。」

「不確定假睫毛是否符合伊斯蘭教義嗎？」

「嗯，對，但用了膠水和假睫毛，就不用擔心水暈染到每根睫毛。」

對於假睫毛是否合乎伊斯蘭教義，穆斯林的網路社群存在著分歧。她會看《犯罪現場：邁阿密》、《犯罪現場：紐約》；她記得住新的BWM－6系列的各種規格配備。她會和政治活躍的寄宿家庭一起讀詩，關注不斷從舊的反政府組織改組而成的新團體。她可以在討論之中發表自己對於這些組織的不同戰略的看法，還能討論在他們的軍事願景和政治目標之中，宗教到底是他們真正追求的目標、還是只是一個工具而已。

她偶爾才能得知賽林姆的近況。他沒有辦法自己離開拉卡，而她當時也在和其他伊斯蘭國戰士聯絡，他們正試圖幫助他逃出來。當初幫她安排逃脫計畫的那個德國記者不願幫助賽林姆；那位記者說他被洗腦的太過嚴重，可能會為把他救出的敘利亞人帶來危險。她決定，是時候聯絡他的家人了；不論他們之間過去曾經發生什麼事，他們都應該要得知他的近況。

她想起她曾經想像他們會一起生小孩，想起某個晚上，他們養的第一隻貓因為在外面吃了有毒的東西而生病，最後在賽林姆的懷中死去。賽林姆花了好幾個小時、不斷輕敲牠的頭，然後在貓咪終於停止呼吸之後痛哭。她祈禱著，希望還有機會能見上丈夫最後一眼，這樣她就可以和他解釋自己為什麼會離開，尋求他的原諒。

敘利亞同個村莊，二〇一七年十月

當伊斯蘭國開始瓦解時，她人依然在敘利亞境內。當時的伊斯蘭國已經四面楚歌——不論是歐美國家主導的聯軍、庫德族士兵和伊拉克軍、阿薩德的政府軍，以及背後有伊朗在支持的什葉派民兵，都在和伊斯蘭國作戰。戰士和他們的眷屬當時正在四處逃亡、對外自首，試圖避免遭到俘虜的命運。她想像自己的丈夫會如何被他們處置。有人會停下來問他什麼時候過來的嗎？他們會根據他前去伊斯蘭國的日期來判定他的罪行輕重嗎？雖然這個假的哈里發國只存續了短短兩年，但一個男人是在什麼時候抵達的依然非常重要。是在戰爭初期似乎依然充滿正義感的時候來的嗎？還是在戰爭已經演變成一場毫無節制的暴力饗宴之後才來的呢？

最好的男人都是早期來的，也很快就陣亡了。他們擁有最純淨的理想和信念，是為了真主而戰的。如果他們知道事情最後會變成這樣，他們就不會來了。至於那些響應暴力之歌、晚期才加入戰爭的人，則是唯利是圖的傭兵和烏合之眾，是剛皈依伊斯蘭沒多久的脆弱的人，是心裡感到迷失、正在尋求方向的暴徒，也是可悲的地痞流氓和流浪者；他們只是在尋求救贖、尋求認同、尋求意義罷了。你是無法指望他們能建造出一個社會的。

努兒

突尼斯，克蘭姆，二〇一六年春

剛聽到第一聲巨響，努兒便轉醒了。當時是二〇一六年的春末，而她面街的窗戶開了一道小縫，所以當警察在拍打她家大門時，她聽得到他們的喊叫聲。她把臥房的門鎖了起來，害怕極了；她需要在他們找到她之前把手機藏起來。

警察進到了走廊，要求她打開房門。「我在戴頭巾！」她一邊大喊，一邊慌亂地打開衣櫃，把手機塞在一隻襪子裡，然後再放進一團亂的衣服堆之中。

「不用麻煩了，努兒。我沒有要對你幹麼。你的案子已經結案了。我們只是想知道你先生在哪裡而已。」那名警官說道。

努兒解開了門鎖，步出房間。她向他們解釋她正在和自己的先生卡里姆辦理離婚手續，沒有再和他固定聯絡了，他們沒有任何理由需要找她。他們要求檢查她的手機，她則回覆自己並沒有那種東西。「好吧，跟我們回警局一趟吧。」那名警官嘆了一口氣之後如此說道。

他們開著車穿越克蘭姆時，天空才剛剛轉亮。一回到警局，那名警官便再次提出了威脅。他踢了踢她的椅腳，椅子於是向後跳了幾下。他威脅道，如果她不將手機交出，他們就會讓她的日子非常難過。努兒不動聲色地面對著他的威嚇，然而到了下午，他們卻突然打開門，把她的父親帶了進來。她的父親當時的年紀剛過五十，但長年的勞動已經讓他開始有些駝背，看上去比實際的年齡還要老了二十歲。這是他們的策略：他們命令她的父親過來對付自己的女兒，否則就要讓整個家庭生不如死。她的父親臉色蒼白，緊抓著椅子的側邊。努兒站了起來，說她會回家把手機拿來。

當她回家拿手機時，她的母親正在廚房裡切菜。她先親了親母親的額頭，然後才在警察的陪同之下，回到在外頭等待的車子裡。回到警局之後，他們將一份加了哈里薩辣醬的乳酪三明治放在金屬桌上推了過來，作為她的午餐。當努兒打開手機時，她發現所有資料都被清空了：她下載的應用程式、臉書、Telegram、WhatsApp。她的妹妹很機靈地幫她刪掉了。

警察要她重新登入她的臉書帳號，她聽話照做了。他們仔細地檢查了她的臉書動態，卻沒有發現任何東西，然後又開始檢查她的朋友列表。裡頭有些女孩是薩拉菲主義者，於是警察問她那些女孩分別是誰。

就像很多立場保守，不願在外頭工作，或因為戴面紗而找不到工作的年輕女性一樣，努兒當時正嘗試在家裡經營她的服飾生意，販賣一些端莊穩重的伊斯蘭服裝。薩拉菲主義曾在二〇一一年的革命過後如日中天，當時有些戴黑色面紗的女性組織起來，要求政府賦予她們戴面紗上大學的權利。這個具爭議性的訴求，將進步的訴求（女性接受高等教育）和高度基本教義的訴求（引起社會對立、不受歡迎的面紗議題）融合在一起，並沒有在政治上找到太多支持者。在突尼西亞的社會裡，「薩拉菲女性主義」似乎完全就是個可笑的概念。沒有哪個政治流派認為處理這些年輕女性的訴求能帶來任何好處。安納赫達拒絕和任何面紗歧視的議題扯上邊（而年輕的抗議人士也認為這就是安納赫達過度謹慎的證據），從頭到尾都未曾置過一詞，就算有傳聞指出馬努巴大學的人文學系系主任打了一位戴面紗的學生一巴掌之後，情況依舊。然而就某部分而言，這場面紗戰爭也挪動了邊界，是激進、反建制的年輕人用來試探新政治環境的方法，他們想看看自己可以被這個新的體制容忍、接納到什麼程度。

布爾吉巴留給大眾的「女性解放者」形象，已被外界認為是一種全面性的成功案例，也造成了很多意料之外的影響。努兒和其他的薩拉菲姐妹的崛起，表現出突尼西亞境內虔信伊斯蘭的女性，已經將獨立的信念內化到自己的心中了。現在，她們正在行使她們剛剛獲得的自由來提出一個弔詭的訴求：她們希望這個社會能以一個高度保守、屬於正統伊斯蘭的框架，來容納、接受她們。我們應該怎麼面對這樣一群意志堅定、堅持要戴頭巾，同時又對社會無法跟上她們腳步而深感不耐的女性呢？連政治人物都幾乎不知道該如何回應他們，警察就更不用說了——老實說，當警察看到像努兒這樣的女性時，他們只想好好痛打她們一頓，讓她們別再繼續叛逆地虔誠下去了。

「她們是我的顧客，會跟我買東西。」當警察問起臉書好友名單裡的那些薩拉菲女孩時，她如此答道。他們找到了她之前使用的臉書帳號，然後瀏覽了她在上面的動態貼文。其中一個警察仔細地檢查了她過去的貼文和動態更新，然後大聲地呼了一口氣。他舉起手機，將螢幕放在了距離努兒鼻子不到幾公分的位置。「這是什麼意思？」她在上面的貼文是「萬物非主，唯有真主，穆罕默德是真主的使者」，下方還寫著「這將是我死前的遺言」。「你想當烈士，是吧？」那名警察說道。

另一位警察帶著一綑文件走了進來。那些文件是一群女孩子的名單，上頭滿是照片和姓名。他們要求努兒檢視那份名單，然後問她認不認識名單上的人。她假裝自己不認識那些她知道已經被逮捕過的女生——她不希望她們再次經歷同樣的苦難。至於那些她知道從未被捕的女生，她則會承認自己認識。

努兒問他們自己能不能回家了，但警察們把那份她一口都沒碰的三明治推向了她，告訴她還沒結束。大約到了昏禮*的時間，他們把她的弟弟帶到了警察局，要他坐在角落裡。警察再次把那份名單放到了她的面前。她的弟弟坐在椅子上緩緩向後挪動，彷彿想讓自己縮得小一些。看到弟弟穿著破舊的巴賽隆納足球隊球衣坐在審訊室裡，她感到有點昏眩。當那名警察要求她再看一次名單時，她告訴他們如果不讓她弟弟回家，她什麼都不會說。

那個審訊室是個小小的房間，也沒有窗戶，地上還鋪著布滿汙漬的地氈。在革命發生之前，警方經常會強暴、攻擊那些疑似和反政府的宗教團體有關係的女性，而他們所謂的「關係」，其認定標準也非常寬鬆。革命之後，這些事情原本應該要有所改變的，因為突尼西亞當時已經是民主的楷模了。努兒緊閉著嘴，直到他們把弟弟帶走之前都不願說話。大約一個小時過後，審訊室的門再次打開，負責審問的警察把另一個女人推進了房間。那個女人和努兒去的是同一個清真寺，就位於克蘭姆。

「你是什麼時候認識她的？」一如往常，審問的警察預設她們彼此認識。

「我完全不認識她。」努兒如此回答。她撒了個謊。

「她參加過你的婚禮，你卻說你不認識她？」

「我爸媽邀請了很多人來。」

「你們是不是擁有一樣的意識形態？她看到警察被殺害的時候是不是很開心呢？你又屬於哪個派別呢，努兒？蓋達組織？伊斯蘭教法虔信者？努斯拉陣線？還是伊斯蘭國？」

努兒懷疑這個警察是不是連這些組織之間的差別都搞不清楚；如果真是如此的話（似乎的確如此），他到底是怎麼當上警察的？如果警察除了索賄之外，唯一會做的事情就是追捕伊斯蘭主義武裝分子的話，那麼他們難道不該至少對各個派系做些基本的了解嗎？很顯然地，即使是如此簡單的事情也都是種奢求。

這樣的情況持續了大約十五分鐘。那個女孩坐立不安地在牆壁邊上動來動去。努兒假裝自己在打量著她，彷彿自己真的在努力辨認這個女孩。警方很快地又帶了另外三名女子進來，並要求她說明自己認不認識她們，而努兒則假裝自己完全沒看過她們。

到了大約晚上十點，就在一整天的偵訊結束之後，警方將努兒送上了一部廂型車，將她載往

＊伊斯蘭一天中五次禮拜中的第四次，時間為落日後。

古爾加尼看守所，那裡是恐怖主義嫌疑犯的收容中心。過去幾年來，突尼西亞發生了不少起恐怖攻擊，比如蘇薩海灘，以及突尼斯博物館的事件；這些攻擊事件發生之後，突尼西亞的旅遊業從此一蹶不振，也讓警方有更多的理由打擊極端主義。然而事實上，他們之所以利用這些恐怖攻擊的威脅，背後還有更廣大的目的：他們想要剷除任何與可疑分子有關係的人，或是任何跟這些人有聯繫的人。突尼西亞的警察經常會濫用權力，而他們被賦予的職責（和全國的恐怖主義作戰）也經常會導致他們濫用權力。

古爾加尼看守所的收容室稍微大一些，裡頭拘留了各式各樣的女性，比如一名青少女、一個伊斯蘭教法虔信者成員的妻子，還有一個女人正在語無倫次地解釋，「他們找到的，只是我手機裡面賓拉登的照片，就這樣而已。」她們全都伸直著雙腳坐在地上；其中兩人懷有身孕，不斷畏縮地變換姿勢。

日子開始一天天地過去，每天都是一樣的燈光、一樣的聲響，只有警察的訊問偶爾會打破這種單調的狀態。問題也總是千篇一律：「你和伊斯蘭國有沒有關係？」「你比較喜歡蓋達組織嗎？」「你相信民族國家嗎？」「你追隨哪個謝赫？」努兒一句話都不想說。她希望保持緘默，讓緘默本身形成一種力量，吞沒那些男人。但她很害怕他們會打她，所以她只開口拒絕承認一切事情，而警察的回應也總是同一句話：「愚蠢的賤女人，你們一天到晚說別人不是真正的穆斯林，你們總有天會害死我們所有人。」

警察會改變審問的方式，試著想出新招嚇她、逼她說話。有天他們把一位年輕男子帶進了房間，他也是被拘留在看守所裡的人；他們不斷狠狠地揍他，直到他倒地不起，用雙手摀著自己的臉。兩位警察不斷踢著，直到他的其中一隻眼睛都凹陷了，到處也都是他的血跡。被帶走時，他緊緊抓著自己的眼睛，還在牆上留下了一個血掌印。

努兒睡在地上骯髒的床墊上，空氣裡飄散著房間裡馬桶飄出的惡臭；她將一隻手臂放在雙眼上方，試圖阻擋那盞不論白天黑夜都會亮著的日光燈。她的午餐是上面漂著幾顆豆子的冷番茄湯。

某天清晨，在氣溫依然很低的時候，一位她之前沒見過的警察帶著一份文件走了進來，上頭記載著她的銀行帳戶資料和轉帳明細。努兒已經不知道當時是幾月幾號了。當天早上日出時，獄卒阻止她和房間裡的其他女人一起禮拜。當時她們必須在走廊盡頭一個儲藏室做禮拜，一次只能有一個人進去，裡頭還放著一把骯髒的拖把。那個新來的警察帶她去的房間，位在收容中心的另一個區域裡，那裡比較乾淨一些，有幾個看起來比較像樣的辦公室、桌子和電腦。那個警察手裡握有一切資料，讓努兒很難繼續說謊。他的電腦螢幕不知道為什麼可以連到她的幾個銀行帳戶。他看得到她傳的訊息，彷彿她的手機就在他的電腦螢幕上；他指著一則她先生用 Telegram 傳給她的訊息。「你打算怎麼辦，努兒？你想要在克蘭姆策劃些行動嗎？你想殺人嗎？」

她不知道該說卡里姆匯過來的錢只是讓她和小孩生活用的，還是要乾脆否認有收到過這筆錢。她說她以為自己的丈夫已經過世了。她兩天之前才要求見律師，而他們也讓她的父親派了一個男子前來見她。然而當那名律師要求查看她的檔案時，警察卻拒絕了；律師提出抗議後，他們也只是笑了笑，然後說：「你如果不爽的話，可以去和局長抱怨啊。」

努兒已經記不清自已在看守所裡待了多久。某天晚上，有個警察把一位年輕女子帶進了房間裡。努兒隱約記得她也來自克蘭姆，但去年夏天便去利比亞了。她是警察準備利用的另一個手段。「把你丈夫的事告訴我們，不然我們就要把這個女孩脫光光，讓她在這裡坐一整天。」

她沒有想到他們居然真的會那樣做，更沒想到會做得如此粗暴：突然出現了四個男人將她一把抓住，然後開始撕扯她身上的衣服。那個女孩於是一邊尖叫一邊後退。努兒從椅子上跳了起來，試著把那些男人推開。他們把女孩的手臂抓了回來，然後繼續脫掉她的上衣。她的膚色很白，因此她身上被他們抓住的地方都紅腫了起來。他們不斷抓住她、掐著她的皮膚，像對待一隻野狗那樣撕扯著她。

他們將那個來自克蘭姆的女孩拘留了一週的時間。另一個女孩則因為在街上抽大麻而被抓了進來。警方通常會逮捕運動分子（不論從事的是宗教運動或是世俗的政治運動），然後栽贓他們吸毒——有時光是持有大麻，就能讓警方拘留他們長達一年之久。這是種乾淨俐落的方式，可以制止反政府的力量，卻又不用擔心被國際社會指責為專制獨裁。

有天下午，他們讓努兒的父親前來看她。他在小小的會客室裡小聲地和她說，如果他們支付局長兩千第納爾並更換律師，努兒就不會繼續被當作恐怖分子對待，也不會被視為伊斯蘭教法虔信者和蓋達組織的成員，或曾對伊斯蘭國的成員提供協助。雖然努兒和她父親並不知情，但那個警察開口要的金額，和行情比起來其實不算太多；根據案件種類，警察通常會對恐怖主義案件索取三千到兩萬第納爾的賄賂。有這麼多女人只是因為「和聖戰士有聯繫」而被拘留，再加上數千名其他實際參與軍事行動的嫌疑犯，突尼西亞警方掌握著一棵非常值錢的搖錢樹。建議更換律師，就是一種常見的賄賂處理方式：新的律師會將賄款加進他的「費用」裡，然後再和警方分錢。

這種腐敗、非法的處理方式，在突尼西亞面對極端主義嫌疑犯的時候十分常見。如果突尼西亞的革命就是因為索賄而引起的（二〇一〇年十二月喪生的水果小販布瓦吉吉，最後撼動了整個中東地區），那麼對於努兒這樣的女性而言，那些事件顯然又再次輪迴了。或許對於其他人來說，這個國家發生了很多變化，但對她來說，當時眾人正在書寫的新突尼西亞故事，和舊的故事並沒有什麼差別。

被拘留三週之後的努兒變得十分消瘦，腿上也滿是蟲子咬過的痕跡。自從被捕之後，她再也沒看過自己的女兒。她在拘留所裡的最後那天，他們把努兒的母親也帶到了警察局。她戴著淡藍色的頭巾，穿著那件她只有在正式場合才會穿上的大衣，然後緊緊牽著丈夫的手走進了房間裡。

「夠了。我真的受夠了。」

她的家人一付了賄款、換了律師之後，警方便撤銷了對她的所有指控。

努兒和她妹妹以及一位朋友，坐在迦太基附近的一個咖啡館裡。當時太陽在地上拉出了長長的影子，她們慢條斯理地喝著咖啡。她看見一個男人緊盯著她，然後開始講起手機。他的視線始終沒有離開她。她抓起自己玫瑰色的手提包，示意妹妹離開咖啡館。她們在大街上快步前進，然後轉進了一條小巷。一輛車突然停在了她的旁邊，幾個月之前才偵訊過她的一位警察探出了頭來。

「努兒，真的是你嗎？」他的眼睛上下打量著她穿著的緊身牛仔褲。「我猜你不能和男人講話對吧？我想讓你知道，我車子裡有張逮捕令是要來抓你的。但我們今天沒有打算這麼做。我們今天會放過你一馬。好好保重呀……喔對了，努兒，你真的很辣耶。」

後記 偽君子們

她自己就像個鬼屋一樣。她體內住的不是自己；她的祖先有時候會出現在她的身體裡，從她的眼睛往外看，非常嚇人。

——卡爾特，〈愛之小屋裡的女士〉

和人一樣，城市也是會死亡的。

——哈利發，《這座城市的廚房裡沒有刀》

我最後一次和努兒見面，是在布爾吉巴大道附近的某個咖啡館裡，她在附近的一間鞋店工作。咖啡館裡有幾部電視機，全都設定在羅塔納電視台*的音樂頻道；這個音樂頻道網絡，有部分掌握在一個富裕的沙烏地阿拉伯人手中，反映出沙烏地阿拉伯的資金，正如何以外人難以理解

*譯按：一個總部位於杜拜的私營電視台，隸屬於阿拉伯世界最大的娛樂產業集團。

的方式流向世界各地：有時他們會資助敘利亞的聖戰士，有時卻化身為電視上庸俗的流行音樂。

當時是二〇一七年初，距離努兒從看守所出來已經超過半年了。和之前我見到她的任何一次相比，她看起來變得非常不一樣。她穿著一件薰衣草色的羊毛背心，和一件深色的緊身牛仔褲，留著做過法式修整療程的長指甲；那是我第一次看到她的頭髮，波浪狀的髮絲光澤動人，彷彿閃著金光。她化妝的方式就像任何一個精心打扮的美國大學生：自然但飽滿的眉毛、些許睫毛膏，臉上還塗著一抹古銅粉。她看起來十分賞心悅目，讓我覺得比之前看到她的樣子都還要吸引人。這種反應或許再自然不過——我們總是比較能夠同理、理解長得像我們的人——但這件事卻讓我感到有些罪惡。努兒幾乎像個模特兒，眼睫毛像蝴蝶的翅膀一般不斷上下舞動，但我們怎麼能因為她的外型變得更開放、更亮眼了，就覺得她變得更可靠了呢？除了外型之外，她似乎的確也變得更加放得開了。她比之前更常微笑，也更多話，但或許那只是她正在扮演的角色的一部分而已。

努兒告訴我她已經不會在週五上清真寺，也不再和那群薩拉菲姐妹見面了。她的一些朋友已經前往利比亞，與她們仍舊在當地一個伊斯蘭國支部的丈夫會合了。我問她，內心沒有那麼劇烈變化，但外表卻變得非常不同的感覺是什麼。她聽了之後，一邊看著眼前的穆罕默德五世大道（這條大道是模仿巴黎的林蔭大道而建的），淚水一邊湧了上來。「感覺很像活在一個謊言之中。」她說。

那是一個帶有藝術裝飾建築風格的咖啡店，我們當時坐在二樓，店裡非常熱鬧，我們周遭有戴著花呢帽、正抽著菸的老男人，有正在吃法式蛋糕的年輕人，也有正低著頭彼此交談的情侶。

我問她是否支持二〇一五年十一月發生在巴黎的事情。我說那些被殺害的人只是一些普通人，然後指了指我們旁邊的其他客人，告訴她那些人就像這間咖啡館裡的人一樣，而且有不少也是穆斯林。她聳了聳肩。她當然支持那場攻擊事件。「他們殺害了我們的人。既然他們都沒有照規矩來，那我們又何必遵守什麼規則呢？」

艾因伊薩難民營，拉卡以北約五十公里處，二〇一七年七月

阿耶莎和她的三個小孩從難民營出發時，時間已近午夜；和她一起的還有一位陰鬱的土耳其女子，她也帶了兩個孩子。阿耶莎假裝自己的腳斷了，但在沒人看到的時候卻能健步如飛。她們在逃離拉卡的時候帶出了一些現金，然後又把庫德族人在難民營裡送她們的尿布賣掉，因此有些錢可以用來賄賂司機。她們身為戰士的丈夫正關在牢裡，誰知道那些庫德族人會怎麼對待他們。她們唯一能做的事情就是走得愈遠愈好，最好能到曼比季，然後再越過土耳其的邊界，最後消失在土耳其南部某個城市裡，彷彿什麼都沒有發生過，彷彿伊斯蘭國只是一場幻夢、一個傳說，就像《魔鬼詩篇》*這本書一樣充滿訛誤。

*譯按：印度裔英國作家魯西迪的小說；許多穆斯林認為該書褻瀆了穆罕默德，因而導致魯西迪和該書譯者在世界各地遭到追殺。

這個計畫是阿耶莎策動的。她和難民營裡的許多男人眉來眼去，賄賂他們，想盡辦法用言語取悅他們，最後才有辦法逃出難民營，而沒有被任何人揭發。來自敘利亞的她身材苗條、富有魅力，但她的魅力不只來自她漂亮的外型，還因為她像老師一般的舉止方式，能讓別人聽她的話行事。那個土耳其女人就沒有這種能力或魅力。她身材矮小又有點駝背，由於她總在努力隱藏自己有多鄙視周遭的人，因此總是滿臉憔悴。她之所以想要加入阿耶莎的逃脫計畫，實在是因為無計可施了：她十個月大的女兒，當時肚子鼓得像顆籃球一般，但那些庫德族人並沒有要送她去醫院的意思。其實那裡也沒有什麼像樣的醫院可以去了。再說，那些庫德族當時正在五十公里以南的地方對拉卡發動最後的攻勢，根本沒人會想管一個來自伊斯蘭國的小孩肚子鼓得有多大。

其他同樣來自伊斯蘭國的女性，就那樣不發一語地看著她們離去。難民營裡的一個房間裡會住著十到十二名女性，她們之間因為朝夕相處，偶爾會有些摩擦和嫌隙；其他女人那天晚上看到真主沒有用雲將夜空中明亮的滿月遮住時，甚至還暗自竊喜。

她們兩人帶著孩子乘車前往土耳其邊界時，最初遇到的兩個檢查哨都順利通過了。到了第三個檢查哨，她們的駕駛裝出了一副疲憊的面容，用庫德語說了幾句話，哨兵便揮了揮手讓他們通過。那輛廂型車的車窗上貼著深色的玻璃膜，但沒人要他打開車門檢查。

就在他們即將抵達第四個檢查哨時，阿耶莎開始有些放鬆了，為自己的行事機敏感到滿足——她才不像其他女人，甘願待在那個難民營裡、被動地等待命運到來。她聽不懂司機和哨兵講的庫德語，但她聽得出來，這次他們交談的時間變長了。那名駕駛揮了揮手。檢查哨裡的士兵不斷重複說著一個字：可能是**開門**，可能是**快**，或者是**現在**之類的意思，因為司機下了車，然後打開了廂型車的車門。說穿了，那個檢查哨其實也就是幾塊散落在地上的巨大水泥板，所以所有經過的車輛都必須放慢車速，小心翼翼地繞過去。阿耶莎一邊全神貫注地看著那些水泥板，一邊抱著自己的腳。

那名士兵向車裡望，看見了他們。有那麼一剎那，阿耶莎真希望自己沒有帶著那個土耳其女人一起同行，因為她沒辦法假裝成敘利亞的阿拉伯人，也無法假裝成庫德族人，而且帶上她就必須改搭廂型車，否則太小的車子坐不下。她本來也可以帶上那個俄羅斯來的女人，她長得很像蜜雪兒菲佛，簡直漂亮得不可思議，不管走到哪裡都能引起一陣騷動。如果只有阿耶莎和她的孩子的話，他們也可以乘坐一般的小型汽車就好，在後座睡覺的話看起來也很合理，可能就是司機的家人罷了。然而現在車上還有一個土耳其女人，所以很顯然地，她們就是兩個來自伊斯蘭國、正在逃亡的女人，沒有別種可能。一個面容如紙一般蒼白的土耳其女人，在伊斯蘭國正要瓦解的時候突然出現在敘利亞的內陸地區，還能有什麼別的原因嗎？

那名士兵做出了手勢示意他們停車，然後用手機打了通電話。一切都完了。幾名庫德族士兵陪著他們掉頭，沿著他們剛剛經過的道路往回走；他們再次經過了那些已經全毀、在月光下閃閃發亮的建築物。不到一個小時之後，他們便回到了難民營，而阿耶莎、那個土耳其女人，以及她們的孩子都被送回了原本的房間裡。她們再次回到了那個地方：蹲式廁所、混凝土房間、每天只有一餐飯（而且全都是澱粉類食物）、蒼蠅到處飛舞，還有那些敘利亞平民充滿恨意的眼神，她們彷彿想要就在那裡用刀捅死她們。她們得再次面對這個現實：許多人根本就不在乎你是否抱有歉意，反正他們大多數人本來就不相信你；就算他們真的相信，他們也依然希望你能付出代價。

那片白色帳篷之海，在沙漠上蔓延開去，間或點綴著幾個巨大的紅色蓄水器。白天的氣溫經常會高達四十六度；到了夜裡，天空則布滿星辰、涼風習習，但蚊子也會不斷攻擊那些躺在帆布底下、沒有任何防護的軀體。難民營的正中央是個市場，一落落的二手衣服和鞋子被堆在帆布上；難民們會在那些衣鞋堆中翻找，與其說他們是真的想買那些褪色的T恤，倒不如說他們只是在找事情做、打發時間罷了。那裡還有一排臨時搭起、有棚子覆蓋的攤販，正在販賣薯條、冰淇淋，或是用鋁箔紙包覆的餅乾。

來自美國和英國的特種部隊和官員則在其中昂首闊步，他們通常不會穿制服。他們當時正在敘利亞東北部一個叫做羅賈瓦的地區設置據點；該地區由敘利亞庫德族人統治，不受敘利亞中央政府管轄。那些美軍基地裡駐紮了軍官、情報人員、外交人員，以及美國國際發展署的人員，由於剛剛設立，甚至連名字都還沒有，只有全球定位系統的座標而已。沒人知道這些基地會在那裡存在多久，也沒人知道美國只是在那裡協助對伊斯蘭國最後階段的地面作戰、審問戰俘，還是想要永久占領敘利亞的這個區域。不論他們的計畫是什麼，美國在該地區的現身，其規模和目的很少有媒體披露，也很少被政治人物討論，因此幾乎一直都在公共監督的範圍之外。當美軍於二〇〇三年出現在伊拉克時，情況可不是如此：當時美國官員不斷誇耀美國對巴格達的管治占領、在綠區*開庭審訊戰犯，穿著俐落的卡其色制服；他們異想天開地對伊拉克人發起了反菸行動，卻透過哈利伯頓石油公司把雞尾酒和豬肉熱狗運進伊拉克，等遜尼派武裝分子開始在他們的軍車下方放置炸彈時，才後知後覺地發現自己陷入了麻煩。有人說美國人和英國人不一樣，不懂得如何經營帝國，因為他們無法察覺幽微的差異，在制度上也不會記取教訓。然而他們在敘利亞東部的謹慎態度證明了，他們的確記取了教訓。

那個營區裡只有一棟永久性建築：一個只有四間房間、低矮的混凝土避難所。那裡到處都有蒼蠅在飛舞、布滿灰塵，卻也有真正的牆壁和屋頂，距離臨時淋浴間、旱廁、食堂和小賣部也很近。營區內的帳篷屋裡總共住了七千人，他們大多數都是來自拉卡東部地區的平民，在庫德族士兵清剿伊斯蘭國的過程中湧向了這裡；在他們的眼裡，那個避難所是個豪華的旅館。來自伊斯蘭國的女性和她們的孩子，就住在那個避難所裡，享有舒適的生活和隱私，不用擔心日照、蚊蟲，以及左鄰右舍夜裡在帳篷間的爭吵聲。

難民營裡的每個人，都是在歷經數週、數月的轟炸之後抵達這裡的；盤旋在空中的無人機，會不斷發出詭異的低鳴聲，光是那些聲音就足以把人搞瘋。他們當時一片茫然，整天不是無精打采地躺在帳篷裡，就是在營區裡四處閒晃。那個營區感覺和拉卡沒什麼兩樣，只是整座城市被搬到了大約五十公里以北的地方而已；沒有人知道，這裡到底是一個被解放的拉卡，還是只是另一

*譯按：亦即巴格達的「國際區」，為當時伊拉克臨時政府的行政中心。

個被占領的拉卡罷了。

營區的入口處到處可見破碎的黑布任人踩踏；那些女性逃離拉卡、一抵達這裡之後，便脫下、撕碎了身上穿著的黑袍和面罩。那些難民相信，他們已經從伊斯蘭國逃脫出來了，而女性現在也恢復了她們過往習慣的穿著：長袖上衣、長裙和頭巾。然而效忠伊斯蘭國的女性依然戴著黑色的面紗，就像她們之前在拉卡街道上那樣；她們如魅影般在營區裡四處飄盪，和白堊土地形成了強烈的對比。有時難民的孩子看到她們，會怕得後退幾步，緊緊抓著身邊的母親。然而隨著時間過去，那些孩子也逐漸明白情況和以前不同了。大人會告訴他們不用擔心，那些穿黑袍的女人不再有權力對他們為所欲為了。於是孩子們變得愈來愈大膽。他們開始會在那些伊斯蘭國女性排隊取水時對她們投擲石塊，或在小賣部裡走上前去和她們要錢。

效忠伊斯蘭國的女性住在一個被重重看守的區域裡；庫德族士兵會在裡頭進行一些計畫——你可以說那是在去除她們的激進思想，也可以說是在教化她們，端看你的立場為何。這些女性究竟只是擁有平民身分的妻子，還是女性聖戰士呢？這個問題沒人有把握可以回答。

名叫薩拉爾的指揮官，是一位來自敘利亞民主軍的高階成員，他負責艾因伊薩難民營的維安工作，也負責看管被拘留在那裡的伊斯蘭國女性。自從那些女性抵達之後，他便一直在觀察她們；他認為她們多數並非作戰人員，也沒有什麼危險性。他認為她們只是走錯路的平民百姓而已。他的確有理由看得出來，這些女人和真正上過戰場的女性之間有什麼差別。他在敘利亞民主軍裡，就是女兵的指揮官；那些女兵會用夾子將長髮固定在背後、將步槍掛在肩上衝向前線，和他手下的其他男兵沒什麼兩樣。

薩拉爾在敘利亞長大，成長環境被幾個庫德族家庭圍繞著；內戰開打之後，那些家庭也沿著政治界線而四分五裂：有些人的女兒們加入庫德斯坦工人黨，有些人的兒子們則是眼見庫德族的「建國計畫正在失敗」，因而絕望地加入了伊斯蘭國。他知道，他們之所以加入戰爭，其實很多時候並不是真的想要打仗。走向戰爭，很多時候只是一種面對壓迫的反應，是因為虛幻的期望破滅而造成的，他們只是在用這種方法，來否定那些他們無法忍受的情況。「這些女性，大多數甚至不是支持伊斯蘭國的，真的。」他如此說道。「她們是因為相信真正的伊斯蘭，然後受騙上當，最後才會來到這裡的。」

然而當時的他沒空煩惱這些問題。他的工作是在這片沙漠的正中央，提供最人道、最符合國際規範的拘留方式，以便實現庫德族人的夢想，讓敘利亞的這個部分成為一個獨立的小國。這麼多年來，庫德族士兵一直都成功地阻擋了阿薩德的政權，不讓阿薩德的軍隊踏足敘利亞東部的這一大片領土——既然他們能暫時獲得實質上的自治，真正的獨立似乎也不會太遠。和他手下所有的士兵一樣，雖然缺少電力和自來水，但薩拉爾每天早上都還是會把鬍子刮得整整齊齊。就意識形態而言，刮鬍子的確有其必要，因為那代表這支軍隊強烈的世俗主義傾向，或者至少是一種對領袖的個人崇拜——他們的領袖奧賈蘭，是一位土耳其庫德族分離主義分子，當時正被關在馬摩拉海某個島上的監獄裡。

多數美國媒體對二〇一七年那場拉卡戰役的紀錄，都以扭曲的方式描述敘利亞民主軍，而且字裡行間總是充滿了各種組織的縮寫。他們經常被描繪成一支由庫德族和阿拉伯人組成的軍隊，和人民保護部隊存在連結，而後者則是民主聯盟黨的附隨軍事組織；至於民主聯盟黨，則又和庫德斯坦工人黨這個被美國及土耳其視為恐怖組織的庫德族武裝分離主義團體有所連結。美國人之所以會進行扭曲的報導，目的便是為了掩蓋這裡詭譎的政治現實情況，然而儘管如此，這裡的每個人依然會用「庫德族」直接稱呼敘利亞民主軍，而且他們對庫德斯坦工人黨的領袖奧賈蘭的效忠，也隨處可見。在敘利亞東部的這片土地上，從小鎮的路燈燈柱上、到辦公室裡，都能看見他留著鬍子的照片。

每天早上，薩拉爾指揮官都會為來自伊斯蘭國的小孩播放阿拉伯語的流行音樂，讓他們聽聽黎巴嫩或埃及女歌手洪亮美妙的歌聲。那些孩子打結的頭髮裡滿是蝨子，他們會圍著士兵，彷彿被冒犯似地大叫，「**哈拉姆！**」*「你這個異教徒！」當時才四歲的艾布伯克爾如此對他大叫。薩拉爾指揮官接著又播放了一首伊斯蘭國的聖歌，孩子們一聽到便冷靜了下來。那些庫德族人每天早上都會播流行音樂。大約一個星期過後，有些伊斯蘭國女性不再將自己的臉部和手部遮蓋住，也不再因為必須和薩拉爾說話而感到畏縮。「她們的丈夫跟她們說，我們會砍下她們的頭。」他說。到了最後，那些流行音樂對孩子而言也成了稀鬆平常的東西。然而他們還是會在沙地上跑來跑去，玩著他們的「真主至大！」槍戰遊戲。

有些伊斯蘭國婦女繞了非常遠的路才抵達這裡，希望能避免落入伊拉克軍隊手裡，因為他們當時正在南方和伊拉克境內的伊斯蘭國組織奮戰。伊拉克軍隊在奪回摩蘇爾期間，也開始傳出一些暴行，比如殺害那些沒有逃走的平民百姓，而原因只是因為他們是遜尼派教徒，便以清剿伊斯蘭國的名義報一箭之仇。有傳言指出，那些落入伊拉克軍隊手裡的伊斯蘭國女性，不但被迫和丈夫離婚，還經常會遭到強暴。當時這些女性至少在庫德族的手中要更加安全，儘管她們獲得的待遇標準非常非常低。

由於巴格達迪原本躊躇滿志的國家正在瓦解當中，原本在伊斯蘭國、現在卻必須落難而逃的統治者或居民，會開始說出一些自己原本不相信的東西；這種現象其實也不難理解，因為那的確攸關生死。每個帝國的殞落，都會伴隨著這種急於坦白、探索心靈的現象，然而帝國之所以會衰亡，也必定是因為其內部核心已經腐朽，因此我們很難分辨誰的懺悔是真的，誰的又只是權宜之計。不過透過當時住在艾因伊薩難民營裡的孩子，我還是能看見一些真實的情況。他們父母對伊斯蘭國的誠心獻身（至少曾經如此），可以從他們玩耍的方式、他們的名字（比如吉哈德†或艾布巴克爾）看出——不過當時才四歲大的艾布巴克爾的母親很快就會澄清，「這個艾布巴克爾，指的當然是先知穆罕默德身邊的那個大弟子」，而不是巴格達迪。‡

*譯按：阿拉伯語「禁止的」、「違法的」，亦即「阿拉禁止的一切行為」。

†譯按：在阿拉伯文裡，吉哈德意為「奮鬥」，亦有分為對抗他人與自我的「聖戰」之意。

‡譯按：巴格達迪的名字，正好和穆罕默德身邊的重要人物艾布巴克爾同名，他是穆聖的第一位追隨者，亦為其岳父，並成為繼承穆罕默德的第一位哈里發。在伊斯蘭的教史上具有相當重要的地位。

幾乎所有被拘留在這個難民營的伊斯蘭國婦女，都聲稱自己是受害者，他們會說自己雖然無法認同伊斯蘭國的作為，卻被迫留在伊斯蘭國的領土上，因為她們根本無法離開。她們會用道路毀壞阻礙通行、自己縱容丈夫，或其他偶然的事件當作藉口，說明自己為何會被困在伊斯蘭國裡。她們會承認自己原本的確真心相信伊斯蘭國的建國計畫，但也會堅稱，當她們發現那只是一個可悲、惡意的謊言之後，很快就不再相信了。

但那些難民營裡的其他平民，壓根就不相信她們的說法。一些官員、以及負責照顧他們的工作人員也不相信。「她們就是騙子，是狗養的女兒。」當地一位為聯合國難民署工作的敘利亞人如此說道。「要我選的話，我會慢慢折磨死她們。我會把她們的手指頭切下來，然後是手臂，最後再輪到腳。」

有些伊斯蘭國女性會表現得非常高傲，彷彿自己是個剛被推翻的統治者；其他人則低調一些，表現出垂頭喪氣的樣子，知道必須承擔自己的選擇所帶來的沉重後果，不論結果有多悲慘。若說那些女人當時生活的庭院，就是流亡在外的伊斯蘭國的縮影的話，那麼這整個難民營的狀況，或許就像是敘利亞的未來，充滿了各種複雜問題和悔恨之情，每個人都在想辦法讓自己被視為受害者。

阿耶莎——那個沒有成功逃離難民營的女人，身上就帶著一種流亡海外、被困在某個地方的貴族的氣質（就像湧向巴黎的白俄人士或那些在巴勒維王朝被推翻之後流亡倫敦肯辛頓的波斯人），不斷想要證明自己當時的狀態，並不符合自己生來的高貴身分。「我叔叔在倫敦海德公園旁有間公寓。」她說道，然後用一種帶有心照不宣意味的表情，遞給了我一根香菸。「沒問題的。這裡可以抽菸。」

你到哪裡都能看見她的身影：她會對警衛眨眼睛（她可以在早上十點就畫好完美無瑕的眼影），也會討好小賣店的老闆。陪著我從伊拉克過來這裡的記者名叫馬赫穆德；我們後來發現，原來她和馬赫穆德曾經同個時間都在荷姆斯大學念書，於是她便開始和他交換起一些他們共同朋友的故事（你還記得那個巴勒斯坦女孩嗎？讀英語文學、胖胖的那個）。孩子們正在分食一袋甜食，她則把一袋收了起來，想留到之後再吃。「我沒辦法一邊抽菸，一邊吃東西。」她優雅地說道。

阿耶莎在大學裡學的也是英語文學。「我們什麼都做——寫詩、評論、翻譯。」她說。她會讀莎士比亞、馬洛、杜斯妥也夫斯基，也會讀《伊利亞德》。她浪漫地夢想著自己會有個善解人意的丈夫，能知道她的「需求和感受」，最後卻嫁給了一個毫無想像力、名叫穆罕默德的工程師。和他在一起的她很不快樂。「他一點都不吸引人。他長得跟他一模一樣。」她一邊說著，一邊用下巴指了指她最大的兒子——他的名字也叫穆罕默德；小穆罕默德當時只有一隻腳穿著拖鞋，一拐一拐地在房間裡到處走動。

他們夫妻倆和孩子住在首都大馬士革。反阿薩德的革命爆發幾個月之後，她的丈夫在清真寺禮拜的時候被一名狙擊手射中頭部，最後身亡。剛成為單親母親的阿耶莎，為了扶養小孩而教起英文，還幫鄰居當保母，或是做一些在傳統社會裡只有寡婦或離婚婦女才會做的低階工作。到最後，阿耶莎決定搬到離姊姊家更近的地方——她姊姊當時住在土耳其。她說，她通常會走路程較短的北部路線，然而那條路當時因為戰爭無法通行，因此她只能繞路，先往東繞過大半個敘利亞，然後再從拉卡北部接近土耳其邊界。當時她在拉卡某個當老師的朋友家裡留宿了一晚。「結果隔天早上，伊斯蘭國的警察跑來她家，告訴我住在不信者的土地上是違法的，於是我就被迫留下來了。」她說。

受困在拉卡這件事也改變了她的命運。「我第一次看到他時，心裡還在想是不是在做夢。他又高又帥，頭髮濃密，肩膀也很寬……他當時一個人住在隔壁的房子裡，連個幫他泡茶的女人都沒有！於是我幫他泡了茶，然後叫孩子把茶送過去。他問他們：『你們的爸爸呢？』然後他們回答他：『我們沒有爸爸！』」

住在隔壁的那個男人是摩洛哥人，來自丹吉爾的舊城區，以賣黃金為業；他被「臉書上的朋友說服」，聽他們說阿薩德正在殺害穆斯林女性，覺得自己應該要來幫助她們、加入戰爭；他們還說，他可以在敘利亞自由地實踐伊斯蘭信仰。有天，那個摩洛哥男人把阿耶莎和她的小孩帶到一個公園吃冰淇淋，並在那裡的樹林把他想要逃離那裡的念頭告訴了她。「我本來是要來對抗阿薩德的，結果現在他在哪裡？」她記得他當時如此說道。此外，伊斯蘭國的薪水非常少；他抱怨，只要一雙鞋和一副太陽眼鏡就能耗盡他的收入。儘管如此，這個摩洛哥人還是向她求婚了。如果他們被困在這裡，至少還可以一起困在這裡。誰說兵荒馬亂之下無愛情？

在正常的情況之下，一個英俊的單身男子應該會想要娶一個更年輕、沒這麼多家累的新娘，而不是像阿耶莎這樣帶著三個孩子的寡婦。阿耶莎當時實在太需要被愛了，因此覺得自己非常幸運。「我的人生在那之後完全變了。」她欣喜地說。「你終於覺得，自己是有人愛的。我們會整晚不睡，看著對方的眼睛，不斷笑鬧抽菸……我們不斷對彼此說：『要是能早點遇見你就好了。』」

阿耶莎似乎也感覺得出來，她的故事聽起來有點不太真實，於是很快便將話題轉到其他聽起來更有說服力的事情上。「伊斯蘭國當時真的瞄準了歐洲年輕人的弱點，尤其是那些和家人處得不好的年輕人。他們很聰明，知道要對這些人下手。」她還提到，當時有個為杜拜某個電視台工作的記者剛去過他們的難民營，她很好奇那個記者是怎麼描述她和其他女人的。

「其實不太光彩。」我和她說。「她寫說你們在抱怨老公花太多錢買化妝品給性奴隸。」

「真的嗎？」阿耶莎看起來有點氣餒。「可是她對我們很好耶。」

奇怪的是，雖然她講著流利的英語、受過相對良好的教育，甚至還曾想方設法逃離伊斯蘭國，但她卻非常不擅於表現自己的悔意或羞愧。

她說：「他們從來沒有在這裡給我們吃過魚。連新鮮的蔬菜都沒有。」

她的孩子們在我們當時談話的那個房間裡圍繞著她，看上去明顯比其他伊斯蘭女性的孩子乾淨不少。他們穿著合身的衣服；為了避免生頭蝨，她女兒的頭髮被剪得短短的，而她還在襁褓中的孩子，則在嬰兒車裡安靜地睡著，身上還穿著乾淨的紙尿褲。就在不久之前，某個女人的小孩才剛進到這個房間，蹲在地上拉肚子拉了一地。

「為什麼他們沒有穿紙尿褲？」我問指揮官薩拉爾。

「他們每個人都有夠穿兩個月的紙尿褲。」他嘆道。「他們只是為了換錢，把紙尿褲賣給了小賣店而已。」

這個營區當時正在開始接受國際援助團體、軍事情報官員和記者的來訪；這些參訪者的錢包裡都有些歐元，看到沒有紙尿褲、被迫在地上大便的小孩也會感到難過。

「你見過荷達了嗎？」阿耶莎開心地問道。如果其他伊斯蘭國女性讓她覺得有些受不了的話，她通常都會去找荷達；荷達是印尼人，當時十九歲，和其他二十一名家人住在營區盡頭一個寬闊的帳篷裡。那個帳篷經過了精心的規劃，區分出了專供泡茶、煮飯和就寢的區域。那裡還有一個資源回收區，空水瓶堆得老高。整個環境既舒適又整潔，提醒了我們，人在一無所有的時候，似乎總會做出一些不一樣的事情。

荷達的皮膚細緻，還有一個精巧的鼻子；她講話的語速很快，臉上也經常掛著笑容。還在雅加達的時候，她只是一個普通的高中生，既虔誠又好奇；她和其他千禧世代的孩子一樣，十分活躍於線上的虛擬世界，覺得網路世界才是最舒服的地方。一切的開頭，是當她發現一個叫做《一個穆哈吉拉的日記》的 Tumblr 部落格；這個部落格的主人是一位自稱「天堂之鳥」的馬來西亞女性。還記得那個來自蘇格蘭、寫部落格將一些倫敦女孩唬得一愣一愣的烏姆萊絲嗎？天堂之鳥大概就像她在亞洲的翻版。

天堂之鳥是一位醫師，她在二〇一四年獨自前往敘利亞，為建立伊斯蘭國度的計畫奉獻己力，父母最後也都支持她的決定。她將自己的經驗記錄在部落格上，詳述了伊斯蘭國提供的免費醫療服務、教育、工作機會，以及其他各種優惠措施，呼籲其他穆斯林前去加入她的行列。她張貼了幾張像是靜物畫般的照片——一個聽診器以及一支ＡＫ－47步槍，用來象徵她自己和她的新婚丈夫，然後極富趣味地寫下一些麻煩事，比如她必須用谷歌翻譯和丈夫進行溝通。

荷達還在印尼的時候，她的父親當時負債累累，整個家庭為此深陷了愁雲慘霧之中。荷達覺得自己找到了解決這一切問題的辦法。她告訴他們，虔誠的穆斯林正在敘利亞的某個地方建立一個伊斯蘭國。她透過天堂之鳥聯繫上了伊斯蘭國的官員，他們向她保證，他們會幫忙付清她父親的所有債務。醫療、旅行到伊斯蘭國的費用、住房——所有東西的費用，他們也都會負責支付。於是他們開始打包——她的父母親、兩個姊妹、幾個嬸嬸叔叔和堂兄弟姊妹，一共二十五人，都踏上了前往土耳其的旅程。指揮官薩拉爾說，起初支持起義推翻阿薩德的土耳其政府，幫他們支付了從伊斯坦堡到拉卡的旅行費用。

至於媒體披露的那些伊斯蘭國所犯下的殘忍行徑呢？被斬首的援助工作者亨寧，以及雅茲迪人女性被迫成為性奴隸的報導呢？荷達聽到之後低下了頭。「你知道這種感覺嗎？就是你真的很喜歡某件事情，喜歡到願意忽視它不好的地方那種感覺。」她的這句話的潛台詞是：如果伊斯蘭國真的建立了一個適宜的國家，持續履行它的責任，保持公正，而且為人民提供安全和生計的話，那些暴力事件都是可以被原諒的，只是為了達到目的的手段，以及取得獨立自主所必需的殘暴過程而已。荷達和她的家人，似乎老實到了近乎天真的程度（而且是十分危險的天真），他們就是那種在地方上的老鼠會騙局中，會第一個成為受害者的家庭。

等他們抵達拉卡之後，伊斯蘭國的士兵很快便試著催促荷達家的男人接受軍事訓練。「打仗？沒人在網路上跟我說過要打仗啊！」荷達回憶道。他們一家人都很憤怒，家裡的男人不願受訓，也不願上前線。與此同時，荷達則和家裡的其他女性被關在宿舍裡，等待分配住房。她很快便發現，想從伊斯蘭國那裡獲得好處，就像想要販毒集團遵守法律一樣困難。伊斯蘭國不斷提出各種理由，想證明荷達一家人不配獲得任何東西。「他們說我們是偽君子、懦夫，因為我們家的男人不願打仗。他們對我們說，『你們為這個國家做了什麼？你們為伊斯蘭做了什麼？為什麼我們應該要供應你們的生活需求？』」

荷達花了很多時間寫電郵和伊斯蘭國當局爭論，指出為什麼她家人的需求並不過分。她試著解釋，也試過走法律途徑，但沒有一個方法奏效。她只和敘利亞平民交朋友，而不願和伊斯蘭國的女性走得太近，因為她覺得她們非常陰險，又愛胡亂尖叫、嚼舌根子。天堂之鳥當時描述的那種動人的伊斯蘭姐妹情誼，實際上更像美國真人實境節目《比佛利嬌妻》的恐怖版。她覺得她那些敘利亞的平民朋友們很可憐。他們住在一個永遠充滿恐懼的國度裡，而且伊斯蘭國對他們收取的電費，是其他伊斯蘭國居民的三倍。

不過最糟的是，那些噁心、喜歡硬來的士兵，總會一直想要對她們下手。他們會自己前來，或是派人過來向荷達和她的姊妹們求婚。「他們會希望我們在**當天**晚上給出答覆！不覺得很愚蠢嗎？他們會說，『他來自這裡或那裡』就這樣一句話！連『他是建築師或醫生』這種話都沒有！」她一邊如此說著，臉上表情一邊無法苟同地皺了起來。「那些男人滿腦子只想著女人。他們在聊天群裡討論女人，在街上討論女人，有時會遇到我爸，甚至會把他攔下來問我們，『你有認識的人，有女兒可以嫁給我們嗎？』」

荷達家裡的男人最後因為拒絕上戰場而被關進了監獄。她的某個叔叔失蹤了，還有一個則在空襲中喪生。其他人在監獄裡待了三個月，而荷達則在網路上嘗試求援。她聯繫過駐大馬士革的印尼大使館，也傳了訊息給「拉卡正在悄悄地被屠殺」——這個地下組織當時正在把伊斯蘭國的殘暴故事向外傳遞。他們曾經兩次付錢請人幫他們偷渡離開，但兩次在抵達邊界前，都被幫他們的人搶劫遺棄。到了第三次，那個幫他們偷渡的人偷走了他們的手機，但至少讓他們成功跨越邊境了。

荷達和她多數家人都不再穿黑袍了。她們重新戴起了在印尼很受女性歡迎的純樸的白色頭巾；她們在離開帳篷前去取水、領取食物時，比較不那麼受人注目。當靠近地平線的天空開始染上暈紅時，眾人會在營區中央的一個蓄水池旁駐足聊天；其他人則會逐漸從帳篷走出來，在日落前後珍貴的兩個小時裡聊天、散步，因為那正是暑氣逐漸消散，而蚊子又還沒開始出現的時間點。

娜赫拉當時十五歲，和她的哥哥與父母親住在其中一個帳篷裡。他們一家人來自東拉卡。她的父親是個雜工，工作並不穩定，手頭上擁有幾頭羊；他們就是那種根本沒錢可以逃亡的人。娜赫拉說，住在水泥房裡的那些女人都是伊斯蘭國的「處罰者」，還發誓她在拉卡的時候就看過她們。有次她們剪壞了她的一隻拖鞋，因為那雙拖鞋不是黑色的。這件事發生時，還是伊斯蘭國比較早期的時候；當時他們還不會把人關在籠子裡、釘在十字架上，也還不會使用一些彷彿墨西哥毒梟會用的暴力手法，比如把一些支解的屍體放在顯眼的公共場合，以此恐嚇市民。

娜赫拉的堂哥在拉卡一個汽車維修廠當電工。有天，某個伊斯蘭國的指揮官開著車突然出現，要求他立刻修理他的汽車。在伊斯蘭國統治下的雙階層體系之中，戰士和其家屬插隊的情況十分常見。他的堂哥只是要求那位指揮官排隊等候，就因此被斬首了。到了當天晚上，每個住在他家附近的人，包括他的新婚妻子都知道了這個消息。當我問娜赫拉會不會覺得，住在這個難民營裡的伊斯蘭國女性其實可能也是男人手下的受害者時，畢竟他們可是激進到會因為一點小事就處決修車工的男人。娜赫拉聽了之後瞇起眼睛笑了。「你有聽過罪犯會承認自己的罪行嗎？她們只是別無選擇，只能告訴你那些說法而已。」

附近其他帳篷的婦女偶爾會走進來拜訪娜赫拉。她們提到了被她們稱作「啃食機器」的東西：一種擁有鋸齒狀鉗子的金屬機具，伊斯蘭國的道德規範執法人員會用來懲罰違背服裝規定的人。她們說，他們會用啃食機器夾女人的胸部，讓女人痛得受不了。關於那個機器的描述十分多樣，但都帶有某種暗黑童話故事的色調：「上面有很恐怖的利牙」或「像小鯊魚鋒利的牙齒」。娜赫拉的朋友們都坐在帳篷的地上，一邊聽著關於啃食機器的描述、一邊點著頭，彷彿那是某種虛構的集體想像，而且被賦予了一些歌德式的恐怖風格。

她們還描述了一些我從未聽過的處罰方式：把砍下來的頭放在女性身上磨蹭；把人活活丟進熱油裡炸死；把女人關在墓園裡的鐵籠裡，從入夜一直待到天亮。這些事情都是真的嗎？然而不管是不是真的，似乎都沒這麼重要了。她們描述的故事都反映出了一件事：她們的內心再也無法忍受她們遇到的暴力和創傷，因此開始發明出一些更黑暗、更古怪的故事，好讓自己日常的遭遇感覺起來更能忍受一些。當我們在交談時，娜赫拉的哥哥一動也不動地側臥在一塊墊子上，背對著家人，臉部距離帳篷布只有幾公分而已。在很長的一段時間裡，他都一直維持著那個姿勢。

每天大約都會有兩百個新來的人抵達難民營。那天晚上，有個男人帶著一個受傷的孩子走近營區的大門。他從拉卡走了將近五十公里過來這裡。他的紅色格子襯衫和長長的鬍子布滿了灰塵。他的眼神空洞，腳步緩慢而蹣跚；他向前伸出手臂、將孩子抱在手上，彷彿他已經抵達了一個安全的地方，彷彿那裡有人會接住他的孩子。

當阿耶莎和那個土耳其女人正在準備逃跑時，指揮官薩拉爾回到了艾因伊薩一幢兩層樓高、滿目瘡痍的政府大樓，他和他的士兵們都在那裡過夜。那裡有好幾排水泥護欄、重重戒護的鐵絲圈，以及許多個檢查哨。發電機讓他們的電視機運作無虞，而電視則永遠鎖定在庫德族的電視頻道。士兵們會列隊進出，在牆邊的墊子上休息。

這些伊斯蘭國婦女的狀況讓薩拉爾十分擔心。她們出現在難民營裡這件事，為這裡帶來不少混亂和危險。他一根接著一根地抽著菸。「這些女人有些已經上過電視了。她們的政府為什麼對她們不聞不問？為什麼不把她們接回家呢？」他一邊搖頭，一邊說道。「我該拿她們怎麼辦？」

事實上，沒有哪個國家會希望那些伊斯蘭國的成員回去。把他們接回去的過程要耗費許多經費和時間；他們通常也很難取得能被認可的相關證據，因此很難對那些曾經犯下殘暴罪行的伊斯蘭國婦女或戰士進行起訴，法院也很可能必須將他們無罪釋放或從輕量刑。然而同樣地，他們也沒有任何機制，可以將許多伊斯蘭國成員承受的暴力和壓迫考慮進去。我們要如何區分那些後來驚恐於伊斯蘭國的所作所為，因而存有悔過之心、並開始反對伊斯蘭國，甚至曾經想要逃離卻無法成功的人？大部分西方國家，都寧願把伊斯蘭國成員的問題留給其他單位來處理——比如敘利亞、伊拉克的庫德族政權，或是伊拉克政府的司法體系。然而讓這些本來就高度軍事化、正在努力從長年戰爭中復原的脆弱國家肩負起這些事，其實是非常不道德的。此外，那也可能會讓其他組織，用一種「把報仇當正義」的心態，甚至是毫無正義可言的方式，來對待伊斯蘭國的成員（不論是男性或女性）。

或許，從這場戰爭的一開始，這些西方國家就已經不再把那些伊斯蘭國的成員看作是自己的公民了。諸如英國、法國和美國這樣的國家，在戰爭初期就已經把「必須清除的對象名單」交給了伊拉克的軍方。有位英國官員曾經公開說道，「很不幸地，在大多數的案例中，我們處理他們的唯一方式，就是把他們統統殺光。」

「把他們接回去太難了。」我對指揮官薩拉爾說道。「如果是你，你會把他們接回去嗎？」

「如果他們是我的子民，那麼會的，我會把他們接回去。」

哈蒂賈是難民營裡少數感到輕鬆自在的伊斯蘭國女性之一；身材結實、有著橄欖膚色的她來自突尼西亞，當時二十九歲。她知道難民營裡的其他平民都視她如禍根，每次遇到別人，她都要花三十秒的時間來克服別人的敵意。不過她通常都能成功。指揮官薩拉爾對她的評價很高。「她在所有人裡面算是比較聰明的，也是唯一一個仔細想過到底發生了什麼事的人。」當軍方需要對伊斯蘭女性下達指令時，他們會選擇和哈蒂賈對話。

哈蒂賈成長於突尼斯一個人口密集、立場保守的社區；她的家族人數很多、親戚之間的關係也非常密切，其中有些人非常虔誠、有些則頗為世俗化。她在還是個少女的時候，非常投入嘻哈舞蹈和劇場。她的兄弟們在年紀夠大的時候，就都儘早去了法國，因為他們知道留在突尼西亞不會有未來。在他們居住的社區裡，年輕的失業男子隨處可見，他們會坐在路邊的報攤亭裡「幫忙」販賣紙巾和堅果。對她的兄弟們來說，離開突尼西亞是很正確的選擇：其中一個是非常成功的廚師，另一個則成了很有名的踢拳選手。

哈蒂賈嫁給了一位名叫阿里的遠房表親，他擁有數學專業的大學學歷、受過教師的訓練，卻因為在突尼西亞腐敗的政治體系之中沒有人脈，而失業了長達六年的時間，整天在家裡遊手好閒。他們結婚之後，他開始在建築工地裡工作，但收入並沒有比任何一個運氣不錯的乞丐好到哪裡去。有天一個大學時期的老朋友看到他在工地裡做工，便將他拉到一邊問他，「你怎麼會把自己搞成這樣？要不要過來和我們一起，多做些禮拜呢？」就這樣，阿里加入了當地一個以聖戰為己任的薩拉菲團體。他不再對突尼西亞的未來抱有任何期望，開始認為自己有義務前往敘利亞為真主奮戰，並對那些正在嘗試建國的弟兄伸出援手。

當阿里在二〇一三年底離開突尼斯時，伊斯蘭國這個組織還不存在。當時只有努斯拉陣線和其他對抗阿薩德的反政府團體。哈蒂賈不顧家人反對，最後還是決定追隨丈夫的腳步。她和她當時只有一歲大的女兒前往敘利亞，肚子裡還懷著第二個孩子。然而就在她抵達敘利亞不到幾個月，阿里卻在阿勒坡和自由敘利亞軍作戰時陣亡了。

和其他女性一樣，她最後也住進了寡婦的收容中心。主管收容中心的舍監是一個殘酷、富有權勢的女性；她的父親盧克曼，就是伊斯蘭國在拉卡的埃米爾。如果哪個寡婦觸犯到她，她便會禁止那個寡婦進出收容中心的交誼室，並將她和她的小孩關在某個小房間一整天，食物則會透過房門送進去。她不願意使用名字來稱呼哈蒂賈的女兒們，而是用她們被分配到的編號（九十九號和八十八號）來稱呼。當時有位年輕的英國籍索馬利亞裔婦女傷到了自己的腳，但那位舍監認為她只是假裝受傷，因此拒絕帶她去看醫生。等到她的丈夫（同樣是英國籍）結束軍事訓練、回去接她時，她已經幾乎無法走路了。她的丈夫提出了申訴，指控舍監怠忽職守，但最後依然不了了之。還有一次，某個敘利亞孕婦在半夜突然羊水破了、開始陣痛，但舍監卻不願起床帶她去醫院。那名孕婦後來只好在廁所裡生下嬰兒，最後嬰兒沒有存活下來。「當時我就開始討厭這個國家了。」哈蒂賈說道。

等哈蒂賈於二〇一五年初再婚時，伊斯蘭國控制的城市裡到處都有因作戰受重傷的男人，他們因為殘廢而賦閒在家，吃鴉片類的止痛藥吃到上癮。有些人則在策劃活動反抗巴格達迪。他們會在臉書上公開寫下他們目睹到的不公與殘暴，分享那些知名伊斯蘭學者反對伊斯蘭國的貼文。他們寫道：「我們現在人就在這裡，可以告訴你先知穆罕默德——願他安息——絕對不會做出這樣的事情，這些我們每天都在目睹的事情。」

起初，哈蒂賈和她再婚的丈夫阿布迪沒那麼信任彼此，因而不敢向對方揭露自己對伊斯蘭國的真實看法。他擔心，萬一他告訴妻子他內心真正的想法，她可能會背叛他，而她心裡也有一樣的憂慮。在突尼西亞人的同鄉社群裡，許多男人都已經因為拒絕上戰場、或因為試圖逃跑而遭到處決。有些突尼西亞人則試圖搬到遙遠的鄉下，因為伊斯蘭國的勢力比較少出現在那些地方。

到了最後，阿布迪和哈蒂賈終於發現他們最重要的共通點：他們唯一想要的，就是活著離開伊斯蘭國的領地。阿布迪不讓她和任何伊斯蘭國婦女講話，也不讓她上清真寺。「他不再相信那是伊斯蘭了，也不再相信他們的所作所為。」哈蒂賈說道。最後，他們搬去了位於伊拉克邊境的邁亞丁，那裡是伊斯蘭國最重要的據點之一，而阿布迪則加入了一個由軍人組成的幫派，偷竊伊斯蘭國的汽車，轉賣到附近的鄉鎮，試圖藉此籌錢逃離伊斯蘭國。他們在那裡的最後幾個星期裡，哈蒂賈目睹了許多事情，而那些畫面將會永遠留存在她的心裡，直到她在真主的領地上的生命結束為止。就在她與阿布迪的第一個孩子出生不久之後，哈蒂賈和某個朋友前往一位好友家中拜訪。那個好友的家裡有個來自辛賈爾的雅茲迪女孩，被留在她的家中當奴隸。她兩眼無神，彷彿被人麻醉了似的。她一看到哈蒂賈就立刻跳了起來，並問可不可以抱抱哈蒂賈的孩子。於是她將孩子攬入懷裡，前後搖晃，然後靜靜地哭了起來。

「這個女孩怎麼了？她的寶寶死掉了嗎？」哈蒂賈低聲問道。她的朋友向她解釋，那個雅茲迪族女孩最近剛剛生了個小孩，但俘虜她的伊斯蘭國人員卻搶走了她的孩子，把孩子交給自己不孕的妻子。哈蒂賈甚至還聽說，就在邁亞丁幾近崩解之際，這座城市的塔爾阿比亞德街上還有個妓院。士兵會前往那裡尋芳，拜訪那些被監禁的女性，因為他們已經厭倦了一夫多妻制和因為共妻所導致的嫌隙、厭倦了 WhatsApp 群組裡那些待價而沽的雅茲迪族女人的照片，也厭倦了正式的占有和從屬，必須對某個女人負起責任這件事。

「我們很多人之所以離開家人，前來這裡，就是因為我們想要住在一個遵循真正的伊斯蘭教義的地方。」哈蒂賈說道。「但我住在伊斯蘭國四年的時間裡，卻從來沒看過哪件事情是真正符合伊斯蘭教義的。他們在乎的只有女人、享樂、金錢和權力。許多突尼西亞人和我們都懷疑巴格達迪這個人是否還真的存在。如果他活著的話，為什麼不對外界露臉呢？」

哈蒂賈坐在那個水泥屋裡描述回憶時，不斷有庫德族士兵經過屋外。其中一個年輕男子停了下來和她說道，「如果真的這麼糟的話，你為什麼不早一點離開呢？我們怎麼知道你是不是因為伊斯蘭國現在打敗仗才會這樣說？」

「我是為自己而說的，如果伊斯蘭國是真正的伊斯蘭國的話，我才不會離開。我會寧願死在那裡，也不願離開。但想離開伊斯蘭國很不容易。光是不見蹤影一小段時間，大家就會開始問你去了哪裡。每個人都在監視你。想離開幾乎是不可能的。就連我丈夫，一開始也都很害怕和我討論要如何逃離那裡。」她如此說道。

二〇一七年六月，他們終於成功透過偷渡的方式逃離那裡。幫助他們偷渡的人為他們提供了庇護小屋；她在那裡短暫停留時，她對於跨越邊界感到非常焦慮，因為她害怕自己會被庫德族、伊拉克或阿薩德的士兵強暴。抵達邊界之後，他們很快便遭到美軍和庫德族士兵的逮捕。哈蒂賈當時哭了出來，以為自己要被強暴了。然而當時在車裡坐在她旁邊的庫德族士兵卻緊緊握了握她的手，要她冷靜下來。那時正值齋戒月，熱浪像從火爐冒出一般襲來；到了傍晚，美軍士兵帶了一些食物和飲料過來給他們。一位美軍士兵還帶了可以讓她的寶寶躺下來的東西。「他怎麼沒有強暴我呢？當時的遭遇完全改變了我的思考方式。」看見那些不信者以如此得體的方式對待她，她覺得很羞愧。

哈蒂賈很喜歡在那些小賣亭附近散步，和難民營裡的其他女性聊天。她非常希望能和別人說說話。如果她脫下黑袍的話，在難民營裡的生活會容易許多，但她還是穿著黑袍，捍衛著黑袍帶有的意義。「我跟你說，這不是伊斯蘭國的衣服！這是先知的妻子們穿的衣服，也就是信伊斯蘭教的女性所穿的衣服。那是伊斯蘭教的服裝。我聽說英國女王也會穿深色衣服，有時還會蓋住頭髮。這是真的嗎？」

我當時不忍心告訴她，是的，英國女王的確會這麼做，但她只有在開著 Range Rover，於巴爾莫勒爾高地四處遊覽的時候才會這樣穿。

西方國家為了奪回拉卡而組成的聯軍，正在把這座城市夷為平地。美、英、法三國的戰機發動了數千次的空襲，進行過數萬次的砲擊行動。這些攻擊行動都由位於卡達的司令中心發起，那裡位在波斯灣畔，距離戰場將近兩千公里遠；發動攻擊前，他們只進行過簡短的觀測，手中握有的情報也往往是過時的。有些記者實地探訪了聯軍空襲的位置，卻發現每五場空襲之中，就有一場導致平民喪生，而這個比例足足比聯軍承認的數據高出了三十倍。

美軍在拉卡的攻擊行動，是在下面這樣的心態下進行的：他們認為，反正拉卡本來就已經沒有平民居住了；只要留在拉卡，就是在自尋死路。這座城市後來被徹底摧毀，沒有一條街能逃過一劫。和摩蘇爾的多數街區一樣，拉卡也成了一座只剩瓦礫堆的城市。

夜裡的艾因伊薩難民營，有時非常寂靜，有時則有飛機劃過天空的聲音。那些飛機都在朝拉卡的方向飛去，那裡位於難民營南方，距離難民營不過五十公里，然而我們卻能坐在戶外，在暗夜的天空下欣賞滿天星斗。在我開始尋找莎米娜、亞米拉，以及沙米瑪之後的幾年裡，那是我最靠近她們所在位置的時候。抵達難民營之後，我一直在想，她們是否也在最後一波逃難潮之中，跟著一起逃了出來呢？她們會不會也跟著這些成功抵達的婦女，一起進到了難民營呢？

哈賈爾。這個名字在阿拉伯文裡，是「遷徙的人」的意思，剛好也非常適合這位眼神不斷飄忽、堅定地散發不屑態度的女性。哈賈爾當時年近三十，皮膚白皙如紙。她不願多談，因為她在那些女性之中，是少數既不悔恨，也不想說謊的人。指揮官薩拉爾說，她的公公是伊斯蘭國重要的高階官員；在她被拘留的最初幾天裡，她曾經恐嚇薩拉爾的手下，如果他們敢傷害她，她會讓他們不得好死，找人來砍他們的頭。但那是兩個星期前發生的事情。後來根本沒有人跑來救她，於是她講話的聲調愈來愈軟化。薩拉爾說她不願和任何人說話，又說我想要的話也可以試試看，反正她還是可以繼續拒絕。

她猶豫了幾秒鐘，考慮著是否應該和我們說話。當時陪我前去的馬赫穆德是敘利亞庫德族人；我發現她想要問他問題，從他身上獲得一些資訊。對伊斯蘭國的女性而言，她們遇到的每個庫德族都是人民保護部隊的士兵；而對於馬赫穆德來說，每個伊斯蘭國女性都是騙子。

她並不知道馬赫穆德來自艾因伊薩，也就是難民營所在的這個城鎮。她不知道他從荷姆斯來此教書，過去每天都在和當地囂張跋扈的阿拉伯復興社會黨成員對抗。她也不知道他的兒子就出生在艾因伊薩，而他和妻子就在這裡買了他們的第一個房子，最後還被迫把房子和一切拋在腦後，背著兒子逃離這裡。他們一家三口必須穿過山區和暴風雪，最後才能抵達伊拉克的庫德斯坦地區；他差點在半路上失去了兒子。我認識馬赫穆德的那個早上，他才剛剛在離家三年之後首次回到他在艾因伊薩的房子。那裡滿是彈孔，客廳上方的屋頂也已經塌掉一角。他透過鐵門望進屋裡，然後指著他妻子掛在走廊盡頭的一件紅色花布（她說掛一塊布在那裡，可以防止廚房裡的氣味散出。）「那塊布還在那裡。」他一邊說道，一邊開懷地笑著。

哈賈爾幾個年紀比較大的孩子都不見了——或者至少，和她斷了聯繫。住在邁亞丁的她，有次把孩子們留在鄰居家裡，自己則前往拉卡領取她丈夫的薪水，後來卻在返回邁亞丁的路上被庫德族的士兵逮捕。仍在襁褓中的吉哈德還在她的身邊，但她從那之後就再也沒有和另外兩個兒女說過話——他們一個七歲，一個才五歲。

「如果某個人被殺了，他們會燒掉他嗎？」哈賈爾如此問馬赫穆德。她想問的其實是，*如果一如我猜測的那樣，庫德族士兵殺了身為伊斯蘭國戰士的我的丈夫，他們會把他丟進壕溝、或直接放火燒掉嗎？還是會將他用布包裹起來，再依循伊斯蘭的土葬方式將他埋葬呢？*

馬赫穆德並沒有直接回答這個問題。「誰知道呢？上個禮拜他們才在一座清真寺前，把那個清真寺的伊瑪目活活燒死。」他的意思其實是，**你怎麼敢把這種處罰方式歸咎於我們呢？**

「伊斯蘭國？」她問。

「還能有誰？除了伊斯蘭國之外，還有誰會把人活活燒死？」

「我問的是庫德族。我丈夫是被庫德族帶走的。」

「不，他們才不會殺害俘虜。他們很有組織，會把傷患送去醫院。」

「我問過一個指揮官，他告訴我『你的丈夫已經在地獄裡了。』」她一邊說著，一邊用下巴指了指一個有庫德族士兵坐在裡頭的堡壘。

「我們不知道他在哪裡。」

「我需要知道他到底是生是死。我也需要知道我到底何去何從。你知道嗎？他們會不會為女人開庭呢？」

哈賈爾。就某個意義而言，她就是我這麼多年以來，一直都在尋找的那種伊斯蘭國女性：一個真正的虔信者，一個真正的女性聖戰士，而不是某個沒有父親、被洗腦宣傳的花言巧語所影響或欺騙的青少女，也不是那些被油嘴滑舌、狀似虔誠的弟兄給騙走的迷途女孩。她不是那種既天真又孤單，只是在追隨哥哥腳步的妹妹，也不是盲目忠於丈夫的妻子。她不是那種只想反抗、將自己舒適的生活建立在他人的痛苦和不幸之上的自戀的漂泊者，也不是精神狀況不穩的失婚女性。她不是那種真誠，但不夠警覺的信徒，誤以為那個在血腥之中構築出的天堂國度，可以將她的丈夫與家人從負債和失業的慘況中解救出來。

不，哈賈爾並不是上面提到的那些人。她相信巴格達迪所預言的那些天啟，也相信那些再明顯不過的徵兆，代表世界末日和審判日即將到來。她的言詞中充滿古蘭經裡對於賜福之地的各種描述。她說：「那裡將會血流滿地。你在行走時，會連立足之地都找不到，因為到處是血。」哈賈爾就是伊斯蘭國心目中那幅黑暗的末日景象的化身，無須解釋、沒有不滿，也不需要理由來合理化這一切。

然而即使是哈賈爾，也都是有故事的，而她的故事，其實就是敘利亞本身的故事：「阿薩德王朝」的獨裁統治，以及該王朝為了維持絕對權力，因而總是無所不用其極——屠殺、壓迫、流血衝突。哈賈爾於一九九〇年出生在一個名叫哈瑪的敘利亞城市裡；她的父母親早在她出生之前，就已經失去了意志和尊嚴。和許許多多的人一樣，作為女兒，她的家庭早期留給她的東西，只有失去而已。

當哈瑪這座城市於一九八二年起義反抗哈菲茲·阿薩德時，哈賈爾的父親和城裡的大多數男人一樣（其中有不少人其實和穆斯林兄弟會一點關係也沒有），選擇離開軍隊，加入了起義行動。後來阿薩德派出了軍隊前往鎮壓，哈賈爾家族裡有四人喪生：兩個叔叔、一個舅舅，以及一個堂哥。他堂哥被殺害的方式有點愚蠢：當他在騎摩托車時，被人從背後射殺身亡。

哈賈爾的父親原本在軍中被訓練成一名飛官，但在屠殺發生過後，他在軍中顯然已經沒有未來可言。在很長一段時間裡，他都沮喪地待在家裡，最後開了一間販賣門窗的店。哈瑪在那些年裡，一直是個精神創傷很深的城市。城裡的居民走在那些曾經布滿屍體的街道上，路過新設立的總統半身塑像，塑像上頭還帶點侮辱地寫著伊斯蘭的清真言——萬物非主，唯有真主；穆罕默德是真主的使者。她家附近有個兒童遊戲場，而遊戲場旁邊的不遠處就是個墓園，當年在起義中被殺害的許多人，如今就葬在那裡。她回憶道，她的家人因為這些事件而受到了很大的傷害。「他們很多親戚都被殺害了，還有很多人失蹤。我還有認識被關了二十年的人。我的父母親非常憤怒。」

當哈賈爾說著這些時，馬赫穆德在一旁面不改色地聽著。聽到有人問起哈瑪、問起她的過去，她稍微放鬆了些，也更願意多說一些。她形容道，她的家人只是「非常投入，但不是極端分子。」馬赫穆德低聲對我說道，「哈瑪才沒有哪個人是溫和的！他們所謂的溫和，其實就是極端分子。」

哈賈爾小時候希望能成為一名醫生，但父親在她很小的時候就希望她能結婚。「我其實不想結婚，但為了父親，我還是點頭同意了。」當達拉亞這個貧窮的南部小鎮於二〇一一年發生的事件，讓整個敘利亞爆發了反政府的示威抗議時，她已經成了一名年輕的母親和家庭主婦；當時的敘利亞政府，已經改由巴沙爾．阿薩德（亦即哈菲茲．阿薩德的兒子）主政。

哈賈爾的父親再次活了過來，彷彿在恍惚了三十年之後，突然醒來了一般。「這次我們想，巴沙爾應該很快就會倒台了。」她說。「我們從來沒想過會出現這麼多派別，也沒想過那些派別會不斷壯大。」她的父親每天都會離家，幫助那些受傷的人。敘利亞政府軍每天都會到他們家突襲，通常是在早上五點左右。他們會開著裝甲車和坦克前來。他們開來綠色的巴士，又不分青紅皂白地把男人、車輛、摩托車全都集中在一起。「接受阿薩德，否則我會把這個國家全燒掉。」阿薩德總統當時如此說道。他的意思是，**如果不服從我，就是在自取滅亡**。

對於敘利亞人來說，這句話的意思則是：五萬人喪生、一千一百萬人流離失所，以及滿是瓦礫堆的城市。擁有亮眼學歷的年輕男女，雖然曾經夢想著展開國際職涯，擁有幸福美滿的家庭，現在卻一貧如洗、成了無國可歸的人，只能思考要如何存活下來而已。

這場戰爭，可能是當代最關鍵的一場衝突，然而又有哪一場現代戰爭和這場戰爭一樣，如此容易令人誤解呢？這場即將邁向終點的敘利亞內戰，經常被外界解讀為什葉派和遜尼派之間的教派之爭、伊朗和波灣國家之間的代理戰爭，以及那些阿拉伯國家內部在爭奪主導權。儘管美國人的確讓戰況變得更為惡化，但希望為美國開脫的人卻說，這是一場因為伊朗入侵而起的戰爭，還有俄羅斯在背後煽動；想要挑戰美國霸權的人，則是對阿薩德的戰爭罪行輕描淡寫，還將反對阿薩德的陣營指為和蓋達組織有關係的瘋子。

這些描述雖然不無道理，卻也忽略了敘利亞內部的其他分歧：敘利亞遜尼派內部，也存在著階級和地域的界線，而虔誠的程度和世俗主義也同樣是分歧的來源；敘利亞還有其他少數宗教族群，比如基督徒和德魯茲教徒，他們在初期就因為恐懼而轉向支持阿薩德，因為阿薩德家族數十年來的專制統治，似乎比可能取代阿薩德的其他團體都還要安全許多；簡而言之，數百萬敘利亞人之所以選擇支持阿薩德，並不是因為他們真的效忠總統，而是因為他們已經對戰爭感到疲倦，又或者只是諸害相權取其輕罷了。

此外，反政府陣營的本質也是流動的，比如像哈賈爾的丈夫這樣的男人，就會因為實在太想推翻阿薩德，而不斷務實地改變自己效忠的團體——只要某個團體看起來最有希望推翻阿薩德，他們就會前去效忠。哈賈爾的丈夫起初加入的，是有美國中情局在背後撐腰的自由敘利亞軍，後來卻轉往投效被稱作蓋達附屬組織的努斯拉陣線，最後又加入了伊斯蘭國。

有天，哈賈爾的父親一如往常地，前去組織調度城裡的其他男人。然而他那次出門之後便再也沒有回來過。就在父親失蹤兩個月之後，有個男人撥了通電話給哈賈爾的手機，自稱是她父親在自由敘利亞軍裡的朋友。於是她要求和父親說話，但那個男人卻說他沒辦法讓他們說話，因為她的父親受傷了。但她再也沒有看過父親。

沙米瑪再次出現在世人眼前，是在敘利亞西部的荷爾地區，也就是距艾因伊薩以西約兩百五十公里的地方；當時她身在一個惡臭寒冷、人滿為患的難民營裡。「我來自倫敦，我是貝斯諾格林女孩的其中一人。」當一位英國記者找到她時，她如此對那名記者說道。那名記者後來將她的臉部照片和專訪，一起登上了《泰晤士報》頭版。

截至當時，貝斯諾格林女孩之中還有三人依然活著：亞米拉、沙米瑪以及莎米娜。一個月前，也就是二〇一九年一月底，敘利亞民主軍開始向名為巴古斯的地區進軍；那裡是伊斯蘭國在敘利亞東南部的最後一小塊領地。與此同時，這三位姊妹也在思考下一步該怎麼走。亞米拉和莎米娜的丈夫，已經在前一輪戰爭中陣亡了。喪夫的她們當時孤身一人，卻依然熱切、堅決地想要留在伊斯蘭國直到最後。那個冬季非常寒冷；她們當時被迫不斷移動，很少有機會能停下腳步吃飯，而且常常必須睡在樹下。沙米瑪的丈夫則依然活著。雖然除了盲目的信念之外似乎別無其他理由，但他依然相信伊斯蘭國最後終將勝利出。

沙米瑪當時已有兩個孩子，肚子裡還懷著第三個，再過不久就要臨盆。她年幼的女兒和兒子都生病了，但看醫生非常困難；他們當時住在邁亞丁和哈津一帶，該地區的醫院早就擠滿了因為戰爭而受傷的人。有些人即使身體被砲彈碎片割傷，也無法進入醫院就醫。醫院裡也沒有藥物了。後來她年幼的兒子死去了，而就在那時，沙米瑪知道，為了他的女兒和肚子裡的孩子，她必須想辦法離開那裡。於是她加入了逃離戰爭的人群，湧向被其他民兵組織控制的領土；當時那些民兵組織正在與伊斯蘭國進行最新的一波激戰。當時逃離伊斯蘭國的家庭和平民被安置在荷爾的難民營裡，然而她女兒的病情卻變得愈來愈嚴重，還來不及抵達難民營就病逝了。

沙米瑪接受《泰晤士報》記者採訪的片段並不冷血，但就像許多後來出現的其他採訪一樣，那場訪談像是給自己套了繩索，替自己設下難以逃脫的圈套。當她被問及是否曾經目睹處決時，她說自己從未看過，但又說她曾在街上的一個垃圾桶裡看過一顆被砍下的頭顱，「我完全沒有因此感到害怕。」她的這個說法，在英國幾乎所有廣播和電視新聞裡都招來了猛烈的批評。

她被伊斯蘭國灌輸洗腦和利用的當時，才不過十五歲而已，但這個事實在英國輿論關於她的討論之中完全消失了。儘管她經歷過童婚，在未屆法定適婚年齡時就結了婚，又剛剛失去了兩個孩子，但記者依然質問了她，並將採訪稿送回了英國，而英國的讀者也飢渴地閱讀著那些採訪內容。他們問她知不知道，大家都想知道她是否有可能改過自新呢？「我現在依然處於之前的精神狀態，覺得頭上還有戰機在盤旋，身邊還有準備用來隨時逃難用的背包，而且常常挨餓。」她如此說道。英國情報單位的長官曾說，像她這樣的女人是危險的來源，而沙米瑪又想對他說些什麼呢？如果她能回到英國，她能接受英國政府把她的孩子帶走嗎？作為「英國人」這件事，對她來說又有什麼意義呢？她會把兒子當作一個英國男孩來養育嗎？她是否接受英國的民主制度，以及女性和同性戀的權利呢？沙米瑪勇敢地回答了這些問題，有時聲音還是顫抖的；她認為自己可以改過自新，又說她連自己有哪些選擇都不知道，也不覺得自己能夠要求獲得什麼待遇；她當時聽起來更像是個天真、困惑的女孩，而她本人也的確如此：她就是一個受創很深、被洗腦的十九歲女性。「有鑒於我所經歷過的一切，我認為很多人應該會，嗯，對我抱持一點同情心才對。」

然而大眾輿論並沒有對她投以太多的同情心。就在沙米瑪現身、希望英國政府能幫忙她回國的幾天之後，英國的內政大臣卻註銷了她的英國國籍，而這個決定的法律依據，則是沙米瑪有資格獲得第二國的國籍（因為她擁有孟加拉血統）。孟加拉政府很快便撇清了自己和沙米瑪的關係；沙米瑪從來就沒去過孟加拉，為什麼要讓她成為孟加拉的問題？各種帶有種族主義色彩的迷因圖開始四處流傳，甚至還出現了一個臉書頁面專門在蒐集那些迷因圖：沙米瑪被畫成一個黑色的大帳篷；沙米瑪在醫院裡生出了一個定時炸彈；沙米瑪的頭被砍了下來，放在色情網站和母親節卡片上面。許多這些圖像都滲入了一種極右派對穆斯林以偏概全的厭惡情緒，嘲笑著她的頭巾和密不通風的穿著、她的深膚色，以及她的外貌：她的名字本身，也成了一種帶有種族主義的罵人詞彙——有些英國穆斯林女孩走在倫敦路上時，有人會對著她們大叫「沙米瑪」，彷彿那個名字是「巴基佬」這個蔑稱的新版本，只是它用來稱呼女生罷了。

沙米瑪於二月中生下了一名男嬰，並將他取名為賈拉。她將賈拉裹在一條藍白條紋的毯子裡，站在難民營裡讓攝影師為他們拍照，背景則是一片白色的帳篷之海。三週之後，賈拉因為肺炎而夭折了。

天色漸暗之後，眾人會在賣茶的攤販那裡抽菸、聊天，交換著在難民營裡流傳開來的奇人異事，以及那些伊斯蘭國成員為了掩飾自己過去的所作所為而說的故事：有人說自己是來伊斯蘭國賣土耳其芝麻捲的，後來就留在那裡寫短篇故事；突然之間，彷彿人人都成了廚師和清真寺裡的助手。

* * *

從整個二〇一七年到二〇一九年，敘利亞和伊拉克的難民營都湧入了數千名伊斯蘭國女性和孩童，那些婦女的丈夫和孩子的父親，當時如果不是已經喪生，就是已經被伊拉克或和美國結盟的庫德族軍隊給逮捕了。位於巴格達的法院開始對許多外籍女性判處死刑。那些審判過程通常只有十分鐘，而且法庭也不會公開證物（如果真的有證物的話）；辯護律師的收入低得可憐，唯有增加處理案件的速度，才能讓他們維持生計。

聯合國人權高專辦公室警告，這些審判將會導致「無法挽回的司法不公」，但對於伊拉克政府而言，這些沒有陪審團的快速審判，是在懲罰伊斯蘭國（和其前身）對伊拉克什葉派教徒施展的極端暴行。司法單位也同樣非常務實：如果這些女性來自的國家大部分都不願意將她們引渡回國的話，他們該怎麼辦呢？誰知道她們在伊斯蘭國究竟是在削馬鈴薯皮，還是曾經犯下過暴行？萬一她們仍然相信，不願意受伊斯蘭國管轄的所有人都是真主的敵人、都罪該萬死的話，那又該怎麼辦呢？你會希望這樣的女人，出現在你的國家裡嗎？

在歐洲，英國和法國則率先發難，只要是曾經加入伊斯蘭國的人，國籍都遭到了註銷。英國內政大臣辦公室主張，這麼做「具有公共利益」，國籍是「一種特權，而非一種權利」——儘管這麼做會讓那些人成為無國籍者，導致他們無法受到**任何一個**國家的司法程序或法規的幫助和監管。這種做法作為維安措施，的確可以有效阻止曾在敘利亞打過仗的歐洲公民回國。然而這種做法，卻也極可能會帶來更多爭端和憎恨。

九一一事件之後，在反恐戰爭的煉獄裡，西方國家走上了一條黑暗的道路；他們開始拒絕承認戰爭是有規則的，也不再認為囚犯是擁有權利的人類。美國的反恐戰爭開創了一個不斷延展、跨越國界的第三向度，一個危險而渾沌未明的空間，不受以法律為基礎的國際秩序的控制——嫌疑犯不斷被各個政權移交、遭到無限期的監禁、刑求，甚至處決。西方國家變得愈來愈極端，卻又對因此而生的極端主義感到困惑。

經過不斷的清剿，伊斯蘭國當時已經淪為一支武力部隊。到了二〇一八年底，其軍力只剩下寥寥幾千人，在敘利亞內陸的沙漠地帶孤軍奮戰；到了二〇一九年三月，敘利亞防衛軍*對伊斯蘭國的最後一個根據地巴固茲發動進攻，並在那裡升起了旗幟，宣布勝利。從摩洛哥到沙烏地阿拉伯，那些投效伊斯蘭國的人群所來自的國家，其領導人都裝著自己好像也認為有必要改變現

*譯按：敘利亞政府於二〇一二年成立的民兵組織，由政府軍的後備軍人和自願者組成。

況，以避免他們的年輕男女繼續湧向「敘利亞的聖戰之地」。然而事實上，他們許多失敗的政策依然沒有消失。儘管美國對這些深陷危機的阿拉伯國家所採取的政治庇護，就是這些動亂的根源之一，但這個體系並沒有消失，還在為它們的統治者提供保護、避免他們被不滿的民眾推翻。

努兒在突尼西亞的鄉間獨力將女兒養大，卻因為自己的信仰而無法獲得教育；但儘管如此，突尼西亞至少還有一絲絲改變的希望。這個國家的經濟讓她的家庭依然生活在貧困線附近，而大多數警察也依然會索取賄賂，她所參與的薩拉菲運動也遭到了政府查禁。然而與此同時，突尼西亞也正在進行一場民主轉型，這場轉型的力量之大，居然連舊政權的大使和施暴者都願意上夜間電視節目對大眾懺悔。也許，這種轉型依然太過薄弱，對於經歷過許多苦痛的努兒來說，也沒有太大的意義。被關在利比亞看守所裡的拉赫瑪，在接受記者訪談時，也表明自己有同樣的感受。

但對於許多突尼西亞人而言，他們的政府雖然仍在摸索的道路上，卻已經變得更加開放包容——在其所在區域裡，突尼西亞是唯一一個國家，依然能看到阿拉伯之春以前就存在的反對黨，而舊體制中的菁英也都接受了一些制裁，這點是值得珍惜肯定的。阿拉伯之春過後的嶄新的突尼西亞，開始面臨強大的區域敵手，特別是沙烏地阿拉伯和阿拉伯聯合大公國，它們無法見容於溫和伊斯蘭主義者當道的國家。但至少，突尼西亞的命運還沒完全底定。二〇一一年，一位來自安納赫達的高階女性政治人物，出任了突尼西亞國民代表大會的副主席，在當時的整個中東地區裡，這是由女性擔任的最高職位。二〇一八年春天，突尼斯則選出了阿拉伯世界的第一位女性市長，同樣是來自安納赫達的政治人物。努兒的女兒所成長的國家，將會是一個能讓這些事情發生的地方。

對於阿斯瑪、奧絲和杜雅這幾位來自拉卡的年輕敘利亞女性而言，原本似乎只是暫時性的難民狀態，卻逐漸成了她們的日常。對於受過良好教育、擁有大好前程的阿斯瑪與奧絲而言，她們原本已經準備好要取得敘利亞女性在過去無法想像的獨立地位，然而這場戰爭卻毀滅了這些希望。她們現在只想存活下來而已。至於只想過著平凡、有尊嚴的生活的杜雅，則是被困在一個陌生的國家，既沒有任何技術、也沒有受過教育，還和家人分隔兩地，孤單一人地活在丈夫為了殺害其他穆斯林而喪生的記憶裡。

在被敘利亞政府控制的破碎地帶裡，阿薩德經常只是名義上的統治者，而且也沒有任何跡象顯示，政府會停止一開始導致革命的那些壓迫和暴力政策。二〇一八年七月，敘利亞政府對那些在政府看守所中消失的六萬人發出了死亡證明。不論是支持政府、還是反政府，留在敘利亞的人每天都仍在為著溫飽而煩惱，也依然生活在一個沒有法律、打了七年戰爭而充滿危險的貪腐國度裡。不論你是要開店、取得死亡證明、或是打聽失蹤親戚的消息，任何一個請求就算再微不足道，都會需要支付高額費用給地方上的民兵組織，以及貪得無厭的律師和官僚。沒有什麼東西是正常的。重建工作彷彿是個幻象。先不談重建所需的經費，誰又會留下來重建這個國家呢？這場戰爭讓敘利亞的男性人口大幅銳減；數百萬人逃離了家園，至於留下來的，則有很大一部分已經殘廢或喪命。

對於依然困在土耳其邊界附近某個敘利亞村莊的敦雅而言，如果能夠回到德國的話，德國的生活還是有些吸引力的。極右派的勢力正在壯大，而在梅克爾所屬的政黨裡，右翼勢力也正在奪取優勢；她早在年輕時，就見識過德國穆斯林每天都在承受的種族主義和排外情緒，而敘利亞難民的湧入，只會讓這種排外氛圍變得更加惡化而已。然而如果可以的話，她會毫不猶豫地選擇回到過去的生活。至於下一個世代的德國穆斯林會不會走上一樣的道路、會不會因為發生在世界各地的不公而撲向軍事混戰的黑洞裡，只有真主才知道。

在倫敦的沙比拉，則是仍然在為自己的哥哥蘇海爾感到難過，而她身邊的人，對於一個「好的穆斯林女性」的準則，也依然充滿了矛盾，時常令她感到非常困惑。

在英國，穆斯林群體和政府之間的關係仍在持續惡化。二〇一八年夏天，約翰遜這位有志成為英國首相的保守黨高層政治人物曾經說道，戴面紗的穆斯林女性看起來就像銀行搶匪和信箱一般。約翰遜此話一出之後，針對穆斯林女性的街頭騷擾和肢體攻擊事件立刻激增。到了二〇一九年春天，保守黨的國會議員莫格在推特上贊同一個德國極右派團體，表明一個明確希望將穆斯林掃出德國的政黨，是值得英國人關注的。在當代的英國社會裡，如果想在政壇裡往上爬，那麼對穆斯林採取強硬態度，就是最原始、但也最有效的方式。

在川普的執政之下，美國甚至也不再假惺惺地支持阿拉伯國家的民主制度和民族自決了。二〇一八年秋天，川普公開形容美國和沙烏地阿拉伯的關係，就像是在收保護費一樣，還宣稱如果沒有美國的保護，沙烏地阿拉伯人「連兩週都撐不下去」。美軍在對伊斯蘭國發起最後的閃電式攻擊行動之後，則是不願計算在戰役中喪生的平民人數。一位國防部發言人坦承，「沒有人有辦法知道到底死了多少人。」美國政府還說，除非阿薩德和伊朗接受某些特定條件，否則美國將不會出資幫助敘利亞重建——然而阿薩德和伊朗顯然不會接受那些條件。如果他們能接受那些條件的話，這場戰爭就不會打了七年之久，也證明了美國打從一開始就沒有想要解決問題。

＊　＊　＊

我起初之所以會寫作此書，是因為媒體對於貝斯諾格林女孩失蹤事件的報導，以及強加在她們身上的那種特別的罪、把她們當作惡魔同夥的說法（儘管她們如此年輕），都讓我感到非常的不安。讓我驚訝的是，針對那些女孩的最惡毒的話語，其實都來自其他女性——來自那些其實會被認為是自由派女性主義者的人。

對於大眾而言，她們如果不是天真的聖戰士新娘，就是工於心計的怪物。然而出現在這本書裡的大多數女性，既不是被動的人、也沒有想要掠奪別人；確認她們到底在整個過程中有多主動這件事，似乎成了僅僅一個問句而已，也的確未能給出太多說明。她們有些人是在知情的情況之下與伊斯蘭國合作或行動；有些則還太年輕，根本就還沒成熟到可以像成人那樣做判斷——儘管她們會表現得好像自己是經過深思熟慮之後才做決定的。

大多數處理性別和極端主義議題的政策、公共討論和維安計畫，似乎都和中東女性的生活經驗完全脫節。這主要是因為從聯合國到各國政府的反恐論述，在試圖進行討論、制定政策時，都把來自不同政治和社會背景的各種女性視為一個整體，不論他們是來自和平的東倫敦嬉皮社區，來自敘利亞、伊拉克被戰火蹂躪的城市，還是來自索馬利亞和奈及利亞的戰場，後者不受人民愛戴、孱弱而腐敗的政府，正在和人民支持的武裝反政府團體進行對抗。

二〇一七年，歐洲議會的女性權利和性別平等委員會公布了一份報告，內容和女性和暴力極端主義有關。該報告提及了伊斯蘭於七世紀初征服阿拉伯次大陸的第一次聖戰，彷彿那場戰役是在去年才剛剛發生的。報告裡還出現了「意識形態」這個詞四十二次，並主張女性正在因為幾個「推力和拉力」而經歷了「激進化過程」，接著又說「她們融入了聖戰，成為了聖戰的一部分」。

若要真誠處理當代衝突問題，我們總是難以避免要體認到一些尷尬棘手的事實，由此才能知道我們到底是如何走到充滿殺戮的今日的。然而這份寫於二〇一七年的報告，卻以一種最奇怪的方式在歷史之中定位自己。它從七世紀開始講起，彷彿如果想要釐清伊斯蘭國，公元六二二年能提供的資訊會比一九九〇年代的還要更多；然而事實上，一九九〇年代才是伊拉克長年來的極權主義和制度化的殘暴行為攀上高峰的時候，也是伊拉克對什葉派和庫德族的反政府勢力進行打擊的時候。此外，美國就是在二〇〇三年於歐洲盟友的支持下入侵、占領伊拉克（儘管世界各地有數百萬人走上街頭反對），進而開啟了一連串戰爭、最後也才會導致伊斯蘭國誕生，但這些事情，在這份報告裡似乎也沒有比七世紀的歷史還來得重要。

這份報告在描述年輕歐洲女性被吸引前往伊斯蘭國的背景脈絡時，對一些事實使用了似乎不那麼肯定的方式在閃爍其詞，比如二〇〇三年美國入侵伊拉克，以及敘利亞總統阿薩德所犯下的暴行「**被外界理解為**不符正義的事件」（粗體是我自己加的）。九一一事件之後的反伊斯蘭情緒，「**激起了一些感受**，讓他們覺得自己在社會和文化上遭到排除、被邊緣化」。雖然該報告希望對抗性別的刻板印象，但用詞卻像是某個來自維多利亞時代的人在討論何謂歇斯底里——女人的頭腦裡就是有某種東西，**會激發感受和知覺**，而那些良善的醫師則會診斷她們到底哪裡出了問題。這篇報告毫不含糊地對這些問題給出了診斷：「一種冒險的感覺」、「想要成為某個更大的、神聖的東西的一部分」，以及「想要建立一個烏托邦式的哈里發政權」。

那份報告的作者群，還用伊斯蘭國的敘事風格寫下了這些字句：「西方的女性主義被描繪成一種帝國主義式的東西，只有白人女性才會覺得充滿冒險精神，卻極少為穆斯林女性和她們的價值觀保留空間。」然而這些話可不是伊斯蘭國狡猾的宣傳語句，而是世界各地、一整個世代的穆斯林女性都能輕易說出的東西，也本就經常出現在各種書籍、文章、論文和社群媒體上。

這種視角，也讓我再次想起了維多利亞時代的醫生，會將歇斯底里診斷為女性特有的狀態。那份報告將穆斯林女性的極端主義，理解為一種和性別有關的病症：某個女人實在是太努力地內化了男性的父權思想，以至於會妄想要在這些限制中尋找替代品。十九世紀的醫生相信，女性的「歇斯底里患者」是因為被惡魔纏著、以及不正常的性慾才會得病；到了二十一世紀，「對抗激進化的專家」則認為，那些女性之所以加入伊斯蘭國，是邪惡的宗教意識形態和性別壓迫造成的結果。

上述的這種比較，基本上只是在讓我們看清問題診斷者和議題之間的關係：歇斯底里是一種捏造出來的疾病，是由從事醫療的人員所建構出來的，而在這個建構過程背後的文化背景，則是一個鼓吹女性順從、維持貞潔的社會。當然，好戰情緒並不是捏造出來的；但就政治上而言，說一個女人著魔了，的確比影響層面更大的戰爭、衝突和極權壓迫還要更加簡單便利一些，儘管後者才是造成不滿情緒、讓極端主義獲得發展空間的主要原因。

在二〇一〇年以降的十年裡，世人開始大量使用女性主義的視角來解讀這種好戰性，而其背後的原因，則是希望在分析穆斯林女性支持、發展和維持聖戰團體的現象時，能夠不那麼以性別和刻板印象來做定論；這點其實非常值得我們讚賞。然而儘管如此，大家卻不太願意檢視那些和暴力衝突的原因和根源有關的傳統信念，也不太願意檢視開明世俗的自由主義與落後的父權伊斯蘭之間非黑即白的二元對立關係。進步的分析方式，的確有助於我們看見女性是如何經歷那些壓迫性的政治秩序的；她們在其中因為自己的社會地位、宗教派別、政治立場，或是由所有這些事情所組成的紛雜的認同，而遭到了邊緣化，並且被剝奪了權力。然而這種關注，似乎也過度地強調了她們的經驗方式，而沒有去處理更廣大的結構性成因和事實，然而這些結構性的因素才是為她們帶來那些經驗的根本原因。如果再說得更簡單一些，我想說的其實是，我希望本書中描述的事件能夠展現出背景脈絡的重要性：理解努兒作為一名女性，是如何體驗賓·阿里執政下的突尼西亞，對於她的人生的確至關重要，但她的故事，終究是鑲嵌在一個特定的世界裡，而瓦利德、卡里姆和其他突尼西亞人，也都生活在這樣的一個世界之中。

在理解任何衝突的時候，社會上和政治上的特殊性都至關重要，而試圖透過一體適用的語言和政策概念，藉以在不同的社會裡處理所有極端主義的這種想法，也是非常有問題的。好一點的話，這種做法可能只是失敗、浪費資源而已；但最壞的情況是這種做法甚至會引起懲罰性或錯誤的解決方案，導致情況更加惡化。我由衷地希望，各位讀者在花時間閱讀這些女性的生命故事之後，能夠直覺地理解到為何會是如此。

我們很少看到有人提及，一般的中東女性是如何把加入戰爭視為一種最終手段；她們在此之前，早已透過和平、公民社會的各種手段，試圖讓自己脫離貧窮、不穩定、無法律狀態、歧視、貪汙，以及國家壓迫的傷害。我承認她們的性別的確形塑了她們的選擇，但我不認為我們可以將她們的處境和她們所處的社會分開來談。此外，她們生活其中的國家的狀況，以及這些國家如何與（依然由美國所主導的）全球秩序與市場進行互動，也都是我們不能忽略的因素。

女性體驗戰爭、動盪局勢和國家壓迫的方式，或許的確和男性存在差異，然而性別終究並不會決定他們的經驗，而只是讓某些經驗變得比較特殊而已；出現在本書裡的女性，和周遭男性的相同之處，遠比她們和一個處境完全不同的國家裡的女性還要多。

某天下午的向晚時分，阿斯瑪、奧絲和杜雅在烏爾法某個窄巷裡的無名公寓二樓裡進行午餐聚會。一股酸酸鹹鹹的氣味，從樓下的羊雜餐廳飄了上來。阿斯瑪和杜雅已經有一陣子沒見到奧絲了；她將剛從市集買來的蝴蝶項鍊展示給她們看。她們沒有人有工作，因為烏爾法根本就沒有什麼工作是一個還算體面的敘利亞女性會想做的。對男人來說，在餐廳裡洗碗、或做些修車的工作還不算太糟；他們還是能夠賺取一些收入，提供家裡所需。

但對於女人來說，這種低下的工作在某個意義上，卻會讓你很難擺脫某些標籤，也會讓你在其他敘利亞人面前抬不起頭。五年過後，沒有人會記得一個男人為了生存做過什麼事情，但如果一個女人在土耳其人的家庭裡當清潔工，卻會被永遠記住。這也是她們三人都一直想要逃離這個充滿敘利亞難民的世界，遁入某個歐洲城市重新開始的一個原因。在歐洲，你可以找到一些不會有損尊嚴的工作；不會有女人用充滿敵意的眼神看著你，把你當作某個正在勾引她們老公的賤貨；你還可以試著避開阿拉伯人和敘利亞人，忘卻你的國家發生過什麼事情。

阿斯瑪覺得有點神奇：敘利亞那種歷史悠久、揮之不去的羞恥文化，居然都能開始慢慢消失——女性開始出現在敘利亞的咖啡館裡、大學裡，也出現在各種公共空間裡，彷彿她們有權利待在那些地方，也一直都待在那些地方；這種現象，在她們的生活裡變得愈來愈稀鬆平常。然而在土耳其的烏爾法這裡，一整個世代的進步卻彷彿在一夜之間便被沖刷殆盡；大家的處境都太過艱難，以至於那些生命之中活躍、獻身、投入其中的體面生活，都再次變得難以企及；在這些重擔和流離失所之中，一些傳統禁忌或多或少地都再次重現、甚至變得愈來愈顯著，儘管有些女性只是為了生存下去，而變得更加努力工作而已——事實上，不只是女性，每個人都變得更加勤奮了。有人說，跟其他族群比起來，戰爭改變女性社會地位的速度是最快的。然而我們不清楚這種現象，是否會發生在那些流離失所的難民族群身上。

現在隔著一段距離回看，她們看得出來自己也參與了這個讓社會倒退的破壞過程。阿斯瑪說自己無法原諒那些出現在敘利亞的外國人，他們帶著自己的計畫前來擾亂了敘利亞人的革命行動。她把身子挪得更靠近窗戶一些，儘管那裡同樣沒有微風能稍解暑氣。奧絲搖了搖頭，表示她無法苟同，然後回憶起叛軍奪下拉卡沒多久之後，在整座城裡四處飄揚的那些黑旗。她到現在依然都很驚訝，原來她住的地方有這麼多人——這麼多和她一起長大的男孩，居然都想要那樣閉塞，想要一個忠於宗教傳統的未來，想要一個只以伊斯蘭教法為標準的宗教。「重點在於，在敘利亞打仗的那些人不論效忠哪個陣營，總歸都是敘利亞人。他們是在自相殘殺。沒有人真的是外來的人。」

然而，那幾乎就像是所有錯誤早在很久之前就已經寫下了一般。在阿薩德那種黑暗、邪惡的統治之下，你能期待會出現什麼光明強大、不被那種大規模的殘暴汙染的陣營，準備採取別種途徑來反抗嗎？在敘利亞戰爭中，還沒有哪個派別能夠避免讓自己陷入對權力的痴迷、避免傷害別人的。

至少，那些女孩就是這樣告訴自己的，雖然她們知道自己再也無法正眼面對那些她們在拉卡的鄰居了。誰能忘記發生在她們深愛的人身上的事呢？誰又該為此負起責任呢？那些在戰爭爆發前曾經存在於那裡、日復一日過著生活的社群，現在回看會覺得他們十分無辜，但這個社群已經被破壞殆盡、再也無法回復到過去的狀態了。人會一直帶著戰爭的傷口、直到老去，然後再將那些記憶和敵意，傳給一代又一代的子孫。他們所承受的苦痛距離現在如此之近，你怎麼能認為他們的小小世界可以就此復原呢？慢慢地，有一些敘利亞人也開始回到了他們原本居住的城鎮或鄉村，然而「正常狀態」這個概念（不論那到底是什麼意思），感覺卻像是一個永遠不會實現的宏願。「就算有天狀況變好了，我也絕對不會回去。」奧絲如此說道。「不管是哪一邊的陣營，他們都已經流了太多的血。我說的不只是伊斯蘭國而已，而是每一個人。」

然而那些在遠方召喚著他們、能為她們提供更好生活的歐洲城市，一直都在擔憂的，也就是像阿斯瑪、奧絲和杜雅這樣的女性，以及曾在敘利亞負槍作戰的男性；那些歐洲人害怕他們會以難民的身分進入那裡、走在街上，等待獲得居留權。有人說，努斯拉陣線（亦即蓋達組織在敘利亞的分支）現在已經在德國成立了一個地區指揮部，在某個德國城鎮裡重新組織了起來。

在那些從來就不想要伊斯蘭國的人的眼裡，這種殘留下來的恐懼，就是伊斯蘭國在他們腦海裡留下的東西，久久揮之不去。對於在倫敦的沙比拉而言，當她在回想自己的哥哥多年前像是命中注定一般地，在那個商業街上的傳教小攤子前停下腳步之後所發生的事情時，她就會覺得身體裡的某個部分像是永遠都在漂泊一般。那些姊妹或女兒的性命被巴格達迪奪走的人，則會尖銳地訕笑：那是一個「會借別人的車來開的國度，一個魯蛇殉身成為烈士的國度。」有些人會不分青紅皂白地，把她加入戰爭的兄弟稱作殭屍；對這樣的人，她還是會感到非常惱怒，因為有些人（包括她的兄弟）的確是因為勇氣和原則而投入戰場的。雖然她過去很傻、很年輕，也必須永遠活在那些後果之中，但她也永遠會維持那樣的信念。

甚至沒人會再提起某些字眼——哈里發政權、信者之地、阿拉和先知之地、伊斯蘭之地；然而在過去的一段時間裡，這些字眼在他們的對話之中就像珍貴的珠寶一樣。光是因為心懷目標和理想而提到這些字眼，就已經是一件令他們著迷的事情，彷彿在他們身處於二十一世紀的生活裡開啟了某扇窗，給了他們一個找到出路的機會，能帶領他們前往某種適合他們的祖國、未來、國家或領地。那些字眼曾經承載的希望、渴望，現在又該如何安放呢？沙比拉想像，那些希望應該只會逐漸消失，就像過去那樣，回到某個幽暗的深處難以察覺。

那種幽暗，一直都藏著許多剛剛萌生的苦痛和想望，也藏著許多只有在陰影之下、在沒那麼尖銳的情況下，才比較能夠讓人承受的情緒。在這些情緒之中，最強烈的就是失望：這個淒涼的現狀、這個文明、這個狀態，就是他們唯一能繼承的東西嗎？他們永遠以一種他者的身分生活在西方世界裡，卻也永遠無法成為西方世界的一部分；他們愈來愈常成為被辱罵的對象；他們因為宗教信仰，被視為一群不一樣的人，儘管宗教信仰不過就是他們諸多認同的其中一個向度而已；他們無法獲得任何權力；他們被迫看著一個又一個中東國家失敗瓦解。這跟你有什麼關係呢？她曾經一次又一次地如此問她的哥哥，直到他離開為止。他曾經試著解釋，但最後還是放棄了。就像古蘭經〈黃牛章〉所說的，「或許某個東西讓你無比生厭，但其實對你十分有益；又或許，某個東西讓你十分喜愛，但其實卻對你充滿害處。有益無益，都只有阿拉才能知道，而你是不會知道的。」

一些注解

所有出現在這本書的女性，都是一個個真實的人。為了確保她們的隱私和人身安全，我更動了其中一些人的姓名，以及一些次要的個人訊息。書中大多數的故事，都來自我於二〇一五年到二〇一八年間，在英國、土耳其、突尼西亞和敘利亞進行的長時間訪談。在某些案例裡，我所描繪的紀錄和景象，是根據我用電話和簡訊與那些家庭成員、朋友及其他相關人士交談所得到的資訊寫成的，有時也引用了一些公開的報導。只要情況允許，我會盡可能地諮詢各種和那些故事、事件有關的訊息來源，也會盡量採取不同的視角，希望能藉此驗證那些描述的真偽。

在報導的過程中，我曾經和超過二十名與伊斯蘭國有關聯的女性、以及其他幾個女性的家庭進行過對談。要決定把哪些故事放進書裡，其實並不是件容易的事情，因為最能和我保持聯繫不輟的那些女性受訪者，她們的經驗未必能夠完整地反映出伊斯蘭國的吸引力和招募方式。在我開始進行這個研究的一開始，每個碰觸到這個議題的人都非常的害怕。光是想說服一些沒那麼熟的朋友和遠親與我談談，可能就得花上好幾個星期的時間；在那之後，我可能還要再花上幾個星期的時間，才能說服他們考慮和我進行進一步的聯繫。至於那些女性本人不論置身何處，則全都感到非常的害怕，而這點也不難理解：她們知道自己正在被維安單位密切監視著，也沒有太多誘因去引起別人的注意。有些人和我見了一次面就被嚇到了，然後再也不願和我見面。有些則是乾脆消失。我接觸過的人，有來自突尼西亞、身上刺有共產主義紋身的布雜藝術學生，我只能說，她陷入的其實是薩拉菲享樂主義的次文化；有一位來自倫敦，錯愛上某個足球選手的女孩；也有一位來自庫德族村莊，宣稱自己是為了做體外人工受孕而意外進到伊斯蘭國的伊朗女性。如果我寫的是一部劇本，我可能還會讓她們上台客串一下，但在這本書裡，目前出現的各個人物，對讀者來說似乎已經夠多了。

在某些段落裡，我詳細描繪了更寬廣的社會與政治脈絡；那些其實是我自己花了好幾個月的時間（有時甚至是好幾年的時間）報導那些背景故事的成果。比方說，我在突尼西亞便曾和幾位伊瑪目、律師、法學專家、運動人士、記者、西方記者、學者、政治人物，以及各種背景的民兵進行過訪談，試圖重建那些距離我們並不遙遠的歷史，並取得現下的脈絡。我花了不少時間待在一些社區裡（那些社區後來也出現在這本書裡），並在不同人家的客廳之間來回流連。有些人的故事會提到各種抗議和示威場景，於是我也看了許多抗議過程的影片；我還瀏覽了許多人手機裡的相簿，希望一瞥我受訪者所描述的那些時刻和人物。在倫敦，我則花了許多年的時間，調查、書寫貝斯諾格林女孩失蹤背後的複雜故事。事實上，那些故事同樣也是英國穆斯林社群演變的背景。近年來有不少政治人物和媒體開始同情極右派，或向極右派傾斜，而英國穆斯林社群和這些政治人物、媒體之間的關係，也變得愈來愈緊張；我所調查的那些故事，其實也就是這個動態的背景。

有些描述看起來很有臨場感，而那也反映了兩件事情。首先，那反映了我對那些地方、人物和故事的親近感。我曾經和那位突尼西亞的母親坐在一起，聽她責罵她不聽話的女兒們，曾聆聽一位衝動的巴基斯坦裔英國女孩抱怨她古板的父母親，曾坐在一位年輕的敘利亞女性旁邊，聽她如何試著在接到可恨的命令之後，拒絕別人的求婚；那些和宗教一起醞釀而生的政治激進主義，以及受過教育的突尼西亞自由派對戴頭巾、留鬍子的人的鄙夷，所有這些動態對我來說都非常熟悉。雖然我本人完全沒有出現在這個敘事之中，但我卻可以聽見我的青春期、我的母親、我的家人，以及我的國家的歷史，在那些故事之中迴盪著。

其次，由於我面對的是各種不同的阿拉伯語方言和相異的社會背景，因此我經常必須仰賴翻譯來進行溝通；但即使如此，當我的訪談會觸碰到一些私密的事情時，我會和受訪者單獨進行訪談，而不會讓其他男性或任何其他第三者，尷尬地出現在房間裡。

有些人可能會質疑，我的伊朗血統是否會影響我的研究過程。但讓我很振奮的是，這件事情並沒有發生。就像任何記者一樣，我會根據我和受訪者之間的關係、彼此友好信任的程度，來判斷什麼時候告訴她們我自己的個人資訊。能夠和她們實地相處、對伊斯蘭擁有一些基礎的認識，對這份研究的確很有幫助。

我深刻地意識到，這些故事並不能完全代表所有伊斯蘭國女性的故事，也知道她們許多人都參與過一些可以被視為戰爭犯罪的暴行。這個事實再真實不過。但我試著從那些女性的觀點出發，盡可能地貼近她們進行書寫，同時也試圖提供一些背景資訊，好讓她們的行為能夠被讀者理解。我之所以提及那些背景脈絡，目的是為了闡明一些事情，但不是為了合理化她們的所作所為，而最終的評判權，依然掌握在讀者手中。

就算是和被懷疑與伊斯蘭國有關聯的人進行訪談，倫理上的考量也依然重要。我要公開地做出以下的陳述，同時也希望有更多同業也能像我這麼做：這些庫德族、伊拉克維安單位手上的伊斯蘭國女性，是在以平民身分被拘禁的情況之下同意接受訪談的——就算只是平民身分，但那依然是種拘禁。她們未必覺得自己能夠安全無虞地透露自己的真實想法，不論談的是伊斯蘭國、還是她們被監禁的狀況。她們所說的一切不論是真是假，甚至是被強迫做出的表述，都可能會為她們帶來傷害。在寫作關於她們的報導時，我必須承認這點，以及這件事可能在倫理和法律上造成的疑慮。記者們通常會迫不及待地帶著足以登上頭版的故事或播客素材，回到他們在西方世界安全的家，卻很少思考被他們拋在腦後的女性受訪者會面臨到什麼樣的命運；她們會因為自己在接受採訪時說出的東西，而更容易受到傷害或不當的指控，而她們的身分資訊也很少受到保護。最後成書的結果，至少有一位受訪者的故事，被我排除在了這本書的敘事之外，因為我覺得她被監禁得太過嚴密，很難相信她是真的自願受訪的。

在我寫作的過程中，我也引用了其他學者、記者和研究者的著作，比如 Nadia Marzouki、Hamza Meddeb、Fabio Marone、Rory McCarthy、Youssef Cherif、Habib Sayah、Darryl Li、Thomas Hegghammer、Shadi Hamid、Max Weiss、Stéphane Lacroix、Shiraz Maher、Joas

Wagemakers、Guido Steinberg、Madawi al-Rasheed、Michael Ayari、Sam Heller 以及 Richard Atwood 等人的著作，以及下列書籍：Arun Kundnani 的 *The Muslims Are Coming: Islamophobia, Extremism, and the Domestic War on Terror*；Lisa Wedeen 的 *Ambiguities of Domination: Politics, Rhetoric, and Symbols in Contemporary Syria*；Hanna Batatu 的 *Syria's Peasantry, the Descendants of Its Lesser Rural Notables, and Their Politics*；Lisa Stampnitzky 的 *Disciplining Terror: How Experts Invented "Terrorism"*；Mohammad Abu Rumman 的 *Hasssan Abu Hanieh, Infatuated with Martyrdom: Female Jihadism from al-Qaeda to the "Islamic State"*；Mohammad-Mahmoud Ould Mohamedou 的 *A Theory of ISIS: Political Violence and the Transformation of Global Order, Global Salafism: Islam's New Religious Movement*, edited by Roel Meijer；以及 Rania Abouzeid 的 *No Turning Back: Life, Loss, and Hope in Wartime Syria*。

致謝

這本書的緣起，是一篇刊登在《紐約時報》上的報導；為此，我必須感謝 Terry McDermott、Dean Baquet、Michael Slackman，以及 Doug Schorzman。此外，我也要感謝 Tara Tadros-Whitehill 提供的照片。

感謝我的編輯 Ann Pitoniak，她為這本書提供了銳利的才智、視野，也投注了許多心力。我也想感謝蘭登書屋出版社，感謝如牧羊人一般的編輯 Hilary Redmon，以及 Molly Turpin 和 London King。感謝我的經紀人 Natasha Fairweather。我很感謝新美國學人計畫，以及亞利桑那州立大學的 Awista Ayoub、Peter Bergen 以及 Daniel Rothman。

感謝 Yasser al-Hajji 在德國、土耳其與敘利亞為我做的一切，也感謝「拉卡正在悄悄地被屠殺」組織的 Björn Stritzel 和 Abu Ibrahim Raqqawi。正直的 Mahmoud Sheikh Ibrahim 為我們提供了人身安全上的保護，我對此非常感激。感謝敘利亞民主軍在艾因伊薩／拉卡的指揮官。至於伊拉克和庫德族地區政府，我則要感謝 Shilan Dosky 和 Aziz Ahmed。

我要感謝突尼斯的 Habib Sayah、Youssef el-Sharif、Seifeddine Farjani、Laryssa Chomiak 和 Moenes Sboui，也要感謝 Hassan Moraja。感謝 Naveena Kottoor、Joachim Paul 和 Magda Elhaitem 的營區，不只為我提供了空間，後來也成為了我的讀者。我也要感謝幫助我打開所有大門的 Rad Addala——我沒辦法一一盡數所有需要感謝的對象。

在倫敦，我則有太多人需要感謝了：Salman Farsi、Ben Ferguson、Fatima Saleria、Yasminara Khan、Tam Hussein、Sajid Iqbal、Jemima Khan、Moazzam Begg、Ibrahim Mohamoud、Mohammed Rabbani 和 Asim Qureshi。感謝 Melanie Smith 和戰略對話研究院讓我使用他們的檔案館。特別感謝 Tasnime Akunjee 多年來持續為我更新現況。我要感謝金士頓大學的新聞系，給予我諸多支持和鼓勵，感謝 Beth Brewster、Maria Ahmed、Fiona O'Brien，尤其感謝 Brian Cathcart。感謝 Dan Townend 幫助我找資料。感謝外交與大英國協事務部的 Simon Shercliff 和 Jenny Pearce。感謝福音改革協會為我提供各種宗教上的諮詢，並耐心地回答了我的許多問題。

感謝我的其他記者朋友，為我提供了許多操作上的建議：Lindsey Hilsum、Owen Bennet Jones、Richard Spencer、Jim Muir、Lyse Doucet 和 Leena Saeedi。

至於研究方面的協助，我則要感謝 Alice Wojcik、Ameet Ubhi、Lindsey Allemang 和 Asha Hussein。

感謝一路上一直陪伴我的編輯們：Alicia Wittmeyer、McKenna Stayner、David Shariatmadari、Jonathan Landman、Joanna Biggs 以及 Toby Lichtig。

感謝曾經在寫作初期和後期讀過初稿的朋友們：Joseph Logan、Mohammed Bazzi、Rifat Siddiqui、Lisa Beyer、Adam Shatz、Kareem Fahim、Zahra Hankir、Scheherezade Faramarzi，特別是 Bassem Mroue。感謝 Rozita Riazati 和 Sarah Weigel。雖然這份感謝來得太遲了，但我要向 Khaled Dawoud 致謝。

感謝 Caroline Kelly 和 Farzaneh Katouzi。

我寶貝的 Hourmazd 和 Siavash，感謝你們帶點狡猾的幽默和鞭策。最重要的是，感謝 Nader Nezam-mafi，不論何時何地，你都是我的家，我想充滿愛意地感謝你為我所做的一切。

索引

人名

三至五畫

六至八畫

九至十畫

十一畫以上

文獻

地點建築

三至五畫

六至八畫

九至十一畫

十二畫以上

其他

貓頭鷹書房 463

ISIS 伊斯蘭國的新娘：13 名年輕女子與無法離開的寡婦之屋

作　　者　阿扎德・莫阿維尼
譯　　者　李易安
選書主編　張瑞芳
編輯協力　劉慧麗、鄭慧儀
校　　對　林昌榮
版面構成　張靜怡
封面設計　林宜賢
行銷統籌　張瑞芳
行銷專員　段人涵
總 編 輯　謝宜英
出 版 者　貓頭鷹出版

發 行 人　凃玉雲
發　　行　英屬蓋曼群島商家庭傳媒股份有限公司城邦分公司
　　　　　104 台北市中山區民生東路二段 141 號 11 樓
　　　　　劃撥帳號：19863813；戶名：書虫股份有限公司
城邦讀書花園：www.cite.com.tw　購書服務信箱：service@readingclub.com.tw
購書服務專線：02-2500-7718~9（周一至周五上午 09:30-12:00；下午 13:30-17:00）
24 小時傳真專線：02-2500-1990~1
香港發行所　城邦（香港）出版集團／電話：852-2877-8606 ／傳真：852-2578-9337
馬新發行所　城邦（馬新）出版集團／電話：603-9056-3833 ／傳真：603-9057-6622
印 製 廠　中原造像股份有限公司
初　　版　2021 年 11 月
定　　價　新台幣 660 元／港幣 220 元（紙本平裝）
　　　　　新台幣 462（電子書）
I S B N　978-986-262-513-2（紙本平裝）
　　　　　978-986-262-515-6（電子書 EPUB）

讀者意見信箱　owl@cph.com.tw
投稿信箱　owl.book@gmail.com
貓頭鷹臉書　facebook.com/owlpublishing

國家圖書館出版品預行編目資料

ISIS 伊斯蘭國的新娘：13 名年輕女子與無法離開的寡婦之屋／阿扎德・莫阿維尼（Azadeh Moaveni）著；李易安譯 . -- 初版 . -- 臺北市：貓頭鷹出版：英屬蓋曼群島商家庭傳媒股份有限公司城邦分公司發行 , 2021.11
面；　公分 . --（貓頭鷹書房；463）
譯自：Guest house for young widows : among the women of ISIS
ISBN 978-986-262-513-2（平裝）

1. 伊斯蘭教　2. 女性　3. 寡婦　4. 中東

735　　110016419